プリント形式のリアル過去問で本番の臨場感！

愛知県

南山中学校男子部

2025年春 受験用

解答集

本書は，実物をなるべくそのままに，プリント形式で年度ごとに収録しています。
問題用紙を教科別に分けて使うことができるので，本番さながらの演習ができます。

■ 収録内容

・解答集(この冊子です)

書籍ＩＤ番号，この問題集の使い方，最新年度実物データ，リアル過去問の活用，
解答例と解説，ご使用にあたってのお願い・ご注意，お問い合わせ

・2024(令和６)年度 ～ 2020(令和２)年度　学力検査問題

JN132149

○は収録あり

年度	'24	'23	'22	'21	'20	
■ 問題収録	○	○	○	○	○	
■ 解答用紙	○	○	○	○	○	
■ 配点						

全教科に解説
があります

注)国語問題文非掲載:2024年度の一

問題文の非掲載につきまして

著作権上の都合により，本書に収録している過去入試問題の本文の一部を掲載しておりません。ご不便をおかけし，誠に申し訳ございません。

本文の一部を掲載できなかったことによる国語の演習不足を補うため，論説文および小説文の演習問題のダウンロード付録があります。弊社ウェブサイトから書籍ＩＤ番号を入力してご利用ください。

なお，問題の量，形式，難易度などの傾向が，実際の入試問題と一致しない場合があります。

教英出版

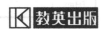

■　書籍ＩＤ番号

入試に役立つダウンロード付録や学校情報などを随時更新して掲載しています。
教英出版ウェブサイトの「ご購入者様のページ」画面で，書籍ＩＤ番号を入力してご利用ください。

書籍ＩＤ番号　107121

（有効期限：2025年9月30日まで）

【入試に役立つダウンロード付録】
「要点のまとめ(国語／算数)」
「課題作文演習」ほか

■　この問題集の使い方

年度ごとにプリント形式で収録しています。針を外して教科ごとに分けて使用します。①片側，②中央のどちらかでとじてありますので，下図を参考に，問題用紙と解答用紙に分けて準備をしましょう（解答用紙がない場合もあります）。

針を外すときは，けがをしないように十分注意してください。また，針を外すと紛失しやすくなりますので気をつけましょう。

① 片側でとじてあるもの

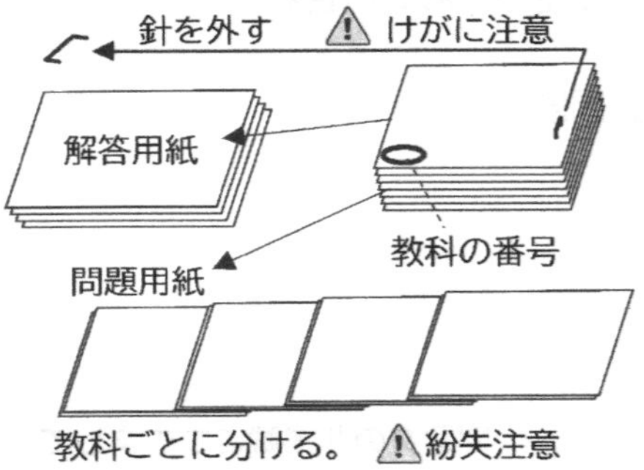

② 中央でとじてあるもの

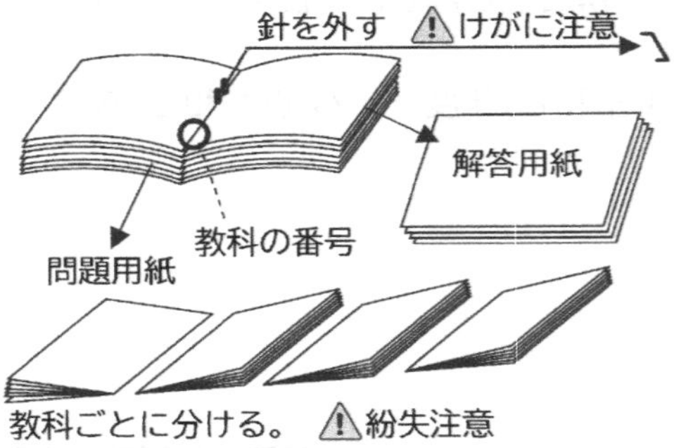

※教科数が上図と異なる場合があります。
解答用紙がない場合や，問題と一体になっている場合があります。
教科の番号は，教科ごとに分けるときの参考にしてください。

■　最新年度 実物データ

実物をなるべくそのままに編集していますが，収録の都合上，実際の試験問題とは異なる場合があります。実物のサイズ，様式は右表で確認してください。

問題用紙	国：Ｂ４片面プリント 算・理・社：Ｂ５冊子(二つ折り)
解答用紙	Ｂ４片面プリント

リアル過去問の活用

～リアル過去問なら入試本番で力を発揮することができる～

本番を体験しよう！

問題用紙の形式（縦向き／横向き），問題の配置や余白など，実物に近い紙面構成なので本番の臨場感が味わえます。まずはパラパラとめくって眺めてみてください。「これが志望校の入試問題なんだ！」と思えば入試に向けて気持ちが高まることでしょう。

入試を知ろう！

同じ教科の過去数年分の問題紙面を並べて，見比べてみましょう。

① 問題の量

毎年同じ大問数か，年によって違うのか，また全体の問題量はどのくらいか知っておきましょう。どのくらいのスピードで解けば時間内に終わるのか，大問ひとつにかけられる時間を計算してみましょう。

② 出題分野

よく出題されている分野とそうでない分野を見つけましょう。同じような問題が過去にも出題されていることに気がつくはずです。

③ 出題順序

得意な分野が毎年同じ大問番号で出題されていると分かれば，本番で取りこぼさないように先回りして解答することができるでしょう。

④ 解答方法

記述式か選択式か（マークシートか），見ておきましょう。記述式なら，単位まで書く必要があるかどうか，文字数はどのくらいかなど，細かいところまでチェックしておきましょう。計算過程を書く必要があるかどうかも重要です。

⑤ 問題の難易度

必ず正解したい基本問題，条件や指示の読み間違いといったケアレスミスに気をつけたい問題，後回しにしたほうがいい問題などをチェックしておきましょう。

問題を解こう！

志望校の入試傾向をつかんだら，問題を何度も解いていきましょう。ほかにも問題文の独特な言いまわしや，その学校独自の答え方を発見できることもあるでしょう。オリンピックや環境問題など，話題になった出来事を毎年出題する学校だと分かれば，日頃のニュースの見かたも変わってきます。

こうして志望校の入試傾向を知り対策を立てることこそが，過去問を解く最大の理由なのです。

実力を知ろう！

過去問を解くにあたって，得点はそれほど重要ではありません。大切なのは，志望校の過去問演習を通して，苦手な教科，苦手な分野を知ることです。苦手な教科，分野が分かったら，教科書や参考書に戻って重点的に学習する時間をつくりましょう。今の自分の実力を知れば，入試本番までの勉強の道すじが見えてきます。

試験に慣れよう！

入試では時間配分も重要です。本番で時間が足りなくなってあわてないように，リアル過去問で実戦演習をして，時間配分や出題パターンに慣れておきましょう。教科ごとに気持ちを切り替える練習もしておきましょう。

心を整えよう！

入試は誰でも緊張するものです。入試前日になったら，演習をやり尽くしたリアル過去問の表紙を眺めてみましょう。問題の内容を見る必要はもうありません。どんな形式だったかな？受験番号や氏名はどこに書くのかな？…ほんの少し見ておくだけでも，志望校の入試に向けて心の準備が整うことでしょう。

そして入試本番では，見慣れた問題紙面が緊張した心を落ち着かせてくれるはずです。

※まれに入試形式を変更する学校もありますが，条件はほかの受験生も同じです。心を整えてあせらずに問題に取りかかりましょう。

南山中学校【男子部】

《国　語》

一　一. ましてや、　二. イ　三. 構造　四. 恥　五. ア　六. エ　七. イ　八. ウ

九. クラスで長なわとびをする時、なわの中にうまく入れなかったが、文句を言われるこわさや恥ずかしさをふりはらい、上手な友達にコツを教えてもらいながら失敗を積み重ねた結果、うまくなった。

二　①飼育　②穀類　③拝観　④提供　⑤誠実　⑥標識　⑦従来　⑧戸外

⑨くだ　⑩た

三　一. ③イ　⑧ア　⑨エ　二. Ⅰ. ア　Ⅱ. V　三. ②イ　④ウ　⑪ウ　四. カ　五. C

六. 手紙は同じクラスの誰かの手で書かれた生の言葉で、自分の気持ちを返すこともでき、心のつながりを感じられるものだが、ヴァイオリンのオンラインレッスンは心の交流がなく、母親に一方的に決められたものである。

《算　数》

1　(1)101　(2)6　(3)425　(4)14　(5)12：7　(6)87

2　(1)12　(2)20

3　(1)70　(2)11

4　(1)
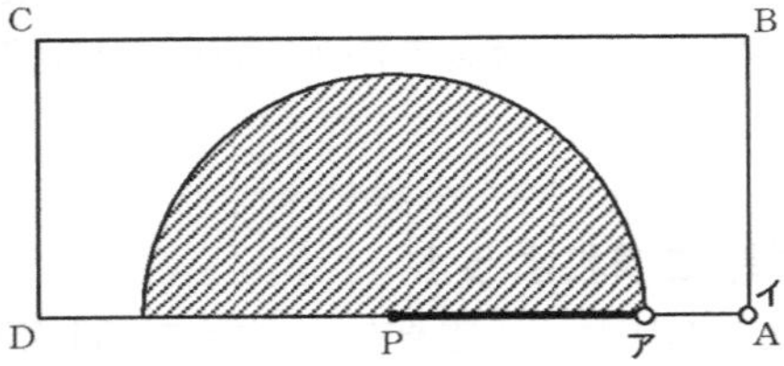

(2)
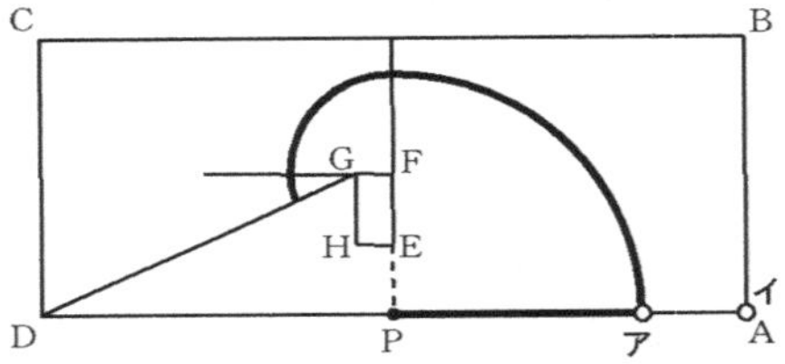

5　(1)540　(2)20.1

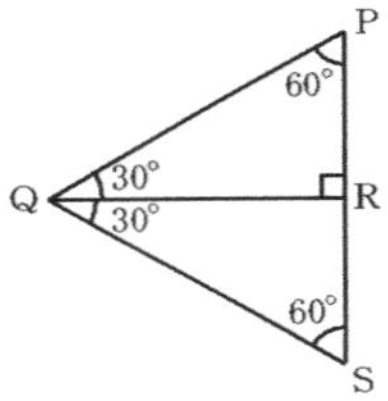

(3)三角形ＰＱＲと合同な三角形ＳＱＲを図のように作図すると，三角形ＰＱＳは正三角形となる。辺ＰＲの長さはこの正三角形の１辺の長さの$\frac{1}{2}$だから，

ＰＱ：ＰＲ＝２：１となる。

(4)ゴンドラは90秒で円周の$\frac{90}{540}=\frac{1}{6}$だけ進むから，円の中心から見て反時計回りに$360°\times\frac{1}{6}=60°$進む。したがって，90秒後のゴンドラの位置を点Ｃとすると，図のように作図でき，三角形ＯＡＣは正三角形となる。(3)より，三角形ＣＡＤにおいて，ＡＣ：ＡＤ＝２：１だから，ＡＯ：ＡＤ＝２：１より，ＡＤの長さは円の半径の$\frac{1}{2}$である。よって，このときのゴンドラの高さは，点Ｂの高さの$\frac{1}{2}\times\frac{1}{2}=\frac{1}{4}$である。

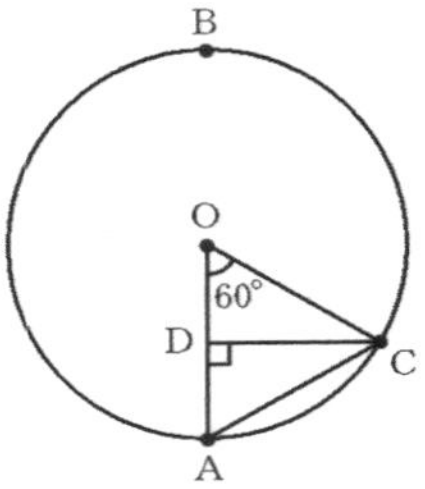

(5)315　(6)144

6　(1)7　(2)11

《理　科》

1　(1)イ，エ　(2)ウ　(3)オ　(4)エ　(5)羽化　(6)エ　(7)ア　(8)オ　(9)イ，エ　(10)イ

2　(1)オ　(2)ウ　(3)ウ　(4)①1.3　②104.9　③イ　④ア

3　(1)ウ，オ　(2)エ　(3)①エ　②ウ　③エ　(4)①イ　②エ

4　(1)エ　(2)サ　(3)エ　(4)ク　(5)4　(6)34

5　(1)ア　(2)イ　(3)ア　(4)①キ　②79　(5)イ　(6)89

6　(1)3　(2)6.75　(3)右／1.5　(4)右／15　(5)10　(6)22　(7)385

7　(1)4　(2)15　(3)60　(4)4　(5)58　(6)70

《社　会》

1　問1．(1)エ　(2)イ　(3)ＣＯＰ　(4)ア　(5)ウ　(6)モーダルシフト　問2．(1)加工　(2)貿易摩擦　(3)現地生産　(4)イ　(5)①紅海　②エ　③原油　(6)中国

2　問1．エ　問2．資料Ｂ…ｂ　資料Ｃ…ａ　資料Ｄ…ｄ　問3．大内　問4．昆布　問5．イ

3　問1．(1)ウ　(2)トレーサビリティ　(3)あいがも　問2．黒海　問3．食料自給率　問4．ウ　問5．飼料

4　イ．輸送量と輸送距離　ロ．食料の輸入が地球環境に与える負荷

5　問1．イ　問2．ア　問3．殖産興業　問4．イ　問5．品質の高い生糸を盛んに生産して輸出することで，輸出超過による物価上昇を抑えながら，外貨を獲得するため。　問6．ア　問7．(1)満州事変　(2)ウ　問8．イ　問9．ウ　問10．(1)タ　(2)エ　問11．イ　問12．イ　問13．ウ　問14．戦後　問15．イ　問16．イ　問17．報道被害　問18．ＳＮＳ　問19．個人情報保護法　問20．ヘイトスピーチ　問21．人工知能　問22．ウ

6　問1．ウ　問2．イ　問3．(1)安全保障理事会　(2)エ　問4．(1)武力　(2)戦力　(3)交戦権　問5．エ　問6．ア

2024解説 令和6年度 ▶ 南山中学校【男子部】

《2024　国語　解説》

一　著作権上の都合により文章を掲載《けいさい》しておりませんので、解説も掲載しておりません。ご不便をおかけし、誠に申し訳ございません。

三　二Ⅰ　直後に「オンライン授業だと言われればタブレットに向かい、二時間マスクをして～と言われれば～座っている～次々いろんなものを押《お》し付《つ》けられ、それに従っている」とあることから、アの「順応性」（環境《かんきょう》や境遇《きょうぐう》の変化に従い、それに適応する性質）が適する。　Ⅱ　Ⅴの「休み時間に運動場に行きたい。それを書いただけで叱《しか》られるかもと不安になる」ということは、感染対策を優先する生活に順応しているといえる。

三②　この日の朝「お母さんは何度も、『消毒忘れないでね。マスクずれないように』と～忠告をした」とある。心晴《こはる》の感染を心配していることが読みとれるので、イが適する。　④　前後に「先生は黒板にひたすら問題を書いている」「私は～メッセージを書いた」とあるので、ウが適する。　⑪　お母さんが「学校活動も規制ばかりでしょう？」「できないことにため息ついててもしかたないじゃない？」「それだったら、今の時期だからこそできることを探すのが一番でしょう？」とたたみかけて誘導《ゆうどう》し、「実はすごい才能あったりして～可能性の塊《かたまり》だよ」「心晴のヴァイオリン、聴《き》くの楽しみだな」と期待しているので、ウが適する。

五　傍線部《ぼうせんぶ》⑩の直前の「ぎちぎちの生活の中、閉じこもった部屋で行われることが増えすぎて」と同類のものである。よって、感染防止対策のために次々と押し付けられる物事を指している傍線部Cが適する。

六　手紙を見つけたときに「手紙とはいえ～最初の会話。三年生になって～あいさつ以外の言葉を交《か》わすのは初めてだ～ああ、こうやって話せるんだ～同じ年の友達と。誰《だれ》かの手を通して書かれた生の言葉を、私は受け取ったんだ」と感じ、「驚《おどろ》くくらい心が弾《はず》む」と書かれている。そして自分も「メッセージを書いた」あと、「届いてくれますように」と願い、「今ごろ～読んでくれているだろうか。返事を書いてくれるといいな」と思っている。一方、ヴァイオリンのオンラインレッスンは、「すごい先生に教えてもらえる」というが、「もう～習うことだけじゃなく、どの先生に教わるのかも決まっているのだ」とあり、心晴を「ぎちぎちの生活の中、閉じこもった部屋で行われることが増えすぎて～ついていけなくなりそうだ」という気持ちにさせた。

《2024　算数　解説》

1　(1)　与式$=(2024\times\frac{3}{4}-3)\times\frac{1}{6}\times\frac{2}{5}=(1518-3)\times\frac{1}{15}=1515\times\frac{1}{15}=$**101**

(2)　与式より，$\frac{12}{11}\times\{(12-\square)\div\frac{3}{2}-1\frac{1}{4}\}=3$　$(12-\square)\div\frac{3}{2}-1\frac{1}{4}=3\times\frac{11}{12}$　$(12-\square)\div\frac{3}{2}=\frac{11}{4}+\frac{5}{4}$

$12-\square=4\times\frac{3}{2}$　$\square=12-6=$**6**

(3)　オキアミ300－250＝50(g)とゴカイ280－200＝80(g)が同じ値段だから，同じ金額で買えるオキアミとゴカイの重さの比は，50：80＝5：8である。したがって，ゴカイ200gを買える金額でオキアミを$200\times\frac{5}{8}=125$(g)買えるから，オキアミだけを買うと，300＋125＝**425(g)**買える。

(4)　平均点が64.8－63.2＝1.6(点)上がったのだから，クラスの合計点は1.6×35＝56(点)上がった。

よって，点数が上昇した生徒は，56÷4＝**14(人)**

(5)　**【解き方】右図のように三角形ＡＤＦと三角形ＡＥＦに分けて考える。**

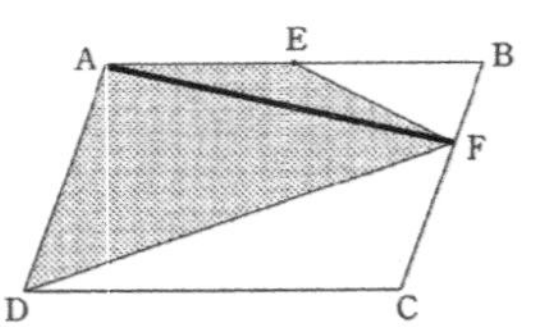

平行四辺形ＡＢＣＤの面積を１とする。

三角形ＡＤＦの面積は三角形ＡＤＣの面積と等しく，平行四辺形ＡＢＣＤの

面積の$\frac{1}{2}$だから，$1\times\frac{1}{2}=\frac{1}{2}$

(三角形ＡＥＦの面積)＝(三角形ＡＢＣの面積)$\times\frac{BF}{BC}\times\frac{AE}{AB}=\frac{1}{2}\times\frac{1}{1+2}\times\frac{1}{2}=\frac{1}{12}$

よって，四角形ＡＤＦＥの面積は，$\frac{1}{2}+\frac{1}{12}=\frac{7}{12}$だから，

平行四辺形ＡＢＣＤと四角形ＡＤＦＥの面積比は，$1:\frac{7}{12}=$**12：7**

⑹　**【解き方】二等辺三角形は２つの内角が等しいから，右のように作図できる。三角形の１つの外角は，これととなり合わない２つの内角の和に等しいことを利用する。**

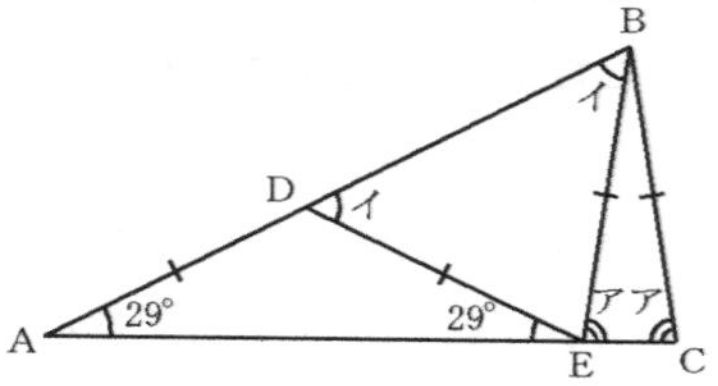

三角形ＡＤＥにおいて，三角形の外角の性質より，角イ＝29°＋29°＝58°

三角形ＡＢＥにおいて，三角形の外角の性質より，

角ア＝角ＢＡＥ＋角ＡＢＥ＝29°＋58°＝**87°**

2　⑴　同じものが２個あるすしネタの選び方は４通りあり，１個だけのせるすしネタの選び方は，２個あるものを除いた４－１＝３(通り)だから，全部で４×３＝**12**(種類)できる。

⑵　⑴より，同じものが２個ある海鮮丼は12種類できる。

同じものが３個ある海鮮丼は，すしネタが４通りあるから４種類できる。

同じものをふくまない海鮮丼は，４個のうち１個だけのせないすしネタの選び方が４通りあるから４種類できる。

以上より，全部で，12＋４＋４＝**20**(種類)できる。

3　⑴　**【解き方】切り口は右図の面ＰＲＳＱとなる。立体ＥＦＧＨ－ＰＲＳＱを２つ用意して面ＰＲＳＱではり合わせると，高さが２＋５＝７(㎝)の直方体ができる。**

図Ⅰ

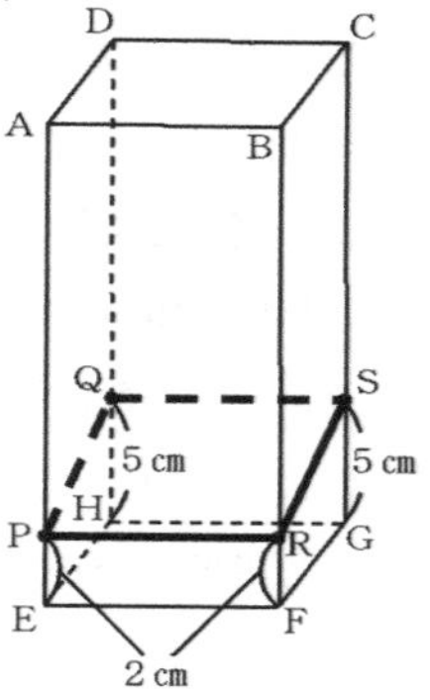

求める体積は，底面積が20㎠で高さが７㎝の直方体の体積の$\frac{1}{2}$だから，

$20\times7\times\frac{1}{2}=$**70**(㎤)

⑵　**【解き方】⑴のように，立体ＥＦＧＨ－ＰＲＳＱを２つ用意することを考える。**

図Ⅱ

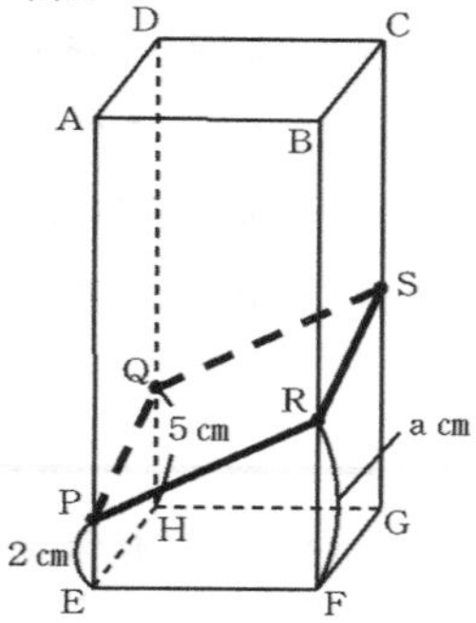

図ⅡのようにＲＦ＝ａ㎝とする。ＱＨはＰＥより５－２＝３(㎝)長いから，ＳＧ＝ＲＦ＋３＝ａ＋３(㎝)となる。

立体ＥＦＧＨ－ＰＲＳＱを鏡に映した立体を１つ用意し，図Ⅲのように向きを変える。この立体を立体ＥＦＧＨ－ＰＲＳＱの上にのせると，底面積が20㎠で高さがａ＋５(㎝)の直方体ができる。

図Ⅲ

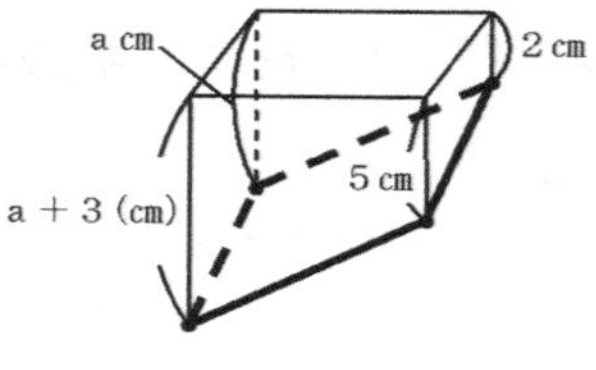

この直方体の体積が120×２＝240(㎤)だから，

ａ＋５＝240÷20　　ａ＝12－５＝７　　よって，ＢＲ＝18－７＝**11**(㎝)

4　⑴　ひもが動く範囲は，Ｐを中心とする半径が７㎝の半円である。

⑵　回転の中心が，Ｐ→Ｆ→Ｇと変化する。最後の曲線が直線ＧＤをこえないように気をつけること。

5　⑴　１つのゴンドラが大きな円の円周の$\frac{1}{18}$だけ進むのに30秒かかる。よって，１周するのにかかる時間は，

$30\div\frac{1}{18}=$**540**(秒)

⑵　大きな円の円周の$\frac{1}{18}$が3.5ｍだから，大きな円の円周は，$3.5\div\frac{1}{18}=63$(ｍ)である。

よって，ＡＢ＝63÷3.14＝20.06…→**20.1(m)**

(3)　３つの内角が30°，60°，90°の三角形は，正三角形を半分にしてできる直角三角形である。

(4)　(3)の三角形ＰＱＲと同じ形の直角三角形を作図することを考える。

(5)　**【解き方】ナナミさんがＡで④のゴンドラに乗った後に，２つのゴンドラの高さがはじめて同じになったときを求めるのであり，そうなるのは，⑦のゴンドラがＢを通過した少し後のことである。**

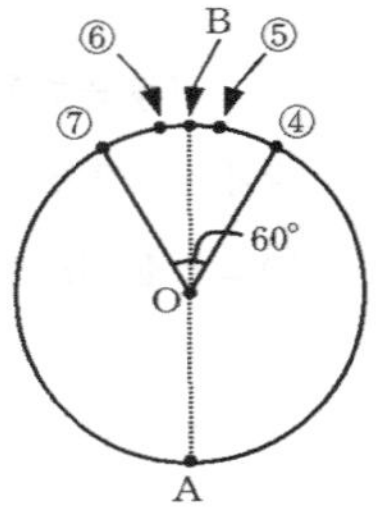

④と⑦のゴンドラの間の角度は，$360^\circ \times \frac{3}{18} = 60^\circ$ だから，右図のような位置で⑦と④の高さが同じになったときを求める。このとき⑦はＢから60°÷２＝30°進んでいるから，Ａから180°＋30°＝210°進んでいる。よって，求める時間は，$540 \times \frac{210^\circ}{360^\circ}$＝**315(秒)**

(6)　**【解き方】通常の速さで運転しているときと，低速で運転しているときとで，同じ長さを進むのにかかる時間の比は，30：36＝５：６である。**

通常の速さで１周すると540秒かかるから，564－540＝24(秒)余分にかかったことになる。

(余分にかかった時間)：(低速で運転していた時間)＝(６－５)：６＝１：６だから，低速で運転していた時間は，$24 \times \frac{6}{1}$＝**144(秒)**

6　(1)　**【解き方】１年間の電気代の差額と，工事のときにかかる費用の差を比べる。**

１年間の電気料金は，太陽光発電を利用すると18万円，利用しないと $18 \div \frac{75}{100}$＝24(万円)だから，１年間の差額は24－18＝６(万円)である。工事のときにソーラーパネルを設置すれば，工事の費用は70－30＝40(万円)高くなる。この40万円の元が取れるのは，40÷６＝６余り４より，太陽光発電を６＋１＝７(年間)利用したときだから，求める年数は**７年目**である。

(2)　**【解き方】つるかめ算を利用する。**

１年間の電気料金は，ソーラーパネルが破損していない年は18万円，破損している年は $24 \times \frac{87.5}{100}$＝21(万円)であり，その差額は21－18＝３(万円)である。13年間ずっと破損していたとすると，13年間の電気料金が実際より21×13－241＝32(万円)高くなる。１年間を，破損している年から破損していない年におきかえると，電気料金は３万円低くなる。32÷３＝10余り２より，このおきかえを10回行うと，実際より13年間の電気料金が２万円高くなり，11回行うと，実際より13年間の電気料金が３－２＝１(万円)低くなる。

よって，ソーラーパネルが破損したのは**11年目**である。なお，11年目の電気料金は21－２＝19(万円)である。

《2024　理科　解説》

1　(1)　アとウとオは，セミと同じ無せきつい動物(背骨をもたない動物)の節足動物のこん虫に分類される。こん虫は体が頭・胸・腹の３つに分かれていて，３対(６本)のあしは胸についている(はねがある場合ははねも胸についている)。なお，イは無せきつい動物の節足動物のこうかく類，エはせきつい動物(背骨をもつ動物)の両生類である。

(2)　ウとカタツムリは無せきつい動物の軟体《なんたい》動物に分類される。なお，アは無せきつい動物の環形《かんけい》動物，イはせきつい動物のは虫類，エは無せきつい動物の棘皮《きょくひ》動物，オはせきつい動物の魚類，カは無せきつい動物の節足動物のクモ類に分類される。

(3)　オ○…新聞紙にはさんでかわかす。

(4)　エ○…海水を蒸発させたときの水蒸気には，水だけが含《ふく》まれるので，その水蒸気を冷やして水にすればよい。

(5)　トンボは幼虫(ヤゴ)から成虫になる(さなぎにならない)不完全変態のこん虫である。なお，卵→幼虫→さなぎ

→成虫と成長することを完全変態という。

(6) エ×…かれ葉や死がいは，森の土の中にいるミミズなどの分解者によって分解される。

(7) イ×…ホタルの幼虫は巻き貝などを食べる。 ウ×…ホタルが発光するときの光の明るさはオスとメスによって違《ちが》いはない(なお，光の点滅《てんめつ》の仕方や発光器などはオスとメスで異なる)。 エ×…ホタルの光は熱くない。 オ×…ホタルは仲間とのコミュニケーションのために発光していると考えられている。

(8) オ×…ヘビは肉食で，イチゴを食べない。

(9) イ○…太陽光が当たらないので，色素がなくなる(体色がうすくなる)。 エ○…暗闇《くらやみ》で生活するので，目が退化してなくなる生物もいる。

2 (1) ア×…ガスバーナーに火をつけるとき，元せん→コックの順に開け，ライターやマッチの火をつけてから，ガス調節ねじを開けて，横から火を近づける。 イ，ウ，エ×…ガス調節ねじでほのおの大きさを調節した後，空気調節ねじだけを回してほのおの色を青色に調節する。 オ○…ガスバーナーの火を消すときは，火をつけるときと反対の手順で行う(空気調節ねじ→ガス調節ねじ→コック→元せんの順に閉める)。

(2) ウ○…コップの表面付近の空気が冷やされ，空気中に含まれていた水蒸気が水になった。

(3) 氷だけや水だけのときは，加熱すると温度は上がるが，氷から水に変化しているとき(0℃)や水から水蒸気に変化しているとき(100℃)は，加熱しても温度が変わらない。

(4)① 60℃の食塩水は水 100 g に食塩 37.1 g がとけている水よう液であり，20℃の水 100 g には食塩が 35.8 g までしかとけないので，出てくる食塩は 37.1－35.8＝1.3(g)である。 ② 40℃では 63.9 g，80℃では 168.8 g とけるから，あと 168.8－63.9＝104.9(g)とける。 ③ 〔濃度《のうど》(%)＝$\frac{\text{とけている物質の重さ(g)}}{\text{水よう液の重さ(g)}}$×100〕より，$\frac{38.0}{100+38.0}$×100＝27.5…(%)である。 ④ $\frac{109.2}{100+109.2}$×100＝52.1…(%)である。

3 (1) アはメスとオスのどちらにも当てはまる。イとエはオスに当てはまる。ウとオはメスに当てはまる。

(3)① 血液中の成分の1つである赤血球に含まれるヘモグロビンは鉄でできていて，色は赤色である。

②③ 鉄にうすい塩酸を加えると，塩化鉄と水素ができる。

(4)① じん臓では，血液中の余分な塩分や水分などをこし出して尿《にょう》をつくっている。 ② わずかな塩分を含む水をからだにたくさん取り入れて，その水より塩分濃度の低い尿をたくさん出すことで，からだの中の塩分濃度を調節している。

4 (1) 雲の占《し》める量(割合)が0～1のときは快晴，2～8のときは晴れ，9～10のときはくもりである。

(2) A～Cの重さはすべて1kgで等しい。なお，体積の大きさはA＞B＞Cである。

(3)(4) 図1は温暖前線付近の空気の動きのようす，図2は寒冷前線付近の空気の動きのようすを表している。①と④があたたかい空気，②と③が冷たい空気である。温暖前線付近(図1)では，広い範囲に弱い雨を降らせる乱層雲ができ，寒冷前線付近(図2)では，せまい範囲に強い雨を降らせる積乱雲ができる。また，温暖前線が通過すると，空気が②(冷たい空気)から①(あたたかい空気)に変わるため気温は高くなり，寒冷前線が通過すると，空気が④(あたたかい空気)から③(冷たい空気)に変わるため気温は低くなる。

(5) 雲ができていない状態で，空気のかたまりが 1200m 上昇《じょうしょう》すると，その温度は1×$\frac{1200}{100}$＝12(℃)低くなる。また，雲ができている状態で，空気のかたまりが $\overset{\text{山頂の高さ}}{3000}-\overset{\text{雲ができた地点の高さ}}{1200}$＝1800(m)上昇すると，その温度は 0.5×$\frac{1800}{100}$＝9(℃)低くなる。よって，山頂での温度は $\overset{\text{ふもと①での温度}}{25}$－12－9＝4(℃)である。

(6) 雲ができていない状態で，空気のかたまりが 3000m 下降すると，その温度は1×$\frac{3000}{100}$＝30(℃)高くなる。よって，ふもと②での温度は4＋30＝34(℃)である。

5 (1)　図のBは満月，Hは南の空で左半分が光って見える月(下弦《かげん》の月)だから，その間のAは満月から右が少し欠けたアのような形に見える。

(2)　真夜中に東の空の地平線近くに月が見えるとき，月は図のHの位置にある。(1)解説より，この位置にある月が南の空にあるとき，イのような形に見える。

(3)　地球から月を見ると，いつも同じ面しか見えない。つまり，図のGの月の●の地点はいつも地球にもっとも近いから，月がEの位置にあっても地球にもっとも近いアが同じ地点である。

(4)②　5km→5000mより，〔落下した時間(秒)×落下した時間(秒)〕は，5000÷1.6×2＝6250 である。80×80＝6400，79×79＝6241 より，落下した時間は 79 秒より長く 80 秒未満とわかる。また，79.4×79.4＝6304.25 より，落下した時間は 79 秒より長く 79.4 秒未満とわかり，小数第1位を四捨五入するから，79 秒が正答となる。

(5)　月と日(太陽)が地球をはさんで反対にあるから，月が図のBの位置にあるときである。このとき月の形は満月である。なお，「日は西に」より，この俳句は日没《にちぼつ》ごろをよんだ句とわかる。

(6)　地球の中心から地上までの距離《きょり》は 6400 km，地球の中心から地上 400 kmまでの距離は 6400＋400＝6800(km)である。地上 400 kmの地球の中心からの距離は地上の 6800÷6400＝$\frac{17}{16}$(倍)だから，重力の大きさは{1÷($\frac{17}{16}$×$\frac{17}{16}$)}×100＝88.5…→89%になる。

6 (1)　てこを回転させるはたらき〔おもりの重さ(g)×支点からの距離(cm)〕が時計回りと反時計回りで等しくなると，水平になる。15gのおもりが棒を反時計回りに回転させるはたらきは 15×(20－5)＝225 だから，75gのおもりは棒の中心から右に 225÷75＝3(cm)離《はな》れている。

(2)　15gのおもりを右に9cmずらしたから，棒を反時計回りに回転させるはたらきが 15×9＝135 大きくなる。よって，棒の左端《はし》に 135÷20＝6.75(g)のおもりをつるせばよい。

(3)　おもりの支点からの距離の比が，おもりの重さの比の逆比に等しいとき水平になる。したがって，15gと 75gのおもりの支点からの距離の比は 75：15＝5：1で，2つのおもりの間の距離は6＋3＝9(cm)だから，15gのおもりの支点(糸の位置)からの距離は $9\times\frac{5}{5+1}$＝7.5(cm)である。よって，糸を棒の中心から右に 7.5－6＝1.5(cm)ずらせばよい。

(4)　重さのある棒の重さは棒の重心にかかると考えればよい。太さも密度も一様の棒であれば，棒の重心は棒の中心と同じになる。糸の位置が棒の中心から右に 1.5 cmだから，棒の重さが棒を反時計回りに回転させるはたらきは，200×1.5＝300 となる。20gのおもりが棒を時計回りに回転させるはたらきが 300 になればよいから，20gのおもりは糸から右に 300÷20＝15(cm)の位置にとりつければよい。

(5)　短い棒の重心は糸から左に 17－(10÷2)＝12(cm)，長い棒の重心は糸から右に(10＋20－17)－(20÷2)＝3(cm)である。長い棒の重さが接着した棒を時計回りに回転させるはたらきは 40×3＝120 だから，短い棒の重さは 120÷12＝10(g)である。

(6)　図4のとき，ばねばかりで上向きに引くことによって，接着した棒は地面との接点(棒の右端)を支点に時計回りに回転する。また，図3より，接着した棒の重心は棒の左端から 17 cm(図3で糸をつけた位置)，つまり右端から 13 cmであり，かかる重さは 10＋40＝50(g)である。よって，図4において，接着した棒を反時計回りに回転させるはたらきは 50×13＝650 だから，ばねばかりの示す値は 650÷30＝21.6…→22gとなる。

(7)　7cmの棒において，50gのおもりが棒を反時計回りに回転させるはたらきが 50×5＝250 だから，yのおもりは 250÷(7－5)＝125(g)である。接着した棒において，接着した棒の重さが接着した棒を時計回りに回転させるはたらきは50×(17−10)＝350，７cmの棒につるしたおもりが接着した棒を時計回りに回転させるはたらきは(50＋125)×20＝3500である。よって，ｘのおもりは(350＋3500)÷10＝385(ｇ)である。

7 (1)　図２より，初めの位置から下向きに動かした距離が，３cmのときＡの底面と水面，５cmのときＡの上面と水面，９cmのときＢの底面と水面，14 cmのときＢの上面と水面がそれぞれ同じ高さになったことがわかる。よって，ＡとＢをつないでいる糸の長さは９−５＝４(cm)である。

(2)　(1)解説より，Ａの高さは５−３＝２(cm)とわかり，図２より，Ａが２cm水の中に入ると，200−140＝60(ｇ)の浮力《ふりょく》がＡにはたらくとわかる。水の中に入っている体積(高さ)とはたらく浮力の大きさは比例するから，初めの位置から下向きに動かした距離が3.5 cmのとき(Ａが3.5−３＝0.5(cm)水の中に入っているとき)，Ａにはたらく浮力の大きさは$60\times\frac{0.5}{2}=15$(ｇ)である。

(3)　初めの位置から下向きに動かした距離が 10 cmのとき，Ａは全体が水の中に入っているから，(2)解説より，はたらく浮力は60ｇである。

(4)　(1)(2)解説より，Ｂの高さは 14−９＝５(cm)，Ｂ全体が水の中に入っているときはたらく浮力は 140−120＝20(ｇ)とわかる。浮力の大きさは物体が押しのけた水の体積の重さに等しいから，Ｂ全体が押しのけた水は20ｇ→20 cm^{3}である。これより，Ｂの体積は20 cm^{3}とわかるから，Ｂの底面積は20÷５＝４(cm^2)である。

(5)　Ｃが水を 50ｇ→50 cm^{3}押しのけると，Ｃに 50ｇの浮力がはたらきＣは浮《う》く。よって，Ｃの水の中にある体積は50 cm^{3}だから，水面の上に出ている部分の体積は120−50＝70(cm^3)で，その割合は$\frac{70}{120}\times100=58.3\cdots$→58％である。

(6)　図３で水面の上に出ている部分(70 cm^3)を水の中に入れたときに，この部分にはたらく浮力と同じ大きさの力で下向きに押せばよい。70 cm^3→70ｇの浮力がはたらくから，70ｇ以上の力で押せばよい。

―《2024　社会　解説》―

1 問１(1)　エ　　⑤は鉄道である。　(2)　イ　　輸送用機械の生産が最も盛んな工業地帯は中京工業地帯である。アは京浜工業地帯，ウは阪神工業地帯，エは関東内陸工業地域。

(4)　ア　　ＣＯＰ28は，アラブ首長国連邦(ＵＡＥ)のドバイで開かれた。　(5)　ウ　　海域の富栄養化は，プランクトンの増殖によって赤潮を引き起こし，海洋資源をおびやかす危険性がある。　(6)　モーダルシフト　　鉄道・船舶は，自動車より二酸化炭素排出量が少なく，一度に多くの荷物を運べるので，貨物を輸送する際の二酸化炭素の排出量を抑えることができる。

問２(2)　貿易摩擦　　1980年代，日本からアメリカへの自動車の輸出量が増大し，アメリカの貿易赤字が大きくなる貿易摩擦が起こった。　(3)　現地生産　　現地生産には，貿易摩擦の解消・現地の労働者の雇用増進に効果があり，関税がかからない分，輸入より価格を低く抑えられるため，現地での販売促進にも効果がある。

(4)　イ　　日本からの輸出品には，集積回路・電気回路用品などの部品が多い。

(5)①　紅海　　右図を参照。　②　エ　　サウジアラビア，アラブ首長国連邦，クウェート，カタールなど，中東諸国からの原油の輸入量の合計は90％を超える。　③　原油　　日本が原油を輸入している中東以外の国は，ロシアやエクアドルなどである。

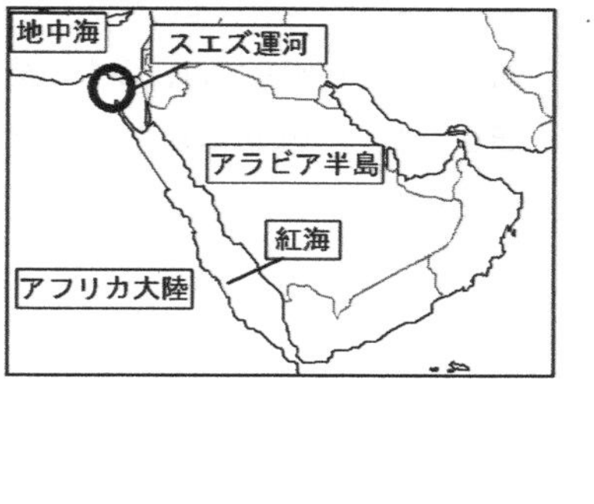

2 問１　エ　　資料Ａは長崎だから，出島を描いたエを選ぶ。1945年８月９日午前11時２分に長崎に原子爆弾が投下された。

問２　Ｂ＝ｂ　Ｃ＝ａ　Ｄ＝ｄ　　Ｂは博多，Ｃは沖縄県，Ｄは堺市。

問３　大内　　周防を中心とした大名には，室町時代から戦国時代にかけての大内氏，戦国時代から江戸時代にかけての毛利氏がある。雪舟などの文化人たちを保護したことから大内氏と判断できる。

問４　昆布　　蝦夷地でとれた昆布は，北前船に載せられ，西廻り航路で全国に運ばれた。運ばれた経路は昆布ロードと呼ばれる。

問５　イ　　堺市は大阪府にある都市だから阪神工業地帯と判断する。

3　問１⑴　ウ　　その土地で生産された農作物を，その土地で消費する地産地消は，生産量の減少と関係がない。

⑵　トレーサビリティ　　例えば，ＢＳＥ(牛海綿状脳症)のまん延防止のために制定された牛トレーサビリティ法によって，牛は個体別に識別番号が与えられ，生産から流通・消費までの各段階の流通履歴が確認できるようになった。

⑶　あいがも　　稲穂が実るころになると，あいがもは稲を食べてしまうので，実る前にあいがもを田から引き上げる必要がある。

問２　黒海　　ウクライナの南に黒海がある。

問３　食料自給率　　「日本の【②】は世界各国と比べて低く」「約 53%」とあることから食料自給率と判断する。

問４　ウ　　野菜類は約 80%，穀物類は約 30%，肉類は約 55%，果物類は約 40%の自給率である。

問５　飼料　　例えばとうもろこしについては，国産とうもろこし(スイートコーン)は食用，輸入とうもろこしは家畜のえさとして利用される。

4　日本は，食料の多くを世界各国からの輸入に依存しているため，(輸送量)×(輸送距離)の値は大きくなる。フードマイレージの値が大きくなるということは，輸送時の二酸化炭素の排出量が多くなり，地球環境に負荷をかけることになる。

5　問１　イ　　明治維新のころ，蝦夷地は北海道と改称され，札幌は未開の地であった。

問２　ア　　ニュートンは万有引力を発見した物理学者，コロンブスは新大陸を発見した探検家，ザビエルは日本にキリスト教を伝えた宣教師である。

問３　殖産興業　　殖産興業政策として，海外の進んだ技術を学ぶためにお雇い外国人を招き，富岡製糸場などの官営工場を設立した。

問４　イ　　北里柴三郎は，破傷風の血清療法の開発，ペスト菌の発見で知られる細菌学者。新渡戸稲造は，国際連盟の事務次長を務めた教育者。伊藤博文は，初代内閣総理大臣で大日本帝国憲法を起草した政治家。

問５　政府は，富国強兵のために外貨を得ることを目的に，輸出の中心となっていた生糸の生産に力を入れた。

問６　ア　　日露戦争の講和条約は，ポーツマス条約である。ロシアは，樺太南部の譲渡，リャオトン半島の租借権と長春以南の鉄道の権益の譲渡，韓国に対する優越権，沿海州とカムチャツカの漁業権を日本に認めた。

問７⑴　満州事変　　柳条湖事件に始まる日本の軍事行動を満州事変という。　⑵　ウ　　海軍の青年将校らが首相官邸を襲い，満州国の承認に反対していた犬養毅首相を射殺した。二・二六事件は，1936 年に陸軍の青年将校らが大臣などを殺傷して，東京の中心部を一時占拠した事件。

問８　イ　　南京では，多数の捕虜や住民が殺害された(南京事件)。

問９　ウ　　1939 年９月，ドイツ軍によるポーランド侵入から第二次世界大戦が始まった。世界恐慌は 1929 年，ロシア革命は 1917 年，インドの独立は 1947 年。

問10(1)　タ　　C（ミッドウェー海戦・1942年）→B（ガダルカナル島撤退・1943年）→D（サイパン島陥落・1944年）→A（沖縄戦・1945年）　(2)　エ　　都市部の小学生が，地方に集団疎開させられた。

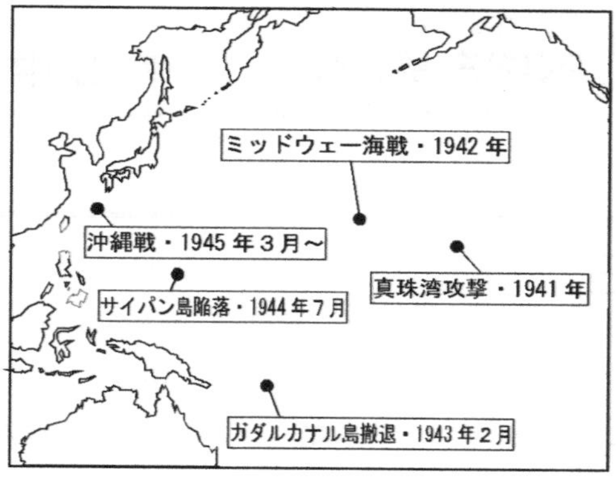

問11　イ　　アメリカのトルーマン，ソ連のスターリン，イギリスのチャーチル（途中からアトリー）がドイツのポツダムで，連合国の戦後処理について話し合った。ソ連は日ソ中立条約を締結していたため，ポツダム宣言には参加せず，代わりに中国の蒋介石の同意を得て，ポツダム宣言が発表された。

問12　イ　　子どもたちは，屋外で授業を受けた（青空教室）。

問13　ウ　　国際連合への加盟は，1956年の日ソ共同宣言調印後である。

問14　戦後　　1950年以降の朝鮮特需の影響もあって，日本は順調に復興を続け，戦前水準への復帰を果たした達成感から，このような言葉が発表された。

問15　イ　　相模川（神奈川県）→大井川（静岡県中部）→天竜川（静岡県西部）→桂川（京都府）

問16　イ　　新青森駅（青森県青森市），新山口駅（山口県山口市），熊本駅（熊本県熊本市）がある。群馬県の新幹線の駅は，高崎駅・上毛高原駅・安中榛名駅の３つである。

問17　報道被害　　無実の罪で逮捕され，後にえん罪であることが証明されても，逮捕時に実名が報道されることで，さまざまな被害が生じるなどの例がある。

問18　ＳＮＳ　　ソーシャル・ネットワーキング・サービスの略称。

問19　個人情報保護法　　国民のプライバシーの権利を守るための法律である。

問20　ヘイトスピーチ　　2016年にヘイトスピーチ解消法が成立した。

問21　人工知能　　Artificial Intelligence の略称。

問22　ウ　　ＧＰＳは，衛星を利用した位置情報サービスである。

6　問１　ウ　　アはフィンランド，イはベラルーシ，エはトルコ。

問２　イ　　アはウクライナ・ロシア，ウはインド・パキスタン・中国，エはアルメニア・アゼルバイジャンの間で領土問題が発生している。

問３(1)　安全保障理事会　　常任理事国は，アメリカ・イギリス・フランス・ロシア・中国の５か国。

(2)　エ　　アは平和維持活動，イは政府開発援助，ウは世界保健機関の略称。

問４　(1)＝武力　(2)＝戦力　(3)＝交戦権　　第９条，第25条などは確実に覚えておきたい。

問５　エ　　Ｇ７は，アメリカ・イギリス・フランス・ドイツ・日本・イタリア・カナダの７か国。

問６　ア　　ヨーロッパ連合（ＥＵ）の発足は1993年，東西ドイツの統一は1990年，ソ連の崩壊は1991年。

2023 解答例
令和5年度

南山中学校【男子部】

《国　語》

【一】 一．イ　二．ウ　三．しかし、ここ　四．ア　五．生産のしかた　六．ⅰ．使用期間が終了　ⅱ．耐用期間が終了　七．使用期間が永遠のもの　八．エ　九．イ　十．現在私たちが電力をまかなうために使っている段階で最終処分の方法が決定しておらず、使用が終わっても処分もできずに延々と残り続けるものである点。

【二】 ①高名　②林立　③交付　④模写　⑤対照　⑥心温　⑦講義　⑧食指　⑨ししょばこ　⑩じょうせき

【三】 一．オ　二．B．イ　D．オ　三．ア　四．イ　五．だってなる　六．ア　七．ウ　八．イ　九．下読み　十．（例文）市の大会で優勝したので自信があったが、県の大会であっさり負けてしまったという経験から、視野を広げて上を目指す努力を続ける大切さを学んだ。

《算　数》

[1] (1)10　(2)$\frac{1}{10}$　(3)40　(4)72　(5)99　(6)63

[2] (1)100　(2)44，87

[3] (1)2　(2)7，49

[4] (1)20　(2)55

[5] (1)右図　(2)37.26

[6] (1)15　(2)1から12までの和は，$\frac{(1+12)\times 12}{2}=$78である。12個の○はそれぞれ2本の直線上にあるので，6本の直線それぞれの4つの数の和をすべて足すと，1から12までの和の2倍になる。
よって，一直線に並ぶ4つの数の和は，78×2÷6＝26とわかる。
(3)右図

[7] (1)20　(2)26　(3)60

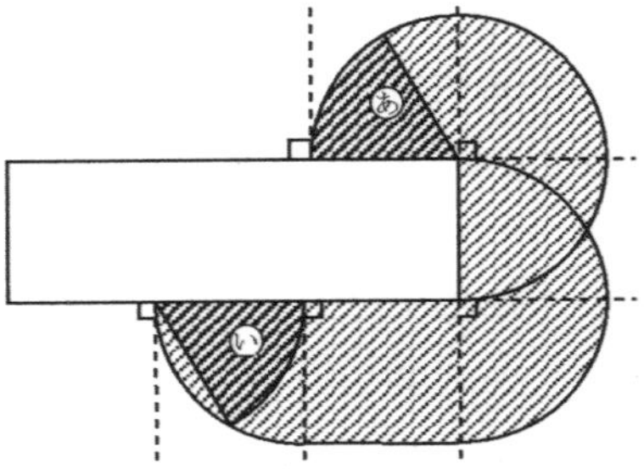

[5](1)の図

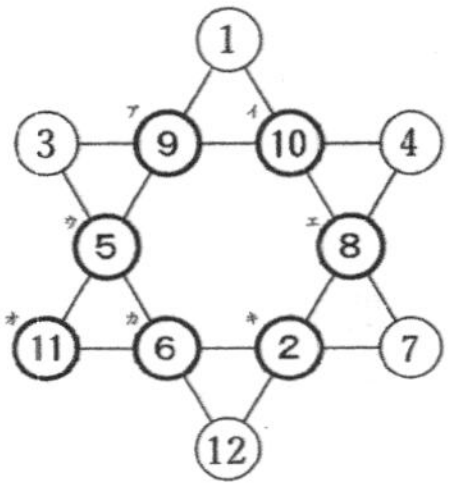

[6](3)の図

《理　科》

[1] (1)ア　(2)ウ　(3)ウ　(4)だっぴ　(5)しがい　(6)ウ，エ　(7)(あ)アブラナ　(い)エ　(8)冬眠　(9)ウ　(10)エ　(11)ウ　(12)塩素

[2] (1)ア　(2)エ　(3)エ　(4)①あ．かいき　い．てんのうせい　②月食…ア　日食…イ　③ア

[3] (1)［固体／液体］　酸素…［エ／う］　水素…［ア／い］　二酸化炭素…［ウ／い］　アンモニア…［イ／あ］
(2)酸素…ア　水素…ア　アンモニア…イ　(3)ⅰ．ウ　ⅱ．ア　(4)炭酸　(5)イ　(6)0.01690
(7)0.676，0.03379

[4] (1)225　(2)左／18　(3)ア，イ　(4)2.7　(5)8　(6)(ア)4　(イ)8　(ウ)8

[5] (1)エ　(2)火山灰　(3)氷河　(4)ア，イ，エ，オ　(5)イ　(6)ア　(7)エ

《社　会》

1 ⑴イ　⑵ウ　⑶ラムサール　⑷エ　⑸ア　⑹ウ　⑺イ　⑻ウ　⑼ウ　⑽出雲　⑾イ　⑿ウ　⒀イ　⒁ウ　⒂エ　⒃促成栽培　⒄生糸　⒅エ

2 ⑴牛丼に使われる牛肉を生産する際，牛を飼育するための飼料としてトウモロコシが使われるから。　⑵ア　⑶エ　⑷濃尾　⑸ウ　⑹エ　⑺ウ　⑻イ　⑼ア　⑽イ　⑾あ．エ　い．ウ　う．ア　え．カ

3 ⑴東郷平八郎　⑵アメリカ合衆国　⑶エ　⑷ア　⑸ウ　⑹イ　⑺銀行が倒産して，預金の引き出しができなくなること。　⑻ウ　⑼日本書紀　⑽高知　⑾菅原道真　⑿ハザードマップ　⒀共助　⒁ウ

4 ⑴ア，イ　⑵18　⑶イ　⑷自由民権運動　⑸貴族院　⑹25　⑺１　⑻①ぜいたく　②イ→ウ→オ→ア→エ　⑼法の下　⑽ＮＡＴＯ　⑾黒海　⑿核兵器禁止条約　⒀辺野古　⒁ウ　⒂オ

《2023　国語　解説》

一

一　直前に「『持続可能なパーム油のための円卓《えんたく》会議』～による認証制度」とあるので、イの「お墨《すみ》付き」（権威《けんい》のある人が与《あた》える保証）が適する。

三　「消費者の側で、本当にエコな商品はどれなのかを調べ」ることができるものが、直前に書かれていると考えられる。よって、［D］のある段落の最後の一文「『ロカボラボ』というウェブサイトでは～比較《ひかく》しています」の直後、「しかし、ここで立ち止まって考えてみてください」の直前に入る。

四　直前で「『消費のしかた』ではなく『生産のしかた』を改めるべきなのです」と述べたことを「つまり」と言いかえているので、アの「消費者の責任ではなく、企業の責任が大きい」が適する。

五　［E］のある段落の最初に「同様に」とあることに着目する。直前の段落で「改めるべき」だと述べたことと同様のことを「改める必要があります」と述べているので、「生産のしかた」が適する。

六　「自然分解されるもの」の具体例として、直前で「ミカン」を取り上げ、「食べられなくなるとき、つまり使用期間が終了《しゅうりょう》するのと、腐《くさ》って土に返るとき、つまり耐用《たいよう》期間が終了するのがほぼ同じです」と説明している。

七　直前の一文にある「そんなもの」も同じものを指している。よって、その前の一文にある「使用期間が永遠のもの」。

八　「高松塚古墳《たかまつづかこふん》の壁画《へきが》」は、直前で「文化財もそうでしょう」と述べたことの具体例。何と同じかというと、その前で述べた「芸術品」。ここでの「芸術品」は、「使用期間が永遠のもの」（問七参照）。よって、［F］は「使用期間」。それに対する［G］は「耐用期間」。

九　文章［1］では「環境《かんきょう》を守るには『消費のしかた』ではなく『生産のしかた』を改めるべきなのです」、文章［2］では「モノをつくる人は、使い捨て商品ではなく長持ちする製品をつくるべきだ」ということを述べているので、イが適する。

十　筆者は、文章［2］の最後で「少なくとも『製品を作る段階で最終処分の方法を決定しておくこと』が求められます～使用が終わっても処分もできずに延々と残り続けるようなものは作ってはいけない」と述べている。ここから、「放射性廃棄物《はいきぶつ》」は、最終処分の方法が決まっておらず、将来の世代まで非常に長い時間核《かく》のゴミとして残すことになるので、「最悪のゴミである」と言っていると考えられる。

三

二B　「耳を疑う」は、思いがけないことを聞いて信じられず、聞きちがいかと思うこと。　**D**　「一目《いちもく》置く」は、自分より相手がすぐれていると認め、敬意をもって一歩ゆずること。ここでの「一目置かれた」は、先生から認められたり、級友から尊敬されたりしていたということ。

三　ここでの「書かれた」は、「お書きになった」と同じ意味。つまり、尊敬の意味。よって、アが同じ。イは可能（～することができる）、ウは自発（自然に起こる意を表す）、エは受け身を表す。

四　―線部①に続けて「本当は、本当は。じゃあ、あなたが今生きている現実は何なんだ？～自分で自分の今を否定してどうする？」「『本当』なんて言葉で、エクスキューズ（言いわけ）したら、自分を余計にみじめにするだけだ」と書かれていることに、イが適する。

五　「今もそう思っている」とは、―線部②の２行前の「小さい頃《ころ》からそう思っていた」のと変わらずに、という意味。よって、その直前の「だってなるんだから、これから小説家に」という思い。

六　―線部③に「それはかなわなかったから、教師になった」とある。何がかなわなかったのか。それは、直前に

「学生時代にデビューするのが目標だった」とあることから読みとれる。よって、アが適する。

七　「無限ループ」とは、何度も同じようなことがくり返されること。直前の「僕《ぼく》は永遠にこの関門(一次審査《しんさ》)を通り抜《ぬ》けることができないじゃないか。ここを通過しなければ～小説家の方々はおろか、編集者の目にも触《ふ》れることはないのだ」ということを言いかえているので、ウが適する。

八　ここで思いついたことと実行したことが、―線部⑤の後に「受賞した三木《みき》にも担当編集者がついているだろう。これを使わない手はない～教え子のつてに頼《たよ》ったとて、悪いことがあろうか、否《いな》ない～早速《さっそく》、放課後三木明日香《あすか》を呼び出し、今まで書きためていたもの～落選してしまった作品達を渡《わた》す。もちろん編集者に読んでもらうためだ」と書かれている。よって、イが適する。

九　本文３段落目で「書けども書けども、一次通過できない～一次通過というのは、下読みとも呼ばれるが～まずこの下読みの人たちが目を通す」と説明されている。

《2023　算数　解説》

1 (1)　与式$=4\div\{1.2-(4.8-4)\}=4\div(1.2-0.8)=4\div0.4=$**10**

(2)　与式より，$4\times\frac{1}{8}\div(\square+\frac{1}{10})+4\times0.25=\frac{7}{2}$　　$\frac{1}{2}\div(\square+\frac{1}{10})=\frac{7}{2}-1$　　$\square+\frac{1}{10}=\frac{1}{2}\div\frac{5}{2}$

$\square=\frac{1}{5}-\frac{1}{10}=$ $\mathbf{\frac{1}{10}}$

(3)　定価は$2000\times(1+\frac{2}{10})=2400$(円)で，売り値は$2400\times(1-\frac{15}{100})=2040$(円)だから，１枚あたりの利益は，$2040-2000=$**40**(円)

(4)　**【解き方】平行四辺形ＡＢＣＤの面積は三角形ＢＣＤの面積の２倍である。**

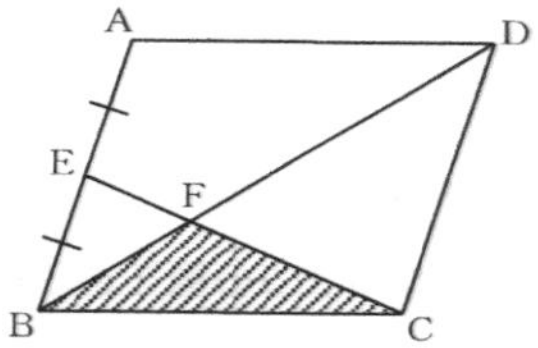

ＡＢとＤＣが平行だから，三角形ＢＥＦと三角形ＤＣＦは同じ形である。

平行四辺形の向かい合う辺の長さは等しいから，ＡＢ＝ＤＣより，

ＢＦ：ＤＦ＝ＢＥ：ＤＣ＝１：２

三角形ＢＣＦと三角形ＢＣＤは，底辺をそれぞれＢＦ，ＢＤとしたときの高さが等しいから，面積比はＢＦ：ＢＤ＝１：(１＋２)＝１：３となる。

よって，三角形ＢＣＤの面積は，$12\times3=36$(㎠)だから，平行四辺形ＡＢＣＤの面積は，$36\times2=$**72**(㎠)

(5)　右図のように記号をおく。

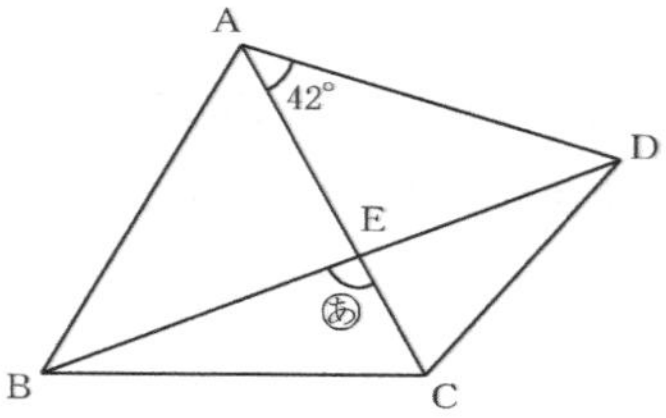

三角形ＡＢＣは正三角形だから，角ＢＡＣ＝60°

三角形ＡＢＤはＡＢ＝ＡＤの二等辺三角形だから，

角ＡＢＤ＝(180°－60°－42°)÷２＝39°

三角形の外角の性質より，三角形ＡＢＥにおいて，㋐＝60°＋39°＝**99°**

(6)　**【解き方】合格者の平均点と不合格者の平均点の差は，９＋26＝35(点)である。したがって，不合格者全員の点数を35点ずつ高くすると，全員の平均点と合格者の平均点が等しくなる。**

不合格者は全体の$10-6=4$(割)だから，$40\times\frac{4}{10}=16$(人)いる。全員の合計点は，$58\times40=2320$(点)だから，不合格者全員の点数を35点ずつ高くすると，全員の合計点は，$2320+35\times16=2880$(点)となる。

よって，合格者の平均点は，$2880\div40=72$(点)だから，合格点は，$72-9=$**63**(点)

2 (1)　**【解き方】並べた全部の碁石の個数は，１段目までで１＝１×１(個)，２段目までで１＋３＝４＝２×２(個)，３段目までで１＋３＋５＝９＝３×３(個)，……となる。したがって，ｎ段目までだとｎ×ｎ(個)となる。**

10段目まで並べたときに使われる碁石の個数は，$10\times10=$**100**(個)

(2) **【解き方】(1)より，2023 以下で最大の平方数《へいほうすう》(同じ整数を２つかけてできる数)を探す。**
40×40＝1600，50×50＝2500 で，2023 は 1600 と 2500 のちょうど真ん中くらいだから，45 段目あたりではないかと考える。45×45＝2025，44×44＝1936 だから，碁石は **44** 段目まで並べられて，2023－1936＝**87**(個)余る。

3 (1) **【解き方】同じ道のりを進むとき，速さの比はかかる時間の比の逆比となる。**
家からコンビニまでとコンビニから学校までの道のりは等しく，かかる時間の比は 12：６＝２：１だから，速さの比はこの逆比の１：２である。よって，コンビニから学校までの速さは家からコンビニまでの速さの**２**倍である。

(2) **【解き方】弟のグラフを実際にかきこんで，２つのグラフが交わる点の時間を求める。**
７時 34 分にアキラ君は家から 300mの地点にいたから，弟は２＋４＝６(分)で 300m 進んだ。したがって，弟のグラフは右に３目《め》盛《も》り進むごとに上に２目盛り進むので，図１の点線のようになり，アキラ君がコンビニを出た直後にグラフが交わるとわかる。グラフが交わるところを拡大すると，図２のようになる。図形の対称性から，どちらのグラフもＡＢのちょうど真ん中の点を通るとわかるので，19 分のところで交わる。よって，求める時刻は，７時 30 分＋19 分＝**７時 49 分**

図１
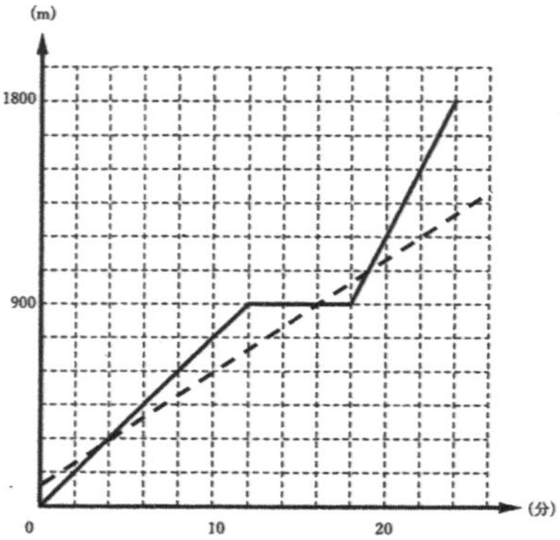

図２
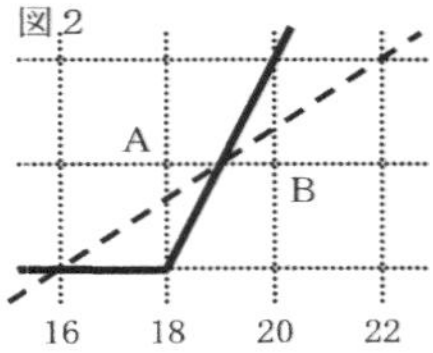

4 (1) **【解き方】１～６から異なる３つの目を選べば小さい方から順に１通りに並べられるので，１～６から異なる３つの数を選ぶ組み合わせの数を求めればよい。**
右の「組み合わせの数の求め方」より，１～６から異なる３つの数を選ぶ組み合わせの数は，
$\frac{6 \times 5 \times 4}{3 \times 2 \times 1}$＝20(通り)
よって，求める出方の数は **20** 通りである。

組み合わせの数の求め方
異なる 10 個のものから順番をつけずに３個選ぶときの組み合わせの数は，
全体の個数　選ぶ個数
$\frac{10 \times 9 \times 8}{3 \times 2 \times 1}$＝120(通り)
選ぶ個数　選ぶ個数
つまり，異なるｎ個からｋ個選ぶときの組み合わせの数の求め方は，$\frac{\text{(n 個から k 個選ぶ並べ方の数)}}{\text{(k 個から k 個選ぶ並べ方の数)}}$

(2) **【解き方】３回の目が異なる場合と，１回目と２回目が同じ目の場合に分けて考える。**
３回の目が異なる場合，(1)で求めた 20 通り以外に，(1)の 20 通りそれぞれで１回目と２回目の目を入れかえれば，条件に合う出方となる。したがって，３回の目が異なっていて条件に合う出方は，20×２＝40(通り)
１回目と２回目が同じ目の場合，１～６から異なる２つの数を選べば小さい方から順に１通りに並べられるので，１～６から異なる２つの数を選ぶ組み合わせの数を求めればよく，$\frac{6 \times 5}{2 \times 1}$＝15(通り)
以上より，求める出方の数は，40＋15＝**55**(通り)

5 (1) おうぎ形ＯＡＢの途《と》中《ちゅう》の位置をかきこむと，右図のようになる。

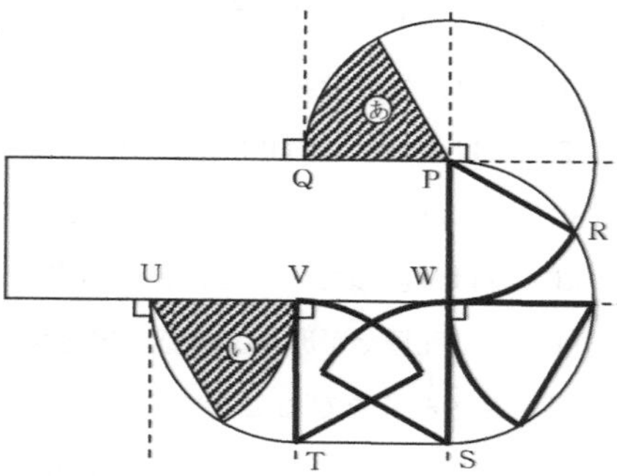

(2) **【解き方】右図のように記号をおく。斜線部分の周囲の長さを，直線部分と曲線部分に分けて考えるが，ＶＷとＴＳの長さはおうぎ形ＯＡＢの曲線部分の長さと等しいので，曲線部分として考える。**

直線部分の長さの和は，ＵＶ＋ＷＰ＋ＰＱ＝３＋３＋３＝９(cm)

曲線部分はすべて半径が３cmのおうぎ形の一部だから，中心角の和を求める。各曲線の中心角は，曲線ＱＲが360°－90°－60°＝210°，曲線ＲＳが180°－60°＝120°，直線ＴＳ(おうぎ形ＯＡＢの曲線ＡＢ)が60°，曲線ＴＵが90°，直線ＶＷが60°だから，和は，210°＋120°＋60°＋90°＋60°＝540°

したがって，曲線部分の長さの和は，$3 \times 2 \times 3.14 \times \frac{540^\circ}{360^\circ} = 9 \times 3.14 = 28.26$(cm)

よって，求める長さは，９＋28.26＝**37.26**(cm)

6 (1) １からｎまでの連続する整数の和は，$\frac{(1+n) \times n}{2}$で求められるから，１から９までの数の和は，$\frac{(1+9) \times 9}{2}$＝45となる。３行分の数の和が45だから，１行の３つの数の和は，45÷３＝**15**

(2) １から12までの数の和に少し工夫をしないといけない理由は，直線と直線が重なっているからである。したがって，重なりの規則性を考える。

(3) ４つの数の和が26だから，エ＋キ＝26－４－12＝10となる。１から12までの整数のうち和が10となる２つの数の組み合わせは，１と９，２と８，３と７，４と６だが，このうちまだ使われていない数は２と８だけなので，エとキの組み合わせは２と８である。エ＝２だと１＋イ＋エ＋７が26に届かないので，エ＝**８**，キ＝**２**と決まる。すると，自然にイ＝**10**，ア＝**９**と決まる。

ウ＋カ＝26－３－12＝11で，残った数のうち和が11になる２つの数は，５と６である。最後に残った１つの数は11だから，オ＝**11**と決まり，これよりウ＝**５**，カ＝**６**と決まる。

7 (1) 立方体の段を上から順に１段目，２段目，３段目，４段目とする。立方体の個数は，１段目が１個，２段目が１＋２＝３(個)，３段目が１＋２＋３＝６(個)，４段目が１＋２＋３＋４＝10(個)だから，全部で，１＋３＋６＋10＝**20**(個)

(2) **【解き方】水を注ぐ割合は一定だから，高さを１cm上げるのにかかる時間の比は底面積の比と等しくなる。**

水面が０cmから１cmに上がるのに４秒かかり，１cmから２cmに上がるのに９－４＝５(秒)かかったから，それぞれで水がたまる部分の底面積の比は<u>４：５</u>である。(1)をふまえると，立方体の４段目の底面積が10㎠，３段目の底面積が６㎠だから，高さ０cmから１cmまでと，高さ１cmから２cmまでの水がたまる部分の底面積の差は，10－６＝４(㎠)である。よって，下線部の比の数の５－４＝１が４㎠にあたるから，水そうの底面積は，$4 \times \frac{4}{1} + 10 =$ **26**(㎠)

(3) **【解き方】水そうの容積が26×10＝260(㎤)で，立方体の体積の合計は１×20＝20(㎤)だから，水が260－20＝240(㎤)入ると，水そうがいっぱいになる。**

最初の４秒間で注がれた水の量は，(26－10)×１＝16(㎤)だから，水を注ぐ割合は，毎秒$\frac{16}{4}$㎤＝毎秒４㎤

よって，水そうがいっぱいになるのは，240÷４＝**60**(秒後)

1 (1) アは両生類である。

(2) ウはトカゲと同じは虫類で，体温を調節する機能をもっていない。アとイとエはほ乳類で，まわりの温度が変化しても体温をほぼ一定に保つことができる。

(3) ウはほ乳類で，子は母親の体内である程度成長してから産まれる(胎生《たいせい》)。ほ乳類はふつう胎生だが，イは例外で，ほ乳類だが卵生である。アとエは鳥類で，卵生である。

(5) 紫外線《しがいせん》をあびることでビタミンDが合成され，カルシウムが吸収されやすくなる。

(6) 昆虫《こんちゅう》の体は頭部，胸部，腹部の３つに分かれ，６本のあしが胸部についている。ウはムカデ類，エは甲殻《こうかく》類に分類される。

(7)(い) エはキク科の植物である。

(9) ウはあたたかい海に生息している海水魚である。

(10) 日本における外来種とは，人間の活動によって外国から持ちこまれた生物のことである。ウは日本の国鳥である。

2 (4)① 太陽，地球，月の順に一直線上に並ぶ満月のとき，満月が地球の影《かげ》に入ることで月の一部または全体が欠けて見える現象を部分月食または皆既《かいき》月食という。皆既月食のときに月が赤銅色に見えるのは，地球の大気で屈折《くっせつ》した赤色の光が月に届くためである。2022年11月８日には，皆既月食と天王星食が同時に起こったから，このとき，太陽，地球，月，天王星の４つの天体がほぼ一直線上に並んだということになる。　② 月食…①解説の通り，月食が起こるのは地球が月と太陽の間にくる満月のときである。　日食…地球，月，太陽の順に一直線上に並ぶ新月のとき，新月によって太陽の一部または全体が隠《かく》される現象を部分日食または皆既日食という。

③ ア○…秋の四辺形は，アンドロメダ座の１つとペガスス座の３つの星を結んでできる四角形である。

3 (2) アは水に溶《と》けにくい気体を集める水上置換《ちかん》法，イは水に溶けやすく空気より軽い気体を集める上方置換法，ウは水に溶けやすく空気より重い気体を集める下方置換法である。じゅんすいな気体を集めるにはアが適しているので，水に溶けにくい酸素や水素はアで集める(空気より軽いか重いかを考える必要はない)。これに対し，アンモニアは水に非常によく溶けるからアで集めることができない。よって，アンモニアは空気より軽いからイで集める。

(3) 酸素や水素を水に溶かした水溶液《すいようえき》は中性である。よって，表より，ⅰには水素のときと同じ紫《むらさき》色が入る。また，二酸化炭素を水に溶かした水溶液(炭酸水)は酸性，アンモニアを水に溶かした水溶液はアルカリ性だから，ⅱには紫色と赤色以外の青色が入る。

(5) イ○…圧力が高くなると，二酸化炭素が水を押《お》す力が強くなって盛んに水の中にとびこんでいくようになる。また，砂糖などの固体は水の温度が高くなるほど溶ける量が多くなるが，気体はふつう水の温度が低くなるほど溶ける量が多くなる。

(6) 〔濃度《のうど》(%)＝$\frac{\text{溶けている物質の重さ(g)}}{\text{水溶液の重さ(g)}}\times 100$〕，１kg→1000ｇより，$\frac{0.169}{1000+0.169}\times 100=0.016897\cdots\to$ 0.01690%となる。

(7) 容器内の圧力が(6)の２倍になったから，同じ量の水に２倍の量の二酸化炭素が溶けるようになったと考えられる。つまり，１kgあたり0.169×２＝0.338(ｇ)溶けるので，水の量が２kg(2000ｇ)であれば0.338×２＝0.676(ｇ)まで溶ける。よって，$\frac{0.676}{2000+0.676}\times 100=0.033788\cdots\to 0.03379$%となる。

4 (1) ぼうを回転させるはたらき〔おもりの重さ(ｇ)×支点からの距離《きょり》(cm)〕が時計回りと反時計回りで等しくなると，ぼうは水平になる。Aがぼうを反時計回りに回転させるはたらきは150×24＝3600だから，Bの重さは3600÷

16＝225(ｇ)である。

(2)　Ｂがぼうを時計回りに回転させるはたらきが225×(16＋12)＝6300になるから，Ａの支点からの距離は6300÷150＝42(cm)になる。よって，左に42－24＝18(cm)動かせばぼうは水平になる。

(3)　Ａを左に６cm動かすと，ぼうを反時計回りに回転させるはたらきが150×６＝900大きくなる。　ア×…ぼうの重さを考えない場合，ぼうの長さを変えても何も変化しない。　イ×…糸を左に0.2cm動かすと，ぼうを反時計回りに回転させるはたらきは150×0.2＝30小さくなり，ぼうを時計回りに回転させるはたらきは225×0.2＝45大きくなる。差が30＋45＝75しか縮まらないので，ぼうは水平にならない。　ウ○…ぼうを時計回りに回転させるはたらきが30×30＝900大きくなる。　エ○…ぼうを時計回りに回転させるはたらきが225×４＝900大きくなる。

(4)　ばねののびはおもりの重さに比例する。150ｇのＡで４cmのびるから，100ｇでは$4\times\frac{100}{150}=2.66\cdots\to2.7$cmのびる。

(5)　図１のように，ばねの両端《りょうたん》に同じ重さのおもりを取り付けた場合，一方のおもりはかべと同じだと考えればよい。よって，ばねは300ｇのおもりをつるしたときと同じだけのびるから，Ａをつるしたときの２倍の８cmが正答となる。

(6)　(ア)は300－150＝150(ｇ)の重さで引かれることになるので４cmのび，(イ)と(ウ)は300ｇの重さで引かれることになるので８cmずつのびる。

5　(4)　ウは土地が隆起《りゅうき》したことでできた山である。

(5)　アはレベル５，イはレベル３，ウはレベル４，エはレベル２である。

(6)　限られた時代に広い地域で生息していた生物の化石は，地層がたい積した時代を知る手がかりとなる。このような化石を示準化石という。アンモナイトとアは中生代，イは古生代，ウとエは新生代に生息していた生物である。

(7)　限られた環境だけで生息する生物の化石は，地層がたい積した当時の環境を知る手がかりとなる。このような化石を示相化石という。

《2023　社会　解説》

1　(1)　イ　　日本国内から国外に旅行しに行くことはアウトバウンドと呼ぶ。

(2)　ウ　　飛驒山脈は，木曽山脈(中央アルプス)と赤石山脈(南アルプス)と合わせて日本アルプスと呼ばれる。

(3)　ラムサール　　「日本で初めて登録された釧路湿原」からラムサール条約と判断する。「特に水鳥の生息地として国際的に重要な湿地に関する条約」をラムサール条約と呼ぶ。

(4)　エ　　(あ)は北海道，(い)は鹿児島である。北海道の豚の頭数は72.5万頭で，宮崎県は79.7万頭である。

(5)　ア　　有田焼は佐賀県の名産品である。

(6)　ウ　　唐招提寺は，鑑真が奈良に建てた寺院である。

(7)　イ　　二重に囲まれた堀や柵は，他のムラの襲撃に備えて整備されたと考えられている。

(8)　ウ　　(え)1185年→(あ)1467年→(い)1637年　島原・天草一揆　　(う)誤り。徳川家康は関ヶ原の戦いに勝利したが，このとき豊臣氏は滅んでいない。豊臣氏が滅んだのは1615年の大坂夏の陣である。(お)誤り。元軍が押し寄せたのは江戸湾ではなく博多湾であった。

(9)　ウ　　温泉には，地下のマグマを熱源とする火山性温泉とマグマを熱源としない非火山性温泉があるが，火山性温泉の分布と火山活動によってできる地形の分布は同じようになると考えられる。

(10)　出雲　　「島根県」より出雲国と判断する。現存する風土記は，出雲国をふくめて，常陸国(茨城県)・播磨国

(兵庫県)・豊後国(大分県)・肥前国(佐賀県)の5つある。

(11) イ　　アは鑑真，ウは雪舟，エは空海。

(12) ウ　　『曽我物語』は鎌倉時代以降に成立した軍記物語である。

(13) イ　　平安貴族の暮らしがわかる大和絵である。

(14) ウ　　ウは室町幕府を開いた足利尊氏による建武式目の一部である。

(15) エ　　上杉謙信は越後国(新潟県)を中心とした北陸地方を支配していた戦国大名である。

(16) 促成栽培　　ほかの地域よりも早い時期に出荷することで，高値で取引されるという利点がある。成長をおくらせ，ほかの地域よりも遅い時期に出荷するのが抑制栽培である。

(17) 生糸　　「外国船に積まれて輸入される生糸は，値段を決めたうえで残らず5港の商人に分配すること」という意味で，貿易が統制される途中で出された法令の一部である。生糸(中国産)が輸入されていたことが読み取れる。

(18) エ　　オランダを通じて日本に入ってきたヨーロッパの学問を蘭学と呼んだ。

2 (1) 輸入トウモロコシの多くが，家畜の飼料として使われている。

(2) ア　　三内丸山遺跡では，この地でとれない黒曜石やひすいなどの加工品が出土している。板付遺跡は福岡県の遺跡である。

(3) エ　　中山道は，長野県・岐阜県・滋賀県を通って，江戸から京都に行く内陸路で，愛知県を通らない。

(4) 濃尾　　岐阜県の美濃地方と愛知県の尾張地方に広がる平野を濃尾平野と呼ぶ。

(5) ウ　　東京都は鉄道網が発達していること，自動車の交通渋滞が激しいことから，自動車を使った通勤・通学の割合は低く，電車の1人あたりの年間利用回数は多くなる。

(6) エ　　東京圏よりも大阪圏の方に人が多く集まっている期間は1994年の1年だけである。

(7) ウ　　風を動力にする船は江戸時代には利用されていた。蒸気機関車は明治時代から使われていた。飛行機による旅客輸送は昭和時代初頭には始まっており，飛行機は太平洋戦争でも多く使われていた。新幹線は戦後の東京オリンピックに合わせて開通した。

(8) イ　　ハイブリッドカーは，モーターとガソリンエンジンを組み合わせて走る自動車である。

(9) ア　　効率よく届けるためには，せまい地域にたくさん店を開くドミナント戦略が有効である。

(10) イ　　鎌倉時代には月三回の三斎市が開かれるようになり，室町時代には六斎市と回数が増えていった。

(11) あ＝エ　い＝ウ　う＝ア　え＝カ　　原料や燃料などの輸送に対する効率化をはかるか，製品の輸送に対する効率化をはかるかで，立地場所は変わってくる。

3 (2) アメリカ合衆国　　日清戦争・日露戦争と連戦の日本は，日露戦争の開戦時から早期和解を考え，アメリカのT・ローズベルト大統領に仲介を依頼していた。アメリカのポーツマスで開かれた講和会議には，小村寿太郎が全権大使として参加した。

(3) エ　　ポーツマス条約では，ロシアは，韓国に対する日本の優越，旅順・大連の租借権，長春以南の鉄道の利権，北緯50度以南の樺太の譲渡，沿海州とカムチャツカの漁業権を日本に認めた。

(4) ア　　大隈重信が正しい。イは伊藤博文，ウは陸奥宗光，エは板垣退助，オは木戸孝允。

(5) ウ　　オーストリアは，ドイツ・イタリアと三国同盟を結び，同盟国側で参戦した。また，イタリアは第一次世界大戦が始まると，イギリス・フランス・ロシアと秘密条約を結び，三国同盟を破棄して連合国側で参戦した。

(6) イ　　大戦景気で輸出額が輸入額を上回っていたが，第一次世界大戦の終結によってヨーロッパ諸国の復興が進み，その商品がアジア市場に再登場してくると，日本経済は苦境に立たされ，戦後恐慌を迎えた。

(7)　1923年に関東大震災が起き，不況が続く中，銀行の経営状態はよくならなかった。議会で一部の銀行の悪化した経営状態があばかれ，銀行の倒産を不安視する客は，預金の払い戻しを求めて長蛇の列をつくった。

(8)　ウ　　日本が韓国を併合すると，朝鮮総督府は，地税の整理と日本人地主の土地所有の拡大を目指して土地調査事業に着手した。これによって，朝鮮の小農民の没落が進み，一部の人々は仕事を求めて日本に移住した。

(9)　日本書紀　　舎人親王が中心となって編纂された。712年に成立した『古事記』と合わせて「記紀」と呼ぶ。

(10)　高知　　四国地方の旧国名は，土佐国(高知県)，伊予国(愛媛県)，讃岐国(香川県)，阿波国(徳島県)である。

(11)　菅原道真　　894年，菅原道真は藤原氏の策略により，長らく派遣されていなかった遣唐使に選ばれ，国外に追いやられようとしていた。そこで道真は，唐の衰退と航海の危険を理由に遣唐使の派遣の延期を宇多天皇に進言し，これが聞き入れられた。

(12)　ハザードマップ　　防災マップでもよい。

(13)　共助　　防災・減災対策には，国や地方公共団体が取り組む公助，地域が取り組む共助，一人ひとりが取り組む自助がある。

(14)　ウ　　ア．誤り。緊急地震速報や気象に関する警報は気象庁が発表する。イ．誤り。避難勧告や避難指示は，市区町村長から出される。エ．誤り。自然災害の発生は必ずしも予測できるものではない。

4　(1)　ア，イ　　ウ．誤り。参議院に解散はなく，衆議院に解散がある。エ．誤り。参議院議員は選挙区選挙で148名が選出され，比例代表選挙で100名が選出される。

(2)　18　　選挙権年齢の変遷は右表を参照。

(3)　イ　　最高裁判所長官は，内閣が指名し，国事行為として天皇が任命する。

選挙法改正年 (主なもののみ抜粋)	直接国税の要件	性別による制限	年齢による制限
1889年	15円以上	男子のみ	満25歳以上
1925年	なし	男子のみ	満25歳以上
1945年	なし	なし	満20歳以上
2015年	なし	なし	満18歳以上

(4)　自由民権運動　　板垣退助らが民撰議院設立建白書を政府に提出し，議会の開設を求めたことが，新聞に掲載されると，世論に大きな影響を与え，自由民権運動の口火となった。

(5)　貴族院　　帝国議会は，選挙で選ばれる衆議院と非公選の貴族院の二院制であった。

(6)　25　　直接国税を15円以上納める満25歳以上の男子に選挙権が与えられた。

(7)　1　　有権者数の割合は，国民の約1.1%と言われている。

(8)①　ぜいたく　　「ぜいたくは敵だ」「欲しがりません　勝つまでは」「足らぬ足らぬは工夫が足らぬ」など，数多くの標語がつくられ，戦争への協力が呼びかけられた。　②　イ→ウ→オ→ア→エ　　イ(1941年)→ウ(1945年4月)→オ(1945年5月)→ア(1945年7月)→エ(1945年8月)

(9)　法の下　　日本国憲法第14条には，「すべて国民は，法の下に平等であって，人種，信条，性別，社会的身分，又は門地により，政治的，経済的又は社会的関係において，差別されない。」とある。

(10)　ＮＡＴＯ　　アメリカを中心とする資本主義陣営はＮＡＴＯ(北大西洋条約機構)，ソ連を中心とする社会主義陣営はワルシャワ条約機構という軍事同盟をつくって対立し，冷戦と呼ばれる緊張状態が続いた。

(12)　核兵器禁止条約　　「核の保有や使用を全面的に禁止した条約」とあることから考える。アメリカの核の傘の下にある日本は，核保有国とともに核兵器禁止条約に調印していない。

(14)　ウ　　物価上昇は，需要量＞供給量となったときに起きる。

(15)　オ　　アはコロンビア，イはペルー，ウはブラジル，エはボリビア。

★南山中学校【男子部】

《国　語》

一　一. A　二. エ　三. オ　四. 自覚　五. ひとしなみ　六. C　七. エ　八. 最初…「私でなけ　最後…ということ　九. (例文)言葉…ありがたい／『枕草子』の「ありがたきもの」を読んで、めったにないという意味があると知った。それは、有ることが難しいという意味からきている。それを知って、現代語でも、めったにないほど貴重なことだと受け止めたから「ありがたい」と言うのだと思うようになった。

二　①関心　②調停　③徒党　④野　⑤障子　⑥矢　⑦多幸　⑧果報
⑨さかて〔別解〕ぎゃくて　⑩せっしょう

三　一. エ　二. イ　三. Ⅰ. A　Ⅱ. B　Ⅲ. B　Ⅳ. A　四. ア　五. カ　六. ⑥エ　⑦カ
七. ⅰ. 本当に大変だった人　ⅱ. 伊智花の「申し訳ない」は、本当のつらさを理解していない自分がかるがるしくはげますことを心苦しく思う気持ちであり、サトシの「申し訳ない」は、自分が迷わくをかけたことについて謝罪する気持ちである。

《算　数》

1　(1)2　(2)$\frac{1}{3}$　(3)7400　(4)28000　(5)133　(6)$4\frac{2}{3}$
(7)$10\frac{2}{3}$

2　(1)6　(2)10

3　(1)カエデ　理由…AとBがともに大きい数であれば，たしてAになる２つの整数の組み合わせよりもかけてBになる２つの整数の組み合わせの方が少なくなるから。　(2)22，35

4　(1)58000　(2)1130400　(3)右図

5　(1)12　(2)

×	○			△

(3)1617

6　(1)114　(2)右グラフ　(3)ユタカ　残り…25

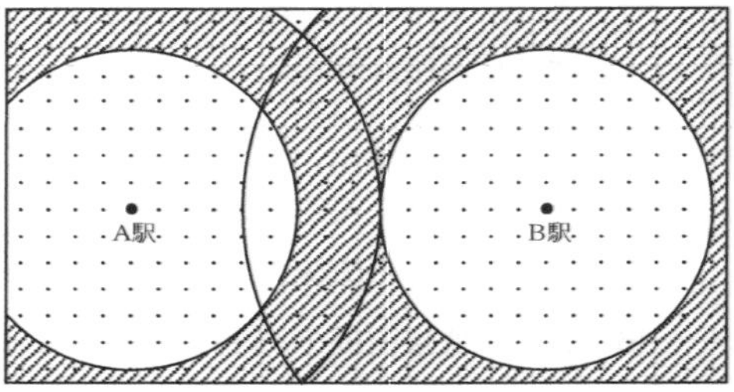

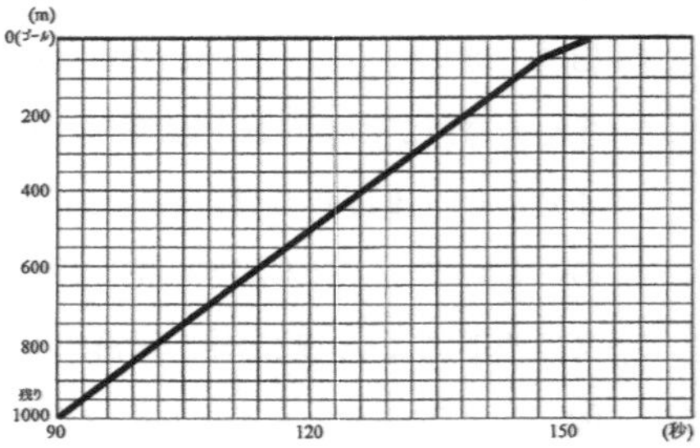

《理　科》

1　(1)0　(2)25　(3)2　(4)①　(5)③　(6)②，③，④，⑤　(7)(a)②　(b)右図
(8)②

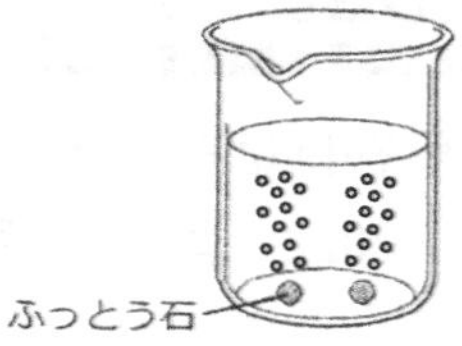

1(7)(b)の図

2　(1)塩化水素　(2)こまごめ　(3)(a)黄　(b)3.8

3　(1)②，⑥　(2)③　(3)②，④，⑦，⑧

4　(1)ウ　(2)(a)C　(b)A，B，C　(3)①，②，⑤，⑥，⑦，⑧，⑨
(4)葉…②　茎…④　(5)②，③，⑦

5　(1)ア．①　イ．⑤　ウ．⑧　エ．⑫　オ．⑭　(2)カ．②　キ．⑧　(3)ク．④　ケ．⑤　コ．⑩

6　(1)A．①　B．④　(2)ア．こぐま　イ．2　(3)D　(4)②　(5)④

7　(1)②　(2)線状降水帯　(3)②，⑤

8　(1)S　(2)①　(3)右図　(4)270　(5)①，③，⑥

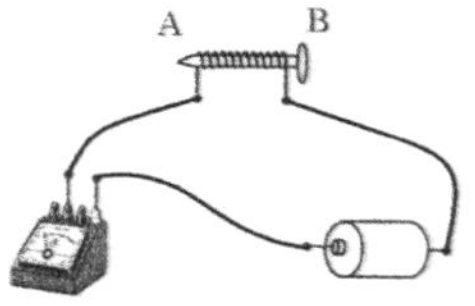

8(3)の図

9　(1)a．$\frac{1}{4}$　b．$\frac{2}{25}$　c．$\frac{1}{18000}$　(2)309600

10　[Ⅰ](1)A　(2)×　(3)①　[Ⅱ](4)C4　(5)D4　(6)120

《社　会》

1　問1．1．稲荷山　2．熊本　3．聖武　4．北条時宗　問2．エ　問3．先史時代は文字がないために記録が残っていないから。　問4．ユネスコ　問5．環状列石〔別解〕ストーンサークル　問6．イラン
問7．エ　問8．伝染病　問9．エ　問10．イ　問11．ア→オ→エ→ウ　問12．イ　問13．エ
問14．ゴッホ

2　問1．エ　問2．中小工場　問3．地産地消　問4．ア　問5．平城京　問6．ア　問7．明
問8．イ　問9．ウ　問10．ウ　問11．ウ　問12．エ　問13．東海道　問14．今川義元
問15．豊臣秀吉　問16．イ→エ→ア→ウ　問17．イ　問18．ウ　問19．ア　問20．エ　問21．ア
問22．エ　問23．石炭　問24．第一次世界大戦が終わり，ヨーロッパ諸国が復興し，生産市場に復帰した中で，日本の余剰生産が続いていたから。　問25．南満州鉄道　問26．ア　問27．切符　問28．ア
問29．ウ　問30．イ　問31．ウ　問32．オイルショック　問33．イスラム教

3　問1．文化の日　問2．満25歳以上の男子。　問3．ウ　問4．ウ　問5．与謝野晶子
問6．持たず，つくらず，持ちこませず　問7．ア　問8．オミクロン株　問9．民主党
問10．カーボンニュートラル　問11．メルケル　問12．砂防ダム

2022 解説 令和４年度 ▶ 南山中学校【男子部】

←解答例は前のページにありますので，そちらをご覧ください。

《2022　国語　解説》

一　一　―線部①は、直前の「人間というのは、生まれつく言葉の子どもなのだということです」を言いかえたもの。よって、ウには「人間」、エには「言葉」が入る。アとイは、ここで言いたい「人間が言葉の子どもなのだ」ということと対比されている部分なので、「言葉は人間の子どもではなく」となる。よって、Aが適する。

二　選択肢《せんたくし》を見ると、いずれも「～のではありません」という否定の表現である。つまり、入る文では、(　②　)の前後の「人間より先に言葉がある、ということです」「言葉のなかに生まれて、言葉のなかに育ってゆくのが、人間です」という内容とは反対の内容を取り上げていると判断できる。よって、エが適する。(　②　)の直後の段落で「一つだけ(人間が)つくれなかったものがある。それが言葉です」と述べていることにも合う。

三　文章のⅡで述べてきた「みなおなじであっても、何が違《ちが》うのかというそのことを考えるいちばんの手がかりは～人間をつくってきたものである、言葉です」「肝心《かんじん》なのは～一人一人がどういう言葉のなかに生まれ、どういう言葉によって育てられて、育ってきたかです」「言葉のなかに生まれて、言葉のなかに育ってゆくのが、人間です」ということから、「一つだけ(人間が)つくれなかったもの」としての「言葉」がどのようなものであるかを読み取る。それは、自分という人間を育てた言葉のことである。よって、オが適する。

四　「～ということに、みずからよくよく思いをひそめないと、人間はとんでもない勘違《かんちが》いをする」ということを、直後で「そのことに自覚的でないと誤る」と言いかえている。

五　文章のⅠの１行目にある「ひとしなみ」(等《ひと》し並《なみ》。同じあつかいをすること。同程度、同様であること)。

六　筆者は―線部⑥の直前で、「大事なのは言葉で自分を表現することだ」という考えは、言葉は人間の家来ではないので、正しくないということを述べている。このことが、―線部⑥の「～ではなく」にあたると考えられる。よって、オには「言葉」、カには「自分」が入る。キとクは、「言葉で自分をどうゆたかにできるか」と対比的な内容になるので、「自分は言葉をどうゆたかにできるか」となる。よって、Cが適する。

七　「美辞麗句《びじれいく》」とは、美しく(うわべだけを)飾《かざ》りたてた言葉や文句のこと。

八　―線部⑧の直前の「自分がどういう言葉をどう使うか、その言葉のなかに自分をどう表してゆくか、それができるか、できないか」という問題のことである。この内容をふまえて、「いちばん重要なおもり」という表現に通じる言葉を文章のⅠで探すと、最後に「『私でなければいけないものは何か』ということが、これからは一人一人にとっての重要な問題～難問になってくるだろうと思うのです」とある。

三　一　「集大成」とは、多くのものを集めて、一つのまとまったものにすること。この「滝」に、これまでの自分の力を注ぎこんでいるので、「描きたすほどに、今までの中でいちばん立体的な滝になっていく」のだと考えられる。よって、エが適する。

二　打ち消しの漢字を付ける場合、アは「非常識」、ウは「未確認」、エは「無関係」、オは「未分化」、カは「没《ぼつ》交渉《こうしょう》」となる。

三Ⅰ　「枝葉のディテール(こまかい部分)や、影《かげ》の描き方や、見上げるような構図」は、この絵で伊智花《いちか》が力を入れた部分で、絵そのものに関すること。　Ⅱ　「〈絵画で被災地《ひさいち》に届けよう、絆《きずな》のメッセージ　～がんばろう岩手～〉」にある「絆」のこと。　Ⅲ　「そういうふう」とは、記者が言った「この絵を見ると元気が湧《わ》いてきて、明るい気持ちになって、頑張《がんば》ろうって思える」を指す。このようなメッセージを届けようとしているのでしょう、と記者が誘導《ゆうどう》している。　Ⅳ　「見上げるような構図。木のてっぺんから地面まで平等に、花が降っているところがすごい迫力《はくりょく》～光の線～控《ひか》えめなのに力強くてさ」は、伊智花の絵の良さを語る顧問《こもん》の言葉である。

四　「懇願《こんがん》のような謝罪のような」とあることから考える。ここでの「謝罪」とは、伊智花はきっと気が乗らないだろうとわかっていながらすすめることを申し訳なく思っているのだと考えられる。つまり伊智花が「絆って、なんなんですかね」「本当に大変だった人に、ちょっと電気が止まったくらいのわたしが『応援《おうえん》』なんて、なにをすればいいのかわかんないですよ」というようなことを言いそうだとわかっていたということ。それでも、「絵を描ける伊智花だからこそ、絵の力を信じている伊智花だからこそ」と、伊智花に描いてほしい気持ちがあって「懇願(心からお願いすること、熱心にたのむこと)のような」表情をしていたと考えられる。よって、アが適する。

五　＜　③　＞に続けて「虹《にじ》や、双葉《ふたば》が芽吹《めぶ》くようなものは、いくらなんでもと思ってやめた～考えて、考えて～ニセアカシアの白い花が降る絵を描いた～顔をあげるから前向きな絵～光の線を描き足し～『顔をあげて』とした」とある。つまり＜　③　＞では、「連盟の人」が言っていたという「鳥とか、空とか、花とか、心が安らぐような、夢を抱《いだ》けるような、希望や絆があって前向きなもの」というコンセプトに応じて、何を描こうか考えているのである。よって、カが適する。

六⑥　伊智花の「申し訳ない～わたしは～絆なんて、がんばろうなんて、言えないです」という答えは、記者の求めている答えではない。この後記者が「この絵を見ると元気が湧いてきて～頑張ろうって思えると思うんですよ～どんな思いを届けたいですか？」と言っていることから、―線部⑥で記者は、自分が求める答えを引き出すために考えていたのだとわかる。伊智花が「この人たちは、絵ではなくて、被災地に向けてメッセージを届けようとする高校生によろこんでいるんだ」と感じた通りなのである。よって、エが適する。　⑦　あくまで「思い」(被災地へのメッセージ)を求めてくる記者の誘導に「そういうふうに、思ってもらえたら、うれしいですけど」と答えたのは、これ以上自分の本当の気持ちを説明する気がなくなったからだとうかがえる。あたりさわりのない返事をして、やり過ごそうとしているのである。その気持ちは、以後の記者の質問のほとんどに「いえ、とくに」と答えたとあることからも読み取れる。記者の誘導に負けて自分の真意を伝える熱意を失い、「描かなければよかった」と後悔《こうかい》しているので、カが適する。

七ⅰ　「すこしライフラインが止まったくらい」の「わたし」(伊智花)が、表面的なはげましを言うのは失礼だと感じる相手である。＜　③　＞の９行前の「本当に大変だった人に、ちょっと電気が止まったくらいのわたしが『応援』なんて」より。　**ⅱ**　心に痛みを感じてせつなく、気がとがめることを表す「申し訳ない」と、迷惑《めいわく》をかけたことを謝罪するときの「申し訳ない」の違いを説明する。

《2022　算数　解説》

1

(1)　与式$=\{\frac{7}{2}\times(\frac{7}{5}-\frac{7}{15})-\frac{3}{5}\}\div\frac{4}{3}=\{\frac{7}{2}\times(\frac{21}{15}-\frac{7}{15})-\frac{3}{5}\}\times\frac{3}{4}=(\frac{7}{2}\times\frac{14}{15}-\frac{3}{5})\times\frac{3}{4}=(\frac{49}{15}-\frac{9}{15})\times\frac{3}{4}=\frac{40}{15}\times\frac{3}{4}=2$

(2)　与式より，$32\div\square+3=100-1$　　$32\div\square=99-3$　　$\square=32\div96=\frac{32}{96}=\frac{1}{3}$

(3)　1週間＝7日の合計歩数は，$10800\times7=75600$(歩)　　平日5日の合計歩数は，$12900\times5=64500$(歩)
よって，土日2日の合計歩数は$75600-64500=11100$(歩)で，土曜日と日曜日の歩数の比は2：1だから，土曜日の歩数は，$11100\times\frac{2}{1+2}=7400$(歩)

(4)　**【解き方】AからBまで等間隔《とうかんかく》で並ぶn個の数の和は，$\frac{(A+B)\times n}{2}$で求められることを利用する。**
10週目は$1000+400\times(10-1)=4600$(円)貯金するから，目標金額《きんがく》は，$\frac{(1000+4600)\times10}{2}=28000$(円)

(5) 右のように記号をおく。角ウ＝180° －角ア＝180° －107° ＝73°

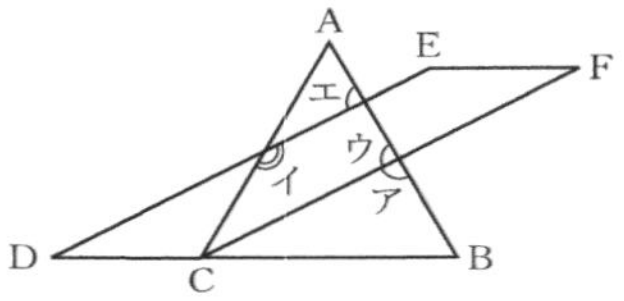

平行線の同位角は等しいから，角エ＝角ウ＝73°

三角形の外角の性質より，角イ＝60° ＋73° ＝133°

(6) 容器A，B，Cの底面積をそれぞれ①cm²，②cm²，③cm²とする。

容器Aの水を空の容器Cに移すと水面までの高さは，①×８×$\frac{1}{\text{③}}=\frac{8}{3}$(cm)になり，容器Bの水を空の容器Cに移すと水面までの高さは，②×３×$\frac{1}{\text{③}}$＝２(cm)になる。よって，求める高さは，$\frac{8}{3}+2=\frac{14}{3}=4\frac{2}{3}$(cm)

(7) **【解き方】ＢＣを底辺としたときの高さが等しいから，三角形ＡＢＣと三角形ＱＢＣの面積は等しい。この２つの三角形から，三角形ＢＣＨを取り除くと，三角形ＡＢＨと三角形ＱＨＣとなるので，三角形ＡＢＨの面積は三角形ＱＨＣの面積に等しく 16㎠となる。**

三角形ＡＢＨは底辺をＨＢ＝３cmとすると高さがＡＱとなるから，ＡＱ＝16×２÷３＝$\frac{32}{3}=10\frac{2}{3}$(cm)であり，これはＰが動いた距離《きょり》である。

2 (1) 借り物競争は連続する競技になるので，選べない。競技が連続しないように注意すると，残り２つの選び方は，(つなひき，玉入れ)(つなひき，リレー)(つなひき，棒たおし)(400ｍ走，リレー)(400ｍ走，棒たおし)(玉入れ，棒たおし)の６通りある。

(2) **【解き方】最初に出場する競技で場合分けをする。**

最初に短距離走に出る場合，残り２つの選び方は(1)のように６通りある。

最初に借り物競争に出る場合，残り２つの選び方は，(400ｍ走，リレー)(400ｍ走，棒たおし)(玉入れ，棒たおし)の３通りある。

最初につなひきに出る場合，残り２つの選び方は，(玉入れ，棒たおし)の１通りある。

最初に 400ｍ走以降の競技に出る場合は３つ選ぶことができないので，選び方は全部で，６＋３＋１＝10(通り)

3 (1) 例えば，たして 50 となるような２つの整数を探すと，１と 49，２と 48，３と 47，…，25 と 25 の 25 通り，かけて 50 となるような２つの整数を探すと，１と 50，２と 25，５と 10 の３通りが見つかる。

このように，ＡとＢが大きい数の場合は，たしてＡになる２つの整数の組み合わせよりもかけてＢになる２つの整数の組み合わせの方が少なくなる。

(2) 770＝２×５×７×11 より，かけて 770 となる２つの整数を探すと，１と 770，２と 385，５と 154，７と 110，10 と 77，11 と 70，14 と 55，22 と 35 が見つかる。このうち，たして 57 となる２つの整数は，22 と 35 である。

4 (1) ①での家賃は $100000-5000\times\frac{1000}{100}=50000$(円)，②での家賃は $88000-3000\times\frac{1000}{100}=58000$(円)だから，求める金額は 58000 円である。

(2) ①で計算した家賃が 70000 円以上となるのは，Ａ駅の真上にあるマンションの家賃と比べて下がる家賃が 100000－70000＝30000(円)以内のときだから，Ａ駅から $100\times\frac{30000}{5000}=600$(ｍ)以内の位置にあるときである。

よって，求める面積は，Ａ駅を中心とした半径 600ｍの円の内部の面積だから，600×600×3.14＝1130400(㎡)

(3) **【解き方】①，②それぞれで計算した家賃が 55000 円以上 70000 円以下になる範囲をまず考える。**

①で計算した家賃が 70000 円以下になるのは，(2)より，Ａ駅から 600ｍ以上離れた位置にあるときで，家賃が 55000 円以上となるのは，Ａ駅から $100\times\frac{100000-55000}{5000}=900$(ｍ)以内の位置にあるときである。

②で計算した家賃が 70000 円以下になるのは，Ｂ駅から $100\times\frac{88000-70000}{3000}=600$(ｍ)以上離れた位置にあるときで，家賃が 55000 円以上となるのは，Ｂ駅から $100\times\frac{88000-55000}{3000}=1100$(ｍ)以内の位置にあるときである。

よって，①で計算した家賃が 55000 円以上 70000 円以下になるのは，Ａ駅を中心とした半径が 600ｍの円と半径が

900mの円にはさまれた範囲で，②で計算した家賃が 55000 円以上 70000 円以下になるのは，B駅を中心とした半径が 600m の円と半径が 1100mの円にはさまれた範囲である。

右図の色付き部分の位置は，②の計算では家賃が 55000 円以上 70000 円以下になるが，①の計算では家賃が 70000 円以上となるので，③より条件に合わない。よって，斜線は解答例のようになる。

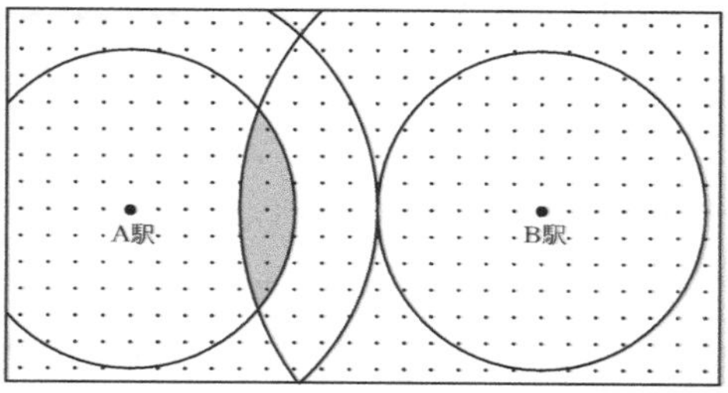

5 (1) **【解き方】3の倍数であり，12 の倍数でない数に○が書かれる。**

10 枚目までのプレートには，1から5×10＝50 までの整数が書かれる。1～50 までの整数のうち，3の倍数は 50÷3＝16 余り2より 16 個，12 の倍数は 50÷12＝4余り2より4個あるから，求める個数は，16－4＝12(個)

(2) **【解き方】3，4，12 の倍数について記号が書かれるのだから，記号の書き方は，3と4と 12 の最小公倍数である 12 個の数字ごとに，同じ記号がくり返される。プレートには数字が5個ずつ書かれるから，5と 12 の最小公倍数である 60 個の数字ごとに，プレートに同じ記号の並びがくり返される。**

[　|　|○|×|　] の記号が最初に書かれるプレートは，[1|2|3|4|5] が書かれていたプレートなので，この次に同じ記号の並びが出てくるのは，数字が 60 進んだ，[61|62|63|64|65] が書かれていたプレートである。

この直前にできるプレートは [56|57|58|59|60] が書かれていたプレートで，記号の並びは [×|○|　|　|△] となり，これが求める記号の並びである。

(3) **【解き方】(2)をふまえる。1，2，3枚目のプレートより，○は1～12 までで3回書かれ，3回目の○が書かれる数は，12 の3つ前の9である。2022÷3＝674 なので，書かれた数字が 12×674＝8088 の3つ前の 8085 のとき，2022 回目の○が書かれる。**

8085 が書かれているのは 8085÷5＝1617(枚目)なので，これが求める枚数である。

6 (1) タケシ君はゴールまで残り 1000m地点から，残り 600m地点を通過するまでの 1000－600＝400(m)を，毎秒(100÷6)m＝毎秒$\frac{50}{3}$mで走る。よって，求める時間は，90＋400÷$\frac{50}{3}$＝114(秒)

(2) タケシ君はゴールまで残り 1000m地点から，残り 50m地点を通過するまでの 1000－50＝950(m)を，950÷$\frac{50}{3}$＝57(秒)で走る。よって，タケシ君がゴールまで残り 50m地点を通過するのは，スタートから 90＋57＝147(秒後)である。ここから，残りの 50mは，毎秒($\frac{50}{3}$÷2)m＝毎秒$\frac{25}{3}$mで走るから，ゴールするのはスタートから 147＋50÷$\frac{25}{3}$＝153(秒後)である。

よって，グラフは点(90 秒，1000m)(147 秒，50m)(153 秒，0m)を順に直線で結べばよい。

グラフの縦1マスは 200÷4＝50(m)，横1マスは(120－90)÷10＝3(秒)を表していることに気を付けよう。

(3) **【解き方】まずはユタカ君がゴールした時間を求め，タケシ君との差が何秒だったかを考える。**

ユタカ君は，ゴールまで残り 1000m地点をタケシ君より3秒遅れて通過し，そこから残り 600m地点まではタケシ君と同じペースで進んでいる。よって，ユタカ君が残り 600m地点を通過するのは，タケシ君が残り 600m地点を通過した3秒後だから，スタートから 114＋3＝117(秒後)である。

スピードを上げる前の速さは毎秒$\frac{50}{3}$mだから，スピードを上げた後の速さは，毎秒($\frac{50}{3}$×$\frac{12}{11}$)m＝毎秒$\frac{200}{11}$m

ユタカ君は残り 600mを 600÷$\frac{200}{11}$＝33(秒)で走るから，ゴールするのはスタートから 117＋33＝150(秒後)である。

よって，ユタカ君の方がタケシ君より 153－150＝3(秒)早くゴールする。この3秒間で，タケシ君は残りの $\frac{25}{3}$×3＝25(m)を進むのだから，ユタカ君がゴールしたとき，タケシ君は残り 25m地点にいた。

《2022　理科　解説》

1 (1)　氷を加熱し続けたとき，0℃と100℃で温度が一定になる。0℃は氷が溶《と》けて水になるときの温度(ゆう点)，100℃は水がふっとうして水蒸気になるとき温度(ふっ点)である。ものの状態が固体から液体，または液体から気体に変化するのに熱が使われるため温度が一定になるが，状態変化が終わると温度が再び上がり始める。

(2)　(1)解説より，10分のときの温度は0℃，26分のときの温度は100℃であり，10分から26分までの16分間で温度が100℃上がったから，10分から14分までの4分間では$100\times\frac{4}{16}=25$(℃)上がる。

(3)　何倍かを比べるのであれば，100gで考えても同じである。グラフより，−25℃の氷100gの温度を25℃上げるのに2分かかり，(2)より，0℃の水100gの温度を25℃上げるのに4分かかるから，4÷2＝2(倍)である。

(4)　氷を水にうかべたとき，氷はその重さと同じ重さの水をおしのける。よって，氷がすべて溶けると，おしのけていた水と同じ体積の水になり，水面の高さは変化しない。

(5)　(1)解説のとおり，26分から32分の間では，水が水蒸気(液体が気体)に変化している。①は気体から液体や固体への変化，②は気体から固体への変化，④は気体から液体への変化である。

(6)　①は，食塩が非常に小さい粒《つぶ》になって水溶液《すいようえき》中に広がることで目に見えなくなる現象で，状態変化ではない。

(7)(a)　ふっとう石や素焼きのレンガには小さなあなが開いている。このあなにふくまれる空気を，液体から気体への状態変化のきっかけにすることで，突然ふっとうするのを防いでいる。

(8)　グラフより，1gの水の体積は約4℃のときに最も小さくなるとわかる。よって，同じ体積では，4℃の水が最も重いので，4℃のときは40℃のときよりもしずみやすい(水面に出る量が少ない)。

2 (3)(a)　アルカリ性の水酸化ナトリウム水溶液に酸性の塩酸を加えると，たがいの性質を打ち消し合う中和が起こり，過不足なく反応したときには塩化ナトリウム水溶液(食塩水)になる。塩酸の体積をふやしていくとできる塩化ナトリウムの重さがふえ，水酸化ナトリウム水溶液が不足すると塩化ナトリウムの重さはふえなくなる。表より，塩酸の体積が30㎤になるまでは塩酸の体積が10㎤ふえるごとに残った固体が0.4gずつふえ，塩酸の体積が40㎤以上では残った固体の体積が4.4gで一定になっている。よって，残った固体の体積がはじめて4.4gになる(Dのときよりも0.2gふえる)のは，Dのときよりも塩酸の体積が5㎤大きい35㎤のときだと考えられる。よって，Fのビーカーでは酸性の塩酸が残っているので，黄色に変化する。なお，BTB液は中性では緑色，アルカリ性では青色に変化する。　(b)　(a)解説より，残った固体が4.4gになったとき，4.4gはすべて中和によってできた塩化ナトリウムである。つまり，塩酸35㎤が反応すると4.4gの塩化ナトリウムができるということだから，塩酸30㎤が反応すると$4.4\times\frac{30}{35}=3.77\cdots\rightarrow3.8$gの塩化ナトリウムができる。なお，Dのときの残った固体のうち，約4.2−3.8＝0.4(g)は，反応せずに残った水酸化ナトリウム水溶液に溶けていた水酸化ナトリウムの重さである。

3 (1)　①③⑤は卵，④⑧は成虫，⑦はさなぎで冬越《ご》しする。

(2)　①③⑤のうち，①は土の中，③は水中のどろの中，⑤は木の枝などに卵を産みつける。

(3)　②④⑦⑧が，卵→幼虫→さなぎ→成虫の順に育つ完全変態の昆虫《こんちゅう》であるのに対し，①③⑤⑥は卵→幼虫→成虫の順に育つ不完全変態の昆虫である。

4 (2)(a)　インゲンマメは根が最初に出てくる。　(b)　イネのFの部分は胚《はい》であり，胚は植物の体になる部分である。

(3)　子葉が1枚の単子葉《たんしよう》類には養分を胚乳にたくわえているものが多く，子葉が2枚の双子葉《そうしよう》類には養分を子葉にたくわえているものが多い。①②④⑤⑥⑦⑧⑨は双子葉類だが，④は例外で，胚乳に養分をたくわえている。

(4)　トウモロコシなどの単子葉類の葉脈は②のように平行であり，茎《くき》の断面に見られる水分や養分の通り道(維管《いかん》束《そく》)は④のように散らばっている。なお，双子葉類では，葉脈が①のような網目《あみめ》状で，維管束が③のように輪状に並んでいる。

(5) 花粉が風で飛ばされて受粉する花を風媒花《ふうばいか》という。風媒花には，虫をおびきよせるためのあざやかな花びらなどが必要ない。なお，花粉が虫によって運ばれて受粉する花を虫媒花という。

5 (1) ツバメのように食べ物や環境《かんきょう》の変化に応じて定期的に長い距離《きょり》を移動する鳥を渡《わた》り鳥という。北半球の渡り鳥はふつう，春と夏を過ごしやすい北の地域で，秋と冬をあたたかい南の地域ですごす。よって，春に日本にやってくる渡り鳥は，南の地域からやってきて産卵と子育てをし，秋になると南の地域へもどっていく。このような渡り鳥をとくに夏鳥という。

(2) 春の始まりを立春のころと考える。　カ．①は６月ごろから，③は10月ごろから，④は11月ごろから，⑤は９月ごろから花が咲《さ》き始める。　キ．⑥は３月ごろから，⑦と⑨は６月ごろから見られるようすである。

(3) ク．①は５月ごろから，②は６月ごろから，③は５月ごろから見られるようすである。　ケ．サクラ(ソメイヨシノ)は，春に花を咲かせ，花が散るとたくさんの緑色の葉で覆《おお》われるようになる。秋には，次の年の春に咲く花芽をつけている。　コ．ツルレイシの実は８月ごろから収かくする。実を収かくせずにいると，完熟して実が縦に割け，中の種が地面に落ちる。よって，秋にはたくさんの種が地面に落ちていると考えられる。なお，秋になっても⑧や⑨のようすが見られることはある。

6 (1) 中心の位置にあるＥが北極星だから，Ｂが北，Ｄが南である。また，星座早見は頭の上にかざして使うので，南北に対する東西が地図とは逆になっている。よって，Ａが東，Ｃが西である。

(3) 観察したい方角を下に向けて空にかざす。

(4) 地球が太陽のまわりを１年で約１回まわっていること(公転)により，星座の見える位置や時刻が変化する。同じ星座が同じ位置に見える時刻は１か月で約２時間早くなるので，半月では約１時間早くなる。

(5) カシオペヤ座は北の空で，北極星のまわりを回転している。よって，図１のＢを下に向けて空にかざすと，カシオペヤ座と北極星の位置関係は②や④のようになる。これらのうち，北の地平線が見える④が正答となる。

7 (1) ②×…警戒《けいかい》レベル４の情報名称は，「避難《ひなん》指示」に一本化した。

(3) ①×…最大風速が秒速17.2m以上のものを台風という。　③×…台風をつくる雲は，おもに積乱雲である。　④×…北半球では，低気圧の中心に向かって反時計回りに風がふきこむので，台風のうずの巻き方は反時計回りになる。　⑥×…台風の目では，雲がなく，風もほとんどふかず，晴れている。

8 (1) コイルを流れる電流の向きに図Ⅰの右手をあてはめると，ＡがＳ極，ＢがＮ極になるとわかる。

図Ⅰ

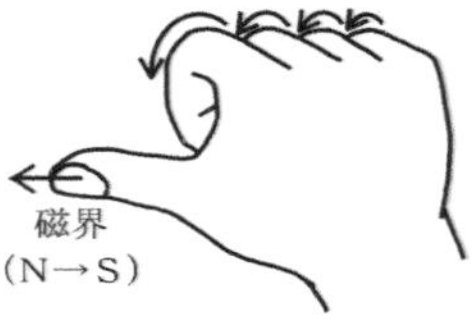

(2) 針がふり切れてこわれるのを防ぐため，最も大きい電流をはかることができる５Ａのたんしを使う。

(3) 電流計は，電流の強さを調べたい部分に対して直列につなぐ。

(4) 500mAの－たんしにつないだとき，上の目もりの１～５は，それぞれ100mA～500mAに対応する。また，１目もりは10mAだから，図４のときの電流の強さは270mAである。

(5) コイルに流れる電流を強くしたり，(エナメル線の長さを変えずに)コイルの巻き数をふやしたりすると，電磁石の磁力が強くなる。直列つなぎのかん電池を増やすと電流は強くなり，並列つなぎのかん電池を増やしても電流の強さはかん電池が１個のときと同じである。また，エナメル線の長さを短くすると，電流が流れやすくなる。

9 (1) ａ．１周→360度で歯とすき間が720×２＝1440あるから，図３のようになったときの歯車が回転した角度は $360 \div 1440 = \frac{1}{4}$(度)である。　ｂ．$10 \div 125 = \frac{2}{25}$　ｃ．360度回転するのにかかる時間が $\frac{2}{25}$ 秒だから，$\frac{1}{4}$ 度回転する

のにかかる時間は$\frac{2}{25}\times(\frac{1}{4}\div360)=\frac{1}{18000}$(秒)である。

(2) 光が歯車と反射鏡の間を往復するときに進む距離は8.6×２＝17.2(km)だから，光の速さは$17.2\div\frac{1}{18000}=$(秒速)309600(km)となる。

10 (1) てこをかたむけるはたらき〔おもりの重さ(ｇ)×支点からの距離(cm)〕が支点の左右で等しいときにつりあう。ここでは支点からの距離を，支点から何個目の穴にあるかで考える。支点から左に３個目の穴につるした１個のＡがてこをかたむけるはたらきは，支点から左に１個目の穴につるした３個のＡと同じである。支点の右には３個のＢの他に１個のＣもつるされていることから，支点から同じ距離につるした３個のＡと３個のＢでは，３個のＡの方がてこをかたむけるはたらきが大きい，つまり，Ａの方が重いと考えられる。

(3) (1)解説と同様に考えると，図２の１個のＣがてこをかたむけるはたらきは，支点から右に１個目の穴につるした２個のＣと同じである。つまり，ＡとＣの重さの比は，支点からの距離が同じ位置につるしたおもりの数の逆比と等しいから，Ａ：Ｃ＝２：１＝６：３である。また，図１は，図Ⅱのように考えることができるから，ＡとＢの重さの比は，Ａ：Ｂ＝３：２＝６：４である。よって，Ａ～Ｃの重さの比は，Ａ：Ｂ：Ｃ＝６：４：３である。

図Ⅱ

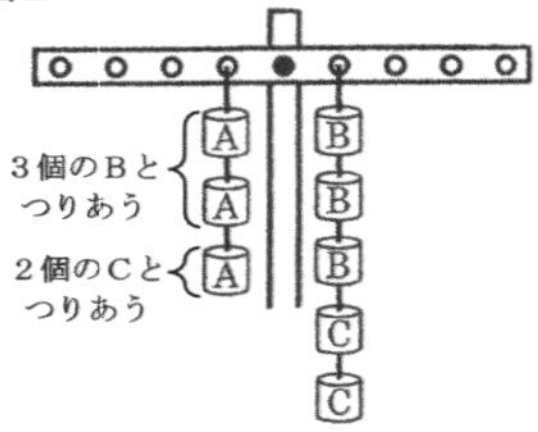

(4) 支点(Ｄ３)からの距離を，支点から何個目の交点にあるかで考えて，格子をかたむけるはたらきを求める。図５では，50ｇのおもりが格子をかたむけるはたらきが50×２＝100だから，100ｇのおもりは支点から右に100÷100＝１(個目)の交点である４につるす。また，図６でも同様に50ｇのおもりが格子をかたむけるはたらきが100だから，100ｇのおもりは支点から左に１個目の交点であるＣにつるす。よって，「Ｃ４」である。

(5) (4)と同様に考える。「あ」から見たとき，Ｂ１のおもり(50ｇ)とＥ２のおもり(100ｇ)が格子を左にかたむけるはたらきは50×２＋100×１＝200だから，200ｇのおもりは支点から右に200÷200＝１(個目)の交点である４につるす。また，「い」から見たとき，Ｂ１のおもり(50ｇ)が格子を左にかたむけるはたらきは50×２＝100，Ｅ２のおもり(100ｇ)が格子を右にかたむけるはたらきは100×１＝100であり，200ｇのおもりをつるさない状態でつりあっているから，200ｇのおもりが格子をどちらにもかたむけないようにＤにつるす。よって，「Ｄ４」である。

(6) 「あ」から見たとき，Ｅ１のおもり(30ｇ)が格子を左にかたむけるはたらきは30×２＝60，Ａ５のおもり(90ｇ)が格子を右にかたむけるはたらきは90×２＝180だから，格子を左にかたむけるはたらきが180－60＝120となるように，１に120÷２＝60(ｇ)のおもりをつるすか，２に120÷１＝120(ｇ)のおもりをつるすかのどちらかである。また，「い」から見たとき，Ａ５のおもり(90ｇ)が格子を左にかたむけるはたらきは90×３＝270，Ｅ１のおもり(30ｇ)が格子を右にかたむけるはたらきは30×１＝30だから，格子を右にかたむけるはたらきが270－30＝240となるように，Ｅに240÷１＝240(ｇ)のおもりをつるすか，Ｆに240÷２＝120(ｇ)のおもりをつるすか，Ｇに240÷３＝80(ｇ)のおもりをつるすかのいずれかである。よって，両方の条件を満たすのは，「Ｆ２」に120ｇのおもりをつるすときである。なお，Ｅ１のおもり(30ｇ)とＡ５のおもり(90ｇ)が格子をかたむけるはたらきは，その間の距離を重さの逆比に分けるＢ４に30＋90＝120(ｇ)のおもりを１個つるしたときと同じだから，図３で，Ｄ３に関してＢ４と対称《たいしょう》の位置にあるＦ２に120ｇのおもりを１個つるすと考えてもよい。

《2022　社会　解説》

1 問１ 3 聖武天皇は，仏教の力で世の中を安定させようとして全国に国分寺・国分尼寺を，奈良の都に東大寺と大仏をつくらせた。当時の貴族の反乱として，藤原広嗣の乱が知られている。　4 鎌倉幕府８代執権北条時宗が元による服属の要求をしりぞけた後，２度にわたって元・高麗の連合軍は北九州に上陸し日本を襲来した（元寇/1274 年 文永の役・1281 年 弘安の役）が，いずれも暴風雨の影響などにより引き上げた。

問２　エの土偶が正しい。アは弥生土器（弥生時代），イは埴輪（古墳時代），ウは銅鐸（弥生時代）。

問３　先史時代よりも後に文字資料（史料）に基づく研究方法がとられていることから，導き出せる。

問４　ユネスコ（国連教育科学文化機関）は教育や科学，文化の面での協力を通じて，世界平和を促進することを目的としている。

問５　秋田県の大湯，北海道の忍路・音江の環状列石が有名である。海外ではイギリスのストーンヘンジが有名である。

問６　奈良時代の唐には，シルクロードを通って西アジアから様々な宝物が伝わっており，その一部が遣唐使によって日本に持ちこまれ，東大寺の正倉院に納められた。瑠璃坏には，西アジアの文化が中国に伝わっていた証拠として，ササン朝ペルシアの工芸の特徴であるガラスの輪の文様がデザインされている。

問７　エ．聖武天皇は平城京→恭仁京→難波宮→紫香楽宮→平城京と都を移した。

問８　当時流行した伝染病は天然痘であった。

問９　日本で初めて金が産出されたのは奈良時代の陸奥国なので，エを選ぶ。宮城県は，古代から中世にかけては陸奥国，近世では仙台藩と呼ばれた。

問 10　イ．問１(4)の解説参照。

問 11　ア．島原・天草一揆（1637 年）→オ．ポルトガル船の来航禁止（1639 年）→エ．大塩平八郎の乱（1837 年）→ウ．咸臨丸の太平洋横断成功（1860 年）。イは明治時代。

問 12　富士山（山梨県・静岡県）が正面の左側に見えることから，イと判断する。

問 13　エが誤り。「天下の台所」は，年貢米や特産物を運びこむ諸藩の蔵屋敷が集まっていた大阪の呼び名である。江戸は「将軍のお膝元」と呼ばれた。

問 14　歌川広重らの浮世絵は，長崎での貿易が許可されていたオランダを通してヨーロッパへと伝わり，ゴッホをはじめとする多くの画家に強い影響を与えた（ジャポニスム）。

2　**問１**　エが誤り。西アジアの原油は枯渇していない。原油価格の上昇の背景には，新型コロナウイルスのワクチン接種が進んだことによる経済の再活性化（需要量の増加）がある。

問２　大田区はものづくりのまちとして有名であり，約 3500 の中小企業（工場）がある。

問３　地産地消によって，輸送距離が少なくなることで，トラックなどから排出される二酸化炭素の量も抑えることができる。二酸化炭素の排出を抑えることは，地球温暖化の防止にもつながる。

問４　アが誤り。「地租」ではなく「租」である。明治時代の地租改正では，課税の対象を地価の３％にした。

問５　右表参照

遷都を行った年	遷都後の都
710 年	平城京
784 年	長岡京
794 年	平安京

問６　アが誤り。鎌倉時代の武家屋敷は寝殿造をもとにした武家造であった。書院造が取り入れられたのは室町時代以降である。

問７　安土桃山時代に豊臣秀吉が明征服をもくろみ，その通り道となる朝鮮に２度にわたって出兵した。

問８　イ．仙台藩初代藩主の伊達政宗は，関ヶ原の戦いで徳川家康に味方し，その功績により仙台藩 62 万石を領した。

問９　ウが正しい。日本の大豆の生産量は 93000÷0.425＝218823.5…（t）である。また，日本の大豆の自給率は約２割である。

問 10　ウが誤り。「二期作」ではなく「二毛作」である。同じ耕地で同じ作物を作ることを二期作という。

問11　ウが誤り。日本酒の主な原料は米・米麹・水である。

問12　エが誤り。大陸から渡来人が移り住んだのは古墳時代からで，竪穴住居は縄文時代から利用されていた。

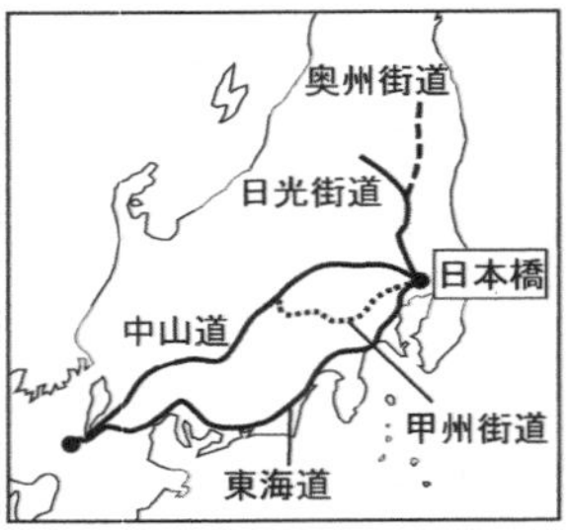

問13　名古屋を通ることから，東海道と判断する(右図参照)。

問14　３万の軍勢で尾張の桶狭間に攻め入った駿河の今川義元を，織田信長は３千の兵で打ち破った。

問15　豊臣秀吉は，1590年に北条氏を滅ぼして天下を統一した。

問16　イ．長篠の戦い(1575年)→エ．関ヶ原の戦い(1600年)→ア．征夷大将軍就任(1603年)→ウ．大阪の陣(1614～1615年)

問17　地図の右下のスケールバーを利用すると，岡崎城(凸)から八丁みそ工場までの道のりはスケールバー７本と半分あると読み取れるので100×7.5＝750(m)。よって，１丁は750÷８＝93.75(m)なので，最も近いイを選ぶ。

問18　伊勢国は三重県の旧国名なので，ウと判断する。

問19　夏の南東季節風が，暖流の黒潮の上空で大量の水蒸気を含んだ後，山地にぶつかって太平洋側に大量の雨を降らせるので，アを選ぶ。

問20　エが誤り。朝鮮は1910年の韓国併合で日本領となった。日清戦争後の下関条約の締結は1895年，日露戦争後のポーツマス条約の締結は1905年。

問21　ア．開国以来，生糸は日本の主要な輸出品だった。生糸の品質や生産技術を向上させることを目的に，1872年，群馬県に富岡製糸場がつくられた。

問22　エ．大日本帝国憲法は君主権の強いドイツ(プロイセン)の憲法を参考につくられた欽定憲法であった。

問23　石炭は官営八幡製鉄所でも使われた。石炭の産地には，北海道の石狩炭田や福岡県の筑豊炭田があった。

問24　第一次世界大戦中に日本は主戦場のヨーロッパに向けて軍需品を輸出し，1918年まで好景気(大戦景気)となった。

問25　ポーツマス条約でロシアから譲渡された長春・旅順間の鉄道を，1906年に南満州鉄道株式会社として運営し始めた。

問26　日中戦争は1937～1945年なので，アが誤り。1931年の柳条湖事件をきっかけに満州事変が始まった。イは1937年，ウは1939年，エは1945年。

問27　1938年に国家総動員法が制定されたため，1940年以降，米や味噌，醤油，砂糖などの切符制が導入された。

問28　アが誤り。西はマレー半島・インドネシア，東はガダルカナル島やギルバート諸島あたりまで侵攻したので，ハワイ諸島は含まれない。

問29　ウ．東海地震・東南海地震・南海地震が連動して起こる南海トラフ巨大地震では，地震に伴って大津波が押し寄せると予想される。

問30　イが誤り。1945年３月の東京大空襲以降，アメリカ軍はＢ－29による無差別空爆をくり返した。

問31　ウを選ぶ。電気冷蔵庫・電気洗濯機・白黒テレビ(三種の神器)は，東京オリンピック(1964年)までに普及した。アは2000年代以降，イとエは1960年代後半以降に普及した３Ｃ(新三種の神器)。

問32　オイルショック(石油危機)は，第四次中東戦争をきっかけとして，1973年にアラブの産油国が石油価格の大幅な引き上げなどを実施したために，世界経済が大きく混乱して起こった。

問33　イスラム教徒(ムスリム)は，豚を不浄なものとして食べない。また，飲酒も禁じられている。

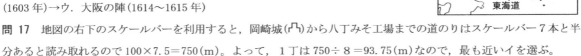

3 問１　日本国憲法は1946年11月３日に公布され，1947年５月３日に施行された。

問２　戦後初の衆議院議員総選挙(1946年実施)では，女性の参政権を認めたほか，有権者の年齢を25才から20才に引き下げたことで有権者が増加した。

問３　ウは帝国議会の持つ権限(ただし，審議ではなく協賛・承諾)なので，誤り。

問４　アは社会権(26条)，イは生存権(25条)，エは自由権(22条)として規定されているので，ウが誤り。基本的人権が保障された現代に，抵抗権をわざわざ定める必要はない。

問５　与謝野晶子は，出征した弟を思って詩を発表し，日露戦争に反対した。

問６　原爆は，広島に1945年８月６日午前８時15分，長崎に８月９日午前11時２分に投下された。非核三原則を発表した佐藤栄作首相は，ノーベル平和賞を受賞した。

問７　ア．日本国憲法の基本原理の１つである国民主権の観点から，その改正の最終審議には国民投票が行われる。

問８　オミクロン株が広がった新型コロナウイルスの第６波では，デルタ株が広がった第５波よりも感染者数が大幅に上回った。

問９　2020年の大統領選挙で民主党のジョー・バイデン氏が，共和党のドナルド・トランプ氏に勝利した。

問10　化石燃料を燃やしたときに温室効果ガスが発生するので，完全にゼロにすることは難しい。そのため，温室効果ガスを植林や森林管理によって吸収して，排出量を実質ゼロにするカーボンニュートラルが目指されている。

問11　ドイツのメルケル首相は，2015年，ハンガリーに滞留していた大勢の難民たちを人道主義に基づき国内に受け入れた。メルケル首相からショルツ首相へと交代した。

問12　砂防ダムが無いと，水に押し流された土砂が川からあふれ，家などを押しつぶす恐れがある。砂防ダムでは，上段のダムで大きな石，下段のダムで砂をせき止め，その下の川も直線状になるように工夫されている。

2021 解答例
令和3年度

★南山中学校【男子部】

《国　語》

一　一．A．ウ　B．エ　C．ア　　二．目　　三．ア　　四．エ　　五．自分の思い通りになる　　六．ウ
七．個人を拡張　　八．いつか終わ　　九．(例文)社会の授業で班ごとに新聞を作る時に、インターネットにくわしい私が資料を集めてまとめ、絵の得意な友達がその内容をイラストにして、くわしく分かりやすい新聞を作った。

二　①基幹　②遠来　③他山　④体制　⑤頭角　⑥一子　⑦同工　⑧集約　⑨ちょうほう　⑩むげ

三　一．ア　　二．オ　　三．エ　　四．出世　　五．イ　　六．平生私は、　　七．ウ　　八．ア
九．エ→ア→ウ→イ→オ　　十．赤　　十一．(例文)前途有望とは、将来に大きな希望が持てるという意味である。私は、英語が得意なところを前途有望だと考える。英語の能力を生かして、世界を飛び回るような仕事をしたい。

《算　数》

1　(1)$1\frac{7}{8}$　(2)1.1　(3)4　(4)50　(5)24　(6)26　(7)15：8　(8)21.98

2　(1)40　(2)100

3　(1)右図　(2)166.42

4　(1)20個の面はすべて正三角形なので，1つの面に対して辺が3本ある。
この正三角形の面の辺はすべて2つの面に対して共通な辺となるので，
正二十面体の辺の数は20×3÷2＝30で求まる。　(2)90

5　(1)右図　(2)3，0　(3)13，30

6　(1)(ア)207　(イ)0.13　(2)150

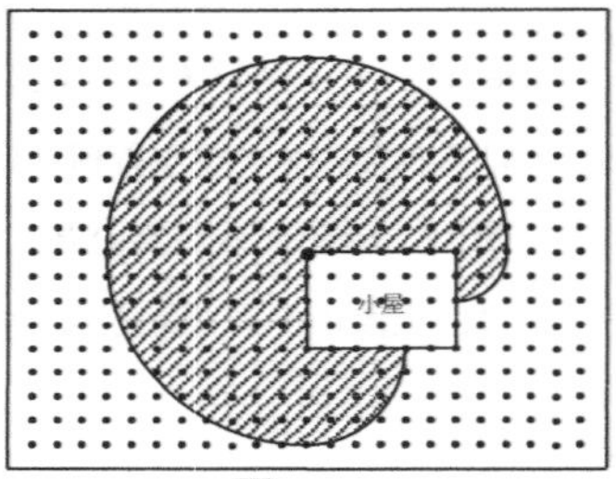

3(1)の図

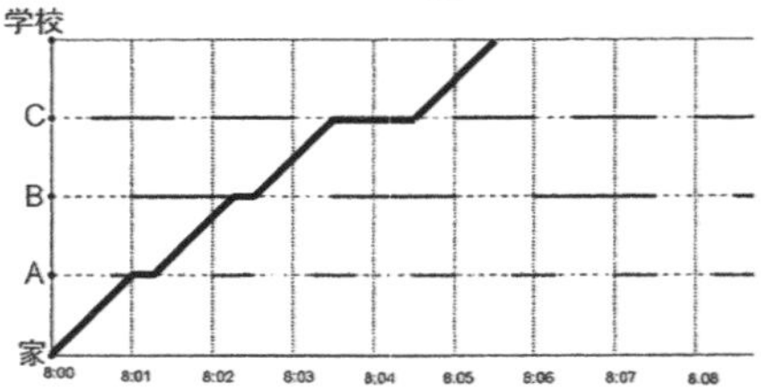

5(1)の図

《理　科》

1 ⑴20　⑵イ　⑶イ，カ　⑷18.2　⑸オ

2 ⑴あ．しんしょく　い．じょうはつ　⑵氷河　⑶ア　⑷①　⑸イ，ウ　⑹チバニアン
⑺ク　⑻2142.9　⑼イ，エ

3 ⑴さそり座　⑵星の名前…アンタレス　星の位置…右図　⑶ウ　⑷ア　⑸ウ
⑹ウ　⑺火星　⑻海王星　⑼ウ

4 ⑴鉄…ウ　水…ウ　空気…ア　⑵ウ　⑶鉄…イ　水…イ　空気…イ　⑷ウ　⑸鉄…ア　水…エ　空気…エ

5 ⑴水／空気／適当な温度　⑵デンプン　⑶あ．ヨウ素液　い．青紫　⑷（A）　⑸二酸化炭素　⑹ア
⑺光合成

6 ⑴酸　⑵青　⑶赤（紫）　⑷アルカリ　⑸（赤）紫

7 ⑴ア，イ　⑵ミカヅキモ　⑶植物　⑷イ→エ→ウ→ア　⑸エ

《社　会》

1 問１．ロックダウン　問２．祇園祭　問３．①ア　②御成敗式目〔別解〕貞永式目　問４．唐
問５．①北山杉　②京都議定書　問６．羽田空港　問７．ア　問８．①119　②自主防災
問９．①出島　②ウ　問10．イ　問11．①銀　②生糸　③エ　④エ　問12．蘭学　問13．ワクチン
問14．清　問15．エ　問16．①東日本大震災　②イ　問17．①津波避難　②ア
問18．メディアリテラシー　問19．ア　問20．イ　問21．北前船　問22．米を江戸で売却してしまい，備蓄をしていない藩が多かったから。　問23．①ウ　②ウ

2 問１．パンデミック　問２．24　問３．①ウ　②国土交通省　問４．ウ　問５．ア　問６．ウ
問７．①イ　②ウ　問８．エ　問９．イ　問10．ウ　問11．①ウ　②ウ　③エ　問12．イ，エ
問13．ウ　問14．①切符　②焼夷弾は，投下した周辺を焼き払う爆弾で，日本の木造家屋は燃えやすかったから。　問15．ウ　問16．ウ　問17．利点…ア　欠点…あ

3 問１．WFP　問２．①イ　②イ　問３．ウ　問４．香港　問５．ブラックライブズマター
問６．X，Z

南山中学校【男子部】

←解答例は前のページにありますので，そちらをご覧ください。

《2021　国語　解説》

一　一Ａ　「～としても」と仮定の表現に続くので、ウの「たとえ」が適する。　Ｂ　直前の段落で述べた「スマホを通じたコミュニケーション」に対して、「リアルな社会」について述べているので、エの「一方」が適する。

Ｃ　「～からです」と理由を述べる表現に続くので、アの「なぜなら」が適する。

二　「目を見張る」は、おどろいたり怒《おこ》ったり感心したりしたときに、目を大きく見開くこと。

三　「人間同士の付き合い」について述べた、２つ前の段落を参照。「本来、人間は『互《たが》いに違《ちが》う』ということを前提に、違うからこそ～実現してきました～人間同士が尊重し合うことの前提にあるのは～『相手のことはわからない』という認識です」とあるので、アが適する。

四　「『互いに違う』ということを前提」にしている「人間同士の付き合い」とは対照的に、「スマホなど」によるネットを通じた付き合いでは、「本来違うはずの人間」をどのような前提でみているのか。直前の段落で「インターネットは、『同じである』ことを前提として付き合うバーチャルな空間です。相手も自分も同じように行動することを前提につながっている」と述べているので、エの「均質化」する（＝性質が同じになる）が適する。

五　――線部①の直前の一文にある「面白《おもしろ》くなければやめればいいし、振《ふ》り出しに戻《もど》って繰《く》り返すことだってできます」という世界のこと。つまり、さらに直前の一文で述べた「自分の思い通りになる」世界である。

六　――線部②のある段落で「人間は、適応能力の高い動物です～とりわけ子どもたちの適応能力」は高いと述べている。スマホの世界に適応した子どもたちが、スマホの世界をリアルだととらえ、現実を「二の次」（＝あとまわし）にするようになるのはなぜか。このことについて述べている、Ｃのある段落に着目する。「現実はなかなか自分の意図するようにはならない～他者と交渉《こうしょう》しなくてはいけない～プレッシャーをかけられて泣くこともあるでしょう。こんな厄介《やっかい》な現実世界より、自分の思い通りになるほうが、居心地がいい。スマホの世界は、面白くなければやめればいいし～繰り返すことだってできます」とあることから、ウのような理由が読みとれる。

七　――線部③のある段落で「人間」（互いに違うことを前提として付き合う）について述べたのとは対照的に、直後の段落で「ＩＣＴやＡＩ」（互いが同じであることを前提として付き合う）について述べていることに着目する。人間とは正反対の前提をもつ「ＩＣＴやＡＩ」は、「個人を拡張する方向に進んでいて」とある。

八　「自分だけの都合で続けることはできません」とあるので、自分の思い通りになるスマホの世界ではなく、現実の世界について述べた部分に入るとわかる。また、直前に「時間を共有している」にあたる内容があると考えられるので、Ｂのある段落の「自分の時間であるとともに相手の時間でもあります」の直後が適する。

三　二　小学校入学当時の自分の姿について、「傍《はた》の者から見た私の姿は、袴《はかま》にはかれ、帽子《ぼうし》にかぶられ、カバンにさげられていたに違いない」と回想している。「きっと」そうだったに「違いない」と確信しているのである。

五　「不機嫌《ふきげん》に言った」「私は憂鬱《ゆううつ》になった」とあるとおり、いやな気分を引きずっていたということ。その原因は、「昼に弁当屋からとった弁当の残り」を、夕方に「お前食べないか」と言って差し出した父の行動にある。そして、「平生《へいぜい》（＝つねひごろ）私は、父をけちんぼだと思っていた」とある。ここから、イのような理由が読みとれる。

六　「私」が、父にお金をねだってもくれるはずがないと思っていたのはなぜか。それは、「平生私は、父をけちんぼだと思っていた」からである。

七　［A］の直後に「ことに(＝特に)父のような病弱な人にはその感じが強かったであろう。『もし明日にでもどうかしたら…』何事に対してもまず〜そうした言葉がひらめいたであろう」とあることから考える。病弱だった父はもちろん、「私たち」家族も、同じような発想になるということ。よって、ウが適する。

八　「私」は、父から「私が一家の内で大変幸福者《しあわせもの》であること、従って一生懸命《いっしょうけんめい》に勉強しなければならないこと、皆《みな》の恩を忘れてはいけないことなどを、説き聞かされ」るのが「大嫌《だいきら》いであった。自分だけがうんと重荷を負わされているような気がしてたまらなく憂鬱になった」とある。貧しい家庭のなかで「私」の教育にかける家族の思いが、「私」のプレッシャーになっていたということ。よって、アが適する。

九　直後の父の言葉「俺《おれ》が釜《かま》で染めてやる」より、父は［B］で染め直すことを思いついたのだとわかる。父が染めようと思ったいきさつを組み立てる。まず、エ「その紺《こん》がすりを見た」。見ると、ア「大分色が落ちていた」。だから、ウ「染めてやる」と言った。しかし、イ「母は危《あや》ぶんだ」。なぜなら、オ「変なものになってしまうからだ」。母は不安に思ったが、「しかし父は受け合った(＝染め直すことにした)」とつながる。

《2021　算数　解説》

1

(1)　与式$=\frac{9}{4}\div\{(\frac{5}{10}+\frac{2}{10})\div(\frac{4}{12}+\frac{3}{12})\}=\frac{9}{4}\div(\frac{7}{10}\div\frac{7}{12})=\frac{9}{4}\div(\frac{7}{10}\times\frac{12}{7})=\frac{9}{4}\div\frac{6}{5}=\frac{9}{4}\times\frac{5}{6}=\frac{15}{8}=1\frac{7}{8}$

(2)　与式より，$(1.2-□)\div(\frac{3}{6}-\frac{1}{6})=2.8-2.5$　　$(1.2-□)\div\frac{1}{3}=0.3$　　$1.2-□=0.3\times\frac{1}{3}$　　$□=1.2-0.1=1.1$

(3)　40×40＝1600，50×50＝2500より，□には4が入ると考えられる。
実際に□に4を入れると，(10×4＋7)×(10×4＋3)＝47×43＝2021となり，正しい。

(4)　右のように作図する。三角形ＯＢＤはＯＢ＝ＯＤの二等辺三角形なので，角ＯＤＢ＝角ＯＢＤ＝50°であり，外角の性質より，角ＡＯＤ＝50°＋50°＝100°
三角形ＯＡＤはＯＡ＝ＯＤの二等辺三角形なので，角ＯＡＤ＝(180°－100°)÷2＝40°である。三角形ＡＢＣの内角の和より，角㋐＝180°－90°－40°＝50°

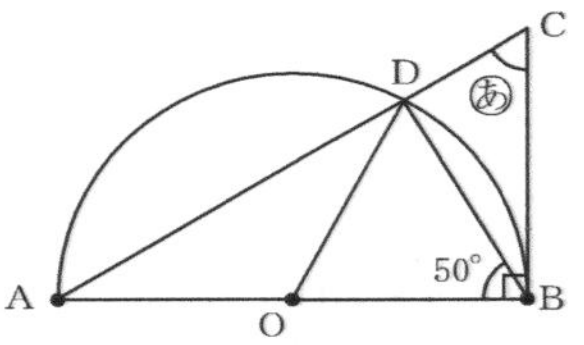

(5)　縦の1列目→2列目→3列目→4列目の順に黒石を置くとする。1列目の黒石の置き方は，1列目の4マスどこにでも置けるので，4通りある。2列目の置き方は，4マスのうち1列目で置いた黒石と横の列が同じになるマスを除いた3通りある。同様に，3列目の置き方は2通り，4列目の置き方は1通りあるから，求める置き方は，全部で4×3×2×1＝24(通り)ある。

(6)　**【解き方】レジ袋33枚の金額は，2×33＝66(円)以上5×33＝165(円)以下なので，商品のみの金額は，7587－165＝7422(円)以上7587－66＝7521(円)以下である。商品は1個100円なので，商品のみの金額は7500円とわかるから，つるかめ算を用いて求める。**

レジ袋33枚の金額は7587－7500＝87(円)であり，全て5円のレジ袋だった場合は実際より165－87＝78(円)高くなる。1枚を5円から2円のレジ袋に変えると5－2＝3(円)安くなるので，求める枚数は，78÷3＝26(枚)

(7)　**【解き方】台形ＡＢＣＤの面積を1として，三角形ＡＢＥの面積を，(台形ＡＢＣＤの面積)－(三角形ＡＤＥの面積)－(三角形ＢＣＥの面積)で求める。その際，高さの等しい三角形の面積の比は底辺の長さの比に等しいことを利用する。**

右のように線をひく。三角形ＡＤＣと三角形ＡＢＣの面積の比は，ＡＤ：ＢＣ＝2：3なので，三角形ＡＤＣの面積は(台形ＡＢＣＤの面積)$\times\frac{2}{2+3}=1\times\frac{2}{5}=\frac{2}{5}$，
三角形ＡＢＣの面積は$1\times\frac{3}{2+3}=\frac{3}{5}$である。

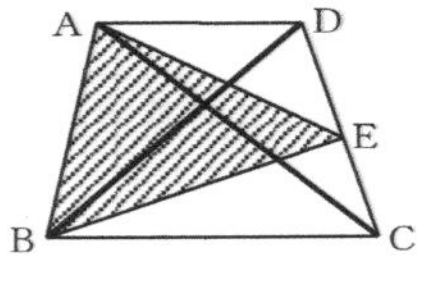

三角形ＡＤＣと三角形ＡＤＥの面積の比は，ＤＣ：ＤＥ＝(2＋1)：2＝3：2なので，

三角形ＡＤＥの面積は，(三角形ＡＤＣの面積)×$\frac{2}{3}=\frac{2}{5}\times\frac{2}{3}=\frac{4}{15}$

三角形ＢＣＤの面積は三角形ＡＢＣの面積に等しく$\frac{3}{5}$である。三角形ＢＣＤと三角形ＢＣＥの面積の比は，ＣＤ：ＣＥ＝３：１なので，三角形ＢＣＥの面積は，(三角形ＢＣＤの面積)×$\frac{1}{3}=\frac{3}{5}\times\frac{1}{3}=\frac{3}{15}$

よって，三角形ＡＢＥの面積は$1-\frac{4}{15}-\frac{3}{15}=\frac{8}{15}$なので，求める面積の比は，$1:\frac{8}{15}=15:8$である。

(8)　できる立体は，右図のように半径が１×２＝２(cm)，高さが２cmの円柱から，半径が１cm，高さが１cmの円柱を取り除いた立体になるので，求める体積は，

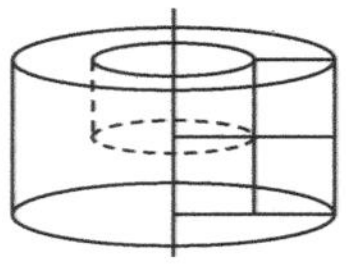

２×２×3.14×２－１×１×3.14×１＝(８－１)×3.14＝７×3.14＝21.98(cm³)

2　(1)　ハルト君はミホさんより，10時55分－９時15分＝１時間40分＝100分で池の周り１周分(４km＝4000m)速く歩くから，求める速さは，分速(4000÷100)ｍ＝分速40ｍである。

(2)　**【解き方】同じ道のりを歩くのにかかる時間の比は，速さの比の逆比に等しいことを利用する。**

１回目にハルト君が追いつくまでに，ハルト君は15－６＝９(分)，ミホさんは15分歩いたのだから，ハルト君とミホさんの速さの比は，９：15＝３：５の逆比の５：３である。この比の数の５－３＝２が分速40ｍにあたるから，ハルト君の速さは，分速$(40\times\frac{5}{2})$ｍ＝分速100ｍである。

3　(1)　実際にひもなどでどれだけ動けるのかを試してみると考えやすい。

(2)　右図のように線をひく。求める面積は，半径が８ｍ，中心角が270°のおうぎ形と，半径が８－４＝４(ｍ)，中心角が90°のおうぎ形と，半径が８－６＝２(ｍ)，中心角が90°のおうぎ形の面積の和だから，

$8\times8\times3.14\times\frac{270°}{360°}+4\times4\times3.14\times\frac{90°}{360°}+2\times2\times3.14\times\frac{90°}{360°}=$

(48＋４＋１)×3.14＝53×3.14＝166.42(㎡)

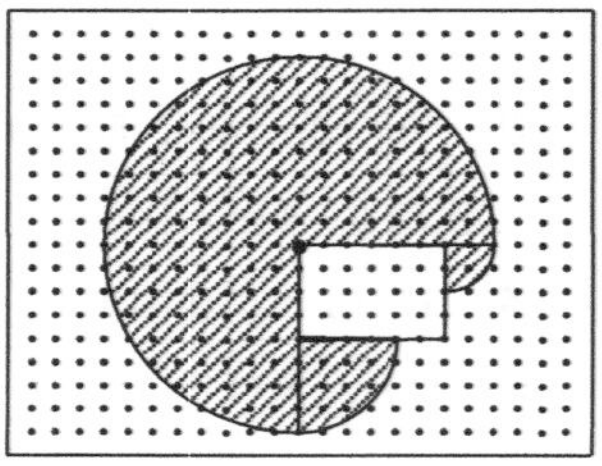

4　(1)　それぞれの数字の意味を，単位などに注意してかけるようにしよう。

(2)　(1)と同様に考える。正五角形，正六角形の辺の数の和はそれぞれ，５×12＝60(本)，６×20＝120(本)である。この60＋120＝180(本)の辺はすべて，２つの面に対して共通な辺となるので，求める本数は，180÷２＝90(本)

5　(1)　ケイタ君は家からＡ，ＡからＢ，ＢからＣ，Ｃから学校までの道のりを，すべて60÷60＝１(分間)で進む。よって，ケイタ分は８時に家を出て，８時１分にＡに着き，８時＋45秒＋30秒＝８時１分15秒まで待ってからＡを渡る。次に，８時２分15秒にＢに着き，８時＋60秒＋90秒＝８時２分30秒まで待ってからＢを渡る。次に，８時３分30秒にＣに着くが，このときちょうどＣの信号が赤になるので，８時３分30秒＋１分＝８時４分30秒まで待ってから，Ｃを渡り，８時５分30秒に学校に着く。よって，解答例のようになる。

(2)　**【解き方】家からＣまでは待つことなく進むと１×３＝３(分)かかる。Ｃを何分から何分までに渡ればよいのかを考える。Ｃは８時から30秒＋60秒＝１分30秒ごとに赤信号から青信号になる。**

Ｃには最短でも８時３分０秒以降につく。８時３分０秒以降で止まらずにＣを渡れるのは，８時３分０秒，８時４分30秒，８時６分０秒，…からの30秒間であるが，例えば８時３分30秒でＣに着くと，ちょうど赤信号になって，60秒間待つことになる。

Ｃを８時３分０秒，８時４分30秒からの30秒間で渡るときは，Ｂを８時２分０秒，８時３分30秒からの30秒間で渡ることになるが，このときＢはいずれも赤信号になるので，条件に合わない。

Ｃを８時６分０秒からの30秒間で渡るときは，Ｂを８時５分０秒，Ａを８時４分０秒からの30秒間で渡ること

になる。Ａは８時３分45秒から８時４分30秒まで青信号だから８時４分０秒には渡れる。Ａ以外はＢ，Ｃともに着いたときに青信号となるので，条件に合う。よって，求める時刻は，８時６分０秒にＣに着く場合の，８時３分０秒である。

⑶　**【解き方】８時13分以降の図をかいてみる。８時19分までにＣを渡ればよいが，このときＣは赤で，８時19分30秒に青に変わる。**

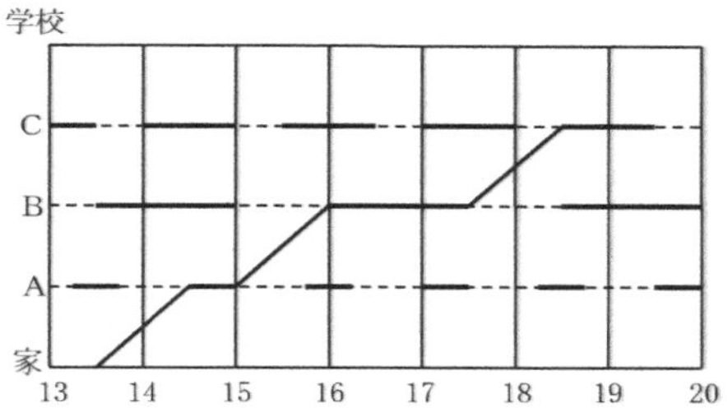

図から，Ｃに８時18分30秒に着いたのでは間に合わず，それより早くＣを渡る必要がある。Ｃに８時18分30秒に着くのはＢを８時17分30秒に渡った場合であり，Ｂに８時16分ちょうどに着いても間に合わない。Ｂに８時16分ちょうどに着くのはＡを８時15分ちょうどに渡った場合であり，Ａに８時14分30秒に着いても間に合わない。Ａに８時14分30秒に着くのは家を８時13分30秒に出た場合である。つまり，家を８時13分30秒より早く出発しなくてはならない。

6　⑴(ア)　感染している10人のうち，「陽性」だと伝えられたのは $10\times\frac{90}{100}=9$(人)であり，感染していない $1000-10=990$(人)のうち，「陽性」だと伝えられたのは $990\times\frac{20}{100}=198$(人)なので，求める人数は，$9+198=207$(人)である。

(イ)　「陰性」だと伝えられた $1000-207=793$(人)のうち，本当は感染している人は $10-9=1$(人)だから，求める割合は，$\frac{1}{793}\times100=0.126\cdots$より，0.13％である。

⑵　**【解き方】つるかめ算の考えを利用する。**

全員が感染していなかった場合，「陽性」と伝えられた人が $1000\times\frac{20}{100}=200$(人)となり，実際よりも $305-200=105$(人)少ない。ここから，感染している人が100人増えると，感染している100人のうち「陽性」と伝えられた人が $100\times\frac{90}{100}=90$(人)，感染していない $1000-100=900$(人)のうち「陽性」と伝えられた人が $900\times\frac{20}{100}=180$(人)となるから，「陽性」と伝えられた人は $(90+180)-200=70$(人)増える。

よって，感染している人は，$100\times\frac{105}{70}=150$(人)である。

《2021　理科　解説》

1　⑴　てこをかたむけるはたらき〔おもりの重さ(ｇ)×支点からの距離(cm)〕が左右で等しくなるときにつり合う。てこを左にかたむけるはたらきは $30\times40=1200$ だから，てこを右にかたむけるはたらきも1200になるときに棒は水平になる。したがって，$1200\div(100-40)=20$(ｇ)となる。

⑵　イ〇…支点の位置を変えないので，支点からの距離が５cmずつ短くなる。このとき，おもりの重さが大きい左側の方がかたむけるはたらきの減り方が大きいので，棒は右側が下になるように時計回りに回転しようとする。

⑶　イ，カ〇…支点からの距離の比がおもりの重さの逆比になるとき，棒が水平になる。おもりの重さの比はＡ：Ｂ＝30：20＝３：２だから，支点からの距離の比がＡ：Ｂ＝２：３になっているものを選ぶ。アは10：30＝１：３，イは20：30＝２：３，ウは10：40＝１：４，エは20：20＝１：１，オは30：20＝３：２，カは20：30＝２：３，キは30：10＝３：１，クは40：10＝４：１，ケは30：20＝３：２である。

⑷　40cmの棒の間に長さが均等になるように10本の線を引くということは，棒の長さを11等分するということである。したがって，線と線(棒のはしと線)の間の長さは $100\div11=\frac{100}{11}$(cm)であり，②の印は棒の左はしから $\frac{100}{11}\times2=18.18\cdots\rightarrow18.2$ cmである。

(5)　オ○…(3)イのように，支点から棒のはしまでの距離の比が２：３のとき，棒のはしからおもりの位置までの距離の比が２：３であれば，支点からおもりの位置までの距離の比も２：３になる。Ａをつりさげた②は左はしから２本目だから，Ｂは右はしから３本目の⑧につりさげればよい。

2　(3)　ア○…れき(直径２㎜以上)，砂(直径 0.06 ㎜～２㎜)，ねん土(直径 0.06 ㎜以下)はつぶの大きさで区別する。つぶが小さいほど，河口からはなれたところまで運ばれてたい積するので，ａがれき，ｂが砂である。

(4)　①○…きょうりゅうは中生代(２億５千万年前～6600 万年前)に栄えた生物である。問題文より，グランドキャニオンの地層は約 17 億年前から約２億５千万年前にたい積したことがわかるので，①～⑩の中では①が最も新しいと考えられる。

(5)　イ，ウ○…(4)で①が最も新しい地層だと考えられることから，この地層は下から順にたい積したと考えられる。⑩と⑪が不連続な重なりとなっているのは，⑪がたい積した後，地層が地上に出てしん食され，再び海底になった後に⑩がたい積した(⑩と⑪がたい積した時期には差がある)からだと考えられる。

(7)　ク○…地球の歴史は 46 億年だから，１億年を 10 ㎝におきかえると，10×46＝460(㎝)→４ｍ60 ㎝となる。また，１万年は１億年の１万分の１だから，$10\times\frac{1}{10000}$＝0.001(㎝)→0.01 ㎜となる。

(8)　30％の食塩水では，食塩と水の重さの比が 30：70＝３：７になる。したがって，水の重さが５㎏→5000ｇであれば，食塩の重さは $5000\times\frac{3}{7}$＝2142.85…→2142.9ｇである。

(9)　固体１㎤あたりの重さが液体よりも重いとき，固体は液体にしずみ，液体よりも軽いとき，固体は液体にうく。したがって，Ａ１㎤あたりの重さは野菜③の 25.0÷20.0＝1.25(ｇ/㎤)より大きく，１円玉の 1.3÷0.5＝2.6(ｇ/㎤)より小さい。同様に，Ｂ１㎤あたりの重さは野菜②の 21.0÷20.0＝1.05(ｇ/㎤)より大きく，野菜③の 1.25ｇ/㎤より小さい。また，Ｃ１㎤あたりの重さは野菜①の 20.4÷30＝0.68(ｇ/㎤)より大きく，野菜②の 1.05ｇ/㎤より小さい。以上より，１㎤あたりの重さが 10.2÷10＝1.02(ｇ/㎤)の野菜④はＡとＢにはうくが，Ｃにはうくかどうかはわからない(ア○，イ×)。また，１㎤あたりの重さが 7.8÷５＝1.56(ｇ/㎤)のドライアイスはＡにはうくかどうかはわからないが，Ｂ，Ｃにはしずむ(ウ○)。さらに，１㎤あたりの重さが 28.5÷16＝1.78…(ｇ/㎤)の金属はＢとＣにはしずむが，Ａにはうくかどうかはわからない(エ×)。

3　(1)(2)　アンタレスはさそりの心臓あたりにある赤く光る１等星である。

(3)　ウ○…さそり座は夏に南の空の低い位置で見ることができる星座で，午後９時ころに見えるのは７月１日である。

(4)　ア○…夏の大三角をつくる星は，白鳥座のデネブ，こと座のベガ，わし座のアルタイルである。また，冬の大三角をつくる星は，オリオン座のベテルギウス，こいぬ座のプロキオン，おおいぬ座のシリウスである。また，北極星と北斗七星は北の空に見える星で一晩中見ることができる。この日(７月１日)の同じ時間に観察できるのは，夏の大三角をつくる星と北の空に見える星で，冬の大三角をつくる星は見ることができない。

(5)　ウ○…月は，新月→三日月(約３日後)→上弦の月(約７日後)→(問題の図の月)→満月(約 15 日後)→下弦の月(約 22 日後)→新月(約 29.5 日後)の順に満ち欠けするので，問題の図の月の５日後には満月になり，午後９時ころには東の空に観察することができる。

(6)　ウ○…日食は，太陽，月，地球の順に一直線にならび，太陽が月によってかくされる現象である。また，太陽，地球，月の順に一直線にならび，地球のかげに月が入る現象を月食という。月食では地球のかげは月よりも大きく，地球全体の形が月面にうつるわけではないので，地球が丸いことはわからない。

(7)　火星(アレス)に対抗(アンチ)するものという意味でアンチアレス→アンタレスと名付けられたと言われている。

(8) 惑星は内側から順に水星，金星，地球，火星，木星，土星，天王星，海王星である。ボイジャー２号は木星，土星，天王星，海王星のさつえいに成功した。

4 (1)(2) 空気は同じ体積の中にある物質をつくる小さなつぶの数が水や金属よりも少なく，つぶの間かくが広いため，おしこむと間かくがせまくなるようにして，体積が小さくなる。

(3)(4) 物質に熱を加えると，物質をつくる小さなつぶの動きが活発になるので，体積が大きくなる。

(5) 鉄では，熱は加熱部分に近い位置から順に伝わっていくので，ガスバーナーの火を消すと，加熱部分に近い方が温度が高くなる。このような熱の伝わり方を伝導という。一方，水や空気では，加熱した部分が上にあがり，そこに新たな水や空気が流れこむことで流れができ，やがて全体があたたまっていくので，ガスバーナーの火を消すと，上にある方が温度が高くなる。このような熱の伝わり方を対流という。

5 (4)(5)(7) 光合成では，植物の葉が太陽の光を受けて，根から吸い上げた水と空気中からとりこんだ二酸化炭素を材料に，デンプンと酸素を作る。図６では，水がありインゲンマメの葉に太陽の光が当たる（A）で，植物の成長がしっかりとみられ，光合成の材料である二酸化炭素が減少する。

(6) ア○…（B）では，インゲンマメの葉に日光が当たらないので，光合成が行われない。インゲンマメは呼吸を行うので，ある気体（二酸化炭素）は増加した。

6 (2) 重そう（炭酸水素ナトリウム）の水よう液は弱アルカリ性を示す。紫キャベツの煮汁は，酸性で赤色（弱酸性で赤紫色），アルカリ性で黄色（弱アルカリ性で青色）に変化する。中性では紫色のまま変化しない。

(3) レモン汁は酸性を示す。

(4) 紫キャベツの汁が青色に変化したと考えられるので，アルカリ性である。

(5) 酸性の水よう液にアルカリ性の水よう液を加えていくと，たがいの性質を打ち消し合う中和が起こる。アルカリ性のかん水と酸性の酢が中和して，中性（紫色）に戻るか，酸性の方が強くなって赤紫色になる。

7 (1) ア×…Aはレボルバーとよばれる。　イ×…横から見ながらスライドガラスを対物レンズに近づけていく。

(4) 大きい順に，米つぶ，ミジンコ（約２mm），ヒトの受精卵（約0.1mm），インフルエンザウイルス（約0.0001mm）となる。

《2021　社会　解説》

1 【あ】は京都府，【い】は東京都，【う】は長崎県，【え】は大阪府，【お】は山形県。

問１(1) 新型コロナウイルスの感染拡大を封じ込めるため，ヨーロッパ諸国で市民の外出が制限された。

問２ 祇園祭は，室町時代の応仁の乱で一時中断されたが，その後京都の有力な商人である町衆らによって復活された。

問３① アが正しい。征夷大将軍に任命された源頼朝は，敵の攻撃から守るのにつごうがよいなどの理由から，三方を山に囲まれて海に面している鎌倉に幕府を開いた。イは若狭湾（福井県），ウは陸奥湾（青森県），エは三河湾（愛知県）の沿海である。　② 御成敗式目は，３代執権北条泰時によって制定された。

問４ 日本は遣唐使を送り唐の進んだ制度や文化を学んでいた。シルクロードを通って伝わった宝物の一部は遣唐使によって日本に持ちこまれ，東大寺の正倉院に納められた。

問５① 京都府の木は「北山杉」，花は「しだれ桜」，鳥は「オオミズナギドリ」である。　② 京都議定書には，二酸化炭素に代表される温室効果ガスの排出削減目標が定められた。

問６ 東京国際空港（羽田空港）は東京都大田区，新東京国際空港（成田空港）は千葉県成田市にある。

問７ アが正しい。　イ．「雪舟」は室町時代に水墨画を描いた。江戸時代の浮世絵師には「東海道五十三次」を描いた歌川広重などがいる。　ウ．「南東」ではなく「北西」である。　エ．　天明や天保のききんをきっかけに百姓一揆や打ちこわしが起こった。

問８①　火災や救急の要請の際は「119」，事件・事故の急報の際は「110」番に通報する。　②　自主防災組織は，被害の情報収集，初期消火活動，被災者の救出，給食・給水活動などを行う。

問９①　オランダはキリスト教を布教しなかったため，オランダ商館を出島に移して交易を行っていた。オランダにはヨーロッパの情勢を報告することが義務づけられていた(オランダ風説書)。　②　江戸時代のウを選ぶ。アは安土桃山時代，イは奈良時代，ウは鎌倉時代の史料。

問10　イが正しい。アは遠洋漁業，ウは沿岸漁業，エは栽培漁業。

問11①・②　南蛮貿易では，日本からは銀が輸出され，中国からは生糸，絹織物，陶磁器などがもたらされた。
③　エが誤り。日本の機械類の主な輸出先はアジア諸国やアメリカ合衆国である。　④　エを選ぶ。米の自給率は100％近い。肉類は51％，小麦は12％，大豆は６％前後の自給率である。

問12　写真の杉田玄白は，前野良沢とともにオランダ語で書かれた『ターヘル・アナトミア』を翻訳し，1774年に『解体新書』を出版した。

問14　1790年は，中国の清王朝(1616～1912年)にあたる。

問15　エは，愛知県の名古屋港についての記述だから誤り。

問16②　イは1995年だから誤り。アは2004年，ウは2000年，エは2014年。

問17①　津波避難ビルは３階建て以上の耐震性の建築物で，鍵がかかってない屋上に通じる外階段がある。
②　アが誤り。ひなん訓練は年１回以上の実施が推奨されている。

問19　アが正しい(右図参照)。

問20　イが正しい。奥州藤原氏は平安時代に起こった後三年合戦の後に勃興し，およそ１世紀にわたって平泉を中心に栄えた。アは鎌倉時代，ウは江戸時代と明治時代，エは室町時代と安土桃山時代にあたる。

問21　江戸時代，北前船を使い，下関から瀬戸内海を通る西廻り航路で，蝦夷地から京都・大阪まで昆布が運ばれるようになった。この道すじを「昆布ロード」という。

問22　直後の「東北諸藩の多くが～米を江戸へ運んで被害が大きくなった」から考える。

問23①　西から順に並べると【う】→【え】→【あ】→【い】→【お】だから，ウが正しい。　ア．夏に雨が多い太平洋側が含まれる。　イ．新潟県を通らない。　エ．屋久島・白神山地・知床・小笠原諸島は存在していない。
②　ウ．コレラは，オランダと交易していた長崎県から入り，人口が多い順に広まっていったと考えられる。

2　問２　発言１から25歳未満，発言２から18歳以上，発言３から30－６＝24(歳)と判断できる。

問３①　ウ．飲食店は営業時間短縮などにより売上が減少したため，ＧＯＴＯイートキャンペーンが実施された。

問４　ウが正しい。　ア．子どもに教育を受けさせる義務である。　イ．裁判を受けることは義務ではない。
エ．税金を納めることは権利ではない。

問６　ウが正しい。　ア．関税は輸入品にかけられる税金である。　イ．領事裁判権を認めていたため，日本の法律で裁くことはできなかった。　エ．鹿鳴館は欧化政策の一環として建てられた西洋館である。

問７①　コレラに見立てた怪物は，上半身は虎，下半身は狼と狸が合体して描かれている。　②　西南戦争のウが正しい。　ア．新政府軍は銃を使って戦った。　イ．反乱軍の中心人物は不平士族らにかつぎあげられた西郷隆盛であった。　エ．板垣退助は西南戦争に参加していない。

問8　エが正しい。写真は，左から木戸孝允・山口尚芳・岩倉具視・伊藤博文(初代内閣総理大臣)・大久保利通。　ア．維新の三傑は，西郷隆盛・大久保利通・木戸孝允。　イ．大久保利通は薩摩藩，木戸孝允は長州藩出身である。　ウ．岩倉具視は公家出身である。

問9　イ．四民平等を主張する「天地のはかり」が描かれている。

問10　北里柴三郎が発見したウを選ぶ。アの発見は志賀潔，イとエの研究は野口英世が行った。

問11①　ウが正しい。下関条約で賠償金の２億両(当時の日本円で３億円以上)を獲得したことから，Ａを賠償金と導く。日清戦争の戦費は２億円以上だったことから，Ｂを日本の戦費と導く。　②　ウが正しい。ヨーロッパを主戦場とした第一次世界大戦(1914～1918)中，日本はヨーロッパに向けて軍需品を大量に輸出し，好景気(大戦景気)となった。アは1929年以降，イは1923年。　③　エ．南アメリカ大陸では，ポルトガルが支配したブラジルではポルトガル語が話され，スペインが支配したそれ以外の国ではスペイン語が話される。

問12　イとエを選ぶ。アは公的行為である。ウは内閣，オは国会の持つ権限である。

問13　1925年成立の普通選挙法では，満25歳以上の男子にのみ選挙権が与えられた。大正14年において，25歳以上の総人口に占める割合は$\frac{26866}{59737}\times 100=44.97\cdots(\%)$。男女比はほぼ同じだから，その半分に最も近いウを選ぶ。

問14①　戦時体制下では軍需品の生産が優先され，日本国内では生活必需品が不足したため，1938年の国家総動員法をきっかけに配給制が導入されて食料は通帳，衣服は切符による配給となった。　②　密集地に焼夷弾が落とされると一帯が焼け野原となったため，1945年３月には東京大空襲により多数の犠牲者を出した。

問15　ウを選ぶ。日本語を教えて，日本人に同化させる教育を行った。アは韓国語，イは英語，エはギリシャ語。

問16　「投票率の低い世代」と「投票率の高い世代」の差を読み取れるウを選ぶ。

問17　利点はアが正しい。　イ．裁判のスピードアップをはかるために導入された。　ウ．裁判員裁判は重大な刑事事件の一審のみである。　エ．裁判員は20歳以上から選出される。　欠点は「あ」が正しい。　「い」と「う」について，裁判員裁判は６名の裁判員と３名の裁判官で行われる。　「え」について，利点のエの解説参照。

3　**問１**　ＷＦＰは世界食糧計画の略称である。

問２①　イが誤り。「国内の景気が悪くなった」ことは読み取れない。　②　イが正しい。菅義偉氏は自由民主党総裁である。　ア．菅義偉氏は，安倍晋三内閣の内閣官房長官として新元号「令和」を発表した。　ウ．安倍晋三首相辞任後，衆議院議員選挙は行われていない。　エ．菅義偉氏は首相就任時に国会議員を辞職していない。また，憲法にも規定されていない。

問３　ウが正しい。大阪市と大阪府の二重行政を解消する「大阪都構想」は，住民サービスの低下などを理由に反対派が多数となった。アは大阪府知事，イは神奈川県知事，エは横浜市長。

問４　香港は，アヘン戦争後の南京条約でイギリスの植民地となっていた。返還後50年間は一国二制度が採られ，社会主義国の中国にありながら表現の自由や民主主義が認められることになったが，その存続が危ぶまれたため，民主的な選挙を求める雨傘運動などの抗議活動が行われていた。

問６　大統領選挙人の総数は54名だから，最小限で大統領選挙人を獲得するには28名必要となる。４つの州の内「28名」の組み合わせとなるのは，Ｘ州の「18名」とＺ州の「10名」の組み合わせである。

2020 解答例 令和２年度　★南山中学校【男子部】

《国　語》

一　問一．オ　問二．イ　問三．いちばん大切なこと　問四．幸せだと感じるとき　問五．オ　問六．だれからも　問七．エ　問八．ウ，オ　問九．(例文)共感できる人…コーノくん　私が幸せだと感じるのは、おいしいものを食べているときや、冬におふろに入るときなどであり、身近で毎日のようにある上に、他人と比べると幸せな気持ちになれないことがあるからだ。

二　①刷新　②奏功　③針路　④径行　⑤委細　⑥推移　⑦護衛　⑧圧巻　⑨せっぱん　⑩かおく

三　問一．A．うきうき　D．こんなご時世　問二．ア　問三．イ　問四．ウ　問五．エ　問六．エ　問七．ア　問八．(例文)弟がおやつを地面に落として泣きだした時、私は少し我慢して自分の分を半分あげた。すると、弟はとても喜び、それを見た私もうれしくなった。この時、何か我慢したとしても、親切にすると幸せになることを学んだ。

《算　数》

1　⑴30　⑵$\frac{5}{7}$　⑶７

2　⑴28．26　⑵36　⑶800　⑷５：２　⑸18

3　⑴16　⑵20

4　31

5　⑴18　⑵61

6　図のようにＡＢに平行な直線ℓをかき，辺ＡＣと辺ＢＣを延長する。㋐と㋓は同位角，㋑と㋔は錯角だから，それぞれ大きさが等しい。よって，三角形の内角の和は，
㋐＋㋑＋㋒＝㋓＋㋔＋㋒＝180 度である。

7　⑴2．355　⑵右図　⑶20．41

8　⑴（Ｃ）　⑵12　⑶14

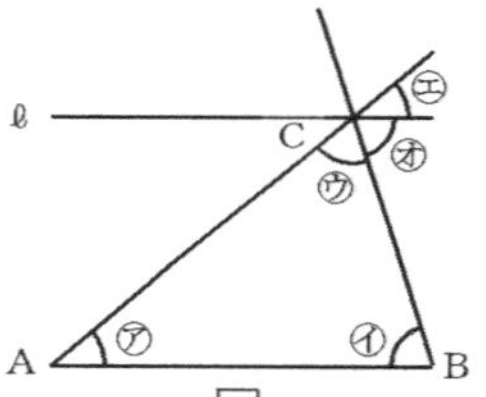

6の図

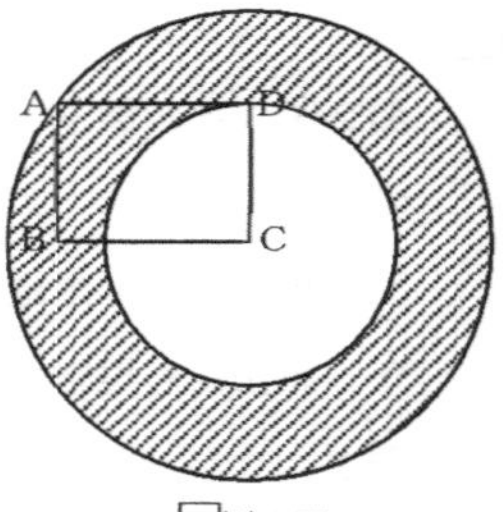

7⑵の図

《理　科》

1　(1)ウ　(2)エ　(3)ウ　(4)ア

2　(1)①ウ　②イ　(2)イ　(3)ア　(4)イ　(5)8

3　(1)ウ　(2)ア，オ　(3)炭酸水…D　食塩水…E　砂糖水…C　水酸化ナトリウム水溶液…B　過酸化水素水…A　塩酸…F　(4)気体①…ア　気体②…ウ

4　(1)イ，エ　(2)ウ，オ

5　(1)エ　(2)ア→ウ→イ　(3)ウ　(4)イ

6　(1)ア．⑧　オ．④　(2)カ　(3)イ　(4)オ　(5)リュウグウ

7　(1)ウ　(2)ウ　(3)ウ　(4)ア　(5)10.9　(6)20　(7)イ　(8)12.3

8　(1)ウ　(2)イ，オ　(3)エ　(4)イ，オ，カ　(5)2　(6)2　(7)3

《社　会》

1　問1．ウ　問2．ア　問3．エ　問4．ウ　問5．ア　問6．イ　問7．エ　問8．ハザードマップ　問9．イ　問10．ウ　問11．源頼朝　問12．ア→ウ→オ　問13．エ　問14．ウ　問15．イ　問16．ウ　問17．エ　問18．西廻り航路　問19．戦に備える役割から城下を治める役割に変化した。　問20．ア　問21．エ→イ→ウ→ア　問22．イ　問23．横浜　問24．エ　問25．ウ　問26．焼夷弾による火事の延焼をおさえる効果。　問27．ウ　問28．ア　問29．ウ　問30．エ　問31．イ　問32．イ　問33．イ

2　問1．ウ　問2．エ　問3．ア　問4．①ア→ウ→イ→エ　②朝鮮通信使　問5．①渋沢栄一　②貴族院　③岩倉具視　問6．学問のすすめ　問7．①ア　②エ→イ→ア→ウ　問8．エ　問9．ヘイトスピーチ　問10．エ

3　問1．エ　問2．①平和　②基本的人権　問3．エ　問4．春節　問5．伊藤博文　問6．自由民権運動　問7．①武家諸法度　②ア，ウ　③エ　問8．刀狩令　問9．シャクシャイン　問10．ウ　問11．6年

←解答例は前のページにありますので，そちらをご覧ください。

《2020　国語　解説》

一　問一　ツチヤくんの言っている「改めてふり返って考えてみる」「人生全体をふり返り～改めて考える」ことと、「仕事から帰っておふろに入り、頭が空っぽになったとき」とのちがいを考えると、後者は「瞬《しゅん》間的」だと言える。よって、オが適する。

問二　B の直前の一文で述べた「ふだんはあたりまえで何も感じていないことでも、改めてふり返って考えてみることで～『幸せ』だと気づくこと」の例なので、イが適する。

問三　C の次行で「自分が幸せだと思うことをするときが幸せ」と言いかえている。「重要なのは、そのために生きることができるということで、それだけで十分に幸せなんだ。何しろ、自分にとってのいちばん大切なことがわかっているんだからね」の、「そのため」が何のためかを読み取る。ムラセくんは「何を大切にして生きていくか」が幸せを決めるのだと考えていて、「自分にとっていちばん大切なことを知ることは、とても価値があることだ～とても大切なことなんだ」と述べている。よって、自分が決めた、人生で「いちばん大切なこと」ができるときが、幸せだということ。

問四　―線部①の直前で「洗いたての～わかったとき」といった例を挙げる前の、「気持ちよかったり、楽しかったりするときが、それ」の「それ」と同じことを指している。よって、その直前の「幸せだと感じるとき」。

問六　〈ムラセくんの考え〉の２段落目の最後の一文「だれからもほめてもらえないときだって、逆にものすごくたくさんの人にほめてもらえたときだって同じだ」について、何が「同じ」なのかがわからないことに気づきたい。抜《ぬ》けている一文の直前には、「幸せとか不幸せとまったく関係がない」「そんなこと」にあたる内容が書かれているはず。自分にとっての大切なことをするのが幸せなのであって、それに対するまわりの人からの評価は、「幸せとか不幸せとまったく関係がない」ということ。

問七　ツチヤくんが「人生全体をふり返り、自分の価値観に照らし合わせて改めて考えることによって、『幸せ』ははじめて実感できるものじゃないかと思う」と述べていること、ムラセくんが「幸せと生きる理由には、つながりがある～幸せは～自分で決めた『人生でいちばん大切なこと』ができるときのことだ」と述べていることから、エの「人生全体の中で幸せを考え」ていると言える。

問八　ア．ツチヤくんはこのような考えを述べていない。　イ．ムラセくんはこのような考えを述べていない。
ウ．〈ムラセくんの考え〉で「そんなこと（まわりの人からどう言われるか）と幸せは、ほんとうは関係ないんだ」「自分が幸せだと思うことをするときが幸せ」だと述べていることに、適する。　エ．コーノくんは「難しいのは、自分の幸せだけじゃなくて、ほかの人の幸せとか不幸せをどう考えるかってことじゃないかな」「ほかの人の幸せのことも考える～と、他人が幸せなときに自分も幸せを感じられるかもね」と述べているが、それは「自分のことよりも」ということではないので、適さない。　オ．〈コーノくんの考え〉の２段落目で「『楽』と『幸せ』は～そんなに差はないと思うな」と述べていることに、適する。

三　問一Ａ　直前で「なんだかおもしろいことが起きそうだ」と思っているので、「うきうき」が適する。　Ｄ　直後に「また、おなじこと」とあるので、何かにつけてよく言われるせりふ。本文を通して何度も出てくる「こんなご時世」が適する。

問二　「口では」「チョコレートなんて、敵の国の食べ物だ」などと「悪口を言ってる」人も、いざ売られていると「我先に」と先を争って買うのだから、本当は好きなのである。よって、ひそかに喜んでいることを表す、アの「しめしめと」が適する。

問三　C の３行前に「私は、変わるってことが案外好き」とある。よって、「今までの尋《じん》常小学校は『国民学校』と名前が変わった」、自分がその「最初の一年生」であることは、イコにとってうれしいことのはず。新しい生活を楽しみにしていることがうかがえるので、イが適する。

問四　直前に「お母さんが、『よろしくね』って言うなんて」とあるので、ウが適する。

問五　「だから」の前に述べられた「まま母」のイメージは「いじわるな」「鬼婆《おにばば》みたいな」である。そのようなまま母にいじめられる「かわいそうな」女の子、という関係をイメージしているので、エが適する。

問六　タカさんは直後で「(光子《みつこ》さんは)震《しん》災でお父さんをなくしてね～お母さんも二年ほど前になくして、天涯《がい》孤《こ》独の身なのよ。寂《さび》しいんだよ。無理もないよ。頼《たよ》りにしているセイゾウがいなくなるんだから」と言っている。つらい境遇《きょうぐう》にある光子さんのことを「あの人、あんまりしゃべらない」と言ったイコに、悪く言ってはいけない、という意味で「にらんだ」のである。よって、エが適する。

問七　このあとでタカさんが「子どもがいるのにねえ。よくきてくれたわ」と言ったのを聞いて「ますます気に入らない。すいませんね、私がいて」と思っているのを参照。「お父さんと光子さん」というカップルでくくられると、イコは、自分がじゃま者になってしまうような、「お父さんと自分」という関係がうすまるような気がしてしまうということ。よって、アが適する。

《2020　算数　解説》

1

(1)　与式 $=2+\{38-7\div(\frac{3}{5}-\frac{1}{4})\}\times\frac{14}{9}=2+\{38-7\div(\frac{12}{20}-\frac{5}{20})\}\times\frac{14}{9}=2+(38-7\div\frac{7}{20})\times\frac{14}{9}=$
$2+(38-7\times\frac{20}{7})\times\frac{14}{9}=2+(38-20)\times\frac{14}{9}=2+18\times\frac{14}{9}=2+28=30$

(2)　与式より，$(4-\square)\times\frac{7}{12}=\frac{8}{3}-\frac{3}{4}$　　$4-\square=\frac{23}{12}\div\frac{7}{12}$　　$\square=4-\frac{23}{7}=\frac{5}{7}$

(3)　与式 $=20\times\frac{1}{34}\times0.4+6\times0.5\div\frac{34}{10}+2\div\frac{34}{100}=8\times\frac{1}{34}+3\times\frac{10}{34}+2\times\frac{100}{34}=8\times\frac{1}{34}+30\times\frac{1}{34}+200\times\frac{1}{34}=$
$(8+30+200)\times\frac{1}{34}=238\times\frac{1}{34}=7$

2

(1)　ある数に３をかけると，3.14 をかけたときよりも 0.14＋1.12＝1.26 小さくなる。3.14 をかけた数と３をかけた数の比は，3.14：３＝157：150 であり，この比の数の 157－150＝７が 1.26 にあたるから，3.14 をかけた正しい答えは，$1.26\times\frac{157}{7}=28.26$

(2)　50 人全体の１日あたりの勉強時間の合計は，80×50＝4000(分)である。女子が 50 人とすると，１日あたりの勉強時間の合計は，87.2×50＝4360(分)となり，実際より 4360－4000＝360(分)多い。男子の勉強時間が全員 77.2 分，女子の勉強時間が全員 87.2 分として，女子１人を男子１人におきかえると，１日あたりの勉強時間の合計は，87.2－77.2＝10(分)少なくなるから，男子の人数は，360÷10＝36(人)である。

(3)　定価の５％引きセールをしていたとき，商品Ａも商品Ｂも定価から５％引かれた金額に消費税がかかる。これは商品Ａと商品Ｂの定価に消費税を入れてから，５％引きした場合の金額と同じになるから，増税後に商品Ａと商品Ｂを１個ずつ定価で買うと，消費税を入れた金額は 1349÷(１－0.05)＝1420(円)となる。
商品Ｂの消費税率は変わらないから，増税後に増えた 1420－1404＝16(円)は，商品Ａの消費税増税分である。商品Ａの消費税は 10－８＝２(％)増えたから，商品Ａの定価は 16÷0.02＝800(円)である。

(4)　右のように作図し，記号をおく。同じ形の三角形の対応する辺の比が等しいことを利用する。ＢＨとＡＥは平行だから，三角形ＢＨＧと三角形ＥＡＧは同じ形で，ＢＧ：ＥＧ＝ＢＨ：ＥＡである。

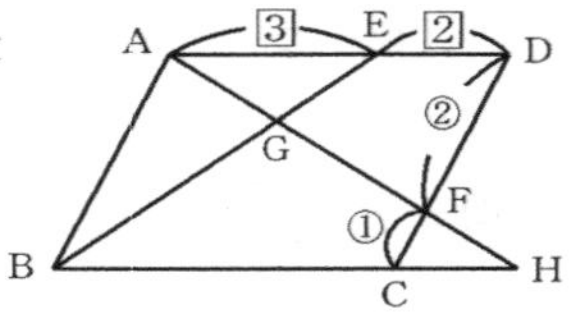

ＡＢとＦＣは平行だから，三角形ＡＢＨと三角形ＦＣＨは同じ形で，ＢＨ：ＣＨ＝ＡＢ：ＦＣ＝３：１である。したがって，ＢＣ：ＣＨ＝(３－１)：１＝２：１だから，ＣＨ＝ＢＣ×$\frac{1}{2}$＝$\boxed{5}$×$\frac{1}{2}$＝$\boxed{\frac{5}{2}}$となる。よって，ＢＧ：ＥＧ＝ＢＨ：ＥＡ＝($\boxed{5}$＋$\boxed{\frac{5}{2}}$)：$\boxed{3}$＝５：２である。

(5)　正五角形の内角の和は180×(５－２)＝540(度)だから，１つの内角は540÷５＝108(度)である。したがって，図１において，角ＢＣＤ＝108度で，三角形の１つの外角は，これととなりあわない２つの内角の和に等しいから，角ＦＢＣ＝角ＢＣＤ－角ＢＦＣ＝108－90＝18(度)なので，図２は正五角形を18度回転させた図を書き加えたものである。よって，求める角は18度とわかる。

3　(1)　列車Ａの先頭が橋を渡り始めてから，列車Ａの最後尾《さいこうび》が橋を渡り終わるまで(右図参照)に50秒かかった。この間に列車Ａの先頭は，橋と列車Ａの長さの和の620＋180＝800(m)進んだのだから，列車Ａの速さは，秒速(800÷50)m＝秒速16mである。

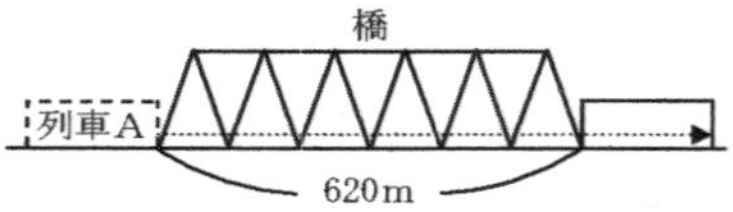

(2)　列車Ａと列車Ｂが出会ってからはなれるまでに列車Ａの最後尾と列車Ｂの最後尾が進んだ道のりの和は，２台の列車の長さの和に等しく，180＋100＝280(m)である(右図参照)。したがって，２台の列車の速さの和は，秒速(280÷８)m＝秒速35mだから，列車Ｂの速さは，秒速(35－16)m＝秒速19mである。

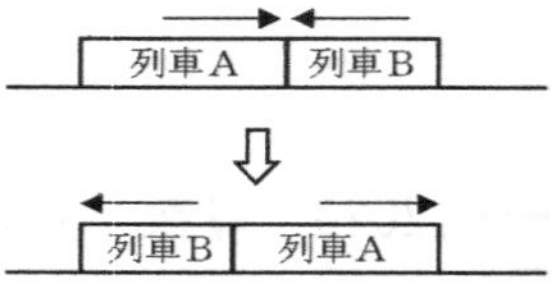

よって，列車Ｂが橋を渡り始めたのは，すれ違い始める(620－240)÷19＝20(秒前)である。

4　①，④より，Ｂは２を何回かかけた数のうち２桁の整数であるとわかる。したがって，Ｂは２×２×２×２＝16，16×２＝32，32×２＝64のどれかとなる。Ｂを16とすると，②より，Ａは(16－２)÷２＝７となり，①の条件に合わない。Ｂを32とすると，②より，Ａは(32－２)÷２＝15となり，15の約数は１，３，５，15だから，③の条件に合わない。Ｂを64とすると，②より，Ａは(64－２)÷２＝31となり，31の約数は１，31だけだから，すべての条件に合う。よって，Ａは31である。

5　(1)　百の位の数は１，２の２通り，十の位の数は０，１，２の３通り，一の位の数は０，１，２の３通りあるから，３桁の整数は全部で２×３×３＝18(個)できる。

(2)　(1)と同様に求める。１桁の整数は３個，２桁の整数は２×３＝６(個)，３桁の整数は18個でき，４桁の整数のうち，千の位の数が１であるものは１×３×３×３＝27(個)できる。４桁の整数で千の位の数が２，百の位の数が０である整数のうち，十の位の数が０であるものは３個，十の位の数が１であるものは３個できるから，2020は，千の位の数が２である整数の３×２＋１＝７(個目)とわかる。

よって，初めから数えて，３＋６＋18＋27＋７＝61(番目)の数である。

6　２つの直線が平行であるとき，同位角どうしと錯角どうしが等しいことを利用するのだから，三角形の３つの辺のうち１つの辺と平行な直線をかいて説明すればよい。

7 (1) 右図のように記号をおく。

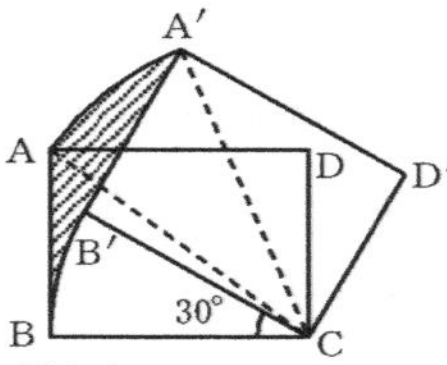

三角形ＡＢＣとおうぎ形ＣＡＡ′の面積の和から，おうぎ形ＣＢＢ′と三角形Ａ′Ｂ′Ｃの面積を引いて求める。三角形ＡＢＣと三角形Ａ′Ｂ′Ｃは合同だから，求める面積は(おうぎ形ＣＡＡ′の面積)－(おうぎ形ＣＢＢ′の面積)に等しい。おうぎ形ＣＡＡ′は半径がＣＡ＝5㎝で中心角が30度，おうぎ形ＣＢＢ′は半径がＣＢ＝4㎝で中心角が30度だから，斜線部分の面積は，$5\times5\times3.14\times\frac{30}{360}-4\times4\times3.14\times\frac{30}{360}=(25-16)\times\frac{1}{12}\times3.14=\frac{3}{4}\times3.14=2.355$(㎠)である。

(2) 辺ＡＤ上の点のうち頂点Ｃから最も遠い点はＡであり，最も近い点はＤだから，辺ＡＤをＣを中心に1回転させると，半径がＣＡの円から半径がＣＤの円を除いた部分を通過する。

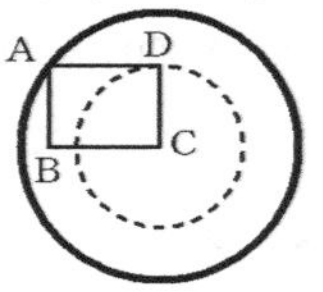

(3) 頂点Ａが通過する経路は，右図の太線のようになるから，求める長さは，おうぎ形ＣＡA_1とおうぎ形$D_1A_1A_2$とおうぎ形$B_3A_2A_3$の曲線部分の長さの和である。長方形ＡＢＣＤは最初に90＋45＝135(度)，2回目に90度，4回目に45度回転している。よって，求める長さは，

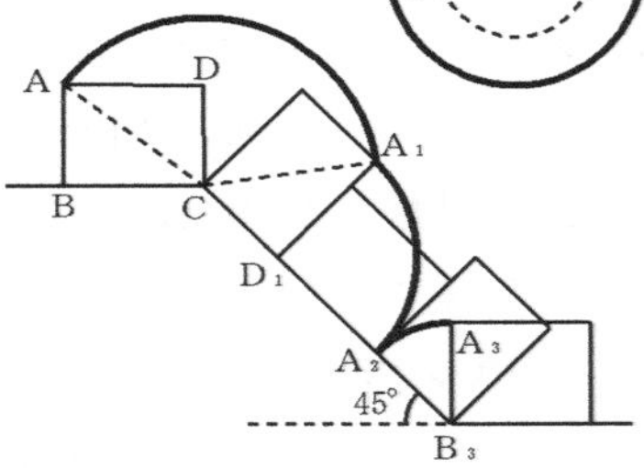

$5\times2\times3.14\times\frac{135}{360}+4\times2\times3.14\times\frac{90}{360}+3\times2\times3.14\times\frac{45}{360}=$
$(10\times\frac{3}{8}+8\times\frac{1}{4}+6\times\frac{1}{8})\times3.14=\frac{13}{2}\times3.14=20.41$(㎝)である。

8 (1) (Ｂ)と(Ｄ)は立方体の展開図ではないので，違うとわかる。また，丸と四角の穴は，立方体の向かい合う面にあるから，(Ａ)と(Ｆ)は違うとわかる。

図Ⅰ

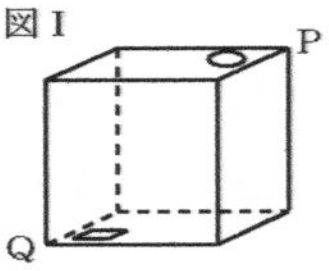

丸い穴は右図Ⅰの頂点Ｐの近くにあり，四角い穴は図Ⅰの頂点Ｑの近くにある。頂点Ｐ，Ｑは立方体において最も遠い頂点だから，この2点は展開図上で面2つをつなげた長方形の対角線上にある。よって，頂点Ｐ，Ｑは，(Ｃ)と(Ｅ)の展開図において，右図Ⅱのようになるから，正しい展開図は(Ｃ)とわかる。

図Ⅱ

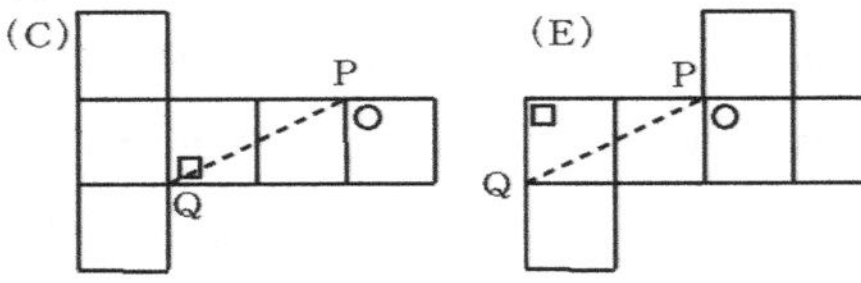

(2) グラフより，立方体の1辺は8㎝，仕切りの高さは5㎝，四角い穴のふたを外したのは19秒後よりも前だとわかる。

丸い穴から毎秒20㎤の水が入り，四角い穴から一定の割合で水が出ている19秒後から43秒後までの43－19＝24(秒間)にたまる水の量は，8×8×(8－5)＝192(㎤)だから，このときにたまる水の量は，毎秒(192÷24)㎤＝毎秒8㎤である。よって，四角い穴から出る水の量は，毎秒(20－8)㎤＝毎秒12㎤である。

(3) (2)の解説をふまえる。水を入れ始めてから19秒後までに，たまった水の量は8×8×5＝320(㎤)である。19秒間で丸い穴からは20×19＝380(㎤)の水が入るから，四角い穴から出た水の量は380－320＝60(㎤)であり，四角い穴は60÷12＝5(秒間)開いていたとわかる。よって，四角い穴のふたを外したのは，19－5＝14(秒後)であり，14秒後ならばふたをはずしてからすぐに水が流れ出すので，問題に合う。

《2020 理科 解説》

1 (1) ウ○…ふつう，魚類の尾びれは水面に対して垂直な向きに，イルカやクジラなどのホニュウ類の尾びれは水面に対して平行な向きについている。

(2) エ×…体の中から熱をつくることができる動物を恒温《こうおん》動物，体の中から熱をつくることができない動物を変温動物という。ペンギンなどの鳥類は恒温動物だが，ウミガメなどのハチュウ類は変温動物である。

(3) イソギンチャクやウは刺胞《しほう》動物，アは軟体《なんたい》動物，イとオは甲殻類《こうかくるい》，エは魚類である。

(4) ア×…サンゴは変温動物で，体の中から熱をつくることができないから，水温を上げることはできない。

2　(3)　ア○…海水中の緑色の海そうは，陸上の植物と同様に，光を受けると水と二酸化炭素を材料にして，デンプンと酸素をつくりだす光合成を行う。呼吸よりも光合成が盛んに行われれば，全体としては酸素を放出して二酸化炭素を吸収することになる。

(4)　イ○…光があたらなければ，光合成を行わず呼吸だけを行うので，酸素を吸収して二酸化炭素を放出することになる。

(5)　海水の濃《こ》さをとけている食塩の重さで考える。加える塩水の重さは 500－300＝200(ｇ)である。また，３％の海水300ｇには300×0.03＝９(ｇ)の食塩がとけていて，５％の塩水500ｇには500×0.05＝25(ｇ)の食塩がとけている。したがって，加える塩水200ｇにとけている食塩は25－９＝16(ｇ)だから，その濃さは$\frac{16}{200}$×100＝８(％)である。

3　(2)　ア○，イ×…アンモニア水はアルカリ性である。　ウ×…アンモニア水は特有の刺激臭《しげきしゅう》がする。

エ×，オ○…アンモニア水は，水に気体のアンモニアをとかしたものだから，水を蒸発させると何も残らない。

(3)(4)　実験２で，残った固体が黒くなった(こげた)Ｃには砂糖水が入っている。実験１で，白い固体が残り，実験３で，液体がアルカリ性を示したＢには水酸化ナトリウム水溶液《すいようえき》が入っている。実験１で，ＢとＣ以外で白い固体が残ったＥには食塩水が入っている。実験３で，ＣとＥ以外でリトマス紙の色が変化しなかった，または，実験４で，二酸化マンガンを入れたときに気体(酸素)が発生したＡには過酸化水素水が入っている(うすい過酸化水素水はほぼ中性である)。実験５で，Ｂ以外でアルミニウムを入れたときに気体(水素)が発生したＦには塩酸が入っている。残ったＤには炭酸水が入っている。

4　(1)　海水がかき混ぜられることも，海の中の生態系にとっては恩恵となる。

(2)　火山周辺でのマグマの熱を利用した地熱発電は，再生可能エネルギーの一種として注目されている。

5　(1)　エ○…地球は，南極と北極を結ぶ直線を軸《じく》として，１日に約１回転している。これを自転という。

(2)　日本付近の上空には西から東へ強い風(偏西風《へんせいふう》)がふいている。この風の影響《えいきょう》を受けて，雲は西から東へ移動していくので，図の灰色部分が全体として西から東へ移動していくように並べればよい。

(3)　ウ×…台風は，縦に長い積乱雲が集まってできたものである。

6　(1)　図１では，地球から見て太陽と同じ方向にある①が新月であり，明るく見える部分がない。その後，キ《②》→カ《③》→オ《④》→エ《⑤》→ウ《⑥》→イ《⑦》→ア《⑧》と見え方が変化し，約30日後に再び新月になる。

(2)　南を向いたとき，右手側が西である。図１の地球で，右手側に太陽があるとき，正面(南)に見えるのは③の月である。したがって，(1)解説より，③の月はカのように見える。なお，カのように，南の空で右半分が明るく見える月を上弦《じょうげん》の月という。

(3)　イ×…日食は，太陽，月(新月)，地球の順に一直線に並び，太陽の一部，または全部が月によってかくされる現象である。地球から見て，太陽と月はどちらも東から西へ向かって動くが，太陽の方が速く動いて見えるので，太陽が新月を東側から西側へ追いぬいていく。したがって，太陽は西側(右側)から欠けていく。

7　(1)　ウ○…ふりこは支点の真下を通過するときに最も速く動き，ＡとＢでは一瞬《いっしゅん》止まる。おもりの動きを一定時間ごとに記録するとき，速さが速いときの方がおもりの間かくが広くなる。

(2)　ウ○…３つの条件(おもりの重さ，糸の長さ，ふれはば)のうち，１つだけが異なるふりこの10往復にかかった時間を比べることで，その条件が結果にどのような影響をあたえるのかを確かめることができる。このように考えると，糸の長さだけが10往復にかかった時間に影響をあたえること，糸の長さが長い方が10往復にかかった時間が長くなることがわかる。

(4)　ア○…動きが一瞬止まるBで糸を切れば，おもりにはたらく力が重力だけになり，重力の方向に動く。

(5)　(2)解説より，おもりの重さやふれはばは10往復にかかった時間に影響をあたえない。表より，糸の長さが４倍になると10往復にかかった時間が２倍になることがわかるから，糸の長さが30 cmの４倍の120 cmであれば，10往復にかかった時間は10.9秒の２倍の21.8秒になり，５往復であればその半分になるから，10.9秒が正答となる。

(6)　20往復にかかった時間が18秒であれば，10往復にかかった時間はその半分の９秒である。10往復にかかった時間が９秒の２倍の18秒になるのが，糸の長さが80 cmのときだから，80 cmの$\frac{1}{4}$倍の20 cmが正答となる。

(7)　イ○…くぎがある場合でも，くぎがない場合と同様に，おもりは手をはなした高さと同じ高さまで上がる。

(8)　図４でふりこが10往復するとき，くぎの左半分の５往復分を糸の長さが60 cmのふりことして，くぎの右半分の５往復分を糸の長さが60－40＝20(cm)のふりことして動くと考えればよい。表より，糸の長さ60 cmのふりこが５往復するのにかかる時間は15.6÷２＝7.8(秒)，(6)解説より，糸の長さ20 cmのふりこが５往復するのにかかる時間は９÷２＝4.5(秒)だから，7.8＋4.5＝12.3(秒)が正答となる。

8　(1)　ウ○…電流の通り道が分かれていなければ，電流の大きさは変化しない。

(2)(3)　直列つなぎのかん電池の数が多いほど豆電球に流れる電流は大きくなり，直列つなぎの豆電球が多いほど１つ１つの豆電球に流れる電流は小さくなる。また，並列つなぎのかん電池や豆電球は，それぞれが１つのときと同じと考えればよい。したがって，１つのかん電池で１つの豆電球を光らせている図１のAと同じ明るさになるのはアとウとカで，Aよりも明るいのは２つのかん電池で１つの豆電球を光らせているイとオ，Aよりも暗いのは１つのかん電池で２つの豆電球を光らせているエである。

(4)　２つのかん電池が直列つなぎになっているイとオとカでは，どちらか一方のかん電池を外すと，回路全体に電流が流れなくなる。

(5)　①を閉じると，アとイの直列部分，ウだけの部分，エとオの直列部分３つの部分が並列つなぎになる。３つの部分のうち，豆電球の数が他の部分の半分のウだけの部分には，他の部分の２倍の電流が流れる。

(6)　①と②を閉じると，エには電流が流れなくなり，オにはウと同じ大きさの電流が流れるようになるので，(5)と同様に２倍が正答となる。

(7)　②を閉じると，エを流れる電流が，アとイの直列部分と，ウだけの部分に分かれて流れる。(5)より，アとイの直列部分と，ウだけの部分を流れる電流の大きさの比は$\boxed{1}$：$\boxed{2}$だから，エを流れる電流の大きさは$\boxed{1}$＋$\boxed{2}$＝$\boxed{3}$であり，エを流れる電流の大きさは，ア(とイ)を流れる電流の大きさの$\frac{\boxed{3}}{\boxed{1}}$＝３(倍)である。

《2020　社会　解説》

$\boxed{1}$　**問１**　ウを選ぶ。加曽利貝塚は千葉県にある縄文時代の遺跡である。登呂遺跡は静岡県，吉野ケ里遺跡は佐賀県にある弥生時代の遺跡である。

問２　日本の人口の３分の１が東京大都市圏に集中しているから，アを選ぶ。

問３　弥生時代でないエが誤り。はにわは古墳時代の出土品で，古墳の土どめや垣根として使われた。

問４　奈良時代のウが正しい。『万葉集』に収められている山上憶良の「貧窮問答歌」である。アは江戸時代の大塩平八郎の手紙，イは室町時代の山城国一揆についての記述，エは平安時代に藤原道長が詠んだ「望月の歌」である。

問５　アが誤り。東北地方は平安時代の坂上田村麻呂による蝦夷征討まで律令国家の支配下に含まれていなかったため，奈良時代に国分寺が建立されなかった。

問６　イが正しい。平安時代，社会に対する不安(末法思想)から，阿弥陀如来にすがって死後に極楽浄土へ生まれ変わることを願う浄土信仰が広まり，多くの阿弥陀堂がつくられた。アの「憲法十七条」は飛鳥時代に聖徳太子が制定した。ウは奈良時代，エは室町時代についての記述である。

問７　奈良に平城京，京都に平安京が置かれた際，長安の都制にならって碁盤の目状に区画されたから，エを選ぶ。

問８　ハザードマップには，洪水による浸水や津波のほか，火山噴火，土砂災害などの自然災害について，災害が起きたときに被害が発生しやすい地域や緊急避難経路，避難場所などが示される。

問９　イを選ぶ。千曲川は長野県，北上川は岩手県・宮城県，木曽川は長野県・岐阜県・愛知県・三重県を流れる。

問10　ウを選ぶ。山梨県の甲府盆地でももの生産が盛んである。アは日本なし，イは西洋なし，エはりんご。

問11　奥州藤原氏は平泉を中心に栄えたが，1189年，源義経をかくまったために源頼朝に滅ぼされた。

問12　ア．桶狭間の戦い(1560年)→ウ．長篠の戦い(1575年)→オ．朝鮮出兵(1592年文禄の役・1597年慶長の役)。イ．「キリスト教信者～一揆」は島原・天草一揆(1637年～1638年)であり，九州で起きた。　エ．元軍による１度目の襲来を文永の役(1274年)，２度目の襲来を弘安の役(1281年)といい，これら２つを合わせて元寇という。

問13　エが誤り。「木曽山脈」が「伊吹山地」であれば正しい。木曽山脈は長野県にある。

問14　郡上八幡の年間降水量が2656.7㎜だから，全国の年間降水量の平均は約1656.7㎜である。年間降水量は，稚内が1062.8㎜，呉が1381.5㎜，尾鷲が3848.8㎜，名古屋が1535.4㎜だから，ウを選ぶ。

問15　イが誤り。南北朝統一は1392年だから，14世紀中の出来事である。

問16　扇状地は，河川が山間部から平地に出た付近にれきや砂が扇状に積もってできるから，ウを選ぶ。

問17　エが誤り。生産調整では，田の面積を減らし，畑の面積を増やす転作が奨励された。

問18　江戸時代には海上交通がさかんになり，酒田から日本海沿岸をまわって大阪まで運ぶ西廻り航路，酒田から太平洋沿岸をまわって江戸まで運ぶ東廻り航路が発達した。

問19　【い】より，山城が戦に備えて山間部に建てられたこと，【う】より，平山城が政治を行うため小高い場所に建てられたこと，平城が権威の誇示や防御のため周囲よりもやや高い場所に建てられたことを読み取る。

問20　アが正しい。名古屋城築城のために集められた木こりが居住したことから「木挽町」と名付けられた。「魚ノ棚通」は魚を売る店が多かったこと，「綿町」は木綿の問屋があったこと，「鍛冶町」は鍛冶職人が居住したことに由来する。

問21　エ．鎌倉時代→イ．室町時代(勘合貿易の開始：1404年)→ウ．室町時代(鉄砲伝来：1543年)→ア．江戸時代

問22　イが正しい。日露戦争は1904～1905年である。　ア．戊辰戦争(1868年～1869年)直後の就学率は不明である。ウ．1900年の女子の就学率は平均を下回っているので，学校に通う人数は男子よりも少ない。　エ．女子の就学率が40%をこえたのは1890年代前半で，授業料無料化(1900年)以前である。

問24　エが誤り。1938年の国家総動員法をきっかけに配給制が導入されて衣服は切符による配給となった。

問25　ウが誤り。女性が選挙権をもつことになったのは，1945年(昭和時代)の衆議院議員選挙法改正以降である。

問26　密集地に焼夷弾を落とされれば一帯が焼け野原となるため，空き地をつくって延焼をおさえようとした。

問27　「あたらしい憲法のはなし」の配布(1947年)→日本の国際連合加盟(1956年)→東京オリンピック(1964年)→大阪万国博覧会(1970年)の順だから，ウを選ぶ。

問28　火力発電電力量のアを選ぶ。日本が石炭火力発電からの脱却を明言しなかったので，環境ＮＧＯから「温暖化対策に消極的な国」におくる「化石賞」がおくられた。石油・石炭などの化石燃料による火力発電では，地球温暖化の原因となる二酸化炭素を大量に排出する。イは原子力，ウは太陽光，エは地熱の発電電力量である。

問 29　ウを選ぶ。「持続可能な発展」は国連環境開発会議，「人類の進歩と調和」は大阪万国博覧会，「自然の叡智」は愛・地球博のスローガンである。

問 30　エが誤り。二酸化炭素濃度が上昇すると気温が上昇するメカニズムである。

問 31　アメリカ合衆国は 1990 年の二酸化炭素排出割合が最も高いイである。アは中国，ウはインド，エはロシア。

問 32　イが誤り。ハイブリッドカーは，ガソリンエンジンと電気モーターを組み合わせて走る自動車である。

問 33　イが正しい。　ア．他人のパスワードを使ってインターネットを利用すると，不正アクセスという犯罪になる。　ウ．ＳＮＳから個人情報が特定されて空き巣被害にあうこともある。　エ．インターネット上では間違った情報が含まれていることもある。

2　問１　ウを選ぶ。国際連盟の発足は 1945 年，満州事変の発生は 1931 年，日中戦争の開始は 1937 年。

問２　エが誤り。鉄血勤皇隊は，太平洋戦争末期に戦闘要員として動員された沖縄の男子中学生の呼称である。

問３　ア．土地を失った朝鮮人は経済的に生活ができなくなったため，現金収入が得られる日本に移住した。

問５①　渋沢栄一は，第一国立銀行や大阪紡績会社などの設立を進めた。　②　貴族院は皇族・華族のほか，天皇が任命した議員で構成されたため，選挙では選ばれなかった。　③　岩倉使節団の目的は，日米修好通商条約などを改正するための予備交渉であったが，交渉が失敗したため，欧米の進んだ政治や産業を学ぶことにきりかえ，２年近く欧米を歴訪した。

問６　福沢諭吉が書いた『学問のすすめ』では，人間の自由・平等や学問の大切さが説かれている。

問７①　ア．1941 年 12 月，海軍によるアメリカ領真珠湾攻撃と，陸軍によるイギリス領マレー半島上陸から太平洋戦争が始まった。　②　すべて 1945 年の出来事で，エ．東京大空襲（３月）→イ．ドイツの降伏（５月）→ア．ポツダム宣言の発表（７月）→ウ．広島への原爆投下（８月６日）の順となる。

問８　エ．ニュージーランドは 1947 年までイギリスの植民地であった。

問 10　エ．全国水平社は，厳しい部落差別に苦しむ人々が部落解放運動のために結成した組織で，「人の世に熱あれ，人間に光あれ」は部落解放運動を行った山田孝野次郎の言葉である。

3　問１　エ．香港は，アヘン戦争後の南京条約でイギリスの植民地となった。

問３　エを選ぶ。アは北京，イは西安，ウは上海の位置である。

問５　伊藤博文は君主権の強いプロイセン（ドイツ）の憲法を学んで帰国した後，大日本帝国憲法の制定に力をつくした。

問６　1874 年，板垣退助らが民撰議院設立の建白書を提出したことから自由民権運動が始まった。板垣退助は立志社をつくるなどして自由民権運動を広めていき，1881 年に国会開設の勅諭が出されると，自由党を結成し，国会の開設に備えた。

問７①・②　武家諸法度には，無許可で城を修理したり，大名家どうしが無断で結婚したりすることを禁止するなど，大名が守るべききまりが定められている。1615 年，徳川家康の命令で徳川秀忠のときに武家諸法度が初めて定められ，1635 年，徳川家光によって，参勤交代の制度が追加された。　③　エが誤り。「麻」が「木綿」であれば正しい。

問８　刀狩によって，百姓は武器を使って戦うことができなくなったので，百姓と武士の身分がはっきりと区別されるようになり，兵農分離が進んだ。

問９　江戸時代，わずかな米や日用品とアイヌの人々がもたらす大量のサケなどを交換し富を得ていた松前藩に対して，アイヌの人々は不満を持ち，シャクシャインを中心に反乱を起こした。しかし，戦いに敗れると支配はいっそう厳しくなった。

問 10　ウ．フランス革命中の 1789 年に自由と平等を唱えた人権宣言が発表されたことも覚えておこう。

問 11　参議院議員の任期は６年で，３年ごとに半数が改選される。

■ ご使用にあたってのお願い・ご注意

（1）問題文等の非掲載

著作権上の都合により，問題文や図表などの一部を掲載できない場合があります。

誠に申し訳ございませんが，ご了承くださいますようお願いいたします。

（2）過去問における時事性

過去問題集は，学習指導要領の改訂や社会状況の変化，新たな発見などにより，現在とは異なる表記や解説になっている場合があります。過去問の特性上，出題当時のままで出版していますので，あらかじめご了承ください。

（3）配点

学校等から配点が公表されている場合は，記載しています。公表されていない場合は，記載していません。

独自の予想配点は，出題者の意図と異なる場合があり，お客様が学習するうえで誤った判断をしてしまう恐れがあるため記載していません。

（4）無断複製等の禁止

購入された個人のお客様が，ご家庭でご自身またはご家族の学習のためにコピーをすることは可能ですが，それ以外の目的でコピー，スキャン，転載（ブログ，ＳＮＳなどでの公開を含みます）などをすることは法律により禁止されています。学校や学習塾などで，児童生徒のためにコピーをして使用することも法律により禁止されています。

ご不明な点や，違法な疑いのある行為を確認された場合は，弊社までご連絡ください。

（5）けがに注意

この問題集は針を外して使用します。針を外すときは，けがをしないように注意してください。また，表紙カバーや問題用紙の端で手指を傷つけないように十分注意してください。

（6）正誤

制作には万全を期しておりますが，万が一誤りなどがございましたら，弊社までご連絡ください。

なお，誤りが判明した場合は，弊社ウェブサイトの「ご購入者様のページ」に掲載しておりますので，そちらもご確認ください。

■ お問い合わせ

解答例，解説，印刷，製本など，問題集発行におけるすべての責任は弊社にあります。

ご不明な点がございましたら，弊社ウェブサイトの「お問い合わせ」フォームよりご連絡ください。迅速に対応いたしますが，営業日の都合で回答に数日を要する場合があります。

ご入力いただいたメールアドレス宛に自動返信メールをお送りしています。自動返信メールが届かない場合は，「よくある質問」の「メールの問い合わせに対し返信がありません。」の項目をご確認ください。

また弊社営業日（平日）は，午前９時から午後５時まで，電話でのお問い合わせも受け付けています。

2025 春

株式会社教英出版

〒422-8054　静岡県静岡市駿河区南安倍３丁目 12-28

TEL　054-288-2131　　FAX　054-288-2133

URL　https://kyoei-syuppan.net/

MAIL siteform@kyoei-syuppan.net

神奈川県

- ①[県立] 相模原中等教育学校／平塚中等教育学校
- ②[市立]南高等学校附属中学校
- ③[市立]横浜サイエンスフロンティア高等学校附属中学校
- ④[市立]川崎高等学校附属中学校
- ✿⑤聖光学院中学校
- ✿⑥浅野中学校
- ⑦洗足学園中学校
- ⑧法政大学第二中学校
- ⑨逗子開成中学校（1次）
- ⑩逗子開成中学校（2・3次）
- ⑪神奈川大学附属中学校（第1回）
- ⑫神奈川大学附属中学校（第2・3回）
- ⑬栄光学園中学校
- ⑭フェリス女学院中学校

新潟県

- ①[県立] 村上中等教育学校／柏崎翔洋中等教育学校／燕中等教育学校／津南中等教育学校／直江津中等教育学校／佐渡中等教育学校
- ②[市立]高志中等教育学校
- ③新潟第一中学校
- ④新潟明訓中学校

石川県

- ①[県立]金沢錦丘中学校
- ②星稜中学校

福井県

- ①[県立]高志中学校

山梨県

- ①山梨英和中学校
- ②山梨学院中学校
- ③駿台甲府中学校

長野県

- ①[県立] 屋代高等学校附属中学校／諏訪清陵高等学校附属中学校
- ②[市立]長野中学校

岐阜県

- ①岐阜東中学校
- ②鶯谷中学校
- ③岐阜聖徳学園大学附属中学校

静岡県

- ①[国立]静岡大学教育学部附属中学校（静岡・島田・浜松）
- ② [県立]清水南高等学校中等部／[県立]浜松西高等学校中等部／[市立]沼津高等学校中等部
- ③不二聖心女子学院中学校
- ④日本大学三島中学校
- ⑤加藤学園暁秀中学校
- ⑥星陵中学校
- ⑦東海大学付属静岡翔洋高等学校中等部
- ⑧静岡サレジオ中学校
- ⑨静岡英和女学院中学校
- ⑩静岡雙葉中学校
- ⑪静岡聖光学院中学校
- ⑫静岡学園中学校
- ⑬静岡大成中学校
- ⑭城南静岡中学校
- ⑮静岡北中学校
- ⑯ 常葉大学附属常葉中学校／常葉大学附属橘中学校／常葉大学附属菊川中学校
- ⑰藤枝明誠中学校
- ⑱浜松開誠館中学校
- ⑲静岡県西遠女子学園中学校
- ⑳浜松日体中学校
- ㉑浜松学芸中学校

愛知県

- ①[国立]愛知教育大学附属名古屋中学校
- ②愛知淑徳中学校
- ③ 名古屋経済大学市邨中学校／名古屋経済大学高蔵中学校
- ④金城学院中学校
- ⑤椙山女学園中学校
- ⑥東海中学校
- ⑦南山中学校男子部
- ⑧南山中学校女子部
- ⑨聖霊中学校
- ⑩滝中学校
- ⑪名古屋中学校
- ⑫大成中学校
- ⑬愛知中学校
- ⑭星城中学校
- ⑮名古屋葵大学中学校（名古屋女子大学中学校）
- ⑯愛知工業大学名電中学校
- ⑰海陽中等教育学校（特別給費生）
- ⑱海陽中等教育学校（I・II）
- ⑲中部大学春日丘中学校
- 新刊⑳名古屋国際中学校

三重県

- ①[国立]三重大学教育学部附属中学校
- ②暁中学校
- ③海星中学校
- ④四日市メリノール学院中学校
- ⑤高田中学校
- ⑥セントヨゼフ女子学園中学校
- ⑦三重中学校
- ⑧皇學館中学校
- ⑨鈴鹿中等教育学校
- ⑩津田学園中学校

滋賀県

- ①[国立]滋賀大学教育学部附属中学校
- ②[県立] 河瀬中学校／守山中学校／水口東中学校

京都府

- ①[国立]京都教育大学附属桃山中学校
- ②[府立]洛北高等学校附属中学校
- ③[府立]園部高等学校附属中学校
- ④[府立]福知山高等学校附属中学校
- ⑤[府立]南陽高等学校附属中学校
- ⑥[市立]西京高等学校附属中学校
- ⑦同志社中学校
- ⑧洛星中学校
- ⑨洛南高等学校附属中学校
- ⑩立命館中学校
- ⑪同志社国際中学校
- ⑫同志社女子中学校（前期日程）
- ⑬同志社女子中学校（後期日程）

大阪府

- ①[国立]大阪教育大学附属天王寺中学校
- ②[国立]大阪教育大学附属平野中学校
- ③[国立]大阪教育大学附属池田中学校

④[府立]富田林中学校
⑤[府立]咲くやこの花中学校
⑥[府立]水都国際中学校
⑦清風中学校
⑧高槻中学校（A日程）
⑨高槻中学校（B日程）
⑩明星中学校
⑪大阪女学院中学校
⑫大谷中学校
⑬四天王寺中学校
⑭帝塚山学院中学校
⑮大阪国際中学校
⑯大阪桐蔭中学校
⑰開明中学校
⑱関西大学第一中学校
⑲近畿大学附属中学校
⑳金蘭千里中学校
㉑金光八尾中学校
㉒清風南海中学校
㉓帝塚山学院泉ヶ丘中学校
㉔同志社香里中学校
㉕初芝立命館中学校
㉖関西大学中等部
㉗大阪星光学院中学校

兵庫県

①[国立]神戸大学附属中等教育学校
②[県立]兵庫県立大学附属中学校
③雲雀丘学園中学校
④関西学院中学部
⑤神戸女学院中学部
⑥甲陽学院中学校
⑦甲南中学校
⑧甲南女子中学校
⑨灘中学校
⑩親和中学校
⑪神戸海星女子学院中学校
⑫滝川中学校
⑬啓明学院中学校
⑭三田学園中学校
⑮淳心学院中学校
⑯仁川学院中学校
⑰六甲学院中学校
⑱須磨学園中学校(第1回入試)
⑲須磨学園中学校(第2回入試)
⑳須磨学園中学校(第3回入試)
㉑白陵中学校
㉒夙川中学校

奈良県

①[国立]奈良女子大学附属中等教育学校
②[国立]奈良教育大学附属中学校
③[県立]
国際中学校
青翔中学校
④[市立]一条高等学校附属中学校
⑤帝塚山中学校
⑥東大寺学園中学校
⑦奈良学園中学校
⑧西大和学園中学校

和歌山県

①[県立]
古佐田丘中学校
向陽中学校
桐蔭中学校
日高高等学校附属中学校
田辺中学校
②智辯学園和歌山中学校
③近畿大学附属和歌山中学校
④開智中学校

岡山県

①[県立]岡山操山中学校
②[県立]倉敷天城中学校
③[県立]岡山大安寺中等教育学校
④[県立]津山中学校
⑤岡山中学校
⑥清心中学校
⑦岡山白陵中学校
⑧金光学園中学校
⑨就実中学校
⑩岡山理科大学附属中学校
⑪山陽学園中学校

広島県

①[国立]広島大学附属中学校
②[国立]広島大学附属福山中学校
③[県立]広島中学校
④[県立]三次中学校
⑤[県立]広島叡智学園中学校
⑥[市立]広島中等教育学校
⑦[市立]福山中学校
⑧広島学院中学校
⑨広島女学院中学校
⑩修道中学校
⑪崇徳中学校
⑫比治山女子中学校
⑬福山暁の星女子中学校
⑭安田女子中学校
⑮広島なぎさ中学校
⑯広島城北中学校
⑰近畿大学附属広島中学校福山校
⑱盈進中学校
⑲如水館中学校
⑳ノートルダム清心中学校
㉑銀河学院中学校
㉒近畿大学附属広島中学校東広島校
㉓AICJ中学校
㉔広島国際学院中学校
㉕広島修道大学ひろしま協創中学校

山口県

①[県立]
下関中等教育学校
高森みどり中学校
②野田学園中学校

徳島県

①[県立]
富岡東中学校
川島中学校
城ノ内中等教育学校
②徳島文理中学校

香川県

①大手前丸亀中学校
②香川誠陵中学校

愛媛県

①[県立]
今治東中等教育学校
松山西中等教育学校
②愛光中学校
③済美平成中等教育学校
④新田青雲中等教育学校

高知県

①[県立]
安芸中学校
高知国際中学校
中村中学校

福岡県

①［国立］福岡教育大学附属中学校（福岡·小倉·久留米）

②［県立］
- 育徳館中学校
- 門司学園中学校
- 宗像中学校
- 嘉穂高等学校附属中学校
- 輝翔館中等教育学校

③西南学院中学校
④上智福岡中学校
⑤福岡女学院中学校
⑥福岡雙葉中学校
⑦照曜館中学校
⑧筑紫女学園中学校
⑨敬愛中学校
⑩久留米大学附設中学校
⑪飯塚日新館中学校
⑫明治学園中学校
⑬小倉日新館中学校
⑭久留米信愛中学校
⑮中村学園女子中学校
⑯福岡大学附属大濠中学校
⑰筑陽学園中学校
⑱九州国際大学付属中学校
⑲博多女子中学校
⑳東福岡自彊館中学校
㉑八女学院中学校

佐賀県

①［県立］
- 香楠中学校
- 致遠館中学校
- 唐津東中学校
- 武雄青陵中学校

②弘学館中学校
③東明館中学校
④佐賀清和中学校
⑤成穎中学校
⑥早稲田佐賀中学校

長崎県

①［県立］
- 長崎東中学校
- 佐世保北中学校
- 諫早高等学校附属中学校

②青雲中学校
③長崎南山中学校
④長崎日本大学中学校
⑤海星中学校

熊本県

①［県立］
- 玉名高等学校附属中学校
- 宇土中学校
- 八代中学校

②真和中学校
③九州学院中学校
④ルーテル学院中学校
⑤熊本信愛女学院中学校
⑥熊本マリスト学園中学校
⑦熊本学園大学付属中学校

大分県

①［県立］大分豊府中学校
②岩田中学校

宮崎県

①［県立］五ヶ瀬中等教育学校

②［県立］
- 宮崎西高等学校附属中学校
- 都城泉ヶ丘高等学校附属中学校

③宮崎日本大学中学校
④日向学院中学校
⑤宮崎第一中学校

鹿児島県

①［県立］楠隼中学校
②［市立］鹿児島玉龍中学校
③鹿児島修学館中学校
④ラ・サール中学校
⑤志學館中等部

沖縄県

①［県立］
- 与勝緑が丘中学校
- 開邦中学校
- 球陽中学校
- 名護高等学校附属桜中学校

もっと過去問シリーズ

北海道

北嶺中学校
7年分（算数・理科・社会）

静岡県

静岡大学教育学部附属中学校
（静岡·島田·浜松）
10年分（算数）

愛知県

愛知淑徳中学校
7年分（算数・理科・社会）
東海中学校
7年分（算数・理科・社会）
南山中学校男子部
7年分（算数・理科・社会）
南山中学校女子部
7年分（算数・理科・社会）
滝中学校
7年分（算数・理科・社会）
名古屋中学校
7年分（算数・理科・社会）

岡山県

岡山白陵中学校
7年分（算数・理科）

広島県

広島大学附属中学校
7年分（算数・理科・社会）
広島大学附属福山中学校
7年分（算数・理科・社会）
広島学院中学校
7年分（算数・理科・社会）
広島女学院中学校
7年分（算数・理科・社会）
修道中学校
7年分（算数・理科・社会）
ノートルダム清心中学校
7年分（算数・理科・社会）

愛媛県

愛光中学校
7年分（算数・理科・社会）

福岡県

福岡教育大学附属中学校
（福岡·小倉·久留米）
7年分（算数・理科・社会）
西南学院中学校
7年分（算数・理科・社会）
久留米大学附設中学校
7年分（算数・理科・社会）
福岡大学附属大濠中学校
7年分（算数・理科・社会）

佐賀県

早稲田佐賀中学校
7年分（算数・理科・社会）

長崎県

青雲中学校
7年分（算数・理科・社会）

鹿児島県

ラ·サール中学校
7年分（算数・理科・社会）

※もっと過去問シリーズは
国語の収録はありません。

教英出版
〒422-8054
静岡県静岡市駿河区南安倍3丁目12−28
TEL 054-288-2131
FAX 054-288-2133
詳しくは教英出版で検索
教英出版　検索
URL https://kyoei-syuppan.net/

２０２４年度

南山中学校　男子部　入学試験問題

国語

時間六十分

受験上の注意

一　試験開始のチャイムがあるまで、この問題用紙を開いてはいけません。

二　試験開始まで、この「受験上の注意」をよく読みなさい。

三　答えはすべて解答用紙に記入しなさい。

四　解答用紙には必ず氏名、受験番号（算用数字）を書きなさい。

五　次のときには、だまって手をあげて監督《かんとく》の先生に知らせなさい。

　①　印刷のはっきりしないところがあるとき。

　②　物を落とすなど困ったことがあったとき。

　③　からだの具合が悪くなったとき。

六　解答に字数制限がある場合は、句読点や「　」などの符号も一字として数えます。

七　試験終了のチャイムがあったらすぐに鉛筆を置きなさい。

八　問題用紙は回収しません。監督の先生の指示に従って、かばんの中にしまいなさい。

（中岡哲郎『イギリスと日本の間で』の一部）

（注）
ケンブリッジ大学　オックスフォード大学・・いずれもイギリスの大学
ジョセフ＝ニーダム・・イギリスの生化学者、科学史家
佐藤武敏・・東洋史研究者　中国の古代工学史を研究した

問一　本文には次の一文が抜《ぬ》けています。これが入る箇《か》所のすぐ後の文の最初の五字を抜き出して答えなさい。

しかし、それを聞いてもなお私には、割り切ってフィリッパとは日本語で話せばよいのだという考えは浮《う》かばなかった。

問二　傍《ぼう》線部①の意味として最も適当なものを、次から選んで記号で答えなさい。
ア　ていねいに　イ　ながながと　ウ　注意深く　エ　強い調子で

問三　空欄《らん》Aに入る最も適当な言葉を、本文中から二字で抜き出して答えなさい。

問四　空欄Bに入る最も適当な言葉を、本文中から一字で抜き出して答えなさい。

問五　空欄Cに入る最も適当な言葉を、次から選んで記号で答えなさい。
ア　日本人　イ　アメリカ人　ウ　イギリス人　エ　中国人

問六　空欄Dに入る最も適当な言葉を、次から選んで記号で答えなさい。
ア　英語　イ　中国語　ウ　古代中国語　エ　日本語

とマスクの前で人差し指を立てた。そうか。笑うことさえ禁止なんだ。私たちはぴたりと声を収めた。

　私たちの（　①　）はすばらしいと思う。オンライン授業だと言われればタブレットに向かい、二時間マスクをしてじっと授業を受けろと言われれば声も漏《も》らさず教室で座っている。感染症が怖《こわ》いからというのもあるけど、こんなに次々いろんなものを押《お》し付けられ、Cそれに従っているなんてすごいことだ。

　学校に来られたのはよかったけど、授業自体は一人でできるものばかりだった。しゃべるのは禁止だから発表もなく、先生が説明してノートに書いたり、問題を解いたりするだけで、オンラインとさほど違《ちが》いはなかった。何より近くにいるのに友達と一言も話せなかったのは、つらかった。

　Dそれを告げると、②お母さんは、「残念だったね」と言いつつ、「そっか。話せないんだね」とどこか安心したようにほっと息をはいた。

　二回目の登校日。算数の授業中、先生の説明を（　③　）と聞きながら机の中でがさがさになった手をさすっていると、何かが指先に当たった。紙だ。

　一センチ四方くらいに折られた紙。なんだろう。先生に見つからないようにそっと取り出して開けてみると、そこには「音楽とか体育とかすればいいのに。学校来てもつまんないな」と小さな字で書かれていた。

　手紙だ。きっと、分散登校の違うグループの誰かが書いたのだ。私と違う曜日に、この席に座るこのクラスの誰か。手紙とはいえ、教室の中での、最初の会話。三年生になって、友達とマスク越《こ》しのあいさつ以外の言葉を交《か》わすのは初めてだ。私の中に大きな気持ちが押し寄せてくる。ああ、こうやって話せるんだ。同じクラスの同じ年の友達と。誰かの手を通して書かれた生の言葉を、私は受け取ったんだ。短いメッセージに、驚《おどろ》くくらい心が弾《はず》む。先生は黒板にひたすら問題を書いている。④今なら大丈《じょう》夫。私はノートを小さく破って、メッセージを書いた。「休み時間がほしい！　トイレに行くだけじゃなく運動場に行けるやつ」名前を記そうかと思ったけど、見つかって叱《しか》られるのも嫌《いや》だし、相手も名前を書いていなかったからやめておいた。

　Ⅴ休み時間に運動場に行きたい。それを書いただけで叱られるかもと不安になるなんて、どこかおかしいよな。と少し思ったけど、しかたない。私たちが帰った後、先生は机を消毒するだろう。その先生の目から逃《のが》れられるよう、小さく小さく手紙を折りたたみ、届いてくれますようにと願いを込《こ》めて机の奥《おく》に押しこんだ。

　その日から次の登校日が待ちきれなかった。

　私が通うのは、火曜日と金曜日。もう一つのグループは月曜日と木曜日だ。今日は木曜日。今ごろ、あの席に座っている子は手紙を読んでくれているだろうか。返事を書いてくれるといいな。（　⑤　）は、（　⑥　）に、（　⑦　）をもたらしてくれた。

　夏の暑さはまだ残っているけど、もう秋なのだ。毎年秋には運動会に音楽祭に遠足があった。今年は行事はないだろうけど、楽しいことがある季節だということには変わりがないのかもしれない。一つでも（　⑧　）することがあると、面倒《どう》な課題だってはかどる。分散登校でオンライ

「いろんなホールでもコンサートしたことがある、すごい先生に教えてもらえるんだよ」
「そうなんだ」
もう私が習うことだけじゃなく、どの先生に教わるのかも決まっているのだ。
「感染症のせいで、学校活動も規制ばかりでしょう?」
「だよね」
「あれだめ、これだめって、できないことにため息ついててもしかたないじゃない?」
「まあ」
「それだったら、今の時期だからこそできることを探すのが一番でしょう?」
お母さんはにこりと笑った。
Eそれなら、人がいない時間に公園に行くことや、早朝の散歩を許してほしい。ぎちぎちの生活の中、閉じこもった部屋で行われることが増えすぎて、⑩私はどこかついていけなくなりそうだ。
「心晴、実はすごい才能あったりして。子どもって何を好きになって、何をできるようになるかわからないから楽しいよね。本当、可能性の塊《かたまり》だよ」
お母さんは「持ってみて」と私にヴァイオリンを手渡《わた》した。ヴァイオリンはずしりと重い。
⑪「心晴のヴァイオリン、聴《き》くの楽しみだな」
お母さんの笑《え》顔は、何の疑いもなく私に向けられている。
ヴァイオリンだって、やってみたらそれほど悪くないはずだ。私は自分にそう言い聞かせた。
私たちが学校生活をなんとかして送ろうとしているように、お母さんだって、私の今の生活をいいものにしようと必死なのだ。
「そうだね。楽しいかもだね」
私はそううなずきながら、ヴァイオリンをケースに戻《もど》した。

（瀬《せ》尾《お》まいこ「私たちの世代は」文藝春秋刊 の一部、一部改）

問一 （ ③ ）（ ⑧ ）（ ⑨ ）に入る言葉として、最も適当なものを次から選んで記号で答えなさい。ただし、同じ選択《たく》肢《し》を二回以上使ってはいけません。
ア わくわく　イ ぼんやり　ウ ふんわり　エ うんざり　オ しとしと

問二 （ ① ）について次の問いに答えなさい。
Ⅰ ここに入る言葉として、最も適当なものを次から選んで記号で答えなさい。
ア 順応性　イ 正確性　ウ 安定性　エ 協調性　オ 可塑《そ》性
Ⅱ （ ① ）が読みとれる部分として、最も適当なものを傍線部ＶＷＸＹＺから選んで記号で答えなさい。

エ　「心晴は、あれだめ、これだめと言ってばかりの学校に、あき足らないものを感じている。ただため息ばかりついても仕方ないことは、心晴にも分かっているはずだから、オンラインでは感じられない本当の楽しみを見つけていくに違いない」というお母さんの気持ち。

オ　「心晴は、感染症の影響で、好きな音楽の授業も満足に開かれない学校生活に不満を持っているに違いない。くわえて、今回はオンラインとはいえ、すごい先生に教わることができるわけだから、心晴が喜ばないはずがない」というお母さんの気持ち。

問四　（⑤）（⑥）（⑦）に入る言葉の組み合わせとして、最も適当なものを次から選んで記号で答えなさい。

ア　⑤私のどんよりとしかけていた日々
　　⑥すきっとした日差し
　　⑦誰かわからないクラスメートとの小さな会話

イ　⑤私のどんよりとしかけていた日々
　　⑥誰かわからないクラスメートとの小さな会話
　　⑦すきっとした日差し

ウ　⑤すきっとした日差し
　　⑥私のどんよりとしかけていた日々
　　⑦誰かわからないクラスメートとの小さな会話

エ　⑤すきっとした日差し
　　⑥誰かわからないクラスメートとの小さな会話
　　⑦私のどんよりとしかけていた日々

オ　⑤誰かわからないクラスメートとの小さな会話
　　⑥すきっとした日差し
　　⑦私のどんよりとしかけていた日々

カ　⑤誰かわからないクラスメートとの小さな会話
　　⑥私のどんよりとしかけていた日々
　　⑦すきっとした日差し

問五　心晴を傍線部⑩のような心境にさせたものとして、最も適当なものを傍線部ＡＢＣＤＥから選んで記号で答えなさい。

問六　心晴が、分散登校中に机の中に見つけた手紙に肯《こう》定的な反応を示す一方で、母から勧《すす》められたヴァイオリンのオンラインレッスンに否定的な反応を示したのは、両者（手紙とヴァイオリン）が互いに大きく異なる特徴《ちょう》を持っていたからです。その特徴の違いを八〇字以上一〇〇字以下で説明しなさい。

2024年度

南山中学校　男子部　　入学試験問題

算　数

時間60分

受験上の注意

1. 試験開始のチャイムがあるまで、この問題用紙を開いてはいけません。
2. 試験開始まで、この「受験上の注意」をよく読みなさい。
3. 問題は3ページ目から始まります。
4. 答えはすべて解答用紙に記入しなさい。
5. 解答用紙には必ず氏名、受験番号（算用数字）を書きなさい。
6. 次のときには、だまって手をあげて監督《かんとく》の先生に知らせなさい。
   - ①　印刷のはっきりしないところがあるとき。
   - ②　物を落とすなど困ったことがあったとき。
   - ③　からだの具合が悪くなったとき。
7. 定規，コンパスは利用してよいが、分度器や角度の測れる定規は使ってはいけません。
8. 分数で答えるときは、約分して答えなさい
9. 必要であれば円周率は3.14としなさい。
10. 図は正確であるとは限りません。
11. 試験終了のチャイムがあったらすぐに鉛筆を置きなさい。
12. 問題用紙は回収しません。監督の先生の指示に従って、かばんの中にしまいなさい。

このページに問題は印刷されていません。

問題は次のページから始まります。

1 次の問いに答えなさい。

（１） 次の計算をしなさい。

$$(2024 \div \frac{4}{3} - 3) \div 6 \times 0.4$$

（２） $\boxed{}$ に当てはまる数を答えなさい。

$$1\frac{1}{11} \times \{(12 - \boxed{}) \div 1.5 - 1\frac{1}{4}\} = 3$$

（３） カズタカ君は釣《つ》りのエサを買いに、町内にある釣《つり》具《ぐ》店に行きました。この店では、オキアミとゴカイの２種類のエサを販《はん》売《ばい》しています。カズタカ君の持っているお金でオキアミ 300g を買うと、残りのお金すべてでゴカイ 200g を買うことができます。オキアミの購《こう》入《にゅう》量を 250g にしたときに、同じように残りのお金すべてで買えるゴカイは 280g です。カズタカ君の所持金すべてを用いてオキアミを買うとき、何 g 買えるか求めなさい。

（4）　ミチオ君のクラスで計算テストを行い、35 人の生徒が受験しました。問題は 25 問で、すべて 1 問 4 点です。部分点はありません。ところが、採点後に出題ミスが発覚し、最初の問題は全員正解とすることになったため、クラスの平均点が 63.2 点から 64.8 点に上昇《じょうしょう》しました。この得点修正で点数が上昇した生徒の人数を求めなさい。

（5）　図で、四角形 ABCD は平行四辺形で、点 E は辺 AB の真ん中の点です。また、点 F は辺 BC 上の点で BF : FC＝1 : 2 です。平行四辺形 ABCD と四角形 ADFE の面積の比を最も簡単な整数の比で表しなさい。

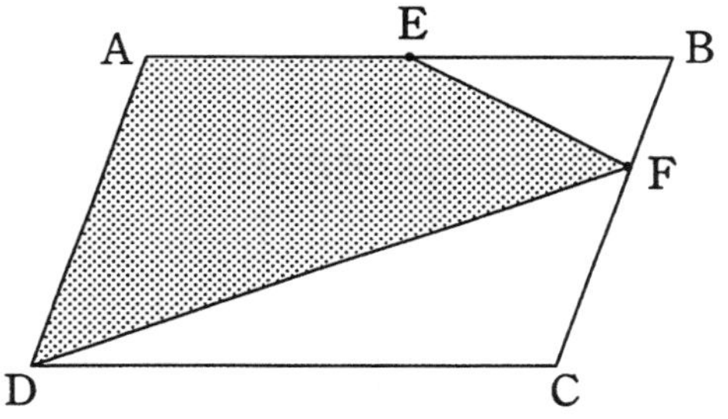

（6）　図で、AD＝DE＝EB＝BC のとき、**ア**の角の大きさを求めなさい。

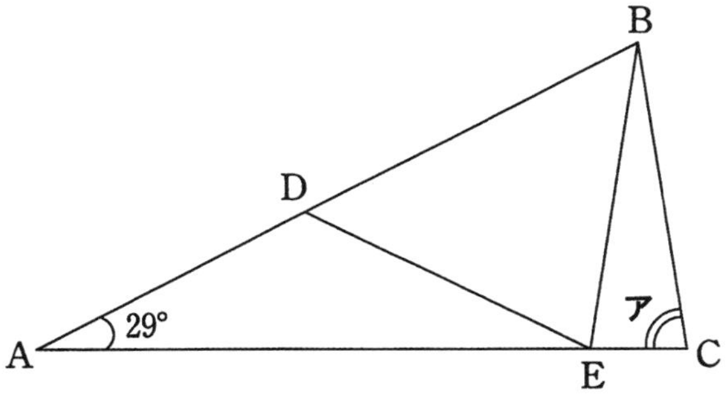

2 ある日、ヨシノブ君の家では昼食に海鮮丼《かいせんどん》を作って食べることにしました。両親からは「**マグロ**」「**エビ**」「**イカ**」「**アジ**」を使って３個のすしネタがのっていれば、どのような組み合わせでもよい、と言われています。

例えば、

（マグロ，エビ，イカ）

のように、３個のすしネタをすべて異なるものにしてもよいですし、

（マグロ，イカ，イカ）、**（マグロ，マグロ，マグロ）**

のように、同じすしネタを２個以上用いることもできます。

ただし、

（マグロ，イカ，イカ）と**（イカ，マグロ，イカ）**

のように、選んだすしネタの組み合わせが同じものは区別しないで、同じ種類の海鮮丼として考えます。

（１）　海鮮丼にのせる３個のすしネタのうち、同じものが２個ある海鮮丼は何種類か求めなさい。

（２）　全部で何種類の海鮮丼ができるか求めなさい。

3 図で、立体 ABCD-EFGH は直方体です。長方形 ABCD の面積は $20cm^2$ で、AE＝18cm です。点 P は辺 AE 上の点で AP＝16cm、点 Q は辺 DH 上の点で DQ＝13cm です。また、点 R は辺 BF 上を動く点です。

（1） BR＝16cm とします。3 点 P, Q, R を通る平面でこの直方体を切断したとき、面 PEFR をふくむ立体の体積を求めなさい。

（2） 面 PEFR をふくむ立体の体積が $120cm^3$ になるように、3 点 P, Q, R を通る平面でこの直方体を切断するとき、BR の長さを求めなさい。

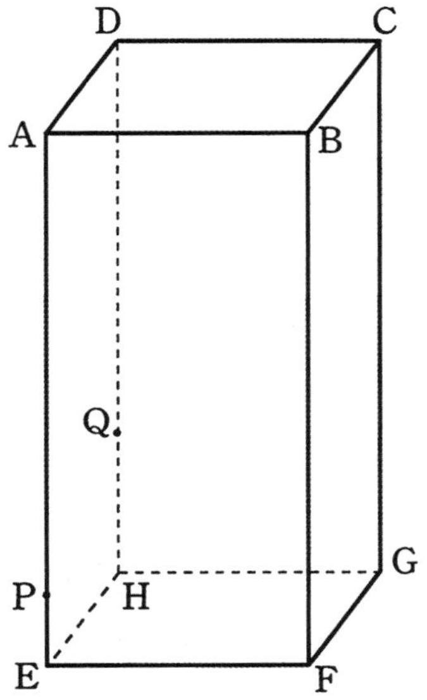

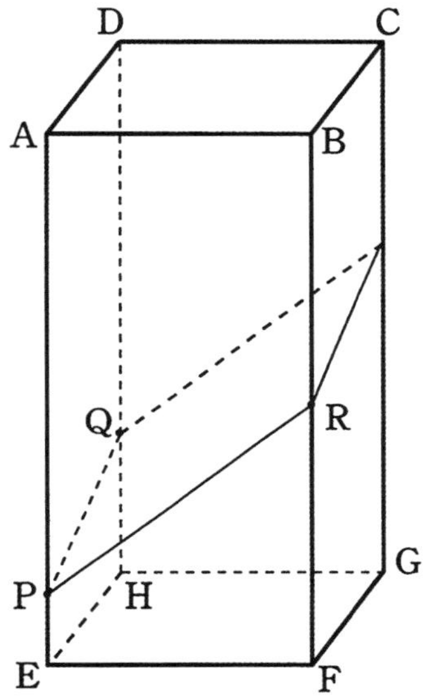

4 図1で、2つの○はともに磁石で、2つの磁石**ア**，**イ**にはお互《たが》いをひきつけあう力が働いています。この力によって、2つの磁石は常にひきつけあうように動きます。四角形ABCDは長方形で、AB＝8cm，AD＝20cmです。また、点Pは辺ADの真ん中の点です。磁石**ア**を長さ7cmのひもの端《はし》につなぎ、もう片方の端は点Pに固定します。図は真上から見たものであり、磁石や点、長方形などすべての図形、ひもは同じ高さにあるものとします。また、2つの磁石の大きさ、ひもの太さは考えません。

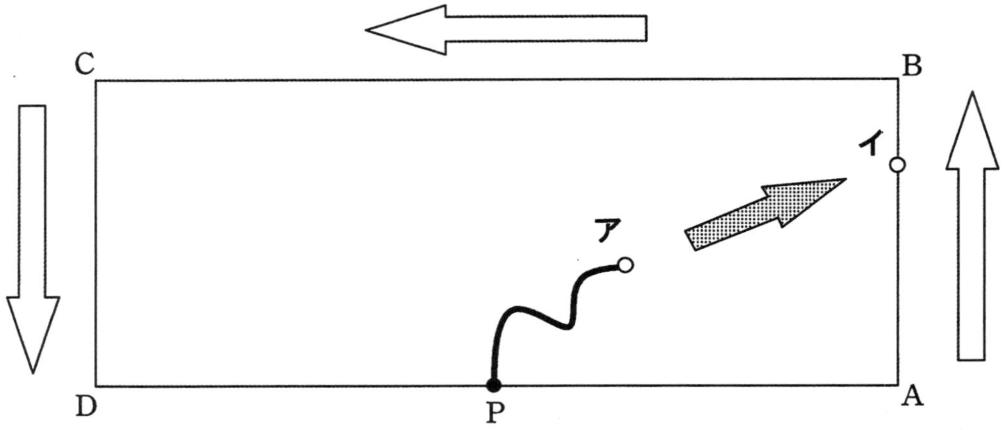

図1

（1） 磁石**イ**は、点Aを出発し、一定の速さで長方形の辺の上をB，Cを通り、点Dまで動きます。このとき、磁石**ア**をつないだひもの動く範囲《はんい》を解答らんに作図し、斜線《しゃせん》で示しなさい。

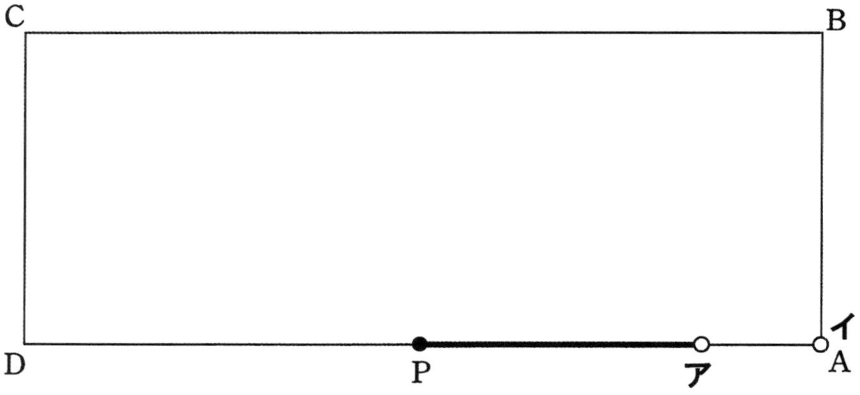

2024年度

南山中学校　男子部　　入学試験問題

理　科

時間50分

受験上の注意

1. 試験開始のチャイムがあるまで、この問題用紙を開いてはいけません。
2. 試験開始まで、この「受験上の注意」をよく読みなさい。
3. 答えはすべて解答用紙に記入しなさい。
4. 解答用紙には必ず氏名、受験番号（算用数字）を書きなさい。
5. 次のときは、だまって手をあげて監督《かんとく》の先生に知らせなさい。
   ①　印刷のはっきりしないところがあるとき。
   ②　物を落とすなど困ったことがあったとき。
   ③　からだの具合が悪くなったとき。
6. 試験終了のチャイムがあったらすぐに鉛筆を置きなさい。
7. 問題用紙は回収しません。監督の先生の指示に従って、かばんの中にしまいなさい。

1 ある夏休み、月子《つきこ》さんと火児《かじ》君はある山に、水季《みずき》君と木助《もくすけ》君はある海辺に、金代《かなよ》さんと日梅《ひうめ》さんはある川に、土門《どもん》君はある鍾乳洞《しょうにゅうどう》に出かけました。そこで体験したことをもとに、以下の問いに答えなさい。

(1) 月子さんは、たくさんのセミのなき声を聞きました。セミはこん虫であるが、セミと同じ分類（なかま）では<u>ないもの</u>を、次のア～オの中から<u>2つ選び</u>、記号で答えなさい。

ア．コオロギ　　イ．ダンゴムシ　　ウ．トンボ　　エ．カエル　　オ．カマキリ

(2) 月子さんは、カタツムリを見つけました。カタツムリにもっとも近い分類（なかま）を、次のア～カの中から1つ選び、記号で答えなさい。

ア．ミミズ　　イ．カメ　　ウ．イカ　　エ．ナマコ　　オ．サメ　　カ．クモ

(3) 火児君は、見つけた植物の標本をつくることにしました。その植物を持ち帰った後の作業として、正しいものはどれですか。次のア～オの中から1つ選び、記号で答えなさい。

ア．花粉が散らばらないように、おしべを取りのぞく。
イ．根についた土を取りのぞくために、根は切り取って捨てる。
ウ．十分な水を与《あた》える。
エ．植物をアルコールで消毒する。
オ．すぐに新聞紙にはさむ。

(4) 水季君は、海水を真水にする実験をしました。正しい実験はどれですか。次のア～カの中から1つ選び、記号で答えなさい。

ア．ろ紙を使って、海水をろ過する。
イ．海水に塩酸を加えて、上澄《うわず》み液をとる。
ウ．海水に水酸化ナトリウムを加えて、ろ紙を使って、ろ過する。
エ．海水を蒸発させ、その水蒸気を冷やす。
オ．海水を冷凍《とう》した後、加熱してとかす。
カ．海水をよくかき混ぜて、上澄み液をとる。

(5) 金代さんは川でヤゴを見つけました。ヤゴがトンボにかわることを何といいますか。漢字2文字で答えなさい。

(6) 木助君は、栄養があり、きれいな海にするために山や森を大切にすべきと考えました。山や森を大切にする理由として間違《ちが》っているものを、次のア～オの中から１つ選び、記号で答えなさい。

ア．山にある砂や石は、ろ過のはたらきをするから。

イ．山にふった雨に、森の土の養分が十分にとけこむから。

ウ．森では、動物によって排《はい》出された糞《ふん》や尿《にょう》が、土の養分となるから。

エ．森の土は、かれ葉や死がいを、分解せずに蓄《たくわ》えておくから。

オ．山や森から、河川を通じて海に養分が流れ込《こ》むことで、植物プランクトンの増殖《ぞうしょく》につながるから。

(7) 金代さんが夜に川へ行くと、ホタルがとんでいました。ホタルについて、正しいものはどれですか。次のア～オの中から１つ選び、記号で答えなさい。

ア．ホタルは、卵や幼虫のうちから発光する。

イ．ホタルはこん虫であり、幼虫では水草を食べ、成虫では水しかのまない。

ウ．ホタルのオスとメスは、どちらも発光するが、メスの方が明るい。

エ．発光しているホタルを手で直接触《さわ》る事は、火傷《やけど》する恐《おそ》れがあり危険である。

オ．ホタルは、昼に人が感じた暑さをやわらげるために発光している。

(8) 日梅さんは、ヘビがカエルを食べるのを見かけました。このようなことを「食物れんさ」といいます。「食物れんさ」について間違っているものを、次のア～オの中から１つ選び、記号で答えなさい。

ア．カラスは、ヘビを食べる。　　イ．ヘビは、サカナやネズミを食べる。

ウ．カエルは、ヘビを食べることがある。

エ．ヘビは、オタマジャクシを食べる。

オ．ヘビは、イチゴを食べることがある。

(9) 土門君が、鍾乳洞でこん虫を見つけました。暗闇《くらやみ》で一生を生活するようになったこん虫は、何万年もの年月をかけて、からだが変化していきます。その変化として、正しいものはどれですか。次のア～オの中から２つ選び、記号で答えなさい。

ア．からだが大きくなる。　イ．体色がうすくなる。　ウ．体色が黒くなる。

エ．目のはたらきが弱くなる。　オ．耳のはたらきが弱くなる。

(10) 土門君は、鍾乳石を拾いました。この石に塩酸を加えたら、ある気体が生じました。この気体は、無色でにおいはなく、石灰水にいれると白くにごりました。この気体は何ですか。次のア～オの中から１つ選び、記号で答えなさい。

ア．酸素　イ．二酸化炭素　ウ．窒《ちっ》素　エ．水素　オ．アンモニア

2　「物がとける」ことを調べるために、2つの実験を行いました。以下の問いに答えなさい。ただし、気温や気圧の変化は考えないものとします。

【実験 1】氷をあたためて、とかしたら水になった。さらにあたため続けたら、水がふっとうして、やがて氷を入れた器の中の水は、すべてなくなった。

(1)　実験1において、氷をあたためるために、ガスバーナーを使いました。ガスバーナーの使い方として、正しいものを、次のア～オの中から1つ選び、記号で答えなさい。

ア．ガスバーナーに火をつけるとき、最初に空気調節ねじを開く。

イ．ほのおの大きさを調節するときは、空気調節ねじで行う。

ウ．ガス調節ねじと空気調節ねじは、別々に動かしてはいけない。

エ．ほのおの色は、赤くして見やすくするとよい。

オ．ガスバーナーの火を消すとき、最後にガスの元せんを閉める。

(2)　実験1において、氷の入った鉄製のコップを用意したときに、コップの外側に水てきができました。その理由として正しいものを、次のア～エの中から1つ選び、記号で答えなさい。

ア．氷がとけて、その水が表面に伝わってきた。

イ．氷がとけて、鉄製のコップからしみだしてきた。

ウ．空気中の水蒸気が水となり、コップの表面についた。

エ．鉄と、空気中の酸素と水素が化学反応をおこして、水てきができた。

(3)　実験1において、すべての氷が水蒸気に変わるまでの間、器の中の氷や水の温度はどうなりましたか。間違っているものを、次のア～エの中から1つ選び、記号で答えなさい。

ア．－20℃の氷を加熱すると、温度が上がり始めた。

イ．0℃の氷がすべて水に変わるまでの間、ほとんど温度が変わらなかった。

ウ．水を加熱すると、温度は上がるときと、変わらないときをくり返しながら、0℃から約100℃まで上がった。

エ．水は約100℃になると、加熱しても温度がほとんど変わらなくなった。

【実験 2】食塩と、ある物質を用意して、それぞれを水 100g にとかした。水の温度を変えて、限界までとける量の違いを調べた結果、下の表のようになった。

水の温度	0℃	20℃	40℃	60℃	80℃
水 100g にとけた食塩の量	35.6g	35.8g	36.3g	37.1g	38.0g
水 100g にとけたある物質の量	13.3g	31.6g	63.9g	109.2g	168.8g

(4) 実験 2 について、以下の①～④について答えなさい。ただし、食塩水も、ある物質の水よう液も、表の数値の通りに、完全にとけているものとします。

① 表における 60℃の食塩水を、20℃に冷やしました。このとき、食塩は何 g 出てきますか。

② 表における 40℃のある物質の水よう液を、あたためて 80℃にしたとき、ある物質はあと何 g とけますか。

③ 表における 80℃の食塩水の濃度《のうど》は何%ですか。もっとも近いものを、次のア～オの中から 1 つ選び、記号で答えなさい。

ア．26%　　イ．28%　　ウ．30%　　エ．32%　　オ．34%

④ 表における 60℃のある物質の水よう液の濃度は何%ですか。もっとも近いものを、次のア～オの中から 1 つ選び、記号で答えなさい。

ア．50%　　イ．60%　　ウ．70%　　エ．80%　　オ．90%

3 ソウタ君とカナさんは、メダカを観察するために、ある川でメスとオスを数匹《ひき》ずつつかまえて持ち帰り、水そうに入れました。以下の問いに答えなさい。

(1) メダカのメスのみに当てはまる特徴《ちょう》として正しいものを、次のア～カの中からすべて選び、記号で答えなさい。

ア．胸びれと腹びれが２枚ずつある。　イ．尻《しり》びれが大きく平行四辺形である。

ウ．尻びれが三角形である。　エ．背びれに切れ込みがある。

オ．背びれに切れ込みはない。　カ．尾《お》びれを使わずに泳ぐ。

(2) 子どもが生まれるまでに、メダカとヒトとで共通していることを、次のア～オの中から１つ選び、記号で答えなさい。

ア．子宮の中で育つ。　イ．気温によって、体温が変わる。

ウ．たいばんとへそのおから、養分を取り入れる。

エ．背骨や胃腸のもとが、早い段階でつくられる。

オ．水の中や羊水《ようすい》の中で、エラ呼吸をしている。

(3) メダカとヒトの血液は同じ赤色をしており、その理由は、ある金属が血液中に含《ふく》まれるからです。以下の①～③について答えなさい。

① その金属を、次のア～オの中から１つ選び、記号で答えなさい。

ア．金　イ．銀　ウ．銅　エ．鉄　オ．アルミニウム

② 試験管に、①の金属を細かくして入れ、うすい塩酸を加えました。その金属が見えなくなるまでとけた後、試験管の中の液体を蒸発皿にうつして加熱して、蒸発させました。このとき、蒸発皿に残ったものがあれば、それは何ですか。次のア～ケの中から１つ選び、記号で答えなさい。

ア．塩化銀　イ．塩化銅　ウ．塩化鉄　エ．塩化アルミニウム

オ．酸化銀　カ．酸化銅　キ．酸化鉄　ク．酸化アルミニウム

ケ．何も残らなかった。

③ ②の実験において、気体が出てきたとすれば、それは何ですか。次のア～オの中から１つ選び、記号で答えなさい。

ア．酸素　イ．二酸化炭素　ウ．窒素　エ．水素

オ．何も出てこなかった。

(4) メダカもヒトも、血液などの塩分の濃《こ》さは、同じ約１％です。以下の①・②について答えなさい。

① からだの塩分の濃さを調節している器官を、次のア～カの中から１つ選び、記号で答えなさい。

ア．心臓　イ．腎《じん》臓　ウ．肝《かん》臓　エ．すい臓　オ．胃　カ．肺

② メダカは、エラで水中のわずかな塩分をとることができます。メダカはからだの塩分を調節するために、どのような尿をしていると考えられますか。正しいものを、次のア～オの中から１つ選び、記号で答えなさい。

ア．塩分の多い尿を、少しだけ出している。

イ．塩分の多い尿を、たくさん出している。

ウ．塩分の少ない尿を、少しだけ出している。

エ．塩分の少ない尿を、たくさん出している。

オ．水の中で生活をしているため、尿はしない。

4　次のⅠ～Ⅳは、雲ができる仕組みを説明したものです。以下の問いに答えなさい。

Ⅰ　何かの原因で空気のかたまりが上昇《しょう》する。

Ⅱ　上空に行くほど気圧が低いため、空気のかたまりが膨《ぼう》張する（ただし、空気のかたまりと周りとの熱のやり取りはないものとする）。

Ⅲ　周囲と熱のやり取りをしない状態で、空気が膨張すると空気のかたまりの温度が下がる。

Ⅳ　空気の温度が低くなると空気のかたまりの中に含んでおける水蒸気の量が減るため、水蒸気の一部が細かい水てきになる（0℃以下の場合は細かい氷になる）。これが雲である。

(1)　「晴れ（快晴を含む）」と「くもり」の決め方は、空全体を 10 としたときの雲の占《し》める量（0～10）で決めている。「晴れ（快晴を含む）」のときの雲の量の範《はん》囲として正しいものを、次のア～エの中から 1 つ選び、記号で答えなさい。

ア．0～7　　イ．2～8　　ウ．1～9　　エ．0～8

(2)　1kg の空気のかたまり（以下 A）、1kg の氷（以下 B）、1kg の水（以下 C）の重さの関係を表した不等号の組み合わせとして正しいものを、次のア～サの中から 1 つ選び、記号で答えなさい。

ア．A>B>C　　イ．A>C>B　　ウ．B>A>C　　エ．B>C>A
オ．C>B>A　　カ．C>A>B　　キ．A=B>C　　ク．A>B=C
ケ．A=C>B　　コ．B=C>A　　サ．A=B=C

図 1、図 2 のようにあたたかい空気と冷たい空気がぶつかって、雲ができているようすを考えます。図 1 は、①の空気が②の空気に向かってはい上がるように進み、雲ができているようすです。図 2 は、③の空気が④の空気に向かってもぐりこむように進み、入道雲ができているようすです。

図 1
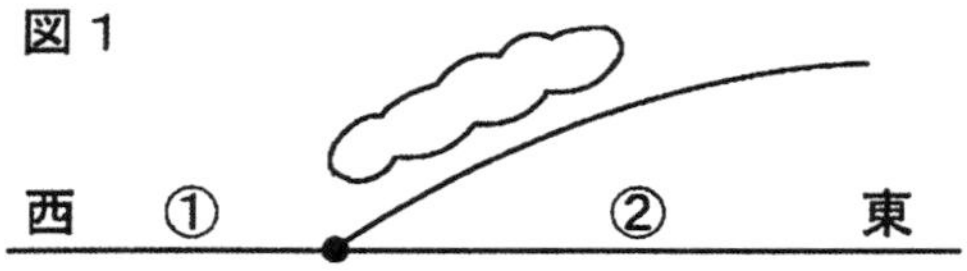

図 2
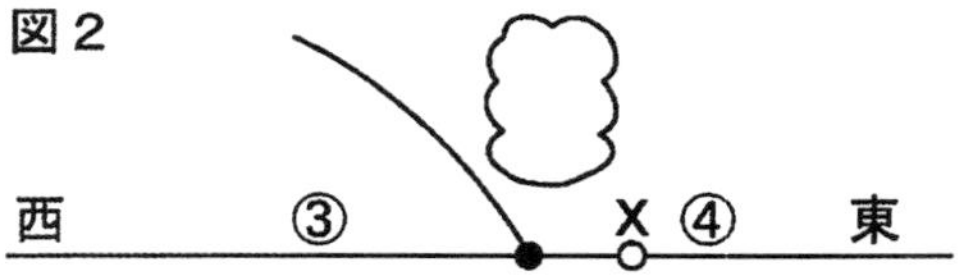

(3) 図1でできている雲は、低い空に広がる厚い黒い雲で、「あま雲」とも呼ばれます。この雲の名前を、次のア～エの中から1つ選び、記号で答えなさい。

ア．巻雲　　イ．積乱雲　　ウ．層積雲　　エ．乱層雲

(4) 図1、2にある●は地上におけるあたたかい空気と冷たい空気の境目であり、これを「前線」と呼びます。図2の点Xにおいて、前線が西から東へ通過したとすると、前線が通過しているときには、どのような雨が降りますか。また、前線が通過した後、前線が通過する前と比べて地上の気温は、どのようになりますか。正しいものを、次のア～シから1つ選び、記号で答えなさい。

ア．長い時間、強い雨が降り、前線が通過する前と比べて地上の気温が高くなる。
イ．長い時間、強い雨が降り、前線が通過する前と比べて地上の気温が低くなる。
ウ．長い時間、強い雨が降り、前線が通過する前と比べて地上の気温は変わらない。
エ．長い時間、弱い雨が降り、前線が通過する前と比べて地上の気温が高くなる。
オ．長い時間、弱い雨が降り、前線が通過する前と比べて地上の気温が低くなる。
カ．長い時間、弱い雨が降り、前線が通過する前と比べて地上の気温は変わらない。
キ．短い時間、強い雨が降り、前線が通過する前と比べて地上の気温が高くなる。
ク．短い時間、強い雨が降り、前線が通過する前と比べて地上の気温が低くなる。
ケ．短い時間、強い雨が降り、前線が通過する前と比べて地上の気温は変わらない。
コ．短い時間、弱い雨が降り、前線が通過する前と比べて地上の気温が高くなる。
サ．短い時間、弱い雨が降り、前線が通過する前と比べて地上の気温が低くなる。
シ．短い時間、弱い雨が降り、前線が通過する前と比べて地上の気温は変わらない。

ふもと①（高さ 0m）にある湿《しめ》った空気のかたまりは、山の斜《しゃ》面 A を上昇していき、斜面 A の途《と》中（高さ 1200m）で、雲ができました。その空気のかたまりは、雲ができたまま山頂（高さ 3000m）まで移動すると、雲はちょうど山頂で消え、そのまま雲ができることはなく、ふもと②（高さ 0m）まで移動しました。図 3 は、このようすを表したものです。

雲ができていないときの空気のかたまりの温度は、高さが 100m 高くなるごとに 1℃低くなることがわかっています。また、雲ができているときは、水蒸気が水てきに変わるときに熱を放出するため、空気の温度変化が小さくなり、空気のかたまりの温度は、高さが 100m 高くなるごとに 0.5℃低くなることがわかっています。ただし、図 3 のふもと①での空気のかたまりの温度は 25℃とし、空気のかたまりの大きさは考えなくてよいものとます。

図 3

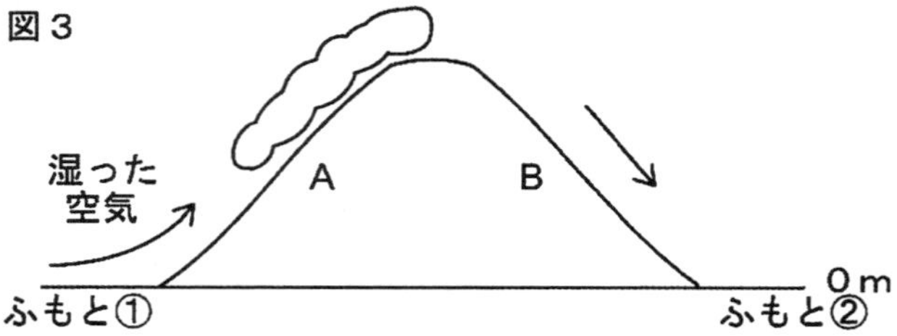

(5) 図 3 において、山頂（高さ 3000m）における空気のかたまりの温度は何℃ですか。

(6) 図 3 において、山をこえた、ふもと②（高さ 0m）における空気のかたまりの温度は何℃ですか。

2024年度

南山中学校　男子部　　入学試験問題

社　会

時間50分

受験上の注意

1. 試験開始のチャイムがあるまで、この問題用紙を開いてはいけません。
2. 試験開始まで、この「受験上の注意」をよく読みなさい。
3. 答えはすべて解答用紙に記入しなさい。
4. 解答用紙には必ず氏名、受験番号（算用数字）を書きなさい。
5. 論述の解答は、解答用紙の下部にある解答らんに記入しなさい。
6. 次のときには、だまって手をあげて監督《かんとく》の先生に知らせなさい。
   ①　印刷のはっきりしないところがあるとき。
   ②　物を落とすなど困ったことがあったとき。
   ③　からだの具合が悪くなったとき。
7. 試験終了のチャイムがあったらすぐに鉛筆を置きなさい。
9. 問題用紙は回収しません。監督の先生の指示に従って、かばんの中にしまいなさい。

1 次の資料を読み、以下の問いに答えなさい。

資料イ 運輸部門における二酸化炭素(CO_2)排《はい》出量割合

名前	割合
①	44.3%
②	39.8%
③	3.7%
④	5.5%
⑤	4.1%
その他	2.6%

※国土交通省 HP より作成。

資料の内容

2021 年度における日本の二酸化炭素排出量のうち、運輸部門からの排出量は 17.4%になります。資料イはこの運輸部門における各輸送機関の二酸化炭素排出量の割合を表したものです。なお、「その他」はバス・タクシー・二輪車などです。

資料ロ 輸送量当たりの二酸化炭素排出量(旅客)

名前	g-CO_2/人km
①	132
③	124
バス	90
⑤	25

二酸化炭素の排出原単位【g-CO_2/人km】

※国土交通省 HP より作成。

資料の内容

どれだけたくさんの人をどれだけ長い距離《きょり》運んだのかということを示すものさしとして「輸送人キロ」があります。これは輸送した人数に輸送した距離を掛《か》けて算出します。資料ロは、2021 年度の国内における、人を運ぶ各輸送機関から排出される CO_2 の排出量を輸送量(「輸送人キロ」)で割り、単位輸送量当たりの CO_2 排出量を表したものです。

資料ハ 輸送量当たりの二酸化炭素排出量(貨物)

名前	g-CO2/トンkm
②	1340
④	43
⑤	20

二酸化炭素の排出原単位【g-CO2/トンkm】

※国土交通省 HP より作成。

資料の内容

どれだけたくさんの物をどれだけ長い距離運んだのかということを示すものさしとして「輸送トンキロ」があります。これは輸送した貨物の重さに輸送した距離を掛けて算出します。資料ハは、2021 年度の国内における、貨物を運ぶ各輸送機関から排出される CO_2 の排出量を輸送量(「輸送トンキロ」)で割り、単位輸送量当たりの CO_2 排出量を表したものです。

資料ニ 世界の港湾《わん》取扱《あつかい》貨物量(2021) ※空らん(A)には港湾都市のある国の名前が入る。

順位	港のある国	順位	港のある国
1	(A)	6	(A)
2	シンガポール	7	韓国
3	(A)	8	(A)
4	(A)	9	(A)
5	(A)	10	オランダ

※国土交通省 HP より作成。

問1. 資料イ～ハの①～⑤はそれぞれ同じ語句が入ります。これに関してあとの問題に答えなさい。

(1)　①～⑤の輸送機関に関する説明として誤っているものを、次のア～エの中から一つ選び、記号で答えなさい。

ア　①は自家用車であり、環境にやさしい自動車開発もあり、CO_2 排出量は減少している。

イ　②は貨物自動車であり、輸送手段としては鉄道や船舶《ぱく》よりも CO_2 排出量が多い。

ウ　④は船舶であり、大量の貨物の長距離輸送に使用される。

エ　⑤は航空であり、人も物も輸送しているが、CO_2 排出量が最も少ない。

(2)　①・②の輸送用機械の生産額が最も盛《さか》んな工業地帯を示す表を、次のア～エの中から一つ選び、記号で答えなさい。

ア

工業生産額	約 23 兆円
金属	8.7%
機械	47.2%
化学	17.0%
食料品	12.2%
せんい	0.5%
その他	14.4%

イ

工業生産額	約 55 兆円
金属	9.6%
機械	68.1%
化学	6.6%
食料品	5.3%
せんい	0.7%
その他	9.7%

ウ

工業生産額	約 32 兆円
金属	19.0%
機械	39.7%
化学	15.8%
食料品	11.6%
せんい	1.3%
その他	12.6%

エ

工業生産額	約 29 兆円
金属	11.9%
機械	42.0%
化学	10.8%
食料品	16.9%
せんい	0.6%
その他	17.8%

※『日本国勢図会 2023/24』より作成。

(3)　1992 年に大気中の温室効果ガス濃《のう》度を安定化させることを目標とする「国連気候変動枠《わく》組条約」が採択《たく》され、各国は地球温暖化対策に取り組むことに合意しました。この条約にもとづき 1995 年から開かれ、2023 年で 28 回目となる「国連気候変動枠組条約締《てい》約国会議」を「【　X　】28」といいます。【 X 】に入るアルファベット 3 文字を答えなさい。

(4)　「【　X　】28」が開かれていた国を次のア～エの中から一つ選び、記号で答えなさい。

ア アラブ首長国連邦《ぼう》　　イ サウジアラビア　　ウ ドイツ　　エ カナダ

(5)　2015 年、国連本部で開催《さい》された「持続可能な開発サミット」において、「持続可能な開発のための 2030 アジェンダ」が採択されました。これには、2030 年にむけて、17 項《こう》目からなる「持続可能な開発目標(SDGs)」が記載《さい》されています。このSDGsの内容とその取り組みについて誤っているものを、次のア～エの中から一つ選び、記号で答えなさい。

ア　飢餓《きが》をなくし、誰もが栄養のある食料を十分に手に入れられるようにするため、発展途《と》上国の人々に対して食糧援《りょうえん》助や農業を行うために必要な施設《せつ》の建設、農業技術の指導を行っている。

イ　不当な暴力をなくし、誰《だれ》もが公正に扱《あつか》われる社会を実現するために、国際的な協力のもとで子どもに対する虐《ぎゃく》待や搾《さく》取、あるいは不法な武器の売買などを取り締《し》まっていくことにした。また、争いごとの解決は法律にしたがってなされるべきとの考えに基づき、各国において、誰もが、平等に、裁判所を利用できるようにしていくことになった。

ウ　豊かな海洋資源を守っていくために、プラスチックゴミの海洋への流出を防ぐとともに、海中のプランクトンを大幅《はば》に増やすため、海域の富栄養化を推進する取り組みがなされている。

エ　気候変動から地球を守るために、各国が気候変動への対応策を国家の政策や計画のなかに入れていくことになった。ものの　3R(Reduce《リデュース》＜製品をつくる際に使われる資源の量を少なくしたり、廃棄《はいき》物の発生を少なくしたりすること＞、Reuse《リユース》＜使用済みの製品やその部品などを繰《く》り返して使うこと＞、Recycle《リサイクル》＜廃棄物を新たな製品の原材料として再利用したり、エネルギー源として有効活用したりすること＞)をすすめることで廃棄されるゴミの量を減らし、ゴミの焼却《しょうきゃく》にともなって発生する二酸化炭素の排出量削減をはかっていく取り組みがなされている。

(6)　国連気候変動枠組条約締約国会議に参加している日本政府は、運輸部門の CO_2 排出量を減らすことを目標としています。これに関して、輸送手段を資料中の①や②から④や⑤へ切りかえることを何というか、7字で答えなさい。

問2. 資料イ～ニをよく読み、あとの問題に答えなさい。

日本は昔から海外とのヒトやモノの交流によって発展してきました。なかでも現在日本にとって貿易はとても大切な経済活動です。だからこそ、私たちは海外で起こる様々な出来事について関心をもつ必要があります。日本は工業がさかんな国であり、特に工業の中心として発展してきた、資料イ～ハの①・②を製造する部門は、輸出産業として日本の経済発展を支えてきました。また、日本の工業は原料を輸入し、高い技術ですぐれた工業製品を製造して輸出する【　ア　】貿易で発展してきました。しかし、日本の製品が輸出されることにより貿易相手国の製品が売れなくなって産業が衰《すい》退し、その結果輸出国である日本と輸入国である貿易相手国との間に【　イ　】が起こるようになりました。こうした貿易上の争いもあって、日本の企《き》業は外国に工場をつくり、その国の人たちと協力しながら生産を行う【　ウ　】を行うようになりました。さらに近年は世界中のヒトやモノの移動がさかんになるグローバル化が進み、工業製品の貿易の中心は、かつてのような完成された製品から【　エ　】や機械類に移りかわってきました。

一方日本は【　オ　】をはじめとする多くの資源を輸入に頼《たよ》っていますが、日本が多くの【　オ　】を輸入している(a)中東地域は、多くの紛《ふん》争が起こっています。また資料ニが示すように、(A)は世界中から貨物が集まり、また(A)から世界中に向けて貨物が輸送されますが、新型コロナウイルス感染症《せんしょう》が世界的なパンデミックを引き起こしたとき、(A)からの貨物輸送には大きな影響《えいきょう》が出ました。世界は情報通信技術や交通機関の発達によりヒトやモノの交流がますますさかんになっていますが、世界各地で起こる多くの戦争や紛争、自然災害などよって、交流が妨《さまた》げられています。日本に住む私たちも、世界で起こる出来事を決して他人事ととらえず、どうすれば解決できるのか、真剣《けん》に考える必要があります。

(1)　文章中の【　ア　】に入る語句を漢字２字で答えなさい。

(2)　文章中の【　イ　】に入る、貿易上の対立状況《きょう》を表す語句を答えなさい。

(3)　文章中の【　ウ　】に入る語句を漢字４字で答えなさい。

(4)　文章中の【　エ　】に入る語句として最も適当なものを次のア～エの中から一つ選び、記号で答えなさい。

ア　食料　　イ　部品　　ウ　資源　　エ　原料

(5)　下線部(a)に関してあとの問題に答えなさい。

①　スエズ運河を通じて地中海とつながり、アラビア半島とアフリカ大陸の間に位置する湾では、現在武装組織によってここを航行するコンテナ船の襲撃《しゅうげき》が相次いでいます。この湾(海洋)の名前を答えなさい。

②　日本が輸入する【　オ　】の輸入先のうち、中東諸国がしめる割合は 2010 年代よりもさらに上昇《しょう》し、2022 年の時点で【　カ　】となっています。【　カ　】に入るものを次のア～エの中から一つ選び、記号で答えなさい。

ア　約 62%　　イ　約 78%　　ウ　約 86%　　エ　約 94%

③　【　オ　】に入る資源の名前を答えなさい。

(6)　文章中の(A)に入る国名を答えなさい。

2 次の資料を読み、以下の問いに答えなさい。

資料 A この都市のある県は島が多く、近海には大陸だなが広がり、魚の種類が豊富である。この都市の漁港は県内で一番生産額が多く、沖合漁業も盛んに行われている。約 80 年前の太平洋戦争では 8 月 9 日に原子爆弾が落とされ、5 年間で 14 万人以上の人々がなくなったと推定されている。

資料 B この地区は工業地域の中心であり、県庁も置かれている。旧市街のある地域は古くから大宰府の外港として栄えていたが、平安時代から鎌倉時代は日宋貿易の中心地の一つとなった。この沿岸に元軍が襲来している。室町時代には勘合貿易が行われ、戦国時代は有力商人たちの自治が行われていた。

資料 C この県はかつて「琉球」という王国で、17 世紀になると薩摩藩に支配されたが、江戸幕府によって異国とされ、中国との貿易を続けた。この県では気温や湿《しっ》度の高い気候に合ったさとうきびがさかんに作られている。その他ゴーヤーやパイナップルなどの野菜や果物もつくられている。また、「クーブイリチー」など、この県の郷土料理に【 ② 】が用いられているのは、江戸時代に薩摩藩を通じて蝦夷地(北海道)の【 ② 】がもたらされたことがきっかけとなっている。約 80 年前の太平洋戦争ではげしい戦場となり、12 万人以上の県民がなくなったといわれる。戦後もアメリカの占《せん》領が長く続き、日本に返されたあとも、アメリカの軍用地が広く残されている。

資料 D この都市は平安時代から戦国時代にかけて貿易港として栄えた。特に戦国時代において、織田信長に支配されるまで有力商人たちの自治が行われた。現在も工業地帯の中心地のひとつとして高い工業生産額をほこっている。一方で温室効果ガスを減らす先進的な取り組みが評価され、2009 年に「環《かん》境モデル都市」として国から認定された。

資料 a

…は南海の勝地にして、三韓(朝鮮)の秀をあつめ、大明をもって輔《ほ》車となし(密接な関係にあること)、日域をもって脣歯《しんし》(くちびると歯)となし、この二中間にありて湧《わ》き出《い》ずるの蓬莱嶋《ほうらいしま》なり。舟楫《しゅうしゅう》(ふねとかじ)をもって万《ばん》国の津梁《しんりょう》(みなとと橋のこと)となし…

『首里城正殿鐘銘《せいでんしょうめい》』

資料 b

筑前州…州に博多あり。…琉球・南蛮の商船所集(集まってくること)の地なり。…わが国に往来する者は九州中において博多最も多し。『海東諸国紀』　※『海東諸国紀』…15 世紀に李《り》氏朝鮮で成立した日本・琉球の国情を記した書。

資料 c

総じて北浜《はま》の米市は、日本第一の津(港)なればこそ、一刻の間に(およそ 2 時間)、5 万貫目《がんめ》(銀の値だん。金にすると約 83 万両)のたてり商いもあることなり。…　『日本永代蔵』　※『日本永代蔵』…1688 年に成立。作者は井原西鶴《かく》。

資料 d

…の町ははなはだ広大にして、大なる商人多数あり。この町はベニス(ヴェネツィア)市のごとく執政《しっせい》官によりて治めらる。

(1561 年付、イエズス会の司祭および修道士宛《あて》のガスパル・ヴィレラ書簡の日本語訳)

※ヴェネツィア…現在のイタリアにある都市。昔は海外との貿易で栄えた。

問1. 資料Aにある県と関係が最も深い資料を次のア～エの中から一つ選び、記号で選びなさい。

ア

イ

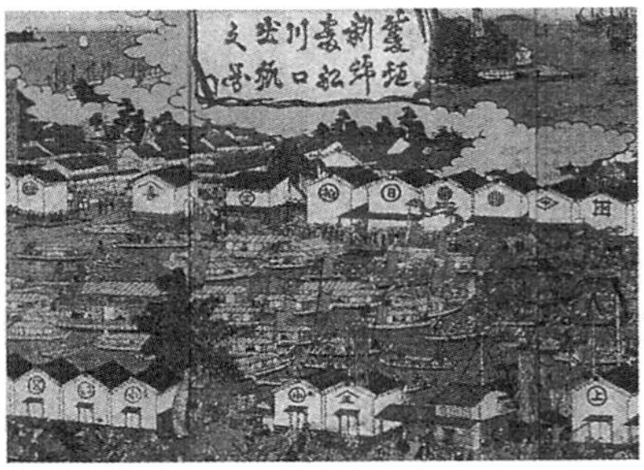
ウ

エ

問2. 資料B～Dと関係が最も深い資料を、資料a～dの中からそれぞれ選び、記号で答えなさい。

問3. 資料 B に関して、この地域は室町時代から戦国時代にかけて、周防《すおう》(山口県東部)を中心に大きな勢力を持つ大名が統治していました。この戦国大名家は東アジアの国々とも積極的に貿易を行って幕府をしのぐ経済力をもつようになり、雪舟などの文化人たちも保護しました。この戦国大名家を「【 ① 】氏」といいます。【 ① 】に入る語句を漢字２字で答えなさい。

問4. 資料Cの文中にある【 ② 】に入る食材の名前を答えなさい。

問5. 資料Dの都市がある工業地帯の名前を次のア～エの中から一つ選び、記号で答えなさい。

ア　北九州工業地帯

イ　阪神工業地帯

ウ　京浜工業地帯

エ　中京工業地帯

次の文章を読み、以下の問いに答えなさい。

私たちの暮らしの中で欠かすことのできない営みである「食」は、国の内外を問わず様々な人たちの手によって支えられています。食料を生産する農水産業から始まり、食品産業をへて最終的に私たち消費者に届くまでの流れをフードシステムといいますが、私たちにとって大切な日本のフードシステムには、現在様々な問題があります。まず国内の食料生産と農業についていえば、(a)食料の安全・安心や農業に関する社会的な問題、さらに環境保全に関する問題などがあります。

また、日本のフードシステムは世界中とつながることで成り立っていますが、それは世界中の様々な問題の影響を受けるということでもあります。つまり、急速に進んだ自由貿易体制や、世界人口の増加、災害、国際紛争などによって、日本の「食」や農水産業は大きな影響を受けるのです。たとえば、COVID-19 のパンデミックによって、世界は、食料を輸入する国には食料が届かず、食料を輸出する国は輸出したくてもできないという状況になりました。また、ロシアとウクライナは多くの小麦を世界各国に輸出していますが、ロシアのウクライナ侵攻《しんこう》によって、【①】から地中海を通る小麦の輸送が不安定になっています。このように、私たちの「食」は海外の問題とも深く結びついています。

国内の様々な問題にくわえて、日本人の食生活も変化し、現在日本は食料の多くを海外からの輸入に頼っています。熱量(カロリー)から計算する方法と生産額から計算する方法などがある【②】という数字がありますが、これまで述べてきたことからもわかるように、日本の【②】は世界各国と比べて低くなっています。たとえば、【③】の【②】は約 53%(2020 年度)です。しかし、【③】は輸入された【④】を使って生産した分を日本で生産した分に算入しない方法もあり、その場合【②】はさらに低くなります。また、食料生産は環境問題とも深い関係があります。私たちは食べなければ生きていけませんが、だからこそ、この国の食や農水産業について、深く考えていく必要があります。

1. 下線部(a)について、あとの問題に答えなさい。

(1) 主に農業で働く人の数を農業就業人口といい、そのうち主に自営農業を行っている農業者を基幹的農業従事者といいます。これをふまえて日本の農業の問題として誤っているものを次のア～エの中から一つ選び、記号で答えなさい。

ア　基幹的農業従事者の高齢《れい》化が問題となっている。

イ　農業就業人口が減少している。

ウ　地産地消の結果、農作物の生産量が減少している。

エ　農業利用する耕作地が減少している。

(2) 食の安全に関して、食品の生産者・日時・方法やどのように運ばれて店にならんだかなどを追せきできる仕組みを何というか答えなさい。

(3) 右の写真はある動物を使った農業の様子で、動物が雑草や害虫を食べるため農薬がいらず、この動物のふんがそのまま肥料になります。食の安全や自然環境のために行われているこの農業を「(A)農法」といいます。(A)に入る語句を、ひらがな 4 字で答えなさい。

2.【①】に入る海洋名を答えなさい。

3.【②】に入る語句を答えなさい。

4.【③】に入る語句としてもっとも適当なものを次のア～エの中から一つ選び、記号で答えなさい。

ア　たまねぎやかぼちゃなどの野菜類　　イ　米や小麦などの穀物類

ウ　牛肉や豚《ぶた》肉などの肉類　　エ　なしやりんごなどの果物類

5.【④】に入る語句を答えなさい。

4 食料生産と環境問題を関連づけるものさしとして「フード・マイレージ」というものがあります。単位は「t(トン)・km」です。「フード・マイレージ」の意味について、これまでの **1**～**3** をふまえたうえで、次の文章の空らんに入る文を考えて書きなさい。※解答らんは解答用紙の下部にある。

> 食料の【　　　　　イ　　　　　】をかけあわせることで、
> 【　　　　　ロ　　　　　】がわかる。

5 南山中学校の社会科の授業で、「科学技術の発達は人間を幸せにしたのか？」というテーマで、明治時代以降の日本社会を考える課題が出されました。以下の＜Ⅰ＞～＜Ⅲ＞の文章は、この課題に取り組んだ生徒たちが書いたものです。文章中に引かれた下線部に関する問いに答えなさい。

＜Ⅰ＞

空が曇《くも》っていて、太陽の光が室内に入りにくいときでも、部屋のなかで明かりがついていれば、大きな不自由もなく作業を進めることができます。照明があるというのは本当に便利なことです。

日本で街路沿いにガス灯が設置され、明かりがともるようになったのは、1870 年代初めのことといわれます。最初のうちは、［　1　］といった、一部の大都市にだけ設置されたようです。ガス灯がついたおかげで、夜でも安心して通りを歩けるようになったのではないでしょうか。ただ、ガス灯は煙《けむり》のにおいがしますし、火事になる危険性もあります。また、いちいちガス灯に火をつけにいく手間もかかります。そのため、次第にガス灯にかわって(a)電灯が普及《ふきゅう》するようになったと言われています。

(b)1870 年代、明治政府は日本の工業の近代化（機械による大量生産）を実現するため、欧《おう》米から技術者を招くとともに、先進的な機械を導入して、全国各地に紡《ぼう》績や造船、兵器などの官営工場を設立しました。2014 年に世界文化遺産に登録された(c)富岡製糸場も、ちょうどこの頃《ころ》に完成したものです。富岡製糸場は、糸繰り機械が約 300 台も設置された、とても大きな工場でした。富岡製糸場の作業場を見た当時の人々は、その規模の大きさにとても驚《おどろ》いたことでしょう。

ただ、製糸場での労働は、決して楽なものではなかったそうです。特に民間の製糸場の労働環境はひどいもので、１日の労働時間が 13 時間や 14 時間になったところもあり、その間の休憩《けい》時間はわずか１時間程度でしかなかったといわれています。

日没《ぼつ》以降も仕事ができるようになったのは、工場内に明かりがつくようになったことと関係があります。(d)当時の製糸場のなかには、発明されて間もなかった電灯を採用して、夜間も機械を動かし続けたところもあったとのことです。照明の技術が進んだことで、労働者がより長い時間仕事に従事せざるを得なくなったり、本来なら身体を休ませたい夜間も勤務しないといけなくなったりしたことを考えると、「技術の進歩は生活を快適なものとし、人間を幸せにした」と単純に結論づけるわけにはいきません。むしろ、「技術の進歩は人々の生活を快適にしつつも、同時に、労働問題という新たな課題をも生み出したのだ」と僕《ぼく》は思います。

問１　文中の［　1　］に入る語として、適切でないものを、次のア～エの中から１つ選び、記号で答えなさい。

ア　横浜　　イ　札幌　　ウ　大阪　　エ　東京

二

①

②

③

④

⑤

⑥

⑦

⑧

⑨ る

⑩ る

三

一

③

⑧

⑨

二

Ⅰ

Ⅱ

三

②

④

⑪

四

五

六

5

(1)	(2)
秒	m

(3)

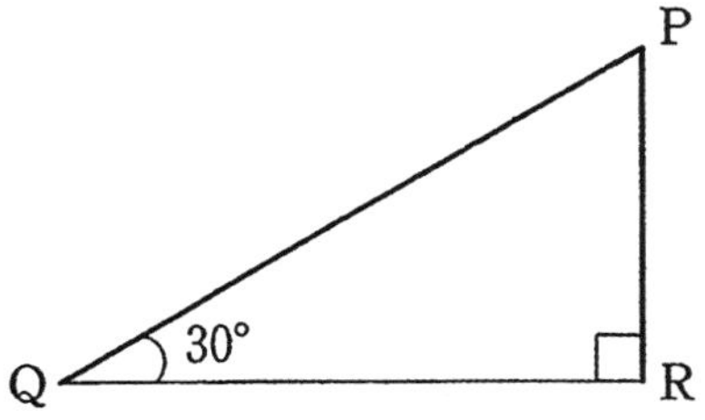

(4)

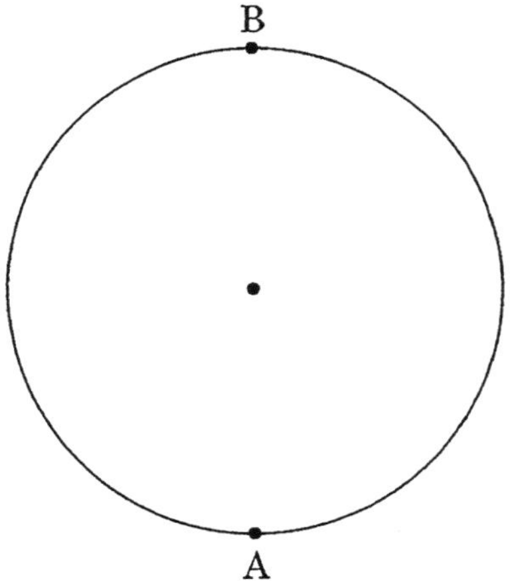

(5)	(6)
秒	秒

6

(1)	(2)
年目	年目

受験番号	氏　名	成　績
		※200点満点 （配点非公表）

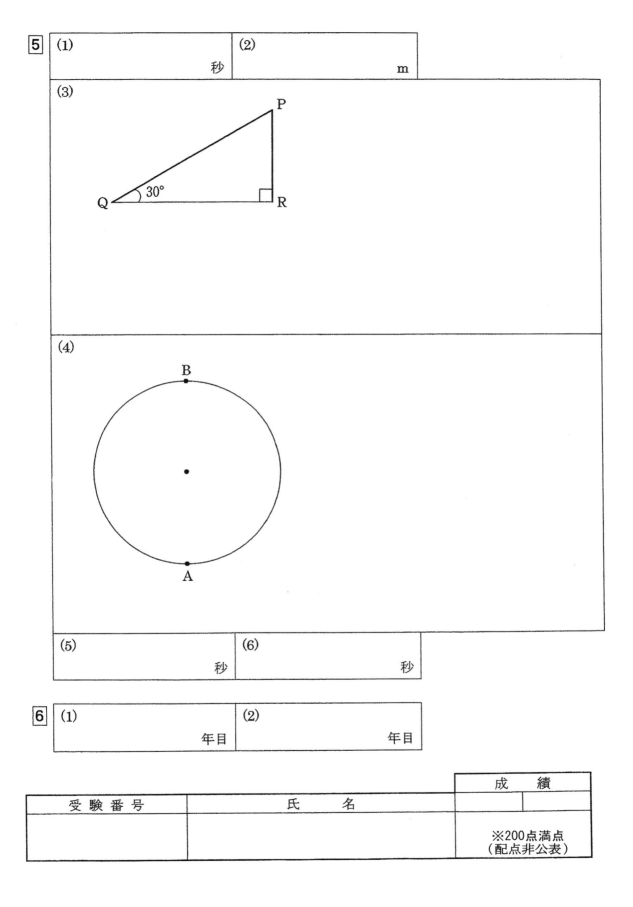

6

(1)	cm	(2)	g

(3)	棒の中心から		に、		cm
(4)	糸から		に、		cm

(5)	g	(6)	g	(7)	g

7

(1)	cm	(2)	g	(3)	g
(4)	cm^2	(5)	%	(6)	g

受験番号：

氏名：

※200点満点
（配点非公表）

問14		問15		問16		問17	
問18		問19		問20			
問21		問22					

6						
問1		問2		問3 (1)		問3 (2)	
問4 (1)		問4 (2)		問4 (3)	
問5		問6			

4		
	イ	
	ロ	

5		
	問5	

受験番号	氏名

成績		
	※200点満点 （配点非公表）	

2024年度(令和6年度)　南山中学校男子部 入学試験　解答用紙　社会

1

問1 (1)		問1 (2)		問1 (3)		問1 (4)		問1 (5)	
問1 (6)		問2 (1)		問2 (2)					
問2 (3)		問2 (4)		問2 (5)①		問2 (5)②			
問2 (5)③		問2 (6)							

2

問1		問2 資料B		問2 資料C		問2 資料D		問3	氏
問4		問5							

3

問1 (1)		問1 (2)		問1 (3)	農法
問2		問3		問4	
問5					

※大問４の解答らんはこの用紙の下部です

5

問1		問2		問3		問4			
問6		問7 (1)		問7 (2)		問8		問9	
問10		問10							

※問5の解答らんは
この用紙の下部です

【解答用

２０２４年度　南山中学校　男子部　入学試験解答用紙
理科

1

(1)		(2)		(3)		(4)		(5)	
(6)		(7)		(8)		(9)		(10)	

2

(1)		(2)		(3)				
(4)	①	g	②	g	③		④	

3

(1)		(2)								
(3)	①		②		③		(4)	①		②

4

(1)		(2)		(3)		(4)	
(5)	℃	(6)	℃				

5

(1)		(2)		(3)		(4)	①		② 秒

【解答用

2024 年度（令和 6 年度）南山中学校男子部　入学試験　解答用紙

算　　数

1

(1)	(2)	(3) g
(4) 人	(5) ：	(6) 度

2

(1) 種類	(2) 種類

3

(1) cm^3	(2) cm

4

(1)

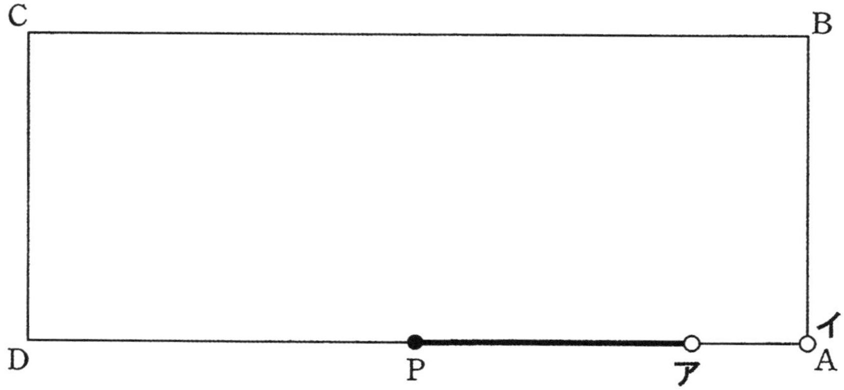

(2)

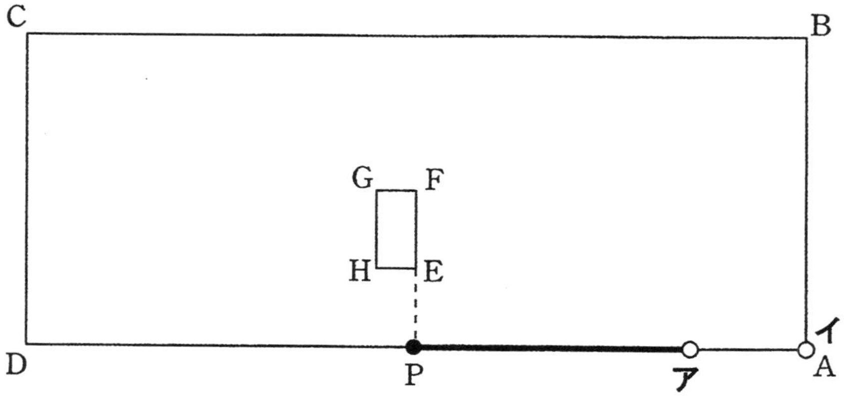

二〇二四（令和六）年度　南山中学校男子部　入学試験解答用紙　国語

受験番号	氏名	成績
		※200点満点（配点非公表）

一

一　二　三　四　五　六　七　八　九

問2　文中の下線部(a)に関連して、右写真の人物は、1879年に白熱電球を改良し、約14時間連続して点灯させることに成功しました。彼《かれ》は、蓄《ちく》音機の発明、電話機の開発、映画鑑《かん》賞装置「キネトスコープ」の考案など、生涯《がい》にわたってさまざまなものの発明・商品化をなしとげたことから、「発明王」とも呼ばれています。この人物の名前を、次のア～エの中から１つ選び、記号で答えなさい。

ア　エジソン　　イ　ニュートン　　ウ　コロンブス　　エ　ザビエル

問3　文中の下線部(b)に関連して、工業の近代化を実現しようとしたこの政策を何と呼んでいるか、答えなさい。

問4　文中の下線部(c)に関連して、右写真の人物は富岡製糸場の設立にたずさわった人物です。「近代日本経済の父」と評され、2024年７月から流通する予定の新しい１万円札にその肖《しょう》像画が印刷されることでも知られています。この人物の名前を、次のア～エの中から１つ選び、記号で答えなさい。

ア　北里柴三郎　　イ　渋沢栄一　　ウ　新渡戸稲造　　エ　伊藤博文

問5　文中の下線部(d)に関連して、当時の日本では、なぜそれほどまでに盛んに生糸づくりが行われたのでしょうか。次の語句を必ず用いて簡潔に説明しなさい。※解答らんは解答用紙の下部にある。

＜使用語句＞　　品質　　物価　　輸出

＜Ⅱ＞

僕は鉄道に乗って各地へ旅行するのが大好きです。そこで、鉄道の発達が日本の歴史にどう関わってきたのかについて調べてみました。

1872年、日本で初めての鉄道が新橋・横浜間で開通しました。走行距離《きょり》は約29kmで、イギリスから輸入された蒸気機関車が平均時速32kmで走りました。平均速度32kmというのは、馬の速度とほぼ同じくらいの速さです。運賃は、当時として高額だったので、列車に乗れる人は一部の裕《ゆう》福な者だけだったかもしれませんが、一度に多くの人や物をのせて走ることができる鉄道は便利な乗り物であり、以後、全国各地に建設されていきました。

1905年に結ばれた(e)日露《ろ》戦争の講和条約により、日本はロシアから満州（中国東北部）の鉄道を獲《かく》得しました。翌年にはこの路線で鉄道事業を経営する目的で、南満州鉄道株式会社が設立されます。南満州鉄道はリュイシュン（旅順）とチャンチュン（長春）を結ぶ路線で、日本人が満州（中国東北部）に進出する際の重要な路線となりました。(f)1931年、満州にいた日本軍は奉《ほう》天（現在のシェンヤン＜瀋《しん》陽＞）近郊《こう》で南満州鉄道の線路を爆《ばく》破させ、これを中国軍による仕業《わざ》であると主張し、攻撃を始めます。こうして日本は満州を占領しましたが、これで満足することはなく、占領地域のさらなる拡大をねらうようになりました。こうして日本は戦争の時代に突《とつ》入していきます。

1937年、ペキン（北京）郊外で日中両軍が衝《しょう》突し、全面的な(g)日中戦争が始まりました。日本と中国が全面戦争となったため、日本から中国へ、多くの人や物を輸送する必要性が生じました。そこで日本政府は、(h)1939年、日本における高速鉄道建設計画を立ち上げます。それは、東京～下関間を「広軌《き》幹線」（通称《しょう》「弾《だん》丸列車」）で結ぼうとするものであり、1954年までの開通を目指すものでした。「広軌幹線」で物資を下関に運び、そこから船に積みかえて朝鮮半島へ輸送し、さらにその後は再び鉄道を利用して中国まで運ぼうとしたのです。鉄道建設工事は進みましたが、その後の(i)戦況の悪化により、1943年度をもって一旦《たん》中断となりました。そして、(j)1945年に日本が敗れることで戦争が終わったことにより、建設計画自体が白紙撤《てっ》回されることになります。

戦時中の空襲によって、日本の都市部や工業地域は焼け野原となっていました。(k)終戦後の日本の課題は、そのような何もないところからの復興をはかるものだったといえます。1950年に(l)朝鮮戦争が始まると、韓国を支援するアメリカが日本に大量の物資を発注するようになりました。これをきっかけに日本経済は立ち直り、1950年代中ごろには(m)高度経済成長が始まりました。

高度経済成長により、鉄道輸送の需《じゅ》要が高まると、幻《まぼろし》となっていた高速鉄道建設計画が復活をとげました。それが、東京・大阪間を結ぶ(n)東海道新幹線です。東海道新幹線は1964年、世界初の高速鉄道として開通しました。当時、東海道新幹線は「夢の超《ちょう》特急」と呼ばれていて、最高速度は210kmでした。従来は6時間30分かかっていた東京・大阪間の所要時間は、新幹線の登場によって、3時間10分にまで短縮されました。(o)これ以降、新幹線は全国各地に延長されていき、今では、北は北海道、南は鹿児島県までが新幹線で結ばれています。

鉄道が都市部と地方とを結び、人や物の移動をうながしたことは、社会にさまざまな影響《えいきょう》をあたえてきました。戦時中、鉄道が中国占領を進めるための交通手段として使われていたことは残念に思いますが、戦後の日本社会では、都市部の経済力や洗練された文化が鉄道で結ばれた地方社会へと伝わっていき、人々の暮らしを便利なものにしたり、地域の産業を活性化させたりしたことを考えると、鉄道の発達が果たした社会的な役割は実に大きなものだったといえるのではないでしょうか。

問6　文中の下線部(e)に関連して、この講和条約によって日本がロシアから獲得したのはどこですか。次のア～エの中から1つ選び、記号で答えなさい。

ア　樺《から》太南部　　イ　カムチャツカ半島　　ウ　シャントン（山東）半島　　エ　択捉《えとろふ》島

問7　文中の下線部(f)に関連して、次の(1)・(2)の問いに答えなさい。

(1)　南満州鉄道の線路の爆破に始まり、満州を占領するにいたった一連の出来事を何と呼んでいますか。漢字4字で記入しなさい。

(2)　(1)の出来事以降、日本国内では軍人の発言力が強まっていきました。1932年、一部の軍人が反乱を起こし、当時の内閣総理大臣だった犬養毅《つよし》を殺害する事件が発生しました。この事件の名前を、次のア～エの中から1つ選び、記号で答えなさい。

ア　二・二六事件　　イ　二・二八事件　　ウ　五・一五事件　　エ　五・三〇事件

問8　文中の下線部(g)に関連して、1937年12月、日本は当時の中国の首都を占領しました。この首都とはどこですか。次のア～エの中から1つ選び、記号で答えなさい。

ア　コワンチョウ（広州）　　イ　ナンキン（南京）　　ウ　シーアン（西安）　　エ　ホンコン（香港）

問9　文中の下線部(h)に関連して、この年に起こった出来事を、次のア～エの中から1つ選び、記号で答えなさい。

ア　世界恐慌《きょうこう》が起こった。　　イ　ロシア革命が起こった。

ウ　第二次世界大戦が起こった。　　エ　インドが独立した。

問10　文中の下線部(i)に関連して、次の(1)・(2)の問いに答えなさい。

(1)　次のA～Dの出来事について、古いものから順に正しく並べかえたものを、次のア～ネの中から１つ選び、記号で答えなさい。

A.　沖縄戦が始まった。

B.　日本軍がガダルカナル島から撤退した。

C.　ミッドウェー海戦で日本軍が敗れた。

D.　サイパン島にいた日本軍守備隊が全滅《めつ》した。

ア　A→B→C→D	イ　A→B→D→C	ウ　A→C→B→D	エ　A→C→D→B
オ　A→D→B→C	カ　A→D→C→B	キ　B→A→C→D	ク　B→A→D→C
ケ　B→C→A→D	コ　B→C→D→A	サ　B→D→A→C	シ　B→D→C→A
ス　C→A→B→D	セ　C→A→D→B	ソ　C→B→A→D	タ　C→B→D→A
チ　C→D→A→B	ツ　C→D→B→A	テ　D→A→B→C	ト　D→A→C→B
ナ　D→B→A→C	ニ　D→B→C→A	ヌ　D→C→A→B	ネ　D→C→B→A

(2)　戦況が悪化するにつれ、日本政府は戦時体制を強め、人々の生活にさまざまな制限をかけるようになりました。次のア～エの中から、誤っているものを１つ選び、記号で答えなさい。

ア　米や衣料が切符《ぷ》制・配給制になった。

イ　労働力不足を補うため、女学生が兵器工場で働くようになった。

ウ　小学校で軍事教練が行われるようになった。

エ　地方の小学生が都市部に集団疎《そ》開させられた。

問11　文中の下線部(j)に関連して、日本がポツダム宣言を受けいれたことで戦争が終わりました。このポツダム宣言を発表した国として、誤っているものを、次のア～エの中から１つ選び、記号で答えなさい。

ア　中国　　イ　フランス　　ウ　アメリカ　　エ　イギリス

問12　文中の下線部(k)に関連して、終戦直後の人々の暮らしについて、誤っているものを、次のア～エの中から１つ選び、記号で答えなさい。

ア　生活物資が国から配られていたものの、それでは足りなかったため、人々は列車に乗って農村に買い出しに行ったり、やみ市といわれる市場で買ったりしていた。

イ　空襲により学校の校舎が焼けてしまったところでは、地方自治体によって校舎が再建されるまで、子どもたちが学校で授業を受けることはできなかった。

ウ　戦争で親をなくした子どもたちが、駅前で靴磨《くつみが》きなどをする姿が見られた。

エ　空襲で住む家を失った人たちが、あり合わせの材料で仮住まいをつくって生活している様子が見られた。

問13　下線部(l)に関連して、朝鮮戦争が始まり、休戦協定が結ばれるまでの期間（1950年６月～1953年７月）に起こった日本の出来事として、誤っているものを、次のア～エの中から１つ選び、記号で答えなさい。

ア　警察予備隊が創設された。　　イ　日米安全保障条約を締結した。

ウ　国際連合に加盟した。　　エ　サンフランシスコ平和条約に調印した。

問 14　文中の下線部(m)に関連して、次の文章は、1956 年の『経済白書』に記されたものです。文章中の A にあてはまる適切な語句を、漢字２字で答えなさい。

> 「…もはや『 A 』ではない。…回復を通じての成長は終わった。今後の成長は近代化によって支えられ…」

問 15　文中の下線部(n)に関連して、次のア～エは東海道新幹線が通過する河川です。これらの河川のうち、東京駅から出発した東海道新幹線が３番目に通過するものを１つ選び、記号で答えなさい。

ア　桂《かつら》川　　イ　天竜川　　ウ　相模《さがみ》川　　エ　大井川

問 16　文中の下線部(o)に関連して、次のア～エの中から、都・道・府・県庁所在地に新幹線の停車駅がないところを１つ選び、記号で答えなさい。

ア　青森県　　イ　群馬県　　ウ　山口県　　エ　熊本県

＜Ⅲ＞

現代に生きる私たちの生活では、パソコンやスマートフォンといった機器が欠かすことのできないものとなってきています。これらの機器をインターネットに接続することで、私たちは、必要としているさまざまな情報を簡単に得ることができます。また、パソコンやスマートフォンを使えば、インターネット上で配信されている音楽や映画やゲームを、いつでもどこでも楽しむことができます。

インターネットの利用は、日本では 1990 年代後半から普及が進みました。これにともない、利用者が、インターネット上で情報を得るだけでなく、自ら情報を発信することも増えていきました。かつては、(p)新聞・ラジオ・テレビ等から、一方通行に近い形で情報を得るだけでしたが、今では、誰もが、自らの考えや撮《さつ》影した写真・動画をインターネット上に投稿《こう》することができます。(q)双《そう》方向の情報発信の実現により、どんな人であっても、世界中の不特定多数の人たちと簡単に交流することが可能となりました。遠い地域に暮らす人々との意見交換《かん》・情報交換の機会が増えたことで、お互《たが》いの理解も深まっていったといえます。しかし、一方で、(r)自分が秘密にしておきたかった情報が誰かの投稿によって多くの人に知られることになった、(s)差別的な意見がインターネット上に掲《けい》載されることによって特定の民族に対する差別感情が助長されたなどの問題も起こっています。

パソコンやスマートフォンで使われるソフトウェアの開発では、近年(t)AI の技術が急速に発達しており、特に「生成 AI」と呼ばれるものが注目を集めています。生成 AI は自らデータの関係性やパターンなどを学習し、それをもとに新たな文章や画像を作成する能力をもっています。生成 AI は、インターネット上で収集した大量の情報を素《す》早く整理し、それをもとに私たちが必要としている文章や画像を作成・提示してくれるわけですから、大変便利であるし、私たちの生活様式を大きく変える可能性を持つ画期的な技術だといえます。

ただ、現時点の生成 AI には、インターネット上に存在する膨《ぼう》大なデータのなかから正確なものだけを抜《ぬ》き出して利用する力が十分には備わっていません。そのため、誤った情報を提示してしまう問題が発生しています。また、悪意ある人が生成 AI を利用して偽《にせ》の動画を作成し、視聴《ちょう》者をだますという問題も起こっています。

私たちはさまざまな情報を入手し、それらを上手に活用しながら、よりよい生活の実現を図っています。情報の入手、あるいは情報の処理を迅《じん》速化してくれる技術の発達は、今後も大いに期待されるところです。しかし、技術ばかりが発達するだけではいけません。(u)その情報を私たちがどのように役立てようとしていくのかということも、私たちに課せられた重要な問題だといえます。その意味で、技術の発達とともに、私たちの道徳観や公共心も大切にしていくことが、未来の人間社会をより幸福なものにしていくのではないでしょうか。

問 17　文中の下線部(p)に関連して、事実と異なる報道や大げさな報道によって、特定の人の誇《ほこ》りが傷つけられ、家族や友人との関係、暮らしや仕事などに深刻な損害を受けることを何といいますか。

問 18　文中の下線部(q)に関連して、インターネット上で人と人のつながりを支援する会員制サービスのことを何と呼んでいますか。大文字のアルファベット３字で答えなさい。

問 19　文中の下線部(r)に関連して、個人が秘密にしておきたい情報や、個人が特定されてしまうような情報を管理する会社・団体などに対して、その適正な取り扱い方法について守るべき義務を定めた法律の名称を答えなさい。

問 20　文中の下線部(s)に関連して、たとえば特定の民族や国籍《せき》の人々に対して、一律に社会から排除・排斥《せき》しようとあおり立てたり、危害を加えようとするなどの一方的な内容の言動を、一般《ぱん》的に何と呼んでいますか。カタカナ７字で答えなさい。

問 21　文中の下線部(t)に関連して、AI とはどのような意味をあらわす語句の略称ですか。漢字４字で答えなさい。

問 22　文中の下線部(u)に関連して、実際に行われている情報の活用の仕方について、誤っているものを次のア～エの中から１つ選び、記号で答えなさい。

ア　地方自治体がホームページで提供しているハザードマップを利用して、自分たちが暮らしている地域で自然災害が発生しやすい場所を確認し、避《ひ》難経路の策定に活用する。

イ　コンビニエンスストアやスーパーマーケットが、POS システムを活用してどの商品の売れ行きが良いのかを分析《せき》し、商品の仕入れに役立てる。

ウ　バスに取り付けた GPS を利用して、車内の様子を録画する。

エ　インターネットの閲《えつ》覧記録から利用者の興味・関心に基づく広告を画面に表示して、宣伝の効果を高める。

6　次の文章を読み、以下の問いに答えなさい。

2022 年２月に始まったロシア軍による(a)ウクライナ侵攻や、2023 年 10 月に始まるイスラエル軍のパレスチナ自治区の［ 1 ］における地上作戦など、今も世界のどこかで戦闘《とう》が行われていて、多くの人たちが困難な状況におかれています。誰もが平和な社会を求め、穏《おだ》やかに生活していくことを望んでいると思われますが、意見の相違《い》や宗教対立、あるいは一部の人たちの野心ゆえに、戦争行為《い》がなくなりません。新聞やテレビでは、連日のように、家族を失った人々や、怪《け》我を負った人々が、泣き叫《さけ》び、あるいは悲しみにくれて呆《ぼう》然としている様子が報道されています。(b)世界各国の人々が、民間人が戦争の犠牲《ぎせい》になっている様子に心を痛め、即《そく》時停戦を訴《うった》えるとともに、被《ひ》害者を支援しようと動き出しています。

第二次世界大戦後、世界は東西冷戦の時代を迎《むか》えました。この対立のなかで、核《かく》兵器開発の競争が激化していきます。甚《じん》大な被害を生み出す核兵器は、本来は使用されるべきではないものなのに、これをもつことで影響力を強めたい、敵国の侵攻を抑《よく》止したいと考えた国々が、開発・製造を続けました。ある大学が行った調査によると、2023 年６月現在で地球上に存在する核弾頭の総数は推定 12,520 発だそうです。前年に比べれば 200 発減少したとのことですが、総数から「退役・解体待ち」の核弾頭数を除いたもの、つまりいつでも使える状態にある核弾頭の数は、近年増加傾向にあるとの研究報告がなされました。(c)戦争の惨禍《さんか》を経験し、世界で唯《ゆい》一の被爆国となった日本としては、(d)世界に向けて平和主義の精神を訴え、また核兵器の使用がもたらす被害の実態を伝えていく努力を、これからも継《けい》続していく責務があります。

(e)20 世紀末に冷戦の終結が宣言され、世界は国際協調の時代に入っていきました。インターネットの普及により、

今では誰もが世界各地の人々と簡単に交流することができます。世界中の人々が話し合いを重ねてきたことで、
分とは異なる文化を持つ人々に対する理解度は、以前よりもだいぶ深まってきたといえるでしょう。人々が互い
協力しあっていくことで、世界はまた一歩より良いものとなっていくはずです。一人一人の生命や権利が尊重され、
また自然環境もしっかりと保全される社会の実現をはかるというのは全世界共通の目標であると考えられます。
の達成にむけて、皆《みな》で努力していきたいものです。

問１　下線部(a)に関連して、ウクライナの位置を、右の地図中のア～エの中から１つ選び、記号で答えなさい。

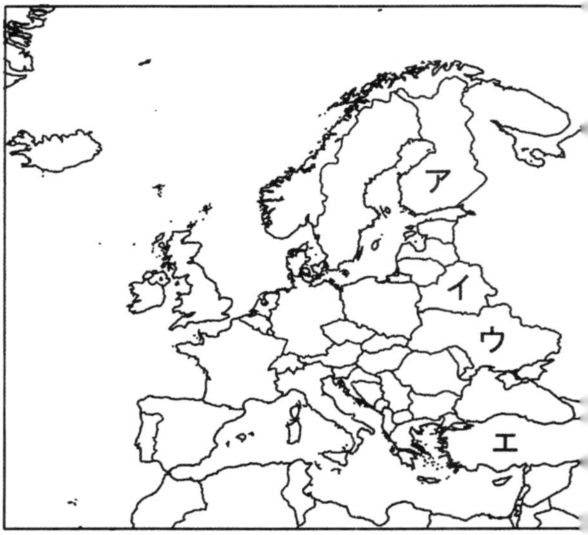

問２　文中の 1 にあてはまる適切な語句を、次のア～エの中から１つ選び、記号で答えなさい。

ア　クリム（クリミア）半島　　イ　ガザ地区　　ウ　カシミール地方　　エ　ナゴルノ・カラバフ

問３　下線部(b)に関連して、次の(1)・(2)の問いに答えなさい。

(1)　国際連合（国連）には、国際紛争の平和的解決や侵略行為の防止・鎮《ちん》圧を主な任務とする機関が設置されて
います。この機関は、「拒《きょ》否権」を持つ常任理事国５カ国と、「拒否権」を持たない非常任理事国10カ国で構
されており、その決議事項はすべての国連加盟国を法的に拘《こう》束する力を持つので、国連の総会とならんで最
重要な機関であるといえます。この機関の名称を答えなさい。

(2)　さまざまな民間団体が、国際連合や各国政府から独立した立場で、紛争地域の人々を支援するための活動
行っています。このような「非政府組織」を何と呼んでいますか。次のア～エの中から１つ選び、記号で答え
さい。

ア　PKO　　イ　ODA　　ウ　WHO　　エ　NGO

問４　下線部(c)に関連して、次の資料は日本国憲法第９条の条文です。条文中の (1) ～ (3) に入る適切な語
を、漢字で記入しなさい。

第９条　①　日本国民は、正義と秩《ちつ》序を基調とする国際平和を誠実に希求し、国権の発動たる戦争と、 (1)
による威嚇又《いかくまた》は (1) の行使は、国際紛争を解決する手段としては、永久にこれを放棄する。
②　前項の目的を達するため、陸海空軍その他の (2) は、これを保持しない。国の (3) は、これを認め
い。

問５　下線部(d)に関連して、平和主義の精神を世界にむけて発信していきたいという考えのもと、2023 年５月、「第49 回先進国首脳会議」が広島で開催されました。「先進国首脳会議」において輪番で議長国を務める７カ国を「G7」と呼んでいますが、G7 に含まれない国を、次のア～エの中から１つ選び、記号で答えなさい。

ア　ドイツ　　イ　カナダ　　ウ　イタリア　　エ　オーストラリア

問６　下線部(e)に関連して、アメリカとソ連の両首脳により、冷戦の終結が宣言されたのは 1989 年のことです。この年には、他にも国際情勢の変化をあらわす出来事が起こりました。その出来事とは何か、次のア～エの中から１つ選び、記号で答えなさい。

ア　「ベルリンの壁《かべ》」がなくなった。　　イ　ヨーロッパ連合（EU）が発足した。

ウ　東西ドイツが統一された。　　エ　ソ連が崩壊《ほうかい》した。

＜このページは空白です＞

5 図は、月の公転を地球の北極側から見たものです。以下の問いに答えなさい。

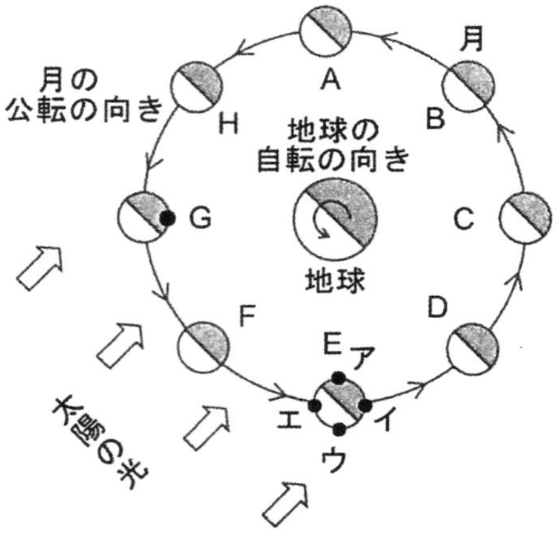

(1) 図のAの位置にある月を日本から見ると、どのような形に見えますか。正しいものを、次のア～カの中から1つ選び、記号で答えなさい。ただし、月は真南に見えたとします。

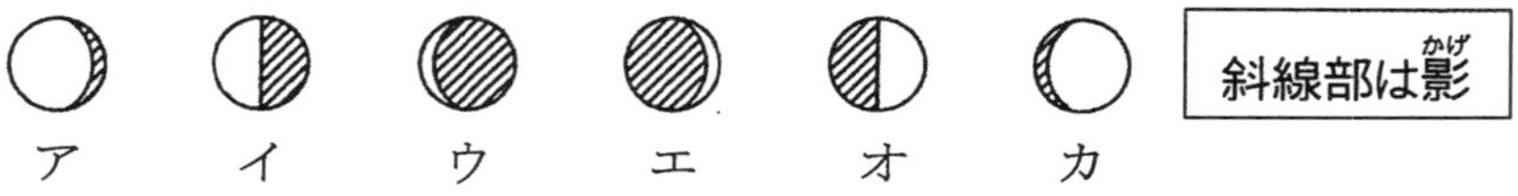

(2) 日本において、真夜中に東の空の地平線近くに見える月は、どのような月ですか。正しいものを、(1)のア～カから1つ選び、記号で答えなさい。

(3) 図のGの月の●の地点は、月がEの位置にあるときには、どの点になりますか。正しいものを、図のア～エの中から選び記号で答えなさい。

(4) 日本時間2023年4月26日、日本のある企《き》業は、民間月面探査プログラム「HAKUTO－R」ミッション1の月面着陸船による、民間企業として世界初の月面着陸を予定していました。月面着陸船は、計画通り秒速1m以下の速度で、月面上空約5kmまで接近しましたが、高度測定に異常が生じて、最終的には落下して月面にぶつかってしまい、着陸は失敗したと考えられています。以下の①・②について答えなさい。

① この企業の名前を、次のア～クの中から1つ選び、記号で答えなさい。

ア．スペースアルファ　イ．スペースムーン　ウ．スペースアール
エ．スペースエックス　オ．ユースペース　カ．エースペース
キ．アイスペース　ク．ピースペース

② 着陸船が、月面上空 5km の位置から落下したとします。この場合、月面上空 5km の位置から月面に接触《しょく》するまでの時間は何秒だったと考えられますか。整数で答えなさい。必要であれば小数第一位を四捨五入して答えなさい。ただし、着陸船の大きさは考えないものとします。また、月において物体が落下するとき、次の式が使えるものとします。

落下した距離《きょり》[m] ＝ 落下した時間[秒] × 落下した時間[秒] × 1.6 ÷ 2

(5) 与謝蕪村《よさぶそん》の俳句に「なの花や月は東に日は西に」という句があります。このとき、与謝蕪村が見た月は、どのような形をしていたと考えられますか。もっとも近いものを、次のア～オの中から１つ選び、記号で答えなさい。

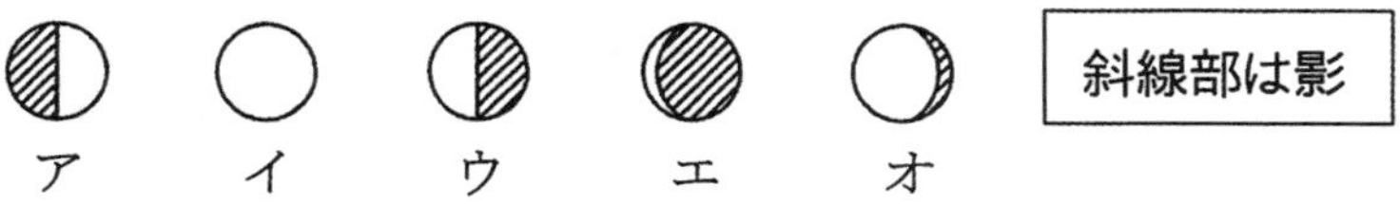

(6) 夜空を観察すると、月以外にも様々なものが見えますが、その１つに国際宇宙ステーション（以下 ISS）があります。ISS は、地上から約 400km 上空を周回しており、肉眼でも観察することができて、ここでは様々な実験が行われています。その中でも無重力を利用した実験がよく知られていますが、実は、地上から約 400km 上空において、重力がなくなることはありません。物体にはたらく重力の大きさは、地球から遠ざかるにつれて弱まり、地球の中心から物体までの距離が 2 倍、3 倍、10 倍になると、重力の大きさは、それぞれ 4 分の 1 倍、9 分の 1 倍、100 分の 1 倍になることが知られています。

ここで、地球の半径を 6400km としたとき、地上から 400km の高さにある物体にはたらく重力の大きさは、地上 0m にいるときの何%になりますか。整数で答えなさい。必要であれば小数第一位を四捨五入して答えなさい。ただし、地球は完全な球体として考え、地上から 400km の高さにある物体の大きさは考えないものとします。

6 以下の【Ⅰ】・【Ⅱ】の問いに答えなさい。ただし、糸の重さは考えないものとします。

【Ⅰ】重さを考えなくてよい、太さも密度も一様《いちよう》な、長さ 40cm の棒の真ん中に糸をつけて、天井につるしました。以下の問いに答えなさい。

(1) 図 1 のように、棒の左端《はし》から 5cm の位置に 15g のおもりをつけ、棒の中心より右側に 75g のおもりをつけたところ、棒がつりあいました。75g のおもりは、棒の中心から右に何 cm 離《はな》れていますか。

図 1

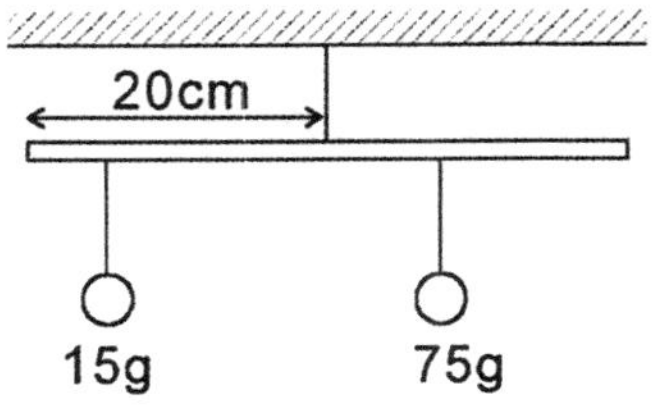

(2) 図 1 のようすから、15g のおもりをつりさげる位置を右に 9cm ずらしたところ、つりあわなくなりました。棒の左端におもりを 1 つつけて、棒をつりあわせるとしたら、何 g のおもりをつければよいですか。

(3) 図 2 のように、棒の中心から 6cm 左に 15g のおもりを、棒の中心から 3cm 右に 75g のおもりをつけたところ、棒がつりあいませんでした。棒をつりあわせるためには、棒をつりさげている糸の位置をどちら向きに何 cm ずらせばよいですか。ただし、向きを答えるときは「棒の中心から右に」、または「棒の中心から左に」と答えなさい。

図 2

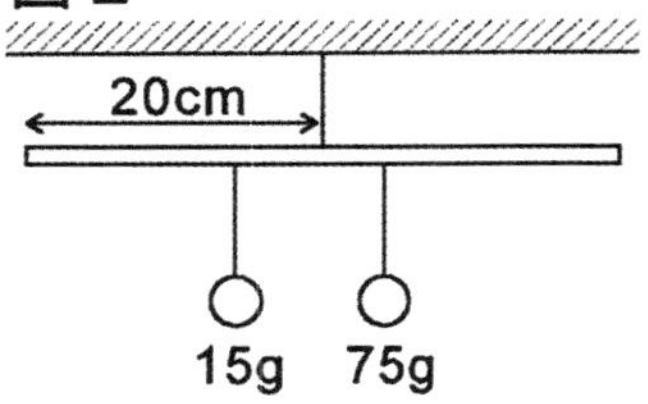

(4) 棒を、重さ 200g・長さ 40cm で、太さも密度も一様の棒に変え、(3)のつりあった状態と同じ場所に糸をつけて天井につるし、(3)と同じおもりを(3)と同じ場所につけたところ、棒はつりあわなくなりました。

ここで、20g のおもりを 1 つだけ使って、棒がつりあうようにします。このとき、20g のおもりを、棒をつりさげている糸の位置を基準にして、どちら向きに何 cm 離れた位置にとりつければよいですか。ただし、向きを答えるときは「糸から右に」、または「糸から左に」と答えなさい。

【Ⅱ】太さは同じで、重さのちがう短い棒と長い棒を用意しました。それぞれ太さも密度も一様な棒です。短い棒は、長さ 10cm で、重さはわかりません。長い棒は、長さ 20cm で、重さが 40g でした。この 2 つの棒を接着して、図 3 のように、棒の左端から 17cm のところに糸をつるすと、棒がつりあいました。以下の問いに答えなさい。ただし、接着した部分の厚みや接着による重さの影響《えいきょう》はないものとします。

図3

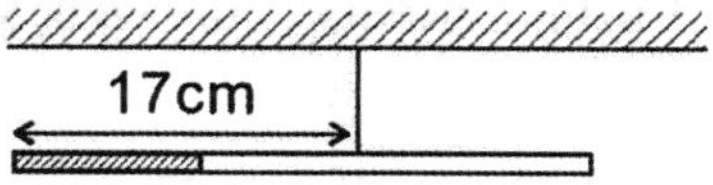

(5) 接着する前の短い棒の重さは何 g ですか。

(6) 接着した棒を地面に置いた後、棒の左端をばねばかりとつなぎ、図 4 のように、地面からほんの少しだけ浮《う》かせました。このとき、ばねばかりは何 g を示しますか。整数で答えなさい。必要であれば小数第一位を四捨五入して答えなさい。

図4

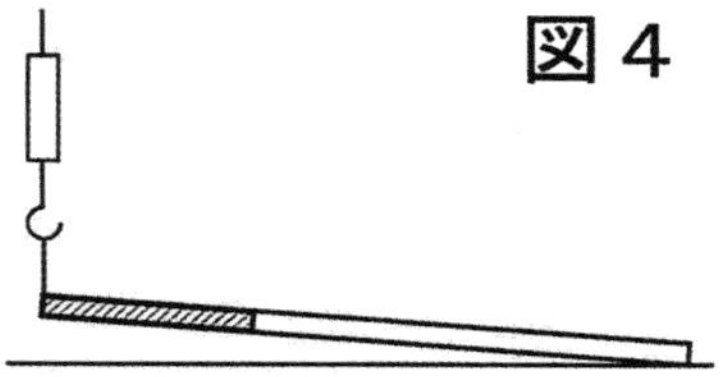

(7) 接着した棒と、太さも密度も一様で重さを考えなくてよい 7cm の棒を使って、図 5 のように、50g のおもりと、重さのわからない x と y のおもりを取り付けたところ、2 つの棒はつりあいました。このとき、x のおもりは何 g ですか。

図5

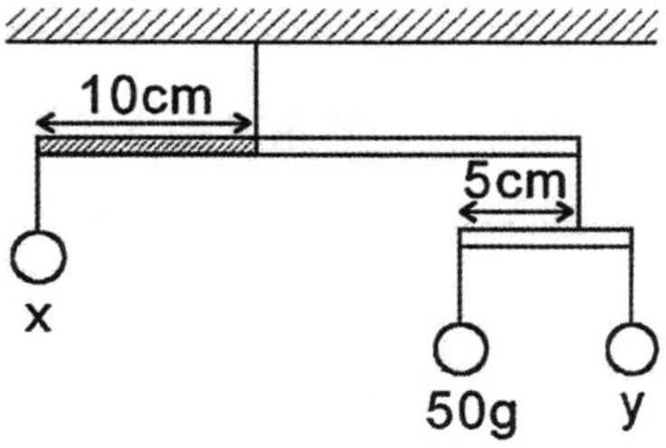

7 図１のように、直方体Ａと直方体Ｂとばねばかりを糸でつなぎ、ある高さから水の入った水槽《そう》に向かって、物体全体を下向きにゆっくりと動かしたところ、ばねばかりが示す値は、グラフのようになりました。なお、グラフの縦軸《じく》は、ばねばかりが示す値[g]、横軸は、初めの位置から下向きに動かした距離[cm]を示しています。以下の問いに答えなさい。

ただし、物体が一部でも水の中に入ると、「浮《ふ》力」という力が物体に対して上向きにはたらき、浮力の大きさは、水に沈《しず》めた物体が押《お》しのけた水の体積の重さに等しいものとします。また、水 1cm³ の重さは 1g であり、糸の重さは考えず、糸がたるむことはありません。

図１

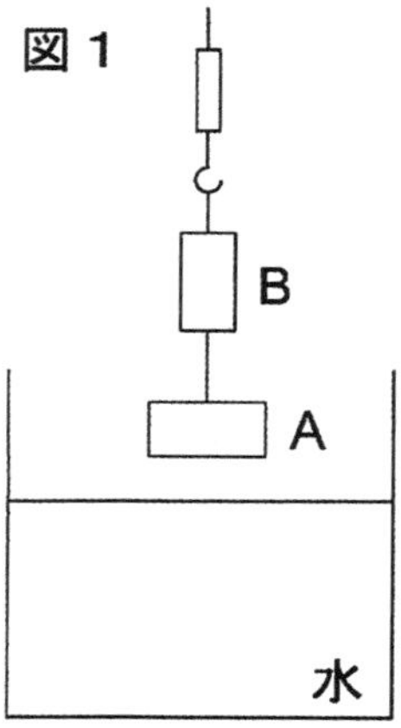

図２

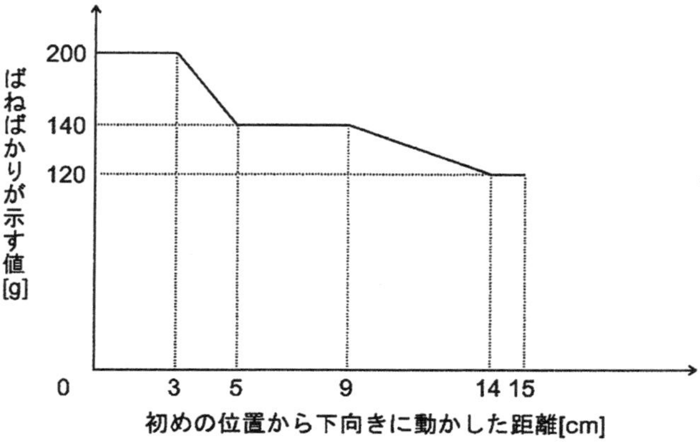

(1) 直方体Ａと直方体Ｂをつないでいる糸の長さは何 cm ですか。

(2) 初めの位置から下向きに動かした距離が 3.5cm のとき、直方体Ａにはたらく浮力の大きさは何 g ですか。

(3) 初めの位置から下向きに動かした距離が 10cm のとき、直方体Ａにはたらく浮力の大きさは何 g ですか。

(4) 直方体Ｂの底面積は何 cm^2 ですか。

(5) ばねばかりでつるした直方体 A と B を水槽からとり出し、体積 120cm^3、重さ 50g の直方体 C を水槽に入れました。図 3 のように、直方体 C が水に浮いているとき、水面の上に出ている部分の体積は、直方体 C 全体の体積の何%ですか。整数で答えなさい。必要であれば小数第一位を四捨五入して答えなさい。

図 3

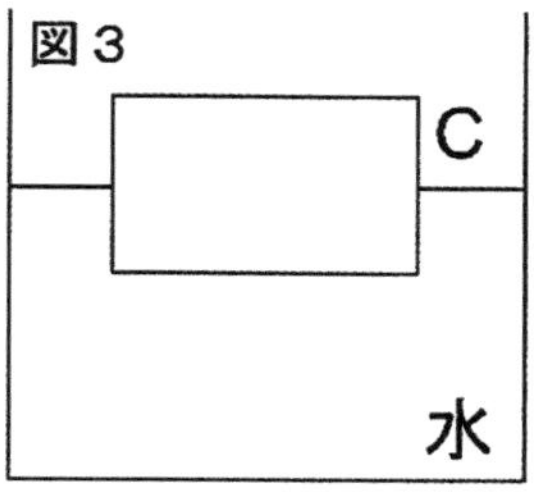

(6) 図 3 における直方体 C を、水中に完全に沈めるためには、直方体 C を何 g 以上の力で、真上から押せばよいでしょうか。ただし、押すときの力の向きは、直方体 C の上面に対して垂直な向きに押すものとします。

＜このページは空白です＞

＜このページは空白です＞

（2）　図２で四角形 EFGH は EF＝2cm、FG＝1cm の長方形で、３つの点 F，E，P は一直線上にならんでいます。また、EP＝2cm で、FP と AD は点 P において直角に交わっています。この長方形はコンクリートで作られていて、ひもは内部を通ることはできません。磁石**イ**が（1）と同じように動くとき、磁石**ア**が動いたあとを解答らんに作図し、太線で示しなさい。なお、作図に用いた線は消さずに残しておくこと。

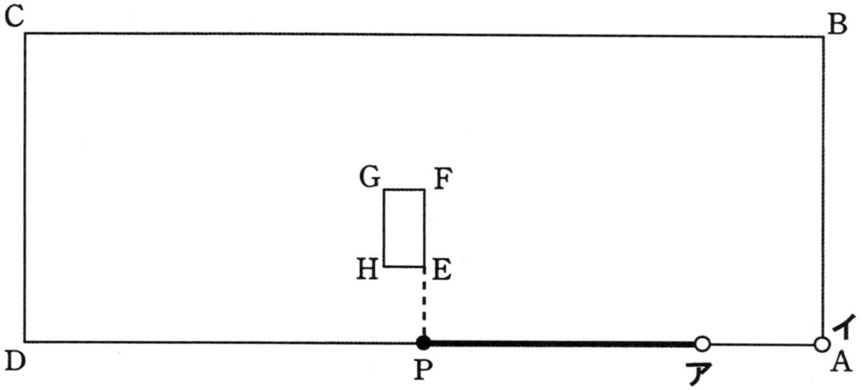

図２

5 ショウタくんの住む町には、18 個のゴンドラが等間隔《かんかく》に設置された観覧車があります。ある日、ショウタくんがこの観覧車の最上部をながめていたところ、１つのゴンドラが最上部を通過した 30 秒後に次のゴンドラが通過することに気が付きました。

翌日、ショウタくんは友人のナナミさんとともに、この観覧車の動きについて考えることにしました。ゴンドラの動きを分かりやすくするために、図１のようなモデル図を用いて考えます。18 台のゴンドラは①～⑱の番号を付けた点で表し、その大きさは考えません。点①～点⑱はすべて一定の速さで等しい間隔を保ちながら、大きな円周上を反時計回りに動きます。図２について、大きな円周の最も低い点をA、最も高い点をBとします。お客さんはゴンドラが点Aに近づいたときに、乗り降りします。

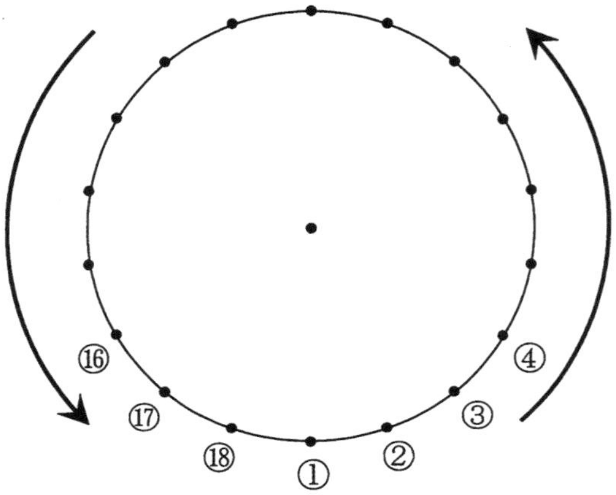

図１

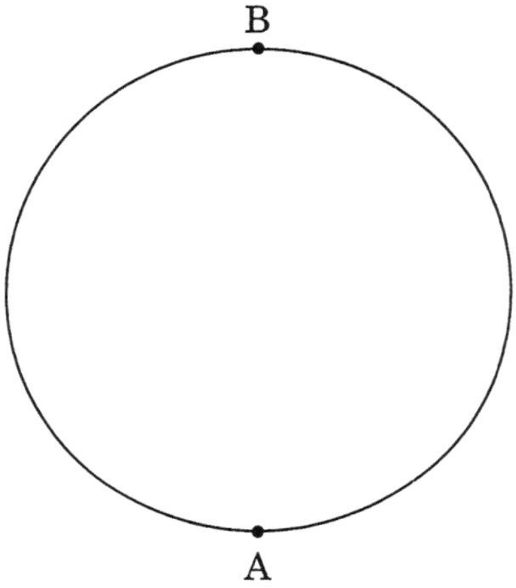

図２

ショウタくんとナナミさんの２人はそれぞれ次の考え方で、時間とともに移り変わるゴンドラの位置を考えます。

◆　ショウタくんの考え方

ゴンドラが点Ａを出発してから実際にゴンドラが動いた円周の長さ

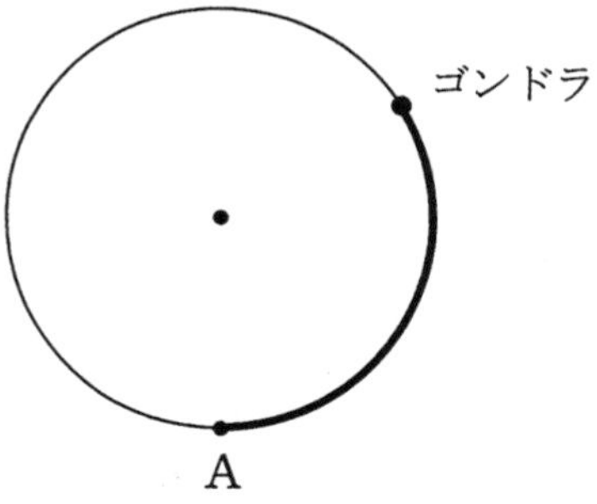

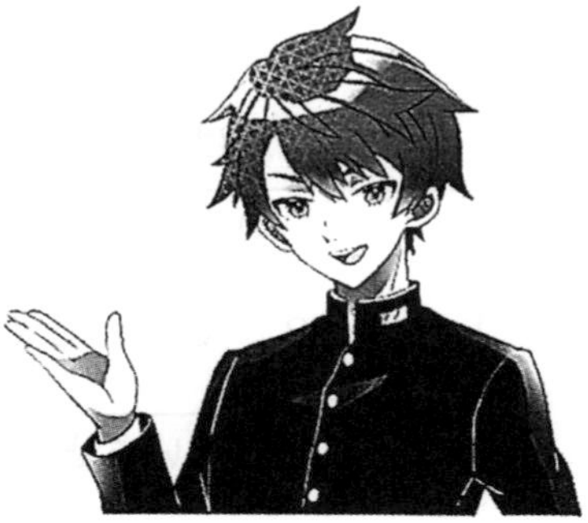

◆　ナナミさんの考え方

点Ａに水平な地面があると考えたときのゴンドラの高さ

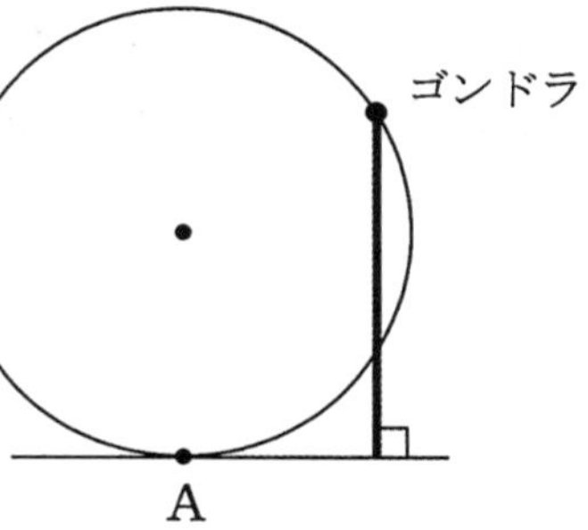

（１）　１つのゴンドラが点Ａを出発して、大きな円の円周上を通って円を１周し、再び点Ａに戻《もど》るまでにかかる時間は何秒か求めなさい。

（２）　ショウタくんの考え方で、ゴンドラが点Ａを出発してから 30 秒で動いた距離《きょり》を測ったところ 3.5m でした。点Ｂの高さ（大きな円の直径 AB の長さ）は何 m か求めなさい。小数第二位を四捨五入して、小数第一位まで求めなさい。

この問題は次のページに続きます

（3）　右の図の直角三角形 PQR について、辺 PQ と辺 PR の長さの比が 2：1 である理由を説明しなさい。

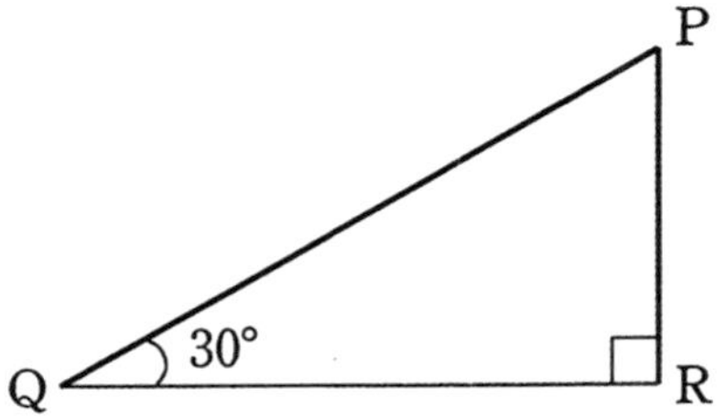

（4）　ナナミさんはゴンドラの高さを観察していて、次の予想をしました。

> 点 A を出発した 90 秒後のゴンドラの高さは、
> （2）で求めた点 B の高さのちょうど $\frac{1}{4}$ である。

この予想が正しいことを（3）で説明した内容を用いて説明しなさい。

（5）　ショウタくんは⑦のゴンドラに、ナナミさんは 3 つ後ろの④のゴンドラに乗りました。2 人の乗ったゴンドラの高さがはじめて同じになるのは、ショウタくんが出発した何秒後のことか求めなさい。

（6）　観覧車は小さな子供やお年寄りが乗り降りするとき、通常より速度を落とし、低速の状態で運転します。ショウタくんが観察を続けたところ、低速の状態で運転を続けたゴンドラは一定の速さで動き、1 つのゴンドラが点 B を通過した 36 秒後に次のゴンドラが点 B を通過しました。

その後、ショウタくんはもう一度観覧車に乗りました。このときは低速で運転することが何回かあり、ゴンドラが点 A を出発してから 1 周して点 A に戻るまでに 564 秒かかりました。低速で運転していた時間は何秒だったか求めなさい。

この図は、問題を解くときに活用しても構いません。

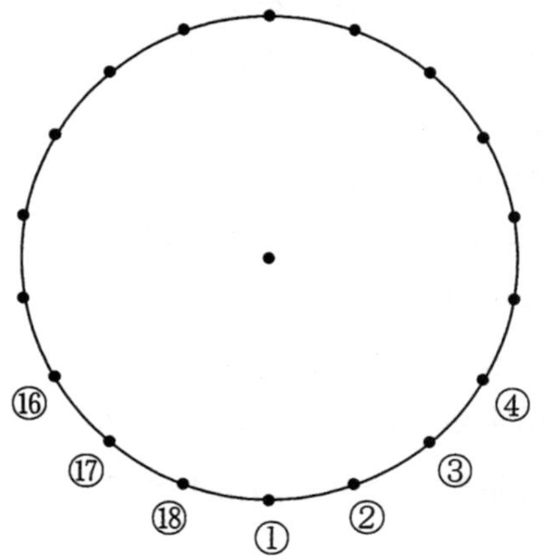

図１

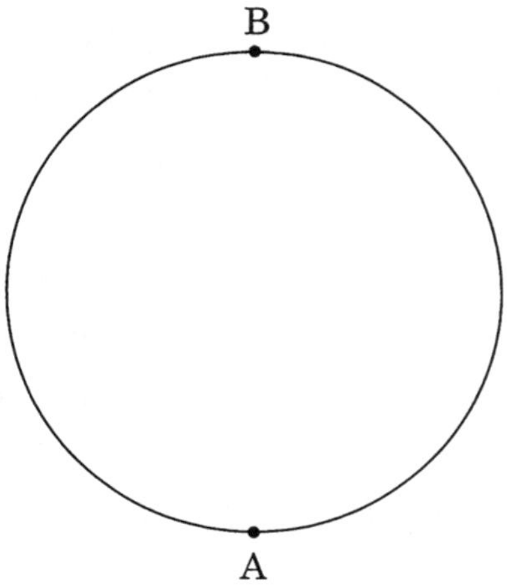

図２

6 翔平《しょうへい》君の家では長年住んでいた家が古くなり、雨漏《あまも》りするようになったため屋根の古い資材を取り除き、新しいものに替《か》える工事（葺《ふ》き替え工事）を実施《じっし》することにしました。

翔平君の家の屋根には太陽光発電用のソーラーパネルが設置されているため、葺き替え工事前にこれを屋根から撤去《てっきょ》し、工事の後に再びソーラーパネルを設置しなければなりません。この葺き替え工事とソーラーパネルの撤去および再設置にかかる費用は 70 万円です。なお、ソーラーパネルによる太陽光発電を利用すると、1年間の電気料金は 18 万円となり、これは太陽光発電を利用していないときの 75%です。

ソーラーパネルを撤去した後、再設置せずに廃棄処分《はいきしょぶん》することもできます。その場合、葺き替え工事とソーラーパネルの撤去および廃棄処分にかかる費用は 30 万円です。ただし、太陽光発電が利用できないため、1年間の電気料金を 100%すべて支払《しはら》わなければなりません。

太陽光発電を利用しないときの1年間の電気料金は毎年一定で、1年間の電気料金は 1 月 1 日から 12 月 31 日までに使用した分をその年の最後にまとめて支払うものとします。また、すべての工事は 12 月 31 日までに完了し、翌年の 1 月 1 日からを1年目と考えます。

（1） ソーラーパネルを再設置したときの、工事にかかる費用と翌年からの電気料金の合計金額が、再設置せず廃棄処分したときの合計金額を下回るのは何年目からか求めなさい。

（2）　結局、翔平君はソーラーパネルを再設置することにしました。ところが、数年後に台風による強風でソーラーパネルの一部が破損してしまいました。このソーラーパネルは破損することで発電能力が弱まります。この年は1年の途中《とちゅう》でソーラーパネルが破損したため、電気料金は前年よりも高くなりました。破損したソーラーパネルによる太陽光発電を1年間利用すると、電気料金は太陽光発電を利用していないときの87.5%になります。翔平君は破損した翌年からも、このソーラーパネルを修理せずに使い続けました。このとき、1年目から13年目までに支払った13年間の電気料金の総額は241万円でした。ソーラーパネルが破損したのは何年目のことだったか求めなさい。

問三　傍線部②④⑪を説明した文として、最も適当なものを次から選んで記号で答えなさい。

②ア　お母さんは、友達と一言も話せなかったといって残念がる心晴に共感しつつも、一方では、心晴が新学期の初めての登校日を何事もなく過ごせたことに安心している。

イ　お母さんは、友達と一言も話せなかったといって残念がる心晴に共感しつつも、一方では、心晴が新型コロナウイルスに感染するリスクを少しでも減らせたことに安心している。

ウ　お母さんは、友達と一言も話せなかったといって残念がる心晴に共感しつつも、一方では、人見知りの激しい心晴にとって会話を禁止された環《かん》境はかえってありがたいと思って安心している。

エ　お母さんは、友達と一言も話せなかったといって残念がる心晴に共感しつつも、一方では、小学生らしく笑うことさえ禁止する学校の指導方針に疑問を持っている。

オ　お母さんは、友達と一言も話せなかったといって残念がる心晴に共感しつつも、一方では、今後の新型コロナウイルスの感染拡大のことが頭から離《はな》れず、不安を募《つの》らせている。

④ア　心晴が手紙を読んだばかりの今なら、これから書く返事にも、心晴の浮《う》きたった気持ちがきちんと表現されるから、大丈夫だということ。

イ　友達とマスク越しのあいさつ以外の言葉を初めて交《か》わした今なら、心晴が授業中に書いた簡単な返事でも、相手の共感が得られるから、大丈夫だということ。

ウ　先生が黒板にひたすら問題を書いている今なら、心晴がこっそり手紙の返事を書いても、先生に見つけられることはないから、大丈夫だということ。

エ　みんなが計算問題を解いている今なら、心晴が机の手紙の返事を書いていても、他のクラスメートに見られることはないから、大丈夫だということ。

オ　分散登校の違うグループの誰かが手紙を書いて一日たった今なら、心晴が手紙を手にとっても、感染リスクはないから、大丈夫だということ。

⑪ア　「心晴は、ヴァイオリンのオンラインレッスンのことをとても楽しみにしているに違いない。それにもかかわらず、どこか浮かない表情をしているのは、恥《は》ずかしがりやの心晴の性格が直接的な感情表現をためらわせているからだ」というお母さんの気持ち。

イ　「心晴は、これからヴァイオリンを始めることに不安を持っているに違いない。それを乗りこえて、今の時期だからできることをさせるためには、自分ができるだけ明るくふるまうことで、心晴を励《はげ》ますしかない」というお母さんの気持ち。

ウ　「何かと規制の多い環境を逆手にとって、子どもの可能性を広げることが保護者としての役割だ。心晴は、自分のそんな考えを十分に理解したはずだから、ヴァイオリンがめきめき上達していくに違いない」というお母さんの気持ち。

ン授業がなくなりそのぶん宿題が増えたけど、手紙が待っていると思えば、たやすいことだ。自分の部屋で計算問題をしていると、お母さんが

「心晴！　すごいよ！　見においで」

と大きな声を出した。

「どうしたの？」

リビングに行くと、テーブルの上に長細い箱が置かれている。

「何？」

「じゃーん。頼《たの》んでおいたの、今日届いたんだ。開けてみて」

お母さんの目はキラキラしている。よっぽどいいものが入っているのだろうか。

「じゃあ、開けるね」

Wゲームだといいな。友達のほとんどが持っているゲーム機を私は持っていない。でも、まさかな。お母さんはそういうの嫌《きら》いだし、それだと箱が大きすぎる。そう思いながら段ボール箱を開けると、さらにケースが入っていた。この形には見覚えがある。

「うん？　なんだろう」

ケースを開けると、そこにあったのはヴァイオリンだった。

「お母さんやるの？」

私が聞くと、

「そんなわけないでしょ」

とお母さんは笑った。

「心晴、学校始まっても音楽や体育がなくてつまらないって言ってたでしょう」

「言ってたけど……」

「先のことはわからないけど、Xやっぱり声出す音楽とか体動かす体育って、なかなか再開されない気がするんだよね。だから家でおもしろいことできないかなって」

「それでヴァイオリン？」

「いいと思わない？」

お母さんは私の目をのぞきこむ。Yいいのだろうか。ヴァイオリンっておもしろいのだろうか。やりたいだなんて一度も思ったことがなかったから、私にはよくわからなかった。好きな教科は音楽と体育だ。だけど、できなかった音楽がこれでできる。そういう喜びはちっとも湧《わ》いてこなかった。

「難しくないかな？」

私はそっとヴァイオリンに触《ふ》れた。どうやって音を出すのかもわからない。

「ヴァイオリンもネットで教えてもらえるんだよね」

「また？」

私の声はどうしても（　⑨　）と響《ひび》いた。Z週に二度の分散登校が始まって、学校のオンライン授業はなくなった。それなのに、体育も英語も私はまだネットで受けている。そこにヴァイオリンまで加わるのだろうか。

問七　傍線部②はどのような内容か。最も適当なものを、次から選んで記号で答えなさい。
ア　フィリッパが日本語の会話能力を回復させることができず残念だったということ。
イ　フィリッパに貢献する気もなく自分のことだけ考えていたことが愚《おろ》かだったということ。
ウ　自分の英語能力は低いということが分かり衝撃《しょうげき》を受けてしまったということ。
エ　自分の英語能力の低さが分かったのに無理に勉強を続けるべきではなかったということ。
問八　傍線部③の意味として最も適当なものを、次から選んで記号で答えなさい。
ア　助けを求めたら　　イ　落胆《たん》したら　　ウ　愚《ぐ》痴《ち》を言ったら　　エ　涙《なみだ》を流したら
問九　あなたがこれまでの経験の中で、失敗を積み重ねた結果できるようになったことはどんなことか。その過程において工夫《ふう》したことを含めて七十字以上、九十字以下で書きなさい。

二　傍線部のカタカナは漢字に、漢字はひらがなに直しなさい。
①ウサギをシイクする。　②コクルイを輸出する。　③神社にハイカンする。
④品物をテイキョウする。　⑤セイジツな態度。　⑥道路ヒョウシキ。
⑦ジュウライの方法。　⑧コガイで遊ぶ。　⑨道を下る。　⑩足るを知る。

三　主人公の「私」の名前は、心晴（こはる）。私立小学校に通う三年生の女の子です。舞《ぶ》台は二〇二〇年。新型コロナウイルス感染症《せんしょう》の影響《えいきょう》で、心晴の小学校では長くオンライン授業が続いていましたが、九月一日からようやく分散登校が始められます。この間、心晴は母のすすめで、体育と英語の塾《じゅく》にオンラインで参加していました。これを読んで、以下の問いに答えなさい。

九月一日。私はうれしくて朝五時に目が覚め、何度もランドセルの中を確認《にん》した。筆記具とタブレットくらいでたいした持ち物もないのにだ。電車やバスはなるべく避《さ》けてくださいと連絡《らく》があったから、お母さんに車で送ってもらって学校に向かった。
お母さんは何度も、
「消毒忘れないでね。マスクずれないように」
と、車の中で忠告をした。
分散登校だから、生徒は少ししかいなかったけど、Aそれでも校門や下駄《た》箱で一、二年生のころから知っている友達とも会えた。マスクをしているけど、笑っているのはわかる。お互《たが》い近づくこともしゃべることもできずに、そっと手を振《ふ》りあう。Bそれで十分うれしくなった。
学校の中は、教室前、トイレ前、黒板の前。あらゆるところにアルコール消毒液が置かれていた。教室はクーラーをかけているのに、窓は開放され、先生の前にはアクリル板が設置されていた。入り口に名前と席順が貼《は》り出されていて、そのとおりに座《すわ》る。前後左右誰《だれ》もおらず、教室が広く感じる。
「刑《けい》務所みたい。入ったことないけど」
二年の時も同じクラスだった男子がそう言って、数人が笑った。すると、先生は、「静かに」

一　筆者は非常勤研究員としてイギリスに滞《たい》在した経験があり、本文はそれをもとにして書かれている。次の文章を読んで、後の問いに答えなさい。

二〇二一（令和三）年度　南山中学校男子部　入学試験問題用紙　国語

（60分）

※解答はすべて解答用紙に書くこと。
※字数制限のある問題は句読点や「　」も一字として数える。

一　次の文章を読んで、あとの問いに答えなさい。

スマホを通じたコミュニケーションでは、ダンスによる同調のように、同時に行うこと、同時に感じることができません。スマホの動画の中で人が動いていたとしても、それは記録されたものであって生身の動きではありません。[A]それがライブであったとしても、録されたものは、逆に延々とリピートすることもできます。それは、自分だけの時間だからです。記録されたものは、逆に延々とリピートすることも自分の都合で止めることができます。それは、自分だけの時間だからです。

[B]、リアルな社会は現在進行形がずっと続いていて、振《ふ》り出しに戻《もど》ることができません。現実というのは、自分の時間であるとともに相手の時間でもあります。いつか終わります。

身体をつなぎ合わせるためのイベントとして祭りなどがあるものの、これは一過性のものです。イベント志向の強い現代ではスポーツの大会やコンサートが各地で開催《さい》されますが、そこでいっしょに騒《さわ》いでもそのつながりはその場限りです。共同体を継《けい》続させる大きな効果はもちません。その欠陥《かん》を埋《う》めるために、SNSがもてはやされているわけですが、それらは決して身体をつなぐ代替《たい》にはなっておらず、逆に疎《そ》外感をつくる結果となっています。

しかし、インターネットでつながることに慣れると、肌《はだ》で接している現実の世界の自分より、スマホの中にいる自分のほうが、リアリティをもつものになってしまう可能性があります。[C]、現実はなかなか自分の意図するようにはならないからです。思い通りにするには他者と交渉《しょう》しなくてはいけない。そこでは他者からプレッシャーをかけられて泣くこともあるでしょう。こんな厄介《やっかい》な現実世界より、自分の思い通りになるほうが、居心地がいい。スマホの世界は、面《おも》白くなければやめればいいし、振り出しに戻って繰《く》り返すことだってできます。①こういう世界に慣れると、どうしても現実よりスマホの世界にいたくなる。

人間は、適応能力の高い動物です。それでも大人はある程度完成されているので、身体や心を適応させるのが難しい面がありますが、若い人たちの適応能力は非常に高い。とりわけ子どもたちの適応能力の高さには[Ⅰ]を見張るものがあります。スマホでのやりとりにもすぐに適応してしまう。生まれたときからスマホが身近にある子どもたちは、自分が操作できるスマホの世界がリアルになり、スマホ以外の②現実が二の次になってしまう可能性がある。ここにこそぼくの不安があります。

本来、人間は「互《たが》いに違《ちが》う」ということを前提に、違うからこそお互いに協力し、異なる能力を合わせながら、一人一人の力ではなし得ないことを実現してきました。そのために、人間は③他者とのつながりを拡大するように進化してきたわけです。人間同士が尊重し合うことの前提にあるのは、相手を１００％理解することではなく、「相手のことはわからない」という認識です。わからないからこそ知りたいと思うわけで、極端《たん》なことをいえば、わかってしまったら、もう知る必要はありません。自分と同じようにできていて、自分と同じ心をもっていると思えば、何もその人と付き合う必要はなく、自分だけを拡張していけばいいからです。

しかし、ICTやAI（Artificial Intelligence ＝人工知能）は、個人を拡張する方向に進んでいて、異なるもの同士がつながり合って新しいことを生み出すことを目指していないように思います。インターネットは、「同じである」ことを前提として付き合うバーチャルな空間です。相手も自分も同じように行動することを前提につながっている。

生身の人間のふれ合いより、ネット上の世界に重きを置いていると、人間同士の付き合いが、[Ⅱ]ということがわからなくなります。スマホなど、非常に便利と思われるコミュニケーションツールによって本来違うはずの人間が[Ⅲ]する方向に誘《ゆう》導されている。これが、現代に闇《やみ》をもたらしている正体ではないでしょうか。

（山極寿一『スマホを捨てたい子どもたち』一部改変）

問一　空らんA～Cに当てはまる言葉を次の中から一つずつ選び記号で答えなさい。ただし、同じ記号は二度以上使わないこと。

ア　なぜなら　イ　あるいは　ウ　たとえ　エ　一方　オ　やはり

問二　空らんⅠに当てはまる、体の一部を表す言葉を漢字一字で答えなさい。

問三　空らんⅡに当てはまるものを次の中から一つ選び記号で答えなさい。

ア　「お互いに違う」ことを前提としている
イ　「同じもの同士である」ことを前提としている
ウ　「みんな平等である」ことを前提としている
エ　「お互いに助け合う」ことを前提としている

問四　空らんⅢに当てはまるものを次の中から一つ選び記号で答えなさい。

ア　相対化　イ　一元化　ウ　合理化　エ　均質化　オ　一体化

問五　――線部①「こういう世界」とはどのような世界ですか。次の文の空らんに合うように十字で抜《ぬ》き出して答えなさい。

［（十字）］世界。

問六　――線部②「現実が二の次になってしまう可能性がある」とあるが、そうなる理由として適当なものを次の中から一つ選び記号で答えなさい。

ア　現実の世界と違い、スマホの世界は、他者の情報は数値化されていて、人間関係を作ることが簡単にでき、友達作りに苦労しなくて済むから。
イ　現実の世界と違い、スマホの世界は、自分一人の世界であるため、本来の自分を出すことも、別人を装うことも思い通りにできて楽しいから。
ウ　現実の世界と違い、スマホの世界は、他者と交渉することなく、自分の都合でものごとを止めたり、やり直したりすることができて快適だから。
エ　現実の世界と違い、スマホの世界は、自分の都合で時間を管理でき、時間の使い方について他者と交渉する必要がないので、気が楽だから。

問七　――線部③「他者とのつながりを拡大」と反対の意味となる表現を五字で抜き出して答えなさい。

問八　本文には次の一文が抜けています。この文が入る場所の直後の五字を抜き出して答えなさい。

『そのため、「時間を共有している」という感覚は自分だけの都合で続けることはできません。』

問九　══線部「お互いに協力し、異なる能力を合わせながら、一人一人の力ではなし得ないことを実現してきました」とあるが、あなたが今までに経験《けん》したことで、══線部のような体験を、だれと、どのような力を合わせて、何を実現したかを、六十五字以上八十字以下で具体的に書きなさい。

二　――線部のカタカナは漢字に、漢字はひらがなに直しなさい。

①愛知県のキカン産業。　②エンライの訪問者。　③タザンの石。
④社会主義タイセイの国。　⑤トウカクを現す。　⑥イッシ相伝。
⑦ドウコウ異曲。　⑧みんなの意見をシュウヤクする。
⑨この鞄《かばん》は重宝する。　⑩厚《こう》意を無下にする。

三　次の文章を読んで、あとの問いに答えなさい。

小学校も卒業することができずに、小さいときから工場通いを続けてきた兄が、工場の帰りにカバンを買ってきてくれた。A社の＊給仕《きゅうじ》に出ている二番目の兄がそれへ名前を書いてくれる。

そうして明治何年かの四月一日、母は①いそいそした私の手を引いて小学校の門をくぐった。私は②きっと、次兄《じけい》の着古した＊紺《こん》がすりの縫《ぬ》い直したのを着、新しいごわごわの袴《はかま》と、新しいカバンと新しいぴかぴかする帽子《ぼうし》をかぶって、しかし、傍《はた》の者から見た私の姿は、袴にはかれ、帽子にかぶられ、カバンにさげられていたに違《ちが》いない。

父は体が弱かった。八、九年も同じ印刷所の③校正係をつとめていた。その間に、他の仲間たちは④どんどん好《い》い位置を占《し》め、社も発展して行った。しかし、父はいつもガラス戸のはまった寒い、暑い校正室の中で、赤い筆を持っていた。

私はよくそこへ、夜業のある時などにお弁当を届けに行った。蚊《か》をつぶした新聞紙のようになった、校正刷りがたくさんあって、印刷所特有の、鉛《なまり》や、紙や、インキの湿《しめ》ったにおいが、薄暗《うすぐら》くなった狭《せま》い部屋の内に漂《ただよ》っていた。

明り取りのすりガラスが鉛色に明るく、夕暮れのもつ蒼《あお》さに透《す》いて、やせた父の頭の上に四角くあった。

「とうさん、ほんのちょっとしか箸《はし》をつけなかったんだが、お前食べないか」

ある時父はそう言って、昼に弁当屋からとった弁当の残りを差し出したことがあった。平生《ぜい》私は、父をけちんぼだと思っていた。薄暗くなった部屋の中で父の視線と私の顔があったとき、私はそれをよけて不機嫌《ふきげん》に言った。

「食べない」

私は憂鬱《ゆううつ》になった。どうしてこんなことをする父だろう。私は横町の家へ帰ってからも、⑤つまらなかった。

家からその印刷所へ行くまでの十五分ばかりの道に、五日おきに縁日《えんにち》がたった。ちょうど、お弁当を持って行く日が縁日であったことがある。縁日には、近所の子供たちは申し合わせたように、二銭ずつもらうのが例であった。私も、昼間の小遣《こづか》いをもらわないかわりに二銭ずつもらった。その日はお弁当を持ってそこへくるまで、縁日を忘れていた。むろん、昼間の分はつかった私は、はっとした。母はもう一銭しかくれない。皆《みな》が二銭ずつ持っているのに、自分には一銭しかないということが、どんなに寂《さび》しいことであろう。

「父にねだってみよう」

道を歩きながら私は考えた。⑥それはかなり言いにくい、望みのないことだった。包みからお弁当を出してもじもじしていたが、思い切って言ってみた。父はがま口から二銭銅貨を出して、私の手の平へのせてくれた。あの大きな重い二銭銅貨を。そうしてその夜は＊大尽《だいじん》にでもなった気で縁日を歩きまわった。

父は小心な、曲がったことのできない（しかし道で拾《ひろ》ったぽっちりの金ならば、そっとしまっておくような）本当の小人であった。しかし、父はそれより仕方なかったのだ。父は咳《せき》が出た。それには長い間薬がいった。それに、私たちのような暮らしをしている者には、［　A　］。ことに父のような病弱な人にはその感じが強かったであろう。

「もし明日にでもどうかしたら…」

何事に対してもまず父の頭へはそうした言葉がひらめいたであろう。父は少しずつ、少しずつ、恥《は》ずかしいほど少しずつ貯蓄《ちょちく》をした。

頬《ほお》のこけた、ひげをはやした顔、そうして自分で染め直した＊外套《がいとう》を着て、そろそろ、そろそろ、下駄《げた》を引きずるようにして歩いてくる父の影《かげ》が、私の心へ蘇《よみがえ》る。それはもうかなり病が重くなってからの姿だ。父はいよいよ動けないという日まで勤めた。

虎《とら》ちゃんという、いつも頓狂《とんきょう》なことを言って笑わせる私の友達の八百屋《やおや》の子は、私たちの仲間の前で突然《とつぜん》こんなことを言ったことがある。

「たっちゃんとこのお父つぁん偉《えら》いんだってさ！」

「なぜ？」

仲間たちの顔と顔を見比べる虎ちゃんのいたずらな顔を、私は薄気味《うすきみ》悪《わる》く、そして間が悪げに見つめる。

「だってひげをはやしているんだもん！」

そう言って虎ちゃんは、げらげらと高笑いをする。

「ちえっ！ひげをはやしているもんはどうして偉いの、ええ虎ちゃん」

私は激しい恥辱《ちじょく》を感じて突《つ》っかかって行く。すると他の仲間が、とぼけたことを言う。

「あたいひげをはやした電車の運転手見たことがあるよ」

そういう私たちの、子供らしい皮肉のまじった会話は、私の父が大儀《たいぎ》そうに社から帰ってきて、私たちや仲間の傍《かたわ》らを通って行った後の、夕暮れの中で交《か》わされたような気がする…。

その明治何年かの四月一日の夜、私たち一家はお膳《ぜん》を取り囲んでいた。話題は私の初登校のことであったろう。父は時々酒を飲んだ。その夜も一本の酒が父を上機嫌《じょうきげん》にしていた。父は酔《よ》うとよけい切り口上になった。私は私が一家の内で大変幸福者《しあわせもの》であること、従って一生懸命《いっしょうけんめい》に勉強しなければならないこと、皆の恩を忘れてはいけないことなどを、説き聞かされて⑦涙《なみだ》ぐみながらご飯を食べた。私たちの前にはひっそりしたおかずがある。こうした父の説教は一度や二度のことではなかった。私はそれが大嫌《だいきら》いであった。自分だけがうんと重荷を負わされているような気がしてたまらなく憂鬱になった。

母は、一同の食事の終わる頃《ころ》に、私が明日から学校へ着ていく普段着《ふだんぎ》が、あまりに汚《よご》れていることを思い出した。そして、次兄の古いかすりがあるが、あれではあまりひどいと思うと付け加えた。母はそれを縫い直してくれようかと言うのだ。［B］しかし父は受け合った。「子供の着るものなんか、さっぱりしていさいすれば何でも好いんだ。明日少し早く帰ってきて俺《おれ》が釜《かま》で染めてやる。」父には、自分のやけた外套を染め直した経験があった。

狭い台所は、釜から登る湯気で白かった。たすきをかけた父が、湯気の中で動いている。引窓を見上げると星がもう光っている。

釜の下では薪《まき》がぼうぼう燃えている。釜の中には黒い布と黒い湯とが煮《に》えたぎっている。父の手首も黒い。そうして、ひげが湯気であろうか水鼻《ばな》汁であろうか、ぬれて光っている。父は一生懸命になると、よく鼻汁《はなみず》がひげを伝った。

さて、翌日のことだ。きれい好きの母が、あれほどよく洗った釜で炊《た》いた、そのご飯はうす黒かった。うす黒いご飯から、もうもうと湯気が上がった。

「［C］のご飯のかわりだね。」

誰《だれ》かがそんなことを言う。染められた紺がすりは、まだ乾《かわ》ききらずに竿《さお》にかかっていた。幾日《いくにち》かの後、私はその染め直した妙《みょう》な紺がすりを着て、一年生の仲間に入っていたことであろう。

私も、「⑧前途《ぜんと》有望な少年」であったのだ。

（永井龍男《ながいたつお》『黒い御飯』一部改変）

＊給仕　…　会社などで雑用の仕事をすること。
紺がすり…　紺がすり模様の着物。当時の人々の普段着として用いられた。
大尽　…　大金持ち。
外套　…　コート。

問一　――線部①「いそいそした」の意味として適当なものを次の中から一つ選び記号で答えなさい。

ア　心がはずむ様子　　イ　あわただしい様子
ウ　どきどきする様子　　エ　気の進まない様子
オ　落ち着いた様子

問二　――線部②「きっと」はどの言葉にかかっていきますか。適当なものを次の中から一つ選び記号で答えなさい。

ア　次兄の　イ　着古した　ウ　ごわごわの　エ　ぴかぴかする　オ　違いない

問三　――線部③「校正係」とはどのような仕事ですか。適当なものを次の中から一つ選び記号で答えなさい。

ア　犯罪を犯《おか》した人々を教育し直す仕事
イ　不要なものをもう一度使えるようにする仕事
ウ　職場の環境《かんきょう》をよくする仕事
エ　文章の誤りなどをなおす仕事
オ　職場の資料などを整理する仕事

問四　――線部④「どんどん好い位置を占め」と同じ意味を表す言葉を以下の漢字を組み合わせ熟語で答えなさい。

上　世　登　進　出　発

問五　――線部⑤「つまらなかった」理由として適当なものを次の中から一つ選び記号で答えなさい。

ア　弁当を残しておいてくれた父の優《やさ》しさを無にしてしまったことを後悔《こうかい》したから。
イ　残り物の弁当を捨てずにとっておく父が情けなかったから。
ウ　父の好意を素直《すなお》に喜べない自分に腹が立ったから。
エ　父に弁当を届けても何も見返りを得ることができなかったから。
オ　また父のところに弁当を持って行くことが嫌《いや》だったから。

問六　――線部⑥「それはかなり言いにくい、望みのないことだった」の理由が書かれた一文を抜き出し最初の五字を答えなさい。

問七　空らんAに当てはまる言葉を次の中から一つ選び記号で答えなさい。

ア　不幸な未来しか待ってはいないのだ　イ　豊かな暮らしはまるで望めないのだ
ウ　明日の保証がちっともないのだ　エ　お金がすべてなのだ
オ　使い切れないほどの貯金が必要なのだ

問八　――線部⑦「涙ぐみながら」について、私が涙を流した理由として適当なものを次の中から一つ選び記号で答えなさい。

ア　貧乏《びんぼう》な境遇《きょうぐう》に生まれ育った自分のことを恨《うら》めしく思ったから。
イ　病気と闘《たたか》いながら家族の生活を一人で支える父をかわいそうに思ったから。
ウ　小さな時から工場や会社に勤め続けている兄たちに感謝したから。
エ　自分のために生活を切りつめている家族に対して申し訳なく思ったから。
オ　酒に酔った時しか大きな態度を取ることができない父を情けなく思ったから。

問九　空らんBには以下のア～オが入るが、これを正しい順番に直しなさい。

ア　それは大分色が落ちていた。
イ　母は危《あや》ぶんだ。
ウ　父はそれを染めてやると言う。
エ　父はその紺がすりを見た。
オ　紺がすりを丸染めにしては、変なものになってしまうからだ。

問十　空らんCに当てはまる色を表す漢字一字を本文中から抜き出しなさい。

問十一　――線部⑧「前途有望な少年」について、あなたは自分のどのようなところを「前途有望」だと考えますか。「前途有望」の言葉の意味を解答の中に入れて六十五字以上八十字以下で書きなさい。

2021年度（令和3年度）南山中学校男子部　入学試験　問題用紙

算　　数

答えは解答用紙に書きなさい。

分数で答えるときは、約分して答えなさい。

必要であれば、円周率は3.14としなさい。

(60分)

1　次の問いに答えなさい。

（1）　次の計算をしなさい。

$$2\frac{1}{4} \div \left\{\left(\frac{1}{2}+0.2\right) \div \left(\frac{1}{3}+\frac{1}{4}\right)\right\} = \square$$

（2）　次の□に当てはまる数字を答えなさい。

$$\left(1.2-\square\right) \div \left(\frac{1}{2}-\frac{1}{6}\right)+\frac{5}{2}=2.8$$

（3）　□には同じ0以上の整数が入ります。これを答えなさい。

$$\left(10\times\square+7\right)\times\left(10\times\square+3\right)=2021$$

（4）　下の図は半円と直角三角形を組み合わせたものです。ⓐの角度を求めなさい。

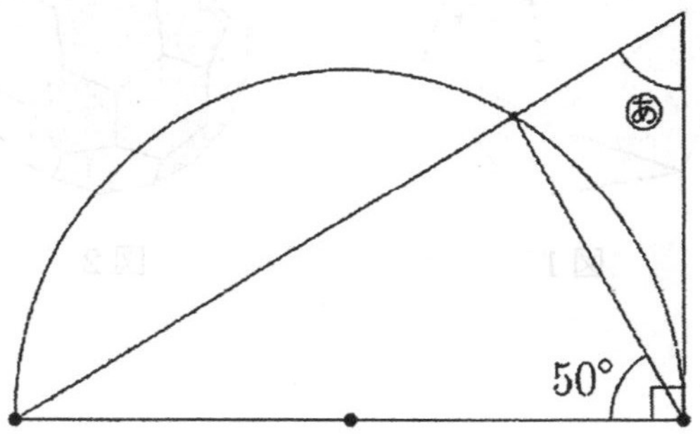

（5）　4×4のマス目に、4個の黒石を、以下のルールにしたがって置きます。

（A）　どの縦の列にも、黒石を2個以上置くことはできない。

（B）　どの横の列にも、黒石を2個以上置くことはできない。

例えば、図1のように置くことはできますが、図2のように置くことはできません。

このような黒石の置き方は何通りありますか。

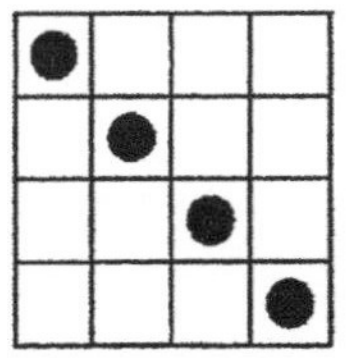

図1

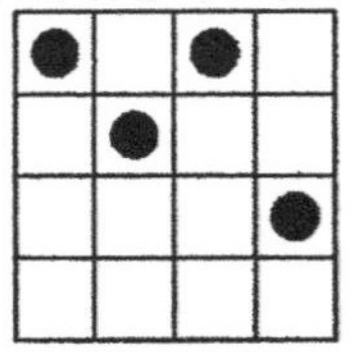

図2

（6）　あるお店では、100円の商品と2円と5円のレジ袋《ふくろ》を売っています。開店してから1時間の間に、レジ袋は合計33枚売れ、商品の売り上げと合わせた金額は7587円でした。2円のレジ袋は何枚売れましたか。

（7）　右の図形は、辺ADと辺BCが平行な台形です。辺の長さの比はAD : BC＝2 : 3、DE : EC＝2 : 1です。台形ABCDと三角形ABEの面積の比を最も簡単な整数の比で答えなさい。

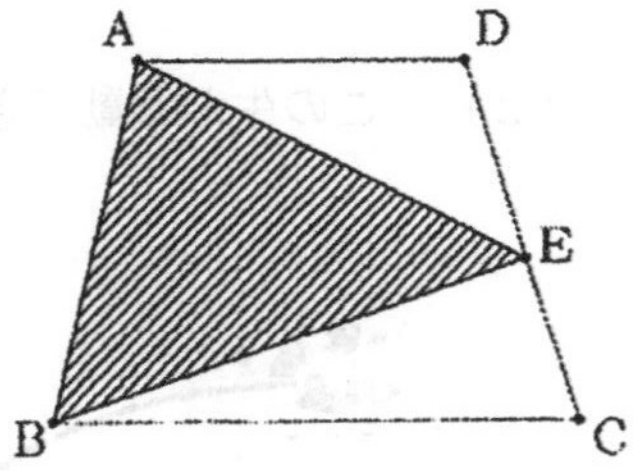

（8）　右図のように1辺が1cmの正方形を3つつなげた図形を、直線Xを軸《じく》に一回転させてできる立体の体積を求めなさい。

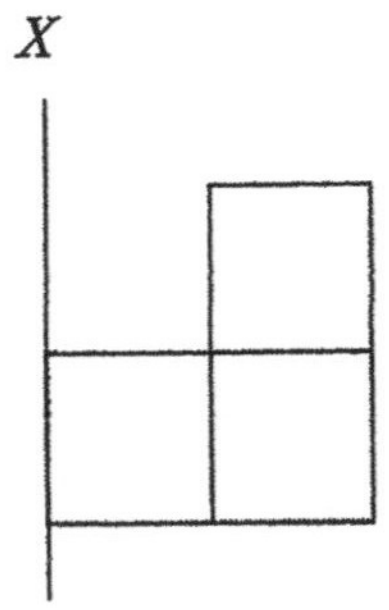

2 外周が 4km の池の周りを、ハルト君とミホさんが同じ方向に一定の速さで歩きます。ミホさんは 9 時にスタート地点を出発し、ハルト君は 9 時 6 分に同じスタート地点を出発しました。ハルト君が初めてミホさんに追いついたのは 9 時 15 分でした。その後、そのまま歩き続け、ハルト君が 2 回目にミホさんに追いついたのは 10 時 55 分でした。

（1） ハルト君はミホさんより分速何m速く歩くか求めなさい。

（2） ハルト君の速さは分速何mか求めなさい。

3 縦 4m、横 6m の長方形の小屋があり、その角の 1 つに、図のように 8m の鎖《くさり》でつながれた牛がいます。

（1） この牛が移動できる範囲《はんい》を、解答欄《らん》に作図して、斜《しゃ》線で示しなさい。ただし、牛の大きさは考えないものとし、牛は小屋の中には入れません。

（2） この牛が移動できる範囲の面積を求めなさい。

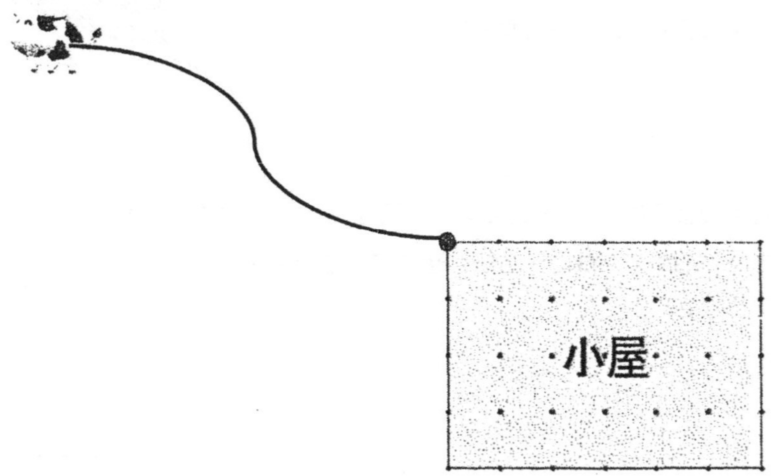

4 立体の中には、すべての面が合同な正多角形でできたものがあり、これを正多面体といいます。これは次のような 5 種類しか存在しません。このうち正二十面体について、次の問いに答えなさい。

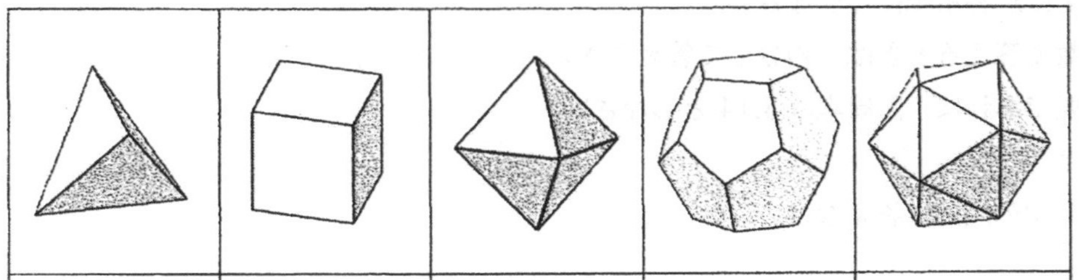

正四面体	正六面体	正八面体	正十二面体	正二十面体

（1） 正二十面体の辺の数は 30 本です。ユウト君は正二十面体の辺の数を、次のように求めました。

$$20 \times 3 \div 2 = 30$$

この式で辺の数が求まる理由を、それぞれの数字の意味を明らかにしながら説明しなさい。

（2） 正二十面体の各辺を三等分するところに点を取り、図 1 のように頂点を切り落とします。すべての頂点を同じように切り落とすと、図 2 のような、正五角形が 12 面、正六角形が 20 面の、サッカーボールのような立体ができます。この図形の辺の数を答えなさい。

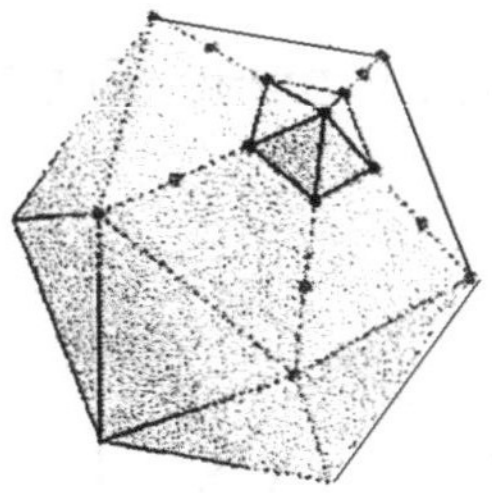
図 1

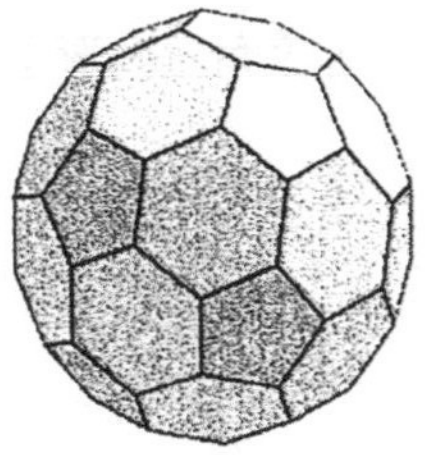
図 2

5　ケイタ君は、学校からまっすぐ240mのところに住んでいます。その道には、60mごとに交差点A、B、Cがあり、各交差点には信号があります。毎日朝8時ちょうどに、この3つの信号は同時に青信号になることに気づいたケイタ君は、3つの信号が青信号となる時間の間隔《かく》を調べてみました。

A交差点では、青信号が45秒続き、青信号でない時間が30秒続く。これをくり返す。 B交差点では、青信号が60秒続き、青信号でない時間が90秒続く。これをくり返す。 C交差点では、青信号が30秒続き、青信号でない時間が60秒続く。これをくり返す。

これをまとめると、図のようになりました。水平に黒い線が引いてある部分は、青信号でない時間を表しています。

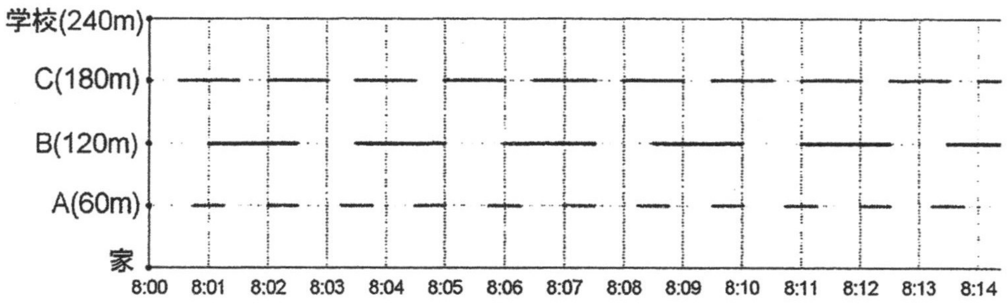

・青信号でない時間は、その交差点を渡《わた》ることができません。
・交差点にたどり着いたとき、ちょうど青信号でなくなったときは、次の青信号になるまで、その場で待ちます。例えば上の図で、8時6分0秒に交差点Bにたどりついたときは、ちょうど青信号でなくなるので、8時7分30秒までその場で待つ必要があります。

ケイタ君は学校まで分速60mで歩きます。以下の問いに答えなさい。ただし、例えば「8時6分ちょうど」と答えたい場合は、「8時6分0秒」と書きなさい。

（1）　8時に家を出発したときのケイタ君の動きを、解答用紙の図に書き込みなさい。

（2）　ケイタ君がある時刻に家を出ると、交差点で待つことなく、学校に到《とう》着しました。ケイタ君が家を出発したと考えられる時刻のうち、8時以降で最も早い時刻を答えなさい。

（3）　学校は8時20分に始まります。ケイタ君はある時刻より早く家を出発しないと、8時20分に間に合いません。この時刻を答えなさい。

6　ある病院から以下の報告を受けました。これをもとに以下の問いに答えなさい。

・ある日、N検査を受けた人数は1000人だった。 ・この日、Aウイルスに感染している人のうち、N検査で「陽性」だと伝えられた人の割合は90%だった。つまり、残りの10%は、Aウイルスに感染しているにも関わらず、「陰《いん》性」だと伝えられた。 ・この日、Aウイルスに感染していない人のうち、N検査で「陰性」だと伝えられた人の割合は80%だった。つまり、残りの20%は、Aウイルスに感染していないにも関わらず、「陽性」だと伝えられた。

※1　N検査は、Aウイルスに感染しているかどうかを調べるものですが、必ずしも正しく判定できるものではありません。
※2「陽性」とは、検査でウイルスに感染しているという反応が出ることです。
※3「陰性」とは、検査でウイルスに感染していないという反応が出ることです。

（1）　この日、N検査を受けた1000人の中で、実際にAウイルスに感染している人は10人だったといいます。なお、この10人はN検査で「陽性」だと伝えられた人の数ではありません。

（ア）　N検査で「陽性」だと伝えられた人は何人いましたか。

（イ）　N検査で「陰性」だと伝えられた人のうち、本当はAウイルスに感染している人の割合は何%ですか。%で表したものを、小数第3位を四捨五入して答えなさい。

（2）　別の日にN検査を1000人に対して行ったところ、「陽性」だと伝えられた人は305人、「陰性」だと伝えられた人は695人でした。この日のN検査を受けた1000人のうち、Aウイルスに感染しているのは何人だと考えられますか。N検査の判定の正確さは上の報告と同じものとして求めなさい。

２０２１年度　南山中学校男子部　入学試験

理　科

(50分)

● 試験開始の合図があるまで，問題冊子は開かないでください。

２０２１年度　南山中学校男子部　入学試験
理　科

1　長さ100cmの棒があり，棒の左はしから40cmのところに支点を置き，左はしに30gのおもりＡをつりさげました。棒の重さとおもりをつり下げる糸は無視できるものとして，以下の問いに答えなさい。答えが割り切れない場合は，小数第二位を四捨五入して小数第一位まで求めなさい。

(1)　右はしにおもりＢをつりさげたら，棒は水平になりました。おもりＢは何 g ですか。

(2)　支点の位置を変えずにおもりＡとおもりＢの位置をそれぞれ 5cm ずつ支点に近づけました。棒はどうなりますか。次のア～ウのうちから最も正しいものを一つ選び，記号で答えなさい。

ア　棒は水平になる
イ　棒は時計回りに回転しようとする
ウ　棒は反時計回りに回転しようとする

(3)　次の支点の位置とおもりＡとおもりＢの位置の組み合わせの中から，棒が水平になる組み合わせを２つ選び，記号で答えなさい。ただし，支点の位置とおもりＡの位置は棒の左はしからの長さ，おもりＢの位置は棒の右はしからの長さで記してある。

	支点の位置	おもりＡの位置	おもりＢの位置
ア	40cm	30cm	30cm
イ	40cm	20cm	30cm
ウ	40cm	30cm	20cm
エ	50cm	30cm	30cm
オ	50cm	20cm	30cm
カ	50cm	30cm	20cm
キ	60cm	30cm	30cm
ク	60cm	20cm	30cm
ケ	60cm	30cm	20cm

7　隼人池《はやといけ》の水の中にいる微生物《びせいぶつ》をみるために，顕微鏡《けんびきょう》で観察を行いました。次の各問いに答えなさい。

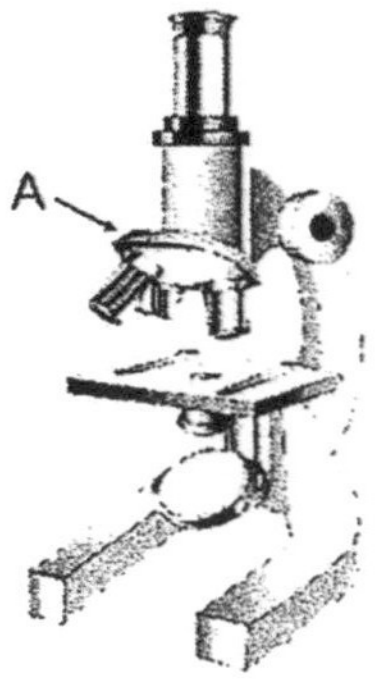

(1) 顕微鏡についてあやまっているものをすべて選びなさい。

ア　右図のＡは調節ねじとよばれる。
イ　スライドガラスを置いたあと，接眼レンズからのぞいて，スライドガラスを対物レンズに近づけていく。
ウ　ちょくしゃ日光のあたる場所では使ってはいけない。
エ　１０倍の対物レンズと４倍の接眼レンズを用いると，顕微鏡の倍率は４０倍になる。

(2)　隼人池の水の中の様子を顕微鏡で観察したところ右図のような微生物が観察されました。この微生物の名前を答えなさい。

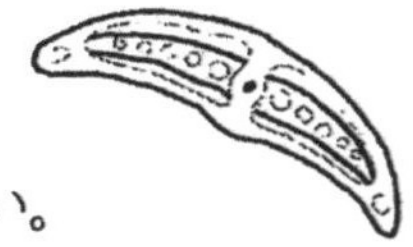

(3)　(2)の微生物は動物ですか。植物ですか。どちらであるか答えなさい。

(4) 地球上には微生物のように目に見えにくいもの，見えないものがあります。次のア～エを，大きいものから順番に記号で答えなさい。

ア　インフルエンザウイルス　　イ　米つぶ
ウ　ヒトの受精卵　　エ　ミジンコ

(5)　新型コロナウイルス感染症《かんせんしょう》のウイルス名は何ですか。最も適切なものを，次のア～エの中から選び、記号で答えなさい。

ア　MARS-CoV　　イ　MARS-CoV-2　　ウ　SARS-CoV　　エ　SARS-CoV-2

6　いとうくんは文化祭のもぎ店で焼きそばをつくることになりました。せっかくなので見た目を派手にしたいと思い，紫《むらさき》キャベツを使ってみたところ，焼きそばのめんが青色に変化してしまったことにおどろきました。なぜこのようなことが起きたのかを確かめるため，紫キャベツでいろいろな実験を行いました。以下の手順を読み，各問いに答えなさい。

手順１：紫キャベツを切り，お湯でじっくり煮込んで紫色の煮汁《にじる》のみを取り出した。

手順２：紫色の煮汁を試験管に２ mL ずつとり分けた。

手順３：煮汁が入った試験管にうすい塩酸をスポイトで５てき加えると赤色に変化した。

手順４：煮汁が入った試験管にうすいアンモニア水をスポイトで５てき加えると青色に変化した。

(1)　うすい塩酸は酸性，中性，アルカリ性のどれですか。

(2)　煮汁が入った試験管に重そうの水よう液をスポイトで５てき加えると何色になりますか。ただし，紫色のままの場合も「紫色」と答えなさい。

(3)　煮汁が入った試験管にレモン汁をスポイトで５てき加えると何色になりますか。ただし，紫色のままの場合も「紫色」と答えなさい。

(4)　下線のようになったのは，焼きそばのめんに「かん水」という食品てん加物があるからである。この「かん水」は酸性，中性，アルカリ性のどれですか。

(5)　下線の変化の後，さらに大量の食酢《す》を用いて焼きそばを味付けした場合，焼きそばのめんは何色になりますか。

次に図のように支点の位置を棒の左はしから 40cm のまま変えずに，棒に線と線の間と線と棒のはしとの間の長さが均等になるように 10 本の線を引き，一番左の線から順に①，②，…，⑩と印をつけました。

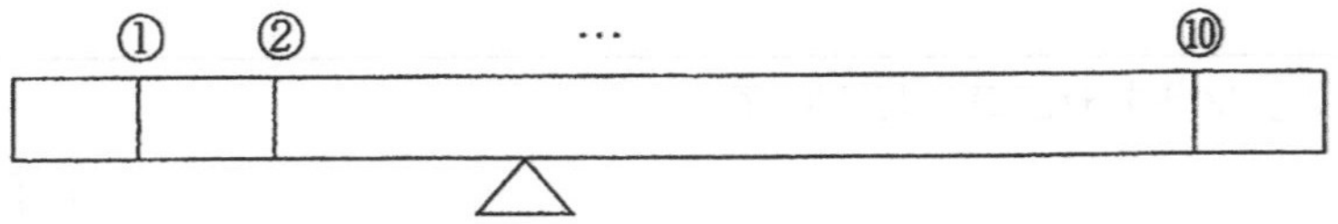

(4)　②の印は棒の左はしから何 cm の位置にあるか答えなさい。

(5)　棒の②におもりＡをつりさげたとき，おもりＢをどこにつりさげると棒は水平になりますか。次のア～オの中から最も正しいものを選び，記号で答えなさい。

ア　⑥　　イ　⑥と⑦のあいだ　　ウ　⑦

エ　⑦と⑧のあいだ　　オ　⑧

2 南山中学校の世界の授業で様々な地域について学んだ時に，さいとうくんは，グランドキャニオンに，まつもとくんは死海について興味を持ち，それぞれの場所について以下のようにまとめました。

グランドキャニオンについて

1年A組２０番　さいとう

グランドキャニオンはアメリカにある観光地で，コロラド高原が長年のコロラド川の[　あ　]作用によってできた大きな渓谷《けいこく》で国立公園に指定されています。グランドキャニオンの景色は圧巻で，なんと約１７億年前から約２億５千万年前にたい積した地層を肉眼で見ることができます。１７億年前というと地球の歴史は４６億年というので，その半分近くの歴史を地層で見ることができるため，とても貴重です。日本では同じように約１７億年前の地層を見ることができませんが，関東地方の地層では約７７万年前から約１３万年前の間，地球のＮ極とＳ極が最後に逆転したことを証明する地層があるそうです。人類が誕生する前のことが地層からわかるなんてすごいと思いました。

死海について

1年B組３８番　まつもと

死海は，イスラエルとヨルダンの国境にある約６００㎢の細長い湖です。ぼくは海という名前なのに，湖だと知り，おどろきました。死海という名前の理由は，死海の塩分濃度が約３０％と普通の海水の約１０倍の濃度で，ほとんどの生物が生息することができないからです。なぜ，塩分濃度が高くなったかというと，死海からは流れ出る川がなく，また一年間の降水量が少なく気温が比較的《ひかくてき》高いことが原因で，湖の水が[　い　]する量が多くなり，塩分濃度が高くなりました。塩分濃度が高いため，一般的な湖や海よりも死海では浮力《ふりょく》というものが大きくはたらくため死海ではなんと人が浮き輪をせずに浮かぶことができます。

(1)　[　あ　]・[　い　]に適当な言葉をひらがなで答えなさい。

(2)　コロラド川のように河川《かせん》は地表を変化させることができます。河川以外でも風や海のように地表を変化させるものがあります。その中で，高緯度《こういど》地方に存在し，近年地球温暖化のえいきょうで減少しているもので，地表を[　あ　]作用で変化させ，U字谷を形成するものは何ですか。漢字二文字で答えなさい。

K 教英出版

(1)　下線①に関して，発芽の三つの条件を答えなさい。

(2)　下線②にある「ある養分」とは何ですか。

(3)　下線③にある「ある養分」を確認するために（　あ　）を用いることが適切である。その際，色が（　い　）色に変化します。（　あ　）・（　い　）にそれぞれ適当なことばを答えなさい。

(4)　下線④にある青木くんの実験の結果，植物が最も成長したものは，(A)～(D)のどれですか。記号で答えなさい。

(5)　下線④の実験の結果，植物の成長がしっかりとみられるケース内では「ある気体」の割合が減少していた。「ある気体」が何かを答えなさい。

(6)　(B)のケースでは(5)の「ある気体」の割合はどう変化しましたか。最も適切なものを，次のア～ウの中から選びなさい。

ア　増加した　　イ　変わらない　　ウ　減少した

(7)　(5)の「ある気体」を植物から下線②の「ある養分」をつくることを何とよびますか。漢字三文字で答えなさい。

5 青木くんは「インゲンマメ」という植物を種子から発芽させ，成長させようとしています。次の文章を読み，以下の問いに答えなさい。

青木くんは，インゲンマメの種子をお父さんからもらいました。大切に育てようと本で調べ，①発芽の三つの条件があることを知りました。また，発芽の条件とは別に種子内の②「ある養分」が発芽するために必要であるとも書かれており，興味をもちました。水にひたしておいたインゲンマメの種子を切り，③「ある養分」の確認をしてみました。

数日がたち，青木くんは上手にインゲンマメを発芽させることができました。しかし，お父さんから「発芽の三つの条件と同じ条件だけでは上手に成長しないよ」と言われ，何が必要かを考えるため図６のような④実験を行いました。

まず，はち植えに肥料《ひりょう》を加えた土をいれ，同じ時期に発芽したインゲンマメを４つ植えました。このインゲンマメらに以下の図６のようにケースをおおいかぶせ，日光のあたる場所で三か月間様子をみました。(A)はとうめいなガラスケースで植物をおおいかぶせ，水を定期的にあたえました。(B)は黒いケースでおおいかぶせ，同様に水を定期的にあたえました。また，(C)はとうめいなガラスケースでおおいかぶせ，水をあたえませんでした。(D)は黒いケースでおおいかぶせ，同様に水をあたえませんでした。

図６

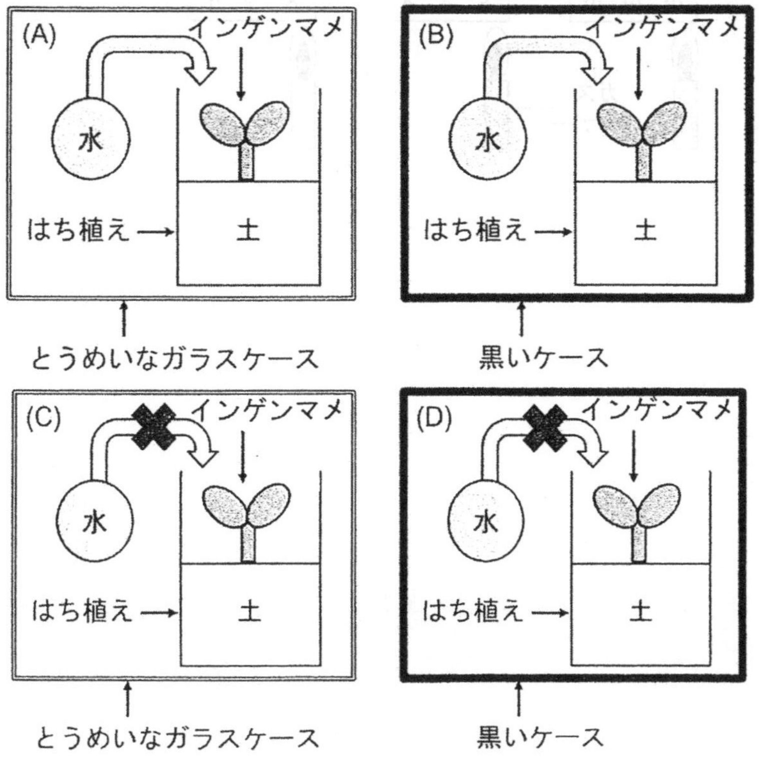

(3) 地層は河川が海に入る時に川の流れの速さがおそくなることで，河川の水によって運ばれてきた「れき」や「砂」や「ねん土」などが海底に積み重なってできたものです。下の図１はある川の河口を上から見た図です。ａ，ｂには「れき」，「砂」，「ねん土」のうちそれぞれおもに何が積もりますか。正しい組合せを，次のア～カの中から選び，記号で答えなさい。

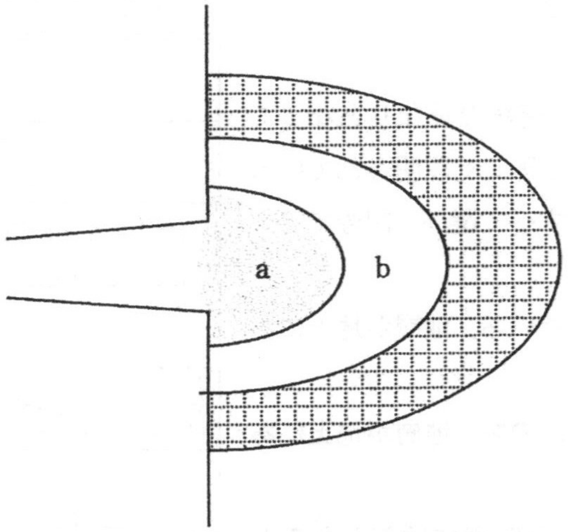

図1

	a	b
ア	れき	砂
イ	れき	ねん土
ウ	砂	れき
エ	砂	ねん土
オ	ねん土	れき
カ	ねん土	すな

(4)　さいとうくんはグランドキャニオンの地層の重なりをインターネットで調べて図２に示すようにまとめたところ，層①はきょうりゅうが生きていた時代のものであることがわかりました。層①～⑩の中で最も新しい地層と考えられるのはどれですか。①～⑩の中から選び，記号で答えなさい。

(5)　図２の層⑩と層⑪の間は不連続な重なりとなっていました。層⑩と層⑪に関して正しく説明されているものを，次のア～オの中からすべて選び，記号で答えなさい。

ア　層⑩が海中でたい積したのち，地層が地上にあらわれた。

イ　層⑪が海中でたい積したのち，地層が地上にあらわれた。

ウ　層⑩と層⑪がたい積した時期には差があると考えられる。

エ　層⑩がたい積したのちすぐに層⑪がたい積したと考えられる。

オ　層⑪がたい積したのちすぐに層⑩がたい積したと考えられる。

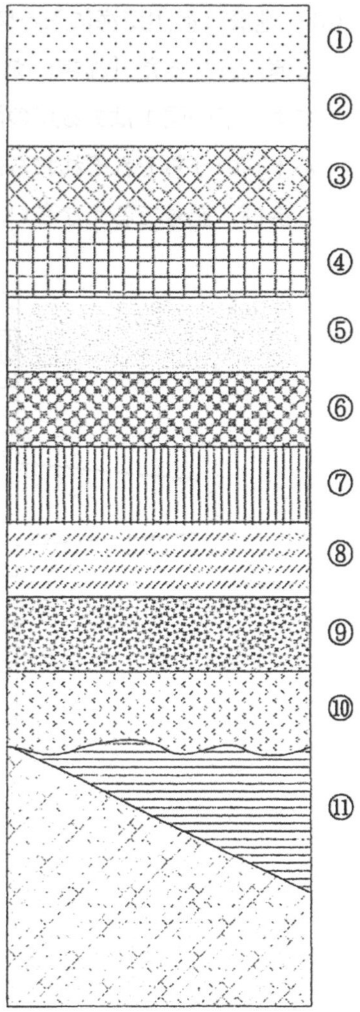

図2

(6)　下線の発見から，地球の歴史の中で約７７万年前から約１３万年前の間を（　う　）期とよぶことになりました。（　う　）をカタカナで答えなさい。

(7)　さいとうくんは地球の歴史を感覚的にとらえるために，１億年を 10cm におきかえて考えてみました。ヒトが誕生して約１万年と言われています。地球が誕生してからの時間と，ヒトが誕生してからの時間を正しくおきかえているものの組合せを，次のア～クの中から選び，記号で答えなさい。

(4)　(3)の結果となる大きな要因は何ですか。最も適切なものを，次のア～ウの中から選び，記号で答えなさい。

ア　物質の重さ　イ　物質の温まりやすさ　ウ　物質をつくる小さなつぶの動き

(5)　(3)において，少しの間温め，ガスバーナーの火を消した後，それぞれの部分の温度を確認しました。鉄，水，空気の温度の様子としてそれぞれ最も適切なものを，次のア～カの中からそれぞれ１つずつ選び，記号で答えなさい。ただし以下の「大」「中」「小」は温度の大きさを表すものとします。

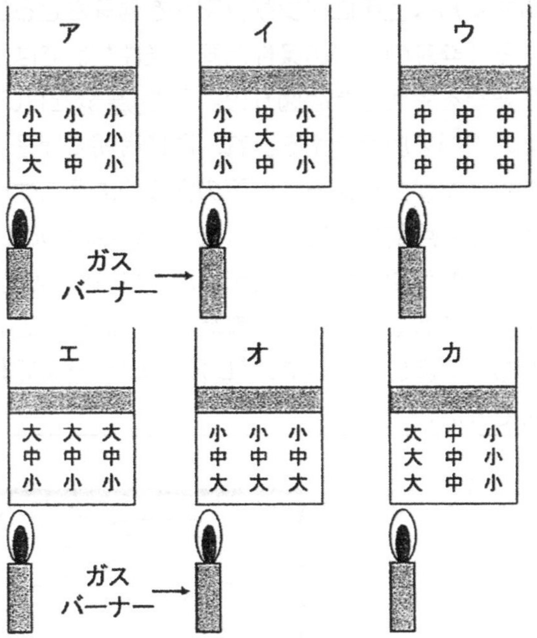

4 図3で示す通り容器に同じ体積の鉄，水，空気を入れ，すきまの無いよう，動くことでできるフタをしました。以下の問いに答えなさい。ただし，フタは重さがなく，力が加わったり温度が変わったりしても体積が変わらないものとします。

図3

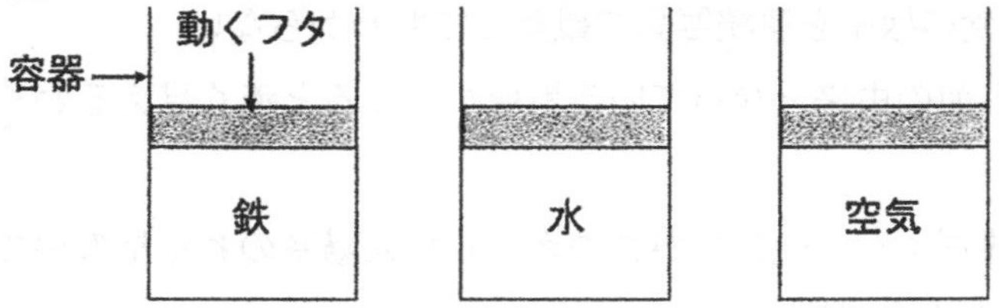

(1) 図4で示すように図3の動くフタに棒を取り付け，その棒をもって鉄，水，空気をおしこもうと力を加えました。それぞれの結果として最も適切なものを，次のア～ウの中から1つずつ選び，記号で答えなさい。

図4

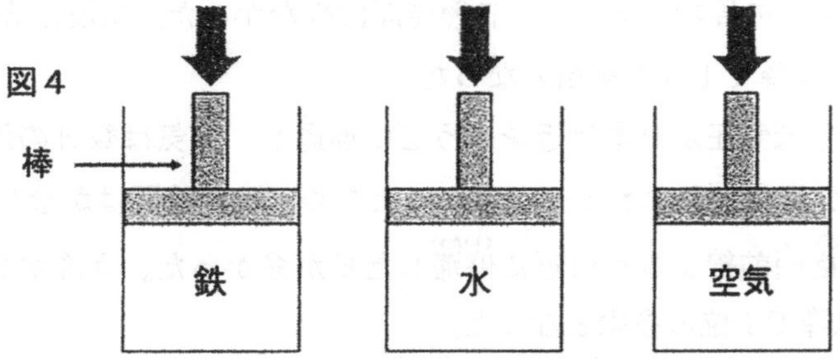

ア 体積が小さくなる　イ 体積が大きくなる　ウ 変化しない

(2) (1)の結果となる大きな要因は何ですか。最も適切なものを，次のア～ウの中から選び，記号で答えなさい。

ア 物質の重さ　イ 物質のかたさ　ウ 物質をつくる小さなつぶの動き

(3) 図5で示すように，図3にガスバーナーを用いて鉄，水，空気を60℃まで温めました。それぞれの結果として最も適切なものを，次のア～ウの中から1つずつ選び，記号で答えなさい。

図5

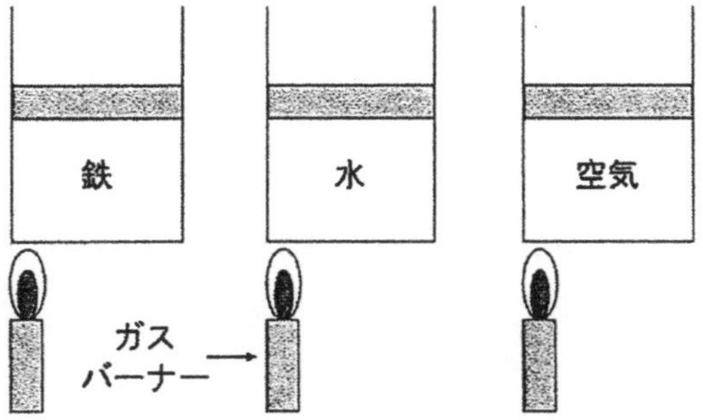

ア 体積が小さくなる　イ 体積が大きくなる　ウ 変化しない

	地球が誕生してからの時間	ヒトが誕生してからの時間
ア	46cm	1cm
イ	46cm	1mm
ウ	46cm	0.1mm
エ	46cm	0.01mm
オ	4m60cm	1cm
カ	4m60cm	1mm
キ	4m60cm	0.1mm
ク	4m60cm	0.01mm

(8) まつもとくんは，死海の様子を再現するために，水そうに水5kgを入れて，30％の食塩水をつくりました。加えなければいけない食塩は何gですか。答えが割り切れない場合は，小数第二位を四捨五入して小数第一位まで求めなさい。

(9) (8)でつくった食塩水の水そうをA，15％の食塩水を入れた水そうをB，水5kgだけを入れた水そうをCとします。まつもとくんは，3つの水そうに1円玉とさまざまな重さと大きさに切った野菜を入れる実験をし，その結果を表にまとめました。

	重さ	大きさ	ういた水そう
1円玉	1.3g	0.5cm^3	すべてしずんだ
野菜①	6.8g	10cm^3	A・B・C
野菜①	13.6g	20cm^3	A・B・C
野菜①	20.4g	30cm^3	A・B・C
野菜②	21.0g	20cm^3	A・B
野菜③	25.0g	20cm^3	A

次の野菜④とドライアイスとある金属をA～Cの水そうに入れると，どうなりますか。この実験結果からわかるものとして誤っているものを，次のア～エの中から選び，記号で答えなさい。

野菜④	重さ：10.2g	大きさ：10cm^3
ドライアイス	重さ：7.8g	大きさ：5cm^3
金属	重さ：28.5g	大きさ：16cm^3

ア 野菜④はBにうく
イ 野菜④はAにはうくが，Bにうくかどうかはわからない
ウ ドライアイスはAにうくかどうかはわからないが，B・Cにはしずむ
エ 金属はすべての水そうでしずむ

3 右の図は，2020 年のある日に山下くんが長野県の阿智村《あちむら》で午後９時ころに南の空で観察した星座を示しています。この星座には赤くぼんやりとかがやく星がありました。

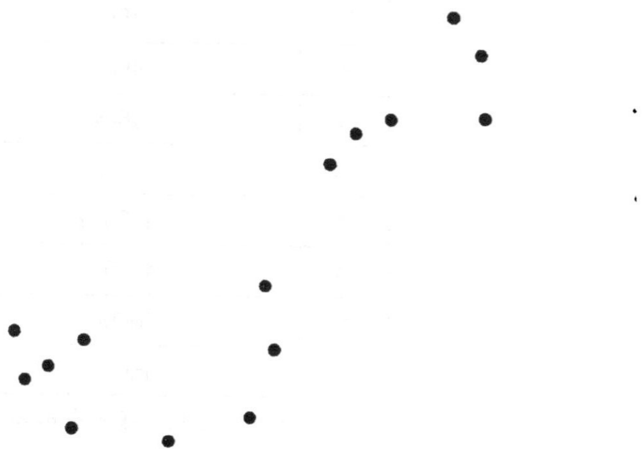

(1) この星座の名前を答えなさい。

(2) 下線の星の名前を答え，星の位置を○で囲みなさい。

(3) 山下くんが星を観察した日にちは何月何日ですか。次のア～エの中から選び，記号で答えなさい。

ア １月１日　　イ ４月１日　　ウ ７月１日　　エ １０月１日

(4) この日の同じ時間に観察することができる星として正しいものを，次のア～エの中から選び，記号で答えなさい。

ア デネブ　ベガ　北斗七星《ほくとしちせい》

イ ベテルギウス　リゲル　アルデバラン

ウ 北極星　シリウス　アルタイル

エ プロキオン　スピカ　ポルックス

(5) この日の月を観察すると，右の図のような形でした。５日後，この日と同じ午後９時ころに月を観察しようとしました。月に関して正しく説明されているものを，次のア～オの中から選び，記号で答えなさい。

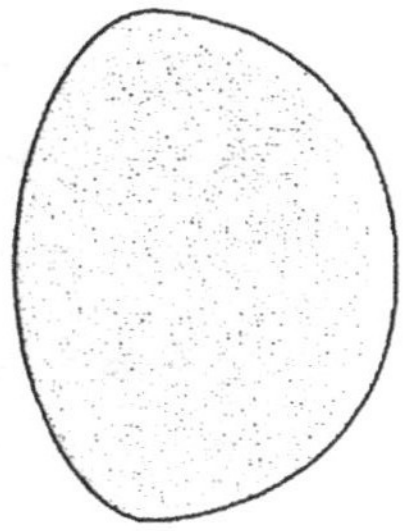

ア 上弦《じょうげん》の月で南よりも西側の空に観察することができる。

イ 上弦の月で南よりも東側の空に観察することができる。

ウ 満月で東の空に観察することができる。

エ 満月で南の空に観察することができる。

オ この時間には観察することができない。

(6) 月の形が丸いことは満月を観察することでわかります。では地球が丸いことは何を観察するとわかりますか。次のア～ウの中から選び，記号で答えなさい。

ア 月食の様子を連続写真で観察する

イ 日食の様子を連続写真で観察する

ウ 月食や日食の様子を連続写真で観察してもわからない

(7) 下線の星の名前の由来となっている地球からみると赤く見えるわく星の名前を答えなさい。

(8) わく星探査機ボイジャー２号がさつえいした太陽系のわく星の中で，一番地球から遠い星の名前を漢字で答えなさい。

(9) 山下くんがこの星座を観察した月の 2020 年の名古屋の気候の特徴《ちょう》として，正しく説明しているものを次のア～エの中から選び，記号で答えなさい。

ア 天気は数日の周期で変わり，日照時間は少なかった。気温は高く，月平均気温は 1946 年以降で１位の高温となった。

イ 高気圧と低気圧が日本付近をこうごに通過し，天気は数日の周期で変わった。移動性高気圧におおわれる日が多かったため，日照時間はかなり多かった。

ウ 活発な梅雨《ばいう》前線が本州付近に停滞《ていたい》した日が多かった。月降水量はかなり多く，1946 年以降で１位の多雨となった。

エ 天気は数日の周期で変わったが，本州付近は移動性高気圧におおわれた日が多く晴れた日が多かった。気温は高く，この最高気温の記録を更新《こうしん》した日もあった。

(50分)　　2021年度(令和3年度)南山中学校男子部入学試験問題用紙　社会

【注意】

- 指示していないところは、漢字で書いてもかなで書いてもかまいません。
- 論述問題の解答は、解答用紙の一番下にある解答欄《らん》に記述してください。
- この試験において疫《えき》病・伝染病・感染症《しょう》は同じ意味としてとらえてください。

1　次の文章を読み、あとの問いに答えなさい。

人類の歴史は移動と定住の繰《く》り返しと物や文化の交流によって発展してきましたが、人や物の移動は領土の奪《うば》い合いといった戦争につながったり疫病(集団発生する病気のこと)の流行につながったりもしました。また人類は定住生活を送るようになってから商工業の中心となる都市をつくるようになりましたが、(1)都市が発展して人口が増えると、地震《しん》、火事、疫病、ききんなどの災害で大きな被《ひ》害が出ました。

四方を海に囲まれた日本もこうした人類の歴史の例から外れず、古代から海外との交流によって発展してきました。次の【あ】～【お】の文章は、現在の日本の都道府県について説明したものです。文章を読み、あとの問いに答えなさい。

【あ】

この都道府県の現在の人口は約 260 万人ですが、そのうち半数以上の人口が都道府県庁所在地の市に集中しており、他地域の人口は多くありません。伝統工芸が盛んであり、伝統的工芸品産業の振《しん》興に関する法律に基づいて経済産業大臣により指定された日本の伝統工芸品の指定品目の数は、東京都に次いで多くなっています(令和元年調べ)。またこの地域は観光業も盛んで、(2)神社やお寺が多くあり、世界遺産に登録されているものもあります。

伝統工芸や観光業が盛んなのは、古くからこの地に都が造られていたからです。都には天皇や貴族の政府である朝廷《ちょうてい》が置かれ、武士の政権である(3)幕府が全国の支配力を強めていくまで(4)朝廷はこの地から日本各地を支配したため、政治と文化の中心でした。一方で都や寺社の建造がこの地だけでなく近畿《き》地方各地で盛んに行われたために、(5)木材の伐《ばっ》採が進み、環境破壊をもたらしたともいわれています。

問1. 下線部(1)について、現在主にヨーロッパ諸国で行われている、差し迫《せま》った危険などを理由に建物や都市全体で人の移動や活動の自由が制限、あるいは禁止される緊《きん》急の状態を英語で何というか、カタカナ 6 字で答えなさい。

問2. 下線部(2)について、八坂神社では 1000 年以上前からわざわいを追い払《はら》う祭礼(祭り)が行われてきました。地震やききん、疫病などの災害の原因がわからなかった時代に、人々はその原因を神のたたりや怨霊《おんりょう》(うらみをもった人の霊《れい》)や鬼《おに》のせいで起こるわざわいだとしましたが、この祭礼はそれらを取り除《のぞ》くため「鉾《ほこ》(矛)」を立てて神をまつったことから始まっています。この祭礼の名前を答えなさい。

問3. 下線部(3)について、次の問いに答えなさい。

① 最初の幕府が置かれた場所(地図中の✚マーク)の地形について正しいものを次のア～エの中から一つ選びなさい。なお、方角については図の上を北、下を南とします。

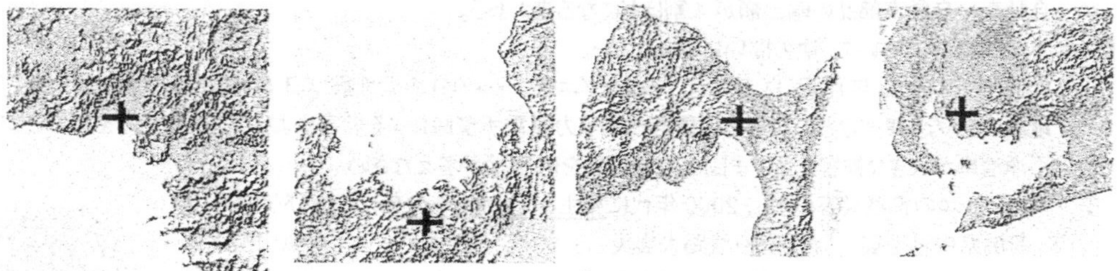

ア　　　イ　　　ウ　　　エ

② 鎌倉時代最大のききんといわれる 1230 年頃に起こった「寛喜《かんき》のききん」によって社会は大きく混乱し、当時執権として幕府の政治を行っていた北条氏は、税の取り立てを免《めん》除するなどの支援《えん》策をとるとともに、社会混乱の中で増加した領地をめぐる武士の裁判の基準となる法律をつくりました。これを何というか漢字で答えなさい。

問4. 下線部(4)について、海外から輸入されためずらしい品物は「から物」と呼ばれ、特に平安時代の貴族たちにとって自分たちの高い地位を周りに示すための象徴となりました。この「から」を漢字で書くと、日本と当時交流のあった国の名前になります。どう書くか漢字で答えなさい。

問5. 下線部(5)について、次の問いに答えなさい。

① 現在この都道府県の木に指定されており、周辺の盆《ぼん》地で木材として生産されている杉《すぎ》の名前を答えなさい。

② 1997 年に開かれた「第 3 回気候変動枠《わく》組条約締《てい》約国会議」で、地球温暖化を防ぐためにまとめられた文章を何というか答えなさい。

【い】

この都道府県は現在日本最大の人口を持つ大都市で、(6)世界中からビジネスパーソンや観光客が訪れています。区部の中央部は(7)江戸と呼ばれ、徳川家康がこの地に幕府を開いたことにより城下町として発展しました。江戸時代は長い戦争の時代が終わったこともあって社会の混乱がおさまり、食料生産が安定・増大しました。食料生産の増大は新田開発が盛んに行われたことによりさらに進みました。また江戸時代は日本各地の農作物や手工業製品を運ぶ流通網《もう》も整備され、商業が発展しました。こうした理由から江戸時代は戦国時代と比べて人口が大幅《はば》に増えましたが、その結果門前町、港町、宿場町、鉱山町などの様々な都市が生まれて人々が集まるようになりました。

中でも江戸は武家人口と町人人口が約 50 万人ずつと、合わせて 100 万人にもなる世界有数の大都市の一つとなりましたが、その背景にあったのは商人や職人、そして重い税負担などで経済的に苦しく土地を失った農民たちが仕事を求めて江戸に働きに来たからでした。そうした理由もあって、江戸は女性人口よりも男性人口、特に独身男性人口が多い都市でした。またこうして江戸にやって来た人々は町人として決められた場所(町人地)に居住しましたが、町人地は江戸全体のわずか 15%ほどしかなく、人口過密で木造家屋が立ち並んでいたため、(8)地震や火災で大きな被害を出しました。特に火事は同じ時代の日本各地の都市と比べても圧倒《とう》的に多かったといわれています。

また、江戸時代は「小氷期」と呼ばれる地球的規模の気候寒冷化の時代であったこともあって、何度もききんが起こって多数の人々が犠牲《ぎせい》になりました。江戸時代は人口の約 80%が農村・山村・漁村に住んで農業や山仕事、漁業などを営む百姓で占《し》められており、特に米づくりは年貢(税)として幕府や諸藩が取り立てるなど社会の土台でしたが、18 世紀は米の不作が続き、食料が不足するききんがたびたび起こって百姓の多くが犠牲になりました。

また、ききんが原因の一つとなって様々な疫病も流行りました。現在は治療《りょう》可能な麻疹《ましん》(はしか)やインフルエンザも当時は多数の犠牲者を出す疫病で、特に江戸をはじめとする大都市でしばしば大流行しました。特に麻疹は「命定め(かかったら生きるか死ぬかわからない)」といわれるほど恐《おそ》れられました。また、(9)19 世紀に入ってからたびたび流行したコレラも江戸に大きな被害をもたらしました。コレラはインドを起源とする伝染病でしたが、ヨーロッパ諸国がインドに進出した後世界中に広がりました。最初の世界流行は 1817 年といわれ、その後日本に入って何度も大流行をもたらしましたが、特に安政五年(1858)の 6 月から始まった大流行では、7 月に江戸で流行が始まり、死者の総数は 10 万人を超えたと言われています。

問6. 下線部(6)について、大田区にある東京国際空港の通称《しょう》を漢字で答えなさい。

問7. 下線部(7)について、城下町としての江戸について説明した文として正しいものを、次のア～エの中から一つ選びなさい。

ア　独身の男性人口が多く、飯屋やすし屋などの外食産業が発展した。

イ　印刷技術が発展したため出版業が盛んとなり、雪舟などが描《えが》いた浮世絵が多くの人々に買い求められた。

ウ　冬は南東から吹《ふ》く乾《かわ》いた風のせいもあって、江戸で火事が多かった。

エ　江戸は各地から米が運ばれたため、ききんが起こっても社会は混乱しなかった。

問8. 下線部(8)について、次の問いに答えなさい。

① 現在火災や救急など緊急時に消防へ助けを求めるときに通報する電話番号を 3 ケタの数字で答えなさい。

② 現在災害対策基本法に従って災害に備えて地域の判断でつくられている組織を、最後に「組織」という言葉が続くように漢字 4 字で答えなさい(※「組織」という言葉は文字数に含《ふく》まれません)。

問9. 下線部(9)について、下の史料Aを読み、次の問いに答えなさい。

【史料A　オランダ海軍軍医ヨハネス・ポンペの手紙(安政五年六月)】
…略…(ア)や市内ともに吐《と》しゃ病が多発している。米国蒸気船でも、同様の病気が多発している。これは流行性のものと考えられる。…略…(ア)にいるヨーロッパ人は、この病気が変性して真性コレラにならないように努めている。…略…

① 史料中の(ア)に当てはまる場所の名前を、漢字 2 字で答えなさい。

② 史料Aと同じ時代の史料を次のア～エの中から一つ選びなさい。

ア「地震が起こったとき、関白はかつて明智のものであった近江《おうみ》(現在の滋賀県)の湖のほとりの坂本の城にいた」(キリスト教宣教師ルイス・フロイス『日本史』の要約)

イ「(大宰府)管内の諸国で、瘡《かさ》のできる疫病が大流行し、人民はことごとく病にふせっております。今年一年間は調の貢《こう》納(税を納めること)を停止していただきたい」(『続日本紀《しょくにほんぎ》』の要約)

ウ「10 月 21 日に大坂において、日本で記憶《おく》のあるかぎりかつてない強い地震があったという便りがかの地から届いた。夜にひじょうに高い津波が続いた」(オランダ商館長ヘルマーヌス・メンシングの『日記』の要約)

エ「去年と今年のききんでは、武州(北条泰《やす》時)がたいそう民をいたわる策を施《ほどこ》され、美濃《みの》国(現在の岐阜県)の千余《よ》町の年貢について納入を停止された」(『吾妻鏡《あづまかがみ》』の要約)

【う】

この地域は現在造船業や(10)漁業など「海」と関係の深い産業が盛んです。47都道府県中最も島が多く、古くは遣唐使の出発地の一つであり、16世紀には南蛮貿易の拠《きょ》点の一つとして栄えるなど、古くから現在まで海外との窓口として(11)日本と海外との貿易や交流に大きな役割を果たしてきました。

17世紀より後は国内唯一《ゆいいつ》の国際貿易港が置かれており、江戸幕府に認められた公式の通詞《つうじ》(通訳)がオランダ貿易や中国貿易で活躍《やく》しました。江戸時代の中ごろになると洋書の輸入が幕府によって認められ、(12)西洋の学問を学ぶ人々が増えましたが、こうした動きの陰《かげ》の立役者となったのがこの地で働く通詞たちでした。やがて18世紀の終わりから19世紀はじめにかけて西洋の学問を教える塾《じゅく》も開かれるようになり、幕府も自分たちの政治に批判的な学者は厳しく罰《ばっ》しましたが、一方で洋書の翻《ほん》訳を行う役所を江戸につくるなど、西洋の学問を役立てようとしました。

また、この地域は海外から伝わった最新の医学を学ぶ場所であり、日本各地から多くの医者が訪れました。日本では奈良時代から天然痘《てんねんとう》がしばしば大流行して多数の死者を出しましたが、これは古代から世界中で不治・悪魔《ま》の病気と恐れられていた疫病でした。この疫病に対して昔から治療法の研究が世界各地で行われてきましたが、その方法が種痘と呼ばれる(13)予防接種でした。中国や西アジアでは昔からこうした治療法が行われてきましたが、1796 年にイギリスの医師エドワード・ジェンナーが発明した種痘は、それまでの方法よりも安全であることから急速に世界中に広まりました。日本での種痘の例としては、ジェンナーの種痘よりも 6 年ほど早く、筑後《ちくご》国久留米《くるめ》(現在の福岡県久留米市)出身の医学者緒《お》方春朔《さく》がこの地で(14)中国の医学書を研究したうえで独自の種痘を発明しています。

問10. 下線部(10)について、沖合漁業について説明した文として正しいものを、次のア～エの中から一つ選びなさい。

ア 遠くの海に出かけて、長い期間にわたって行われる漁業。

イ 10トン以上の船を使って、日本近海で数日がかりで行われる漁業。

ウ 10トン未満の船を使う漁や、定置あみ、地引あみで行われる漁業。

エ 人間の手で魚や貝の卵をかえした後に川や海に放流し、育ててからとる漁業。

問11. 下線部(11)について、次の問いに答えなさい。

① 戦国時代の日本から南蛮貿易を通してヨーロッパ諸国に輸出され、ヨーロッパとアジア各地の経済や文化に大きな役割を果たした貴金属を答えなさい。

② 戦国時代において、ポルトガルは中国と日本を結ぶ貿易を通して巨《きょ》大な利益を得ていました。ポルトガルが中国で買いつけて日本に運んだ、主に衣服の原料となるものを何というか、漢字 2 字で答えなさい。

③ 現在の日本の貿易について説明した文として誤っているものを、次のア～エの中から一つ選びなさい。

ア 石油や鉄鉱石などの燃料や原料となる資源のほとんどを輸入に頼《たよ》っている。

イ 輸出に関して、高い技術に支えられた自動車や機械類が輸出品の多くを占めている。

ウ 高度経済成長期と現在を比べると、輸入品の中で機械類の占める割合が増えている。

エ 輸出に関して、機械類の輸出先はヨーロッパ諸国が最も多い。

④ 現在の日本の主な食料の自給率について、自給率が 90%を超《こ》えている食料を次のア～エの中から全て選びなさい。

ア 肉類　　イ 小麦　　ウ 大豆　　エ 米

問12. 下線部(12)について、右の写真の人物はこうした学問を学んだ医者や学者の一人です。この人物の生きた時代に「西洋の学問」は何と呼ばれたか答えなさい。

問13. 下線部(13)について、現在の日本で予防接種とは「疾病《しっぺい》(病気)に対して免疫《めんえき》の効果を得させるため、疾病の予防に有効であることが確認されている(イ)を人体に注射し、または接種すること」とされています。(イ)とは医薬品のことで、これは病原体から作られた無毒化あるいは弱毒化した医薬品のことであり、抗《こう》体(病原体を体内から取り除くために作られる物質)を体内につくり出すためのものです。医薬品(イ)とは何かカタカナ 4 字で答えなさい。

問14. 下線部(14)について、当時の中国の国の名前を答えなさい。

【え】

この地域は周辺の都道府県とあわせて首都圏《けん》に次ぐ規模の巨大な都市圏《けん》となっており、(15)サービス業、工業、農林水産業など様々な産業が盛んです。飛鳥時代から奈良時代にかけて都が置かれた地域ですが、古くから貿易や商業で栄えた都市が多かったことが特徴《ちょう》です。室町時代に明との貿易で栄えた港町があり、江戸時代になると現在の都道府県庁所在地の市周辺は日本の商業の中心都市として発展しました。都市内は江戸時代の海運を発展させた大商人河村瑞賢《ずいけん》によって治水工事が行われ、その後も河川から堀《ほり》(堀川)と呼ばれる水路が多数開かれたことにより、船を使って物資を運ぶことができるようになり、日本各地から米や特産物が運ばれました。江戸時代におけるこの都市や江戸の商人の中には経済力で大名をしのぐ者もいましたが、もうけるために米などの農作物の買い占めを行って物価をつり上げる商人もおり、特にききんの時の買い占めには人々の不満が高まり、この都市や江戸ではしばしば大規模な打ちこわしが起こりました。

瀬戸内海に面したこの地域は、何度も地震や津波の被害に遭《あ》ってきました。特に宝永四年(1707)10 月に南海トラフのほぼ全域で起こったプレート境界地震である宝永地震は、東海地方から近畿、中国、四国、九州地方まで大きな被害を出した、(16)日本の歴史上最大級の地震の一つといわれています。宝永地震の時、この地域の都市は津波が河口から逆流し、堀川にも侵入して橋を破壊し、堀川に浮かんでいた川船を押《お》しつぶしたといわれています。(17)川船には地震を恐れた人々が避《ひ》難していたため多数の死者を出し、その総数は 1 万人をゆうに超えたといわれています。震災被害の支援は役所ではなく富裕《ゆう》な商人や寺社が中心となって行ったといわれており、このことからもこの地が商業の都市として発展してきたことがうかがえます。

また、この地は西洋医学の研究者で医者でもある緒方洪庵が活躍した場所でした。幕末から明治にかけて活躍して日本の近代化に大きな役割を果たした人物の中には西洋の学問を教える塾や幕府の役所で学んだり働いたりした経験のある人物が多かったのですが、洪庵が【う】の地で学んだ後、天保九年(1838)にこの地で開いた西洋学問を学ぶ適塾でも、福沢諭吉など明治時代に活躍する人物が多数育っていきました。また洪庵はジェンナーの種痘を広げるべく活動した医者として知られています。(18)当初は悪いうわさや迷信もあって信用されなかった種痘は洪庵の努力や商人の支援によって広がり、ついには江戸幕府によって正式に洪庵の天然痘予防の活動が認められたのです。

問15. 下線部(15)について、この都道府県を中心とする工業地帯の特徴について説明した文として誤っているものを、次のア～エの中から一つ選びなさい。

ア 工業生産額(製造品出荷額)は京浜工業地帯を上回っている。

イ 全工業生産額のうち金属工業の生産額が占める割合は機械工業に次ぐ第 2 位である。

ウ 働く人が 300 人未満の中小工場が多い。

エ 自動車や自動車部品の輸出額が 4 割ほどになる港がある。

問16. 下線部(16)について、次の問いに答えなさい。

① 2011 年(平成 23 年)3 月 11 日に起こったマグニチュード 9.0 の大地震は日本の観測史上最大の地震であり、地震や地震にともなう津波などの災害と福島第一原子力発電所事故による災害によって、東北地方を中心として東日本の太平洋沿岸が大きな被害を受けました。この震災を何というか答えなさい。

② 次のア～エの自然災害のうち、2000 年代に発生していないものを一つ選びなさい。

ア 新潟県中越地震　イ 阪神・淡路大震災　ウ 三宅島噴《ふん》火　エ 御嶽山噴火

問17. 下線部(17)について、次の問いに答えなさい。

① 右の写真の標識は何を表しているのか、最後に「ビル」という言葉が続くように答えなさい。

② 自然災害に対する備えとして誤っているものを次のア～エの中から一つ選びなさい。

ア 訓練であることに慣れてしまうといけないので、ひなん訓練は数年おきに行う。

イ 一人ひとりがふだんからひなん場所やひなん経路を確認しておく。

ウ 市町村などが「ハザードマップ」を作成する。

エ いっしょににげる人とにげる場所を前もって決めておく。

問18. 下線部(18)について、私たちがメディアの伝える情報の中から必要な情報を自分で選び出し、内容の正しさを確認し、活用する能力や技能を英語で何というか、カタカナで答えなさい。

【お】

この都道府県は(19)庄内平野が広がっており、現在日本でも有数の米づくりの盛んな地域として知られています。古代は出羽国の一部であり、11 世紀から 12 世紀末に源頼朝によって滅ぼされるまで(20)藤原清衡を初代とする奥州藤原氏の支配下におかれました。江戸時代では商業活動も盛んで、(21)西回り航路の起点として栄えた都市もありました。(22)江戸時代最大の死者を出したききんといわれる天明のききんでは、他の東北諸藩の多くがもうけることを優先して米を江戸へ運んで被害が大きくなったのに対し、この地域の東南部を治《おさ》めた米沢藩主の上杉鷹山《ようざん》(治憲《はるのり》)は、前もって備考貯蓄《ちく》(農作物の不作やききんに備えて米や金銭を貯蔵すること)を行い、荒《あれ》地の開発を家臣にも手伝わせました。さらに他地域から米を買い入れて領民に与《あた》えたほか、家臣や領民にむだをなくして節約した生活を送るよう命令し、自らも粥《かゆ》を食べるなど節約生活を送りました。鷹山は疫病が領内で流行したときも医療の無償提《しょうてい》供を行うなどの福祉《し》政策を行いました。また、教育を大切にし、藩校を整備して身分を問わず学問を学ばせました。こうした政策から鷹山は後の時代まで名君として称《たた》えられるようになりました。

問19. 下線部(19)について、この都道府県の平野部を含めた地形を東西の断面図にしたものと冬の季節風の向き(図中の矢印)の組み合わせとして正しいものを、次のア～エから一つ選びなさい。方向は左側を西とする。

ア

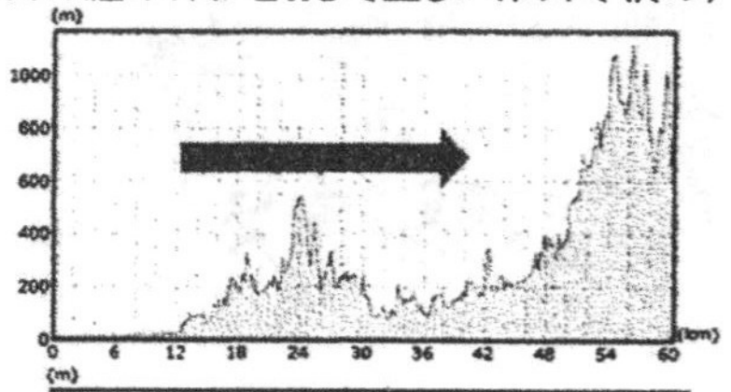

イ

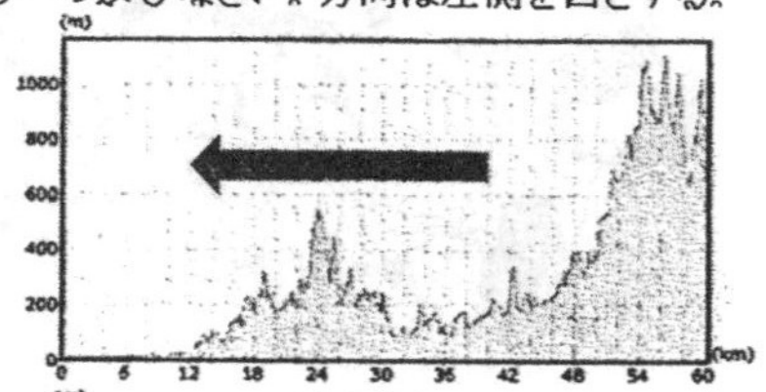

ウ

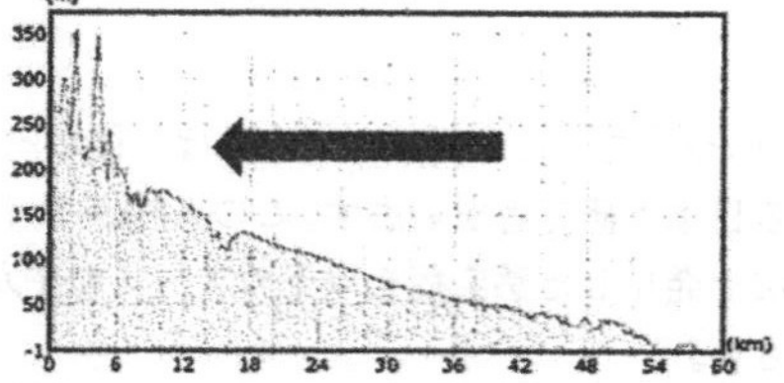

エ

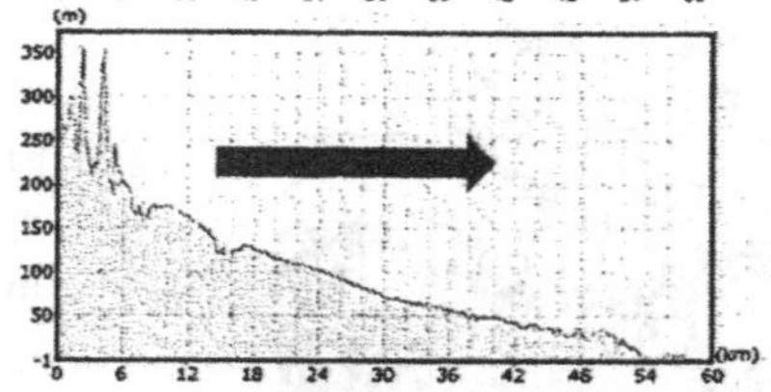

問20. 下線部(20)について、奥州藤原氏は東北地方で産出された金や他地域との交易により大きな経済力をもち、100 年にわたって東北地方を支配しました。他地域との交易は海外にまで広がっていたと考えられますが、奥州藤原氏が当時博多などを通じて貿易を行っていた中国の国として正しいものを次のア～エから一つ選びなさい。

ア 元　イ 宋　ウ 清　エ 明

問21. 下線部(21)について、西回り航路の海運で米や特産物などを買い、大坂などの大市場に運んで大きな利益を得ていた船の名前を答えなさい。

問22. 下線部(22)について、このききんでは特に東北地方の死者が多かったのですが、その理由をこれまでの文章の説明も参考に 30 字程度でまとめなさい。

問23. 問題文全体を読んだうえで、次の問いに答えなさい。

① 【あ】～【お】の都道府県を西から順番に並べて 1 番目と 4 番目の県庁所在地を直線で結んだ範《はん》囲について説明した文として正しいものを、次のア～エの中から一つ選びなさい。

ア　全ての地域で一年を通じて雨が少ない。

イ　米の生産量全国一位の県を通る。

ウ　太平洋ベルトとほぼ重なっている。

エ　「世界自然遺産」が少なくとも一つ存在している。

② 【い】の文章中の安政五年(1858 年)のコレラの感染の流れを都道府県【あ】～【お】で表したとき、正しいと考えられるものを次のア～エの中から一つ選びなさい。

ア 【あ】→【い】→【う】　イ 【う】→【え】→【い】　ウ 【い】→【え】→【あ】　エ 【え】→【お】→【う】

2　次の文章を読み、あとの問いに答えなさい。

2020 年は、(1)新型コロナウィルス感染症が世界全体で広がり、各国が対応に追われました。日本でも、4 月には政府から緊急《きんきゅう》事態宣言が出され、この宣言に基づき、各都道府県の知事が住民に不要不急の外出自粛《じしゅく》などを要請《ようせい》しました。しかし、5 月に宣言が解除されると、再び感染者が増加するなどしたため、(2)都道府県などの地方自治体の政策や国民の自粛に任せるのではなく、政府に強いリーダーシップを取ってほしいとの意見も聞かれるようになりました。もちろん政府は、新型コロナウィルス感染症に対し、国民全員への特別定額給付金事業や(3)経済活性化などの目的で GOTO トラベルキャンペーン(事業)を実施したりしましたが、2020 年末までの段階で、法律を改正し外出制限をかけるなどの強い措置《そち》を行うことはありませんでした。さて、政府が強い政策を行うことは重要ですが、そこには(4)国民の自由や権利とのバランスがとられることが重要です。強い政府や強い政策に、危険は無いのでしょうか。歴史をふり返りながら考えていきましょう。

1853 年、(5)アメリカ合衆国の使者・ペリーの来航をきっかけに、江戸幕府は日米和親条約を結び開国、1858 年には日米修好通商条約を結び貿易のための開港を行いました。しかし、(6)修好通商条約は日本にとって不利な内容の不平等条約であり、修好通商条約調印のために来航したアメリカ艦隊《かんたい》によってコレラが日本に持ちこまれたこともあって、外国に対する反感を大きくすることにもなりました。(7)コレラはこの後も何度か流行することになります。その後、江戸幕府が倒《たお》れた後に誕生した新政府は、不平等条約の改正や、富国強兵、殖産興業などの政策に力を入れ日本を強大化しようとしました。もちろん、新政府の政策には衛生行政と言われる感染症対策などを始めとする国民の健康保護も含まれ、西洋の学問を教えていた緒方洪庵の塾《じゅく》で学び、(8)1871 年(明治 4 年)に日本を出発した、大久保利通や木戸孝允といった政府の重要人物を含《ふく》む使節団にも同行していた長与専斎《ながよせんさい》いう人物がその基礎《きそ》を作りました。なお、(9)この塾では福沢諭吉も学んでおり、後に福沢は西洋の考え方を日本に広めることになります。(10)政府は使節団の他にも、明治初期から多くの留学生を海外へ派遣しており、そのなかから、日本の衛生行政の助けとなり、さらに国際社会で活躍する科学者も生まれました。もちろん、日本で広がった感染症はコレラだけではありません。(11)日清戦争後の日本では、戦勝国として受け取った賠償《ばいしょう》金を元に、それ以前から進んでいた工業化がさらに進みますが、工業化は工場における結核《けっかく》の流行につながりましたし、第一次世界大戦期の後半と重なる 1918 年から 1921 年ごろには「【？】風邪《かぜ》」と呼ばれるインフルエンザが流行しました。このような流行に対して、政府は法律の制定や保健施設《しせつ》を作り対応しました。

これまで見てきたように、感染症に対しては、政府がリーダーシップを持って対応することが必要ですが、(12)1889 年以降の日本は天皇を主権者とする大日本帝国憲法の下で政治を行っており、(13)現在の私たちから見ると投票できる国民の範囲《はんい》がせまく、国民の意思が政治に反映されにくい状態でした。(14)その結果として日本に大きな被害《ひがい》をもたらす太平洋戦争が開始され、たくさんの国民の命が犠牲《ぎせい》になったり、国民生活を圧迫《あっぱく》する政策が行われたりすることもありました。(15)さらに政府の強さは、戦争以前にも他国を植民地にすることでその土地の人々を支配することにもつながりました。(16)現在は、一定年令に達した国民に選挙権が認められ、三権分立、特に(17)裁判所が国会や内閣の活動が憲法に違反《いはん》していないかを調べる権限を持つことによって、権力が暴走することをおさえていますが、歴史的に考えれば、安易に強い政府、強い政策を望むことには慎重《しんちょう》にならなければいけないでしょう。

問 1．下線部(1)について、WHO(世界保健機関)は 3 月に新型コロナウィルス感染症が「世界的大流行」であると宣言しました。「世界的大流行」を英語で何といいますか。カタカナで答えなさい。

問 2．下線部(2)について、ある人物が、都道府県や市町村といった地方自治体の選挙に参加できる年令について三つの発言をしています。発言内容から推測し、この人物の年令を答えなさい。

発言 1「私は市長に立候補することができません」　発言 2「私は市議会議員選挙で投票することができます」

発言 3「私はあと 6 回誕生日をむかえると都道府県知事選挙に立候補できる年令に達します」

問 3．下線部(3)について、次の問いに答えなさい。

①政府が経済活性化を目的とする背景として、国民が外出をひかえたことなどの影響《えいきょう》による企業《きぎょう》売上の大きな減少が挙げられます。右のグラフの？？？に当てはまる業種を、以下のア～エの中から一つ選びなさい。※数値は経済産業省調べ

ア　運輸業　　イ　製造業

ウ　飲食業　　エ　情報通信業

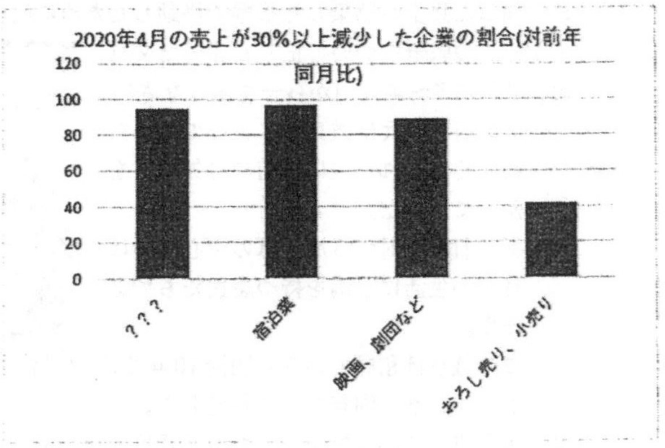

②GOTO トラベルキャンペーン(事業)を担当している観光庁は何という省に所属していますか。観光や旅行が飛行機や電車などを用い移動することが多いという点から考え、漢字で答えなさい。

問4．下線部(4)について、日本国憲法に明記されている国民の権利と義務の組み合わせとして正しいものを以下のア～エの中から一つ選びなさい。

ア　教育を受ける権利⇔教育を受ける義務　　イ　裁判を受ける権利⇔裁判を受ける義務
ウ　働く権利⇔働く義務　　エ　税金を納める権利⇔税金を納める義務

問5．下線部(5)について、1853年に日本に来航したペリー艦隊は、アメリカ東海岸から出発しましたが、ペリー艦隊は以下の選択肢《せんたくし》のどの航路で日本に来たでしょうか。以下のア～エの中から一つ選びなさい。なお、地図上のAがアメリカ東海岸の出発地点、Bがカリフォルニア州、Cが南アフリカのケープタウン、Dがドレーク海峡《かいきょう》(南アメリカ大陸の南端と南極大陸の間の海で事故の可能性が高い難所)、Eがパナマ運河(艦隊の通行可能、1914年開通)、Fがシンガポール、Gがハワイ・ホノルル、Hが日本、中心の×印が北極点です。

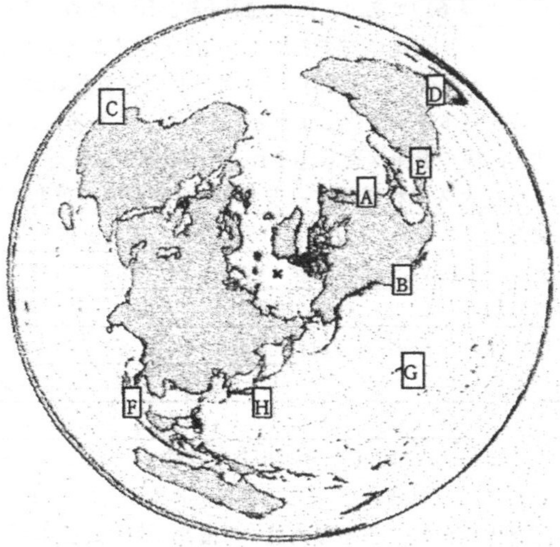

ア　Aのアメリカ東海岸からCのケープタウンを通過しFのシンガポールを経てHの日本へ
イ　Aのアメリカ東海岸からDのドレーク海峡を通過しBのカリフォルニア、Gのハワイ・ホノルルを経由してHの日本へ
ウ　Aのアメリカ東海岸からEのパナマ運河を船で通過しBのカリフォルニア、Gのハワイ・ホノルルを経由してHの日本へ
エ　Aのアメリカ東海岸から乗組員と積荷などをアメリカ東西を直線的に結ぶ大陸間横断鉄道(1869年開通)でBのカリフォルニア州まで運び、そこから船に乗り日本へ。

問6．下線部(6)について、不平等条約に関する内容を述べた文章として正しいものを、以下のア～エの中から一つ選びなさい。

ア　日本には、日本国内でつくられた製品にかける税である関税を自由に決める権利が認められていなかった。
イ　条約相手国に領事裁判権を認めていたため、外国人が日本で罪を犯した場合、日本の法律で裁くことはできたが、処罰《しょばつ》は外国に任せなければならなかった。
ウ　外務大臣の陸奥宗光は、当時ロシアと対立関係にあったイギリスが日本の協力を必要としていることを背景に条約改正交渉《こうしょう》を行い、1894年には領事裁判権をなくすことに成功した。
エ　日本は鹿鳴館という豪華《ごうか》な日本家屋を建て、外国に日本文化の素晴らしさを示し、条約改正を成功させようとした。

問7．下線部(7)について、次の問いに答えなさい。

①コレラは漢字で「【A《コ》】列《レ》剌《ラ》」と書くこともありました。右の絵(1886年)に描《えが》かれた怪物《かいぶつ》はコレラを表しており【A】には怪物の上半身に当たる動物の漢字が入ります。【A】に当てはまる漢字をア～エの中から一つ選びなさい。

ア　象　　イ　虎《とら》　　ウ　狼《おおかみ》　　エ　狸《たぬき》

②コレラは、右下の絵に描かれている、日本で1877年に起きた国内戦争に参加した兵士が感染《かんせん》した状態で移動したために広がった側面があります。この戦争について正しく述べた文章を、以下のア～エの中から一つ選びなさい。

ア　新政府軍の兵は徴兵令によって集められ、それぞれが主に自前の弓矢や刀を使って戦った。
イ　新政府軍に対する反乱軍の中心戦力は貧しい生活に不満を持つ農民たちであった。
ウ　この戦争は和暦《われき》でいうと明治10年2月から始まり、同年9月に終結した。
エ　反乱軍の中心人物であった西郷隆盛と板垣退助は、この戦争で死亡した。

問8．下線部(8)について、右の写真はこの使節団のメンバーを写したものである。この写真について正しく述べた文章を、以下のア～エの中から一つ選びなさい。

ア　維新の三傑《さんけつ》が全員写っている。
イ　薩摩藩、長州藩出身の人物は写っていない。
ウ　写っている全員が武士(士族)出身である。
エ　後の初代内閣総理大臣が写っている。

問9．下線部(9)について。福沢は『学問のすゝめ』の中で、「天は人の上に人を造らず、人の下に人を造らずと言えり」として人間が平等であると述べています。この言葉と同じ内容を示した絵を、以下のア～エの中から一つ選びなさい。

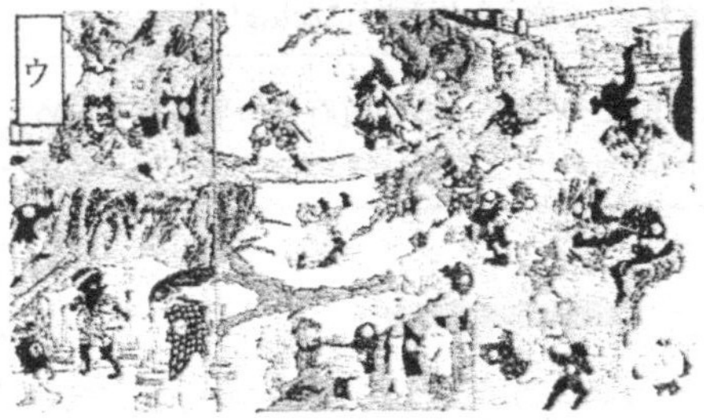

問10．下線部(10)について、この科学者の中には、後にペスト菌《きん》を発見する日本人研究者がいます。この人物がドイツ留学中に治療《ちりょう》法を発見した感染症を以下のア～エの中から一つ選びなさい。

ア　赤痢　　イ　黄熱病　　ウ　破傷風　　エ　梅毒

問11．下線部(11)について、次の問いに答えなさい。

①日清戦争に関する右のグラフのA、B、Cに当てはまる項目《こうもく》の組み合わせとして正しいものを以下のア～ウの中から一つ選びなさい。

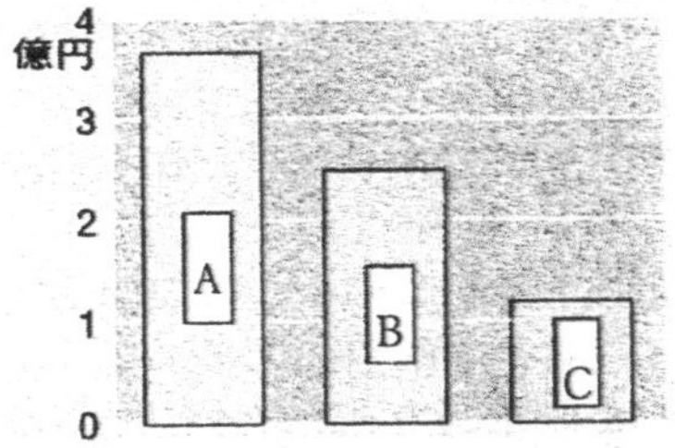

ア　A：日本の戦費　　B：1895年の日本の国の歳入《さいにゅう》額　　C：賠償金
イ　A：賠償金　　B：1895年の日本の国の歳入額　　C：日本の戦費
ウ　A：賠償金　　B：日本の戦費　　C：1895年の日本の国の歳入額

②下のグラフを見ると、1919年を境に日本の輸出額が下がっていますが、その理由として正しいものを以下のア～エの中から一つ選びなさい。

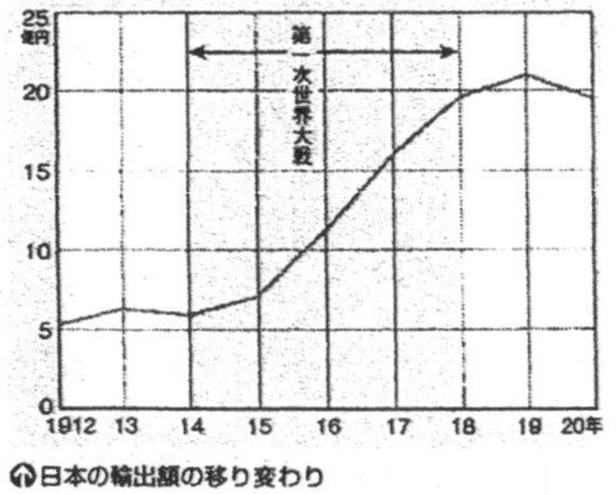

日本の輸出額の移り変わり

ア　アメリカから始まった世界的な不況によって買われる量が減ったから。
イ　関東大震災によって工場が破壊《はかい》され、商品の質が落ち売れなくなったから。
ウ　第一世界大戦が終わり、ヨーロッパの国々の産業が立ち直ったから。
エ　公害対策の費用として日本国内の企業にたくさんの課税を行い、価格が上昇《じょうしょう》したから。

③【?】には、ある国の名前が入ります。この国はヨーロッパの国で、フランスと国境を接しており、メキシコを始めとした北アメリカ大陸と南アメリカ大陸にはさまれた地域のいくつかの国や、チリを始めとした南アメリカ大陸のいくつかの国では、この国の言葉が使われています。この国を以下のア～エの中から一つ選びなさい。

ア　アメリカ　　イ　イタリア　　ウ　ドイツ　　エ　スペイン

問 12.下線部(12)について、現在の日本国憲法における天皇は、主権者ではなく日本の国や国民のまとまりの象徴であり、内閣の助言と承認に基づいて国事行為を行います。国事行為に当たるものを以下のア～オの中から全て選びなさい。

ア　被災《ひさい》地への訪問・はげまし　　イ　国会を召集《しょうしゅう》する　　ウ　外国と条約を結ぶ

エ　勲章《くんしょう》などを授与《じゅよ》する　　オ　裁判所の裁判官を裁判する

問 13.下線部(13)について、1925 年には日本でも普通選挙が実現します。このときの日本の総人口に占《し》める有権者の割合として最も近い数値を示したものを、表1、表2を参考にし、以下のア～エの中から一つ選びなさい。なお、二つの表には若干の誤差があるため、両者の数字を合計しても同じ数字にならない場合があります。

※数値は総務省統計局調べ

ア　1.1%　　イ　5.5%　　ウ　20.8%　　エ　48.7%

表1：日本の男女別人口

年次	男性人口	女性人口
大正9年(1920年)	2804万4千人	2791万9千人
大正14年(1925年)	3001万3千人	2972万4千人
昭和20年(1945年)	3389万4千人	3810万4千人
平成22年(2010年)	6232万8千人	6573万人

表2：日本の年齢別人口(大正 14 年)

年令区分	人口
0歳《さい》～24 歳	3287 万人
25 歳～49 歳	1783 万 5 千人
50 歳～74 歳	822 万 3 千人
75 歳～84 歳	73 万 9 千人
85 歳以上	6 万 9 千人

問 14.下線部(14)について、次の問いに答えなさい。

①日中戦争や太平洋戦争中の日本では、さとうや米などの生活必需《ひつじゅ》品が【？？】制・配給制になっていきました。【？？】は家族の人数によって割り当てられ貨幣《かへい》と一緒《いっしょ》に使う券のことです。右の写真にも共通する【？？】に当てはまる漢字二字を答えなさい。

②太平洋戦争では、たくさんの日本国民がアメリカの空襲《くうしゅう》によって亡くなりましたが、その理由の一つとして、アメリカが日本への空襲に「焼夷《い》弾」が効果的であるとして大量に使用したことが挙げられます。なぜ日本に対して焼夷弾が効果的であったのかを、日本の建物の材質的な特徴《とくちょう》と「焼夷弾」がどのような被害《ひがい》を引き起こす爆弾《ばくだん》であったかの二つの視点から説明しなさい。

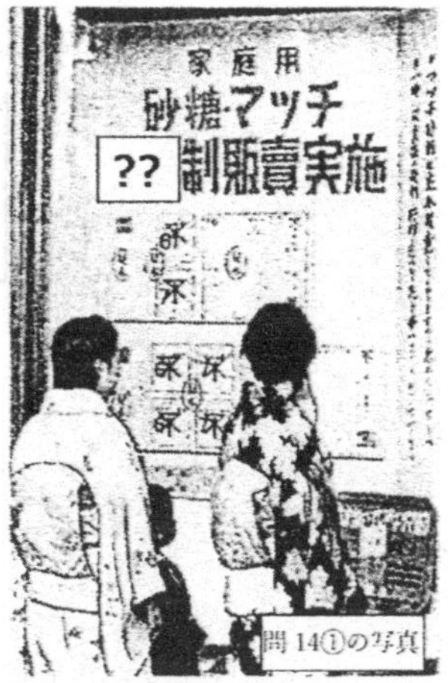

問 14①の写真

問 15.下線部(15)について、日本は 1910 年に韓国を併合し植民地とする以前から韓国統治を行っていました。右の絵は、初代の韓国統治の責任者であった伊藤博文を怪《あや》しい亀《かめ》に見立て、韓国の皇太子《こうたいし》(亀が右前足で抱《かか》えている子供)にある言葉を学ぶことを強制している様子を描いた風刺画です。事実、韓国(韓国併合後は朝鮮)の学校では母国語の授業時間が減っていき、ある言葉の授業時間数が増えていきます。このことを前提にし、皇太子の本(絵の[?]の部分)に書いてある最初の２文字を、以下のア～エの中から一つ選びなさい。

ア　아이　　イ　AB　　ウ　イロ　　エ　αβ

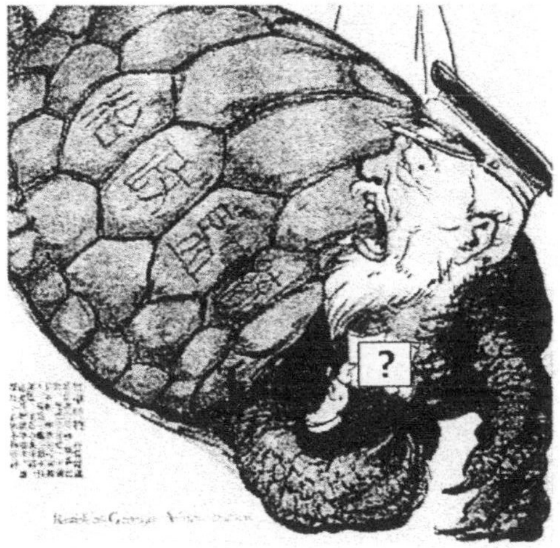

問 16.下線部(16)について、「国会議員および、国会議員から選出された内閣総理大臣は、投票率の低い世代よりも、投票率の高い世代にとって有益な政治を行う」と仮定し、若い世代の人に投票に行くよう説得を行うとします。この場合、説得に使うことのできるグラフを以下のア～エの中から一つ選びなさい。縦軸《たてじく》は全て％です。

※数値は総務省統計局、国立国会図書館調べ　注)推移《すいい》はうつりかわりという意味です

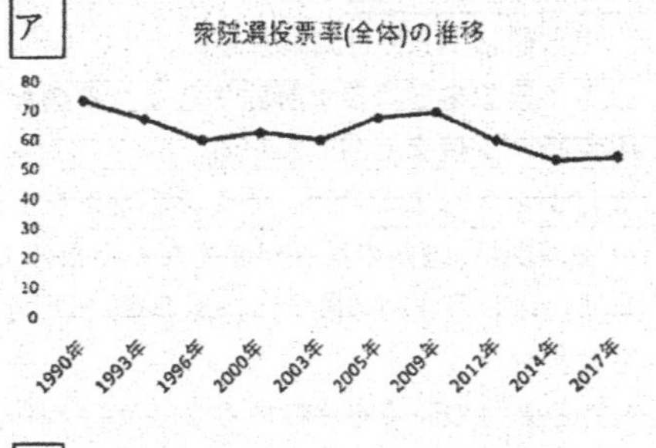

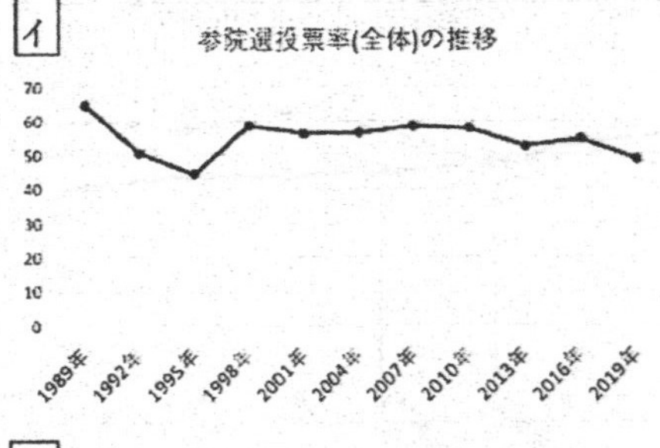

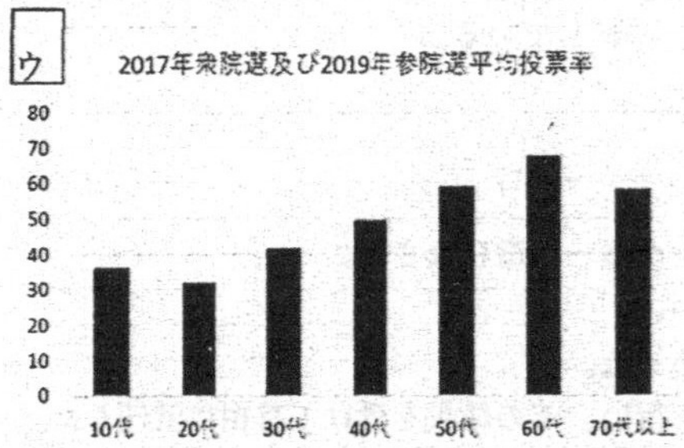

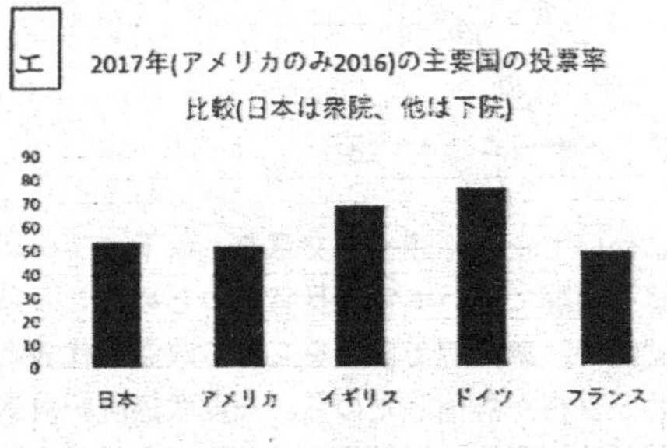

問 17.下線部(17)について、裁判所の仕組みである裁判員制度の利点として正しいものをア～エの中から一つ選び、その利点の反面として考えられる欠点をあ～えの中から一つ選びなさい。

[利点]
ア　判決の理由などのこれまでわかりにくかった裁判に市民の感覚が取り入れられる。
イ　間違《まちが》った判決にならないよう最初の判決を出すまでに長期間にわたりゆっくりと裁判を行うことができる。
ウ　殺人や窃盗《せっとう》などの全ての犯罪に関する裁判に市民が参加できるので、裁判に対する市民の関心が高まる。
エ　年令に関わらず裁判員に選ばれるため様々な年代の人の考え方が裁判に反映される。

[欠点]
あ　裁判のスピード化が図れなくなる。
い　裁判員裁判においては、裁判員の人数が裁判官よりも少ないので市民の感覚が反映されにくい。
う　学問的・職業的な訓練をつんだ裁判官の考えを重視した裁判にならない。
え　適切な判断ができない年令の人が刑罰《けいばつ》を課すかを決めることになる。

[3]　次の文章を読み、あとの問いに答えなさい。

2020 年は、1 月に(1)国際連合の専門機関である WHO(世界保健機関)が緊急事態宣言を発したことから始まり、新型コロナウィルス感染症に世界がゆるがされた年でしたが、それ以外にも様々な大きな出来事がありました。(2)国内政治では 8 月に当時の首相であった安倍晋三氏が辞任し、9 月には新たな首相として菅義偉氏が就任しました。また、(3)11 月には政令指定都市の大阪市を廃止《はいし》して 4 つの特別区に再編するいわゆる「大阪都構想」の賛否を問う住民投票が実施されました。次に他国や国際政治における出来事ですが、中国、アメリカ、EU(ヨーロッパ連合)で大きな動きがありました。(4)経済面でアメリカにつぐ力をもつ中国では、これまで高度な自治や言論の自由が保障されていたある地域に対し、反体制活動を取りしまる国家安全維持《いじ》法を制定しました。この法律によって民主活動家や中国政府に批判的な新聞社の代表が逮捕《たいほ》されるなどしており、国際社会から非難の声が上がっています。次にアメリカですが、(5)5 月にミネソタ州で起きた白人警察官が黒人男性を逮捕する際に殺害してしまった事件をきっかけに人種差別反対の抗議《こうぎ》デモが行われ、国際社会が改めて差別を考えさえるきっかけになりました。このデモに対する候補者の考え方が争点の一つとされたのが、(6)11 月に一般投票が行われたアメリカ大統領選挙です。アメリカは日本にとって密接な関係のある国ですので、大統領選は日本でも多くの関心を集めました。そして、結成以来はじめての離脱《りだつ》国が出た EU は、世界に国際協調の難しさを改めて示すことになりました。このように、国内外で大きな動きがありましたが、それらの動きが、感染症対策のような地球規模で取り組まねばならない問題の解決に必要な国際協調や、一人一人の人間を大切にする考え方を妨《さまた》げるものでないかを私たちは注視する必要があるでしょう。

問1.下線部(1)について。2020年10月、WHOと同じ国際連合の機関がノーベル平和賞を受賞しました。この機関の英語名を略した名前をアルファベット三文字で答えなさい。

問2.下線部(2)について。次の問いに答えなさい。

①下のグラフは、2020年1月から8月までの内閣支持率と不支持率を示したものです。**このグラフからは読み取ることができない内容**をア～エの中から一つ選びなさい。※数値はNHK世論調査結果

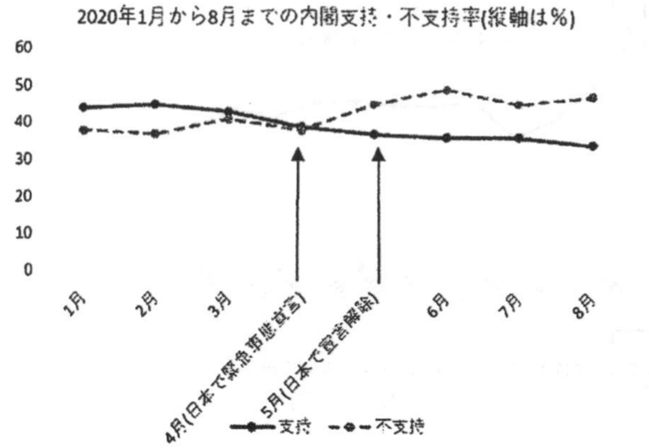

ア　日本で緊急事態宣言が解除された月の調査では、不支持が支持を上回っている。

イ　5月から8月までの間、不支持が支持を上回っている理由は、国内の景気が悪くなったためである。

ウ　1月から8月までの間、支持が50%を上回ったことは無い。

エ　1月と8月の時点を比較すると、支持と不支持が逆転している。

②菅義偉氏について正しく述べた文章を、以下のア～エの中から一つ選びなさい。

ア　安倍晋三内閣において官房《かんぼう》長官をつとめたことはない。

イ　首相就任時、衆議院で多数をしめる政党の代表者であった。

ウ　安倍晋三首相が辞任したのち、一度衆議院議員選挙を行い、その結果を受けて首相に就任した。

エ　首相就任時、憲法の規定にのっとり国会議員を辞職している。

問3.下線部(3)について、いわゆる「大阪都構想」に対しては、大阪市長自身が賛成・推進の立場を取っていました。住民投票時の大阪市長をア～エの中から一つ選びなさい。

ア　吉村洋文

イ　黒岩祐治

ウ　松井一郎

エ　林文子

問4.下線部(4)について、文中のある地域とはどこか。漢字で答えなさい。

問5.下線部(5)について、文中の抗議デモは、「黒人の命を尊重せよ」という意味合いで呼ばれる社会運動の一つとしてとらえられています。この社会運動を指す英語をカタカナで答えなさい。

問6.下線部(6)について、アメリカ大統領選における有権者の一般《いっぱん》投票のしくみは少し複雑ですが、簡略化して説明すると次のようになります。まず有権者は大統領候補者に投票し、候補者の得票は州ごとに集計され、その州でより多く得票した候補者が、各州およびワシントンD. C. に割りふられた「大統領選挙人」の全てを獲得《かくとく》し、より多くの大統領選挙人を獲得《かくとく》した候補者の勝利となります。大統領選挙人の総数は538名なので、総数の過半数の大統領選挙人を獲得すれば勝てるということです。今ここに、共和党指名候補A氏と民主党指名候補B氏がいて、投票日は事実上この2名のみの争いになっており、投票後ほとんどの州で開票作業が終わり、候補者の得票および大統領選挙人獲得数が確定し、この段階でA氏とB氏の大統領選挙人獲得数が同数であるとします。しかし、まだW、X、Y、Zの4つの州で開票作業が終了《しゅうりょう》しておらず、W州の選挙人は15名、X州は18名、Y州は11名、Z州は10名です。4つの州を含んだ全ての州で結果が確定し、どちらかの候補者が必要となる最小限の大統領選挙人獲得数で勝利したとすると、4つの州のうち、どの州で勝利したでしょうか。アルファベットで答えなさい。答えが複数の州である場合は全て答えなさい。※選挙人獲得の仕組みには、一部例外もありますが、W、X、Y、Zの州はこの例外には当てはまらないものとします。

問題は以上です

このページは余白です。

二〇二一（令和三）年度　南山中学校男子部　入学試験解答用紙　国語

受験番号

氏名

成績

※200点満点
（配点非公表）

一

一　A　B　C　二

三

四

五

六

七

八

九

二

①　②　③　④　⑤　⑥　⑦　⑧　⑨　⑩

三

一

二

三

四

五

六

七

八

九　↓　↓　↓　↓

十

十一

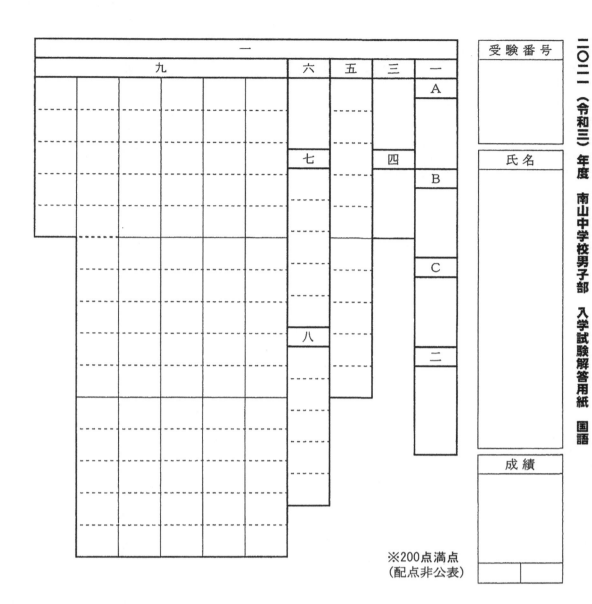

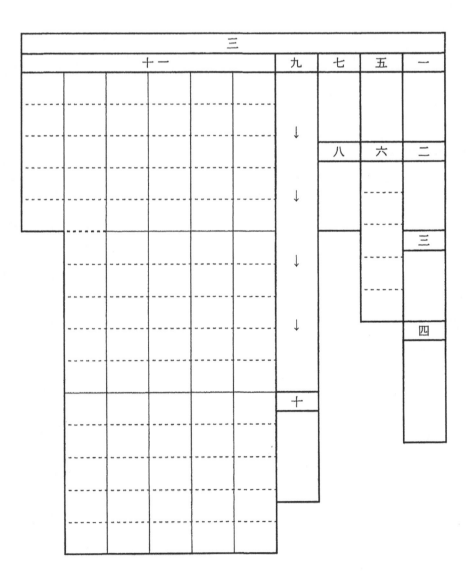

2021 年度（令和 3 年度）南山中学校男子部　入学試験　解答用紙

算　数

1

(1)	(2)	(3)	(4) 度
(5) 通り	(6) 枚	(7) ：	(8) cm^3

2

(1) 分速　m 速く歩く	(2) 分速　m

3

(1)

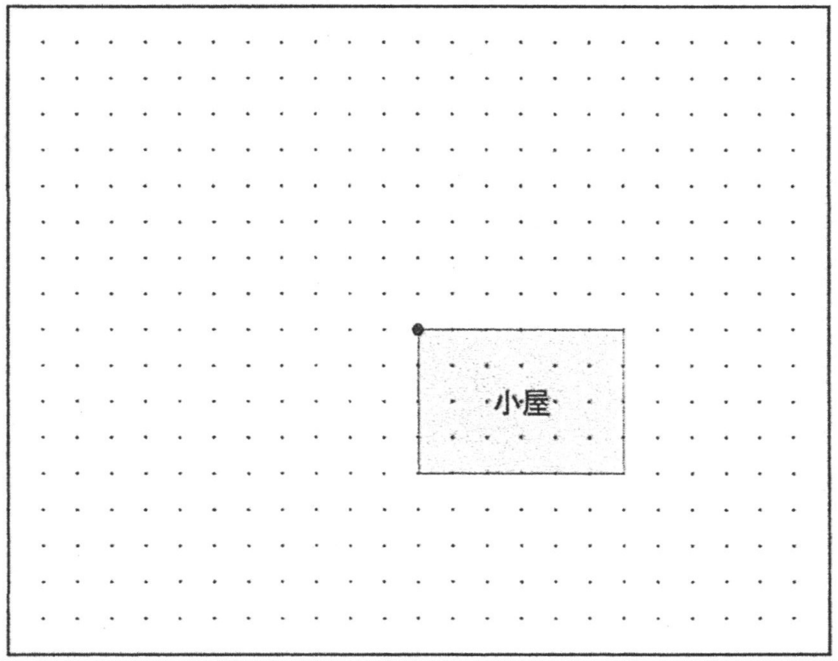

(2) m^2

4

(1)

(2) 本

5

(1)

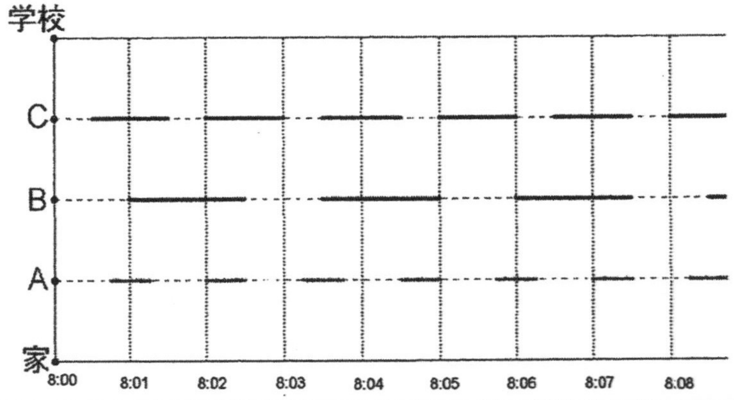

(2) 8 時　分　秒	(3) 8 時　分　秒

6

(1)(ア) 人	(イ) %	(2) 人

受験番号	氏　名	成　績

※200点満点
（配点非公表）

２０２１年度　南山中学校男子部　入学試験
理科

1

(1)	(2)	(3)	(4)	(5)
g			cm	

2

(1)	あ	い	(2)		(3)
(4)	(5)	(6)	(7)	(8) g	
(9)					

3

(1)	(2) 星の名前		
(3)	(4)	(5)	(6)
(7)		(8)	
(9)			

星の位置

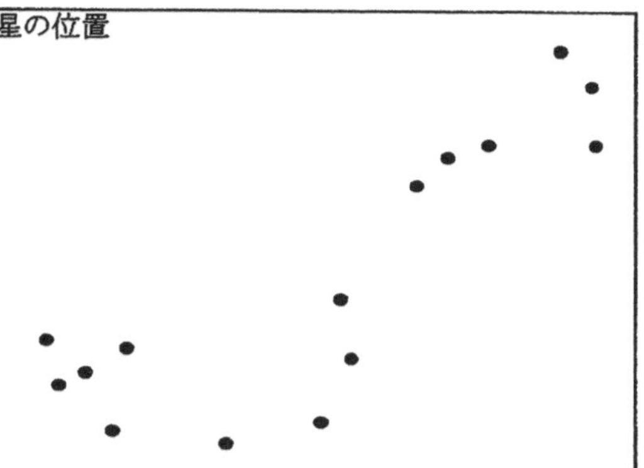

4

(1)	鉄	水	空気	(2)	(3) 鉄	水	空気
(4)	(5) 鉄	水	空気				

5

(1)				(2)
(3) あ	い		(4)	(5)
(6)	(7)			

6

(1)	(2)	(3)	(4)	(5)
性	色	色	性	色

7

(1)	(2)	(3)
(4) → → →	(5)	

受験番号：　　　　　　氏名：

※200点満点
(配点非公表)

【解答用紙4-(3)】 30-(27)

2021年度(令和3年度)　南山中学校男子部入学試験　解答用紙　社会

1

問1	問2	問3①

問3②	問4	問5①

問5②	問6	問7	問8①

問8②	問9①	問9②	問10
(組織)			

問11①	問11②	問11③	問11④	問12

問13	問14	問15	問16①

問16②	問17①	問17②	問18
	(ビル)		

問19	問20	問21	問23①	問23②

2

問1	問2	問3①	問3②
	(歳)		

問4	問5	問6	問7①	問7②	問8	問9	問10

問11①	問11②	問11③	問12	問13

問14①	問15	問16	問17	
			利点	欠点

3

問1	問2①	問2②	問3	問4

問5	問6

1 ー問22の論述問題

2 ー問14②の論述問題

受験番号	氏名

成績		

※200点満点
(配点非公表)

【解答用紙4-(4)】
30-(29)

※解答はすべて解答用紙に書くこと。
※字数制限がある問題は、句読点や「　」も一字として数えること。

一　次の文章を読んで、以下の問いに答えなさい。

Ⅰ　進化するテクノロジーがつくりだしてきたのは、ひとしなみの世の中でした。しかしみなおなじ世の中になればなるほど、ますます厄介《やっかい》になってくるのは、では「私」というのはだれなのか、ということです。

そっくりおなじ生き物をつくることができるという考え方に立って、クローンのようなものがつくられて、不思議ではなくなっています。大量生産、大量消費を可能にしたこの時代のゆたかさを築いたのは、みなおなじものをいくらでもつくれるという考え方です。

複製の時代、複製が文化である時代が、今という時代です。わたしたちが情報の名でよんでいるのは、おなじものをいくらでもつくれるコピーのことであり、コピーというのは、いろいろなものをみなおなじにしてゆく、おなじものをたくさんつくるという考え方を実現したものです。

みなおなじである状況《きょう》を、みな平等に、だれもがおなじようにつくりだせる状況が、大波となって打ち寄せてきて、「私」でなければいけない、「あなた」でなければいけないというものがなくなったという時代の波打ち際《ぎわ》にあって、「私でなければいけないものは何か」ということが、これからは一人一人にとっての重要な問題に、というか、難問になってくるだろうと思うのです。

Ⅱ　みなおなじという世のありよう、人のありようをつくりあげてきたのは、人間です。しかし、おなじであっても違《ちが》うのです。みなおなじであっても、何が違うのかというそのことを考えるいちばんの手がかりは、人間がつくってきたものであって人間をつくってきたものである、言葉です。

二〇世紀に、ユーゴスラヴィア連邦《ぽう》共和国という国がありました。ユーゴスラヴィア連邦は、第一次世界大戦後にできた統一国家で、連邦をつくった国の一つにスロヴェニアという国があります。アドリア海に面した、イタリアのすぐ隣《とな》りにある国です。以前、アメリカでわたしは、そのスロヴェニア生まれの物書きと知りあいました。知りあったとき、その人はユーゴ連邦の人でしたが、生まれたときのユーゴは王国。第二次世界大戦後は社会主義をかかげる連邦人民共和国になりますが、九二年にスロヴェニアは、連邦から分離《り》し独立します。しかしその人は、スロヴェニアが分離独立する前に、ユーゴからメキシコに亡命にちかいかたちで、どうやら国籍《せき》を変えたらしい。ですから、今はメキシコの市民のようですが、物書きとしては英語で書いています。

そういう人は、どこの人と言うべきなのでしょうか。はっきりしているのは、その人がスロヴェニア語のなかに生まれたということです。国は変わり、国籍も変わり、使う言葉も今は違う。そういった経験をもつ人ももうけっしてすくなくありません。そのような経験がもたらすものを思いあわせるなら、国というより、どういう言葉のなかに、どういう母語のなかに生まれたかが、その人の出身、出自にほかならないでしょう。

たとえば母語という日本語や、マザー・タングという英語が、そういう言い方のうちに表しているのは、人間というのは、生まれつく言葉の子どもなのだということです。①（　ア　）は（　イ　）の子どもではなく、（　ウ　）が（　エ　）の子どもなのだということです。母なるものとは自分が生まれ育った言葉のことです。

わたしたちは日本という国に生まれたと思っていますが、そうではなく、日本語という言葉のなかに生まれたのです。肝心なのは、どの国の人かということより、一人一人がどういう言葉のなかに生まれ、どういう言葉によって育てられて、育ってきたかです。

言葉のなかに生まれるというのは、「初めに言があった」という、新約聖書の「ヨハネによる福音《いん》書」の冒《ぼう》頭の有名な一行を引いて言えば、人間より先に言葉がある、ということです。（　②　）。言葉のなかに生まれて、言葉のなかに育ってゆくのが、人間です。

人間は何でもつくれると思ってきた。そしてみなおなじものをつくってきた。けれども、一つだけつくれなかったものがある。それが③言葉です。

Ⅲ　人間は言葉のなかに生まれてきて、言葉によって育ってゆくのだということに、④みずからよくよく思いをひそめないと、人間はとんでもない勘《かん》違いをすることがすくなくありません。そのことに自覚的でないと誤るのです。物はゆたかになり、生活はゆたかになり、暮らしぶりも落ち着いてきて、ずいぶん不自由もなくなった。にもかかわらず、たった一つ、今の日本でゆたかでないものがあります。ゆたかでないものは何でしょうか。わたしたちにとって今いちばんゆたかでないものは、言葉です。言葉がゆたかでありません。

言葉というのは、⑤人によって異なるものではなく、だれにとってもおなじものです。みなおなじということでは、言葉は平等なものだけれども、人と人を違《たが》えるのも言葉です。言葉をゆたかにできる人と乏《とぼ》しくしてしまう人とを、言葉は違えるからです。

大事なのは言葉で自分を表現することだ、とだれもがそう思っていますし、そう言われています。言葉を人間の家来と見なせばそうですが、実際は違うのです。問われているのは、⑥（　オ　）で（　カ　）をどうゆたかにできるか、ではなく、（　キ　）は（　ク　）をどうゆたかにできるか、なのです。

言葉のゆたかさというのは、たくさんの言いまわしをあれこれ揃《そろ》えることではありません。⑦美ジ麗クは言葉のゆたかさを意味しないのです。そうでなく、むしろ限られた言葉にどれだけ自分をゆたかに込められるかが、言葉にとっては重要なのです。

言葉のゆたかさとは、どういう自分であるかを語ることができる、みなおなじなかでおたがいがどういう人間であるか、おたがいにどういうふうに違っているかをすすんで語ることができる、そういうゆたかさにほかなりません。日常に普《ふ》通にある言葉を、どのように使うか。言葉は、それがすべてだからです。

言葉というのは、言葉の使い方の問題です。自分がどういう言葉をどう使うか、その言葉のなかに自分をどう表してゆくか、それができるか、できないかが、これからは社会の⑧いちばん重要なおもりとなってゆくようになるのではないかと思うのです。

（長田弘《おさだひろし》『読書からはじまる』）

問一　――線部①の空らんに入る語句の組み合わせとして、最も適当なものを次から選んで記号で答えなさい。

A　ア　言葉　イ　人間　ウ　人間　エ　言葉
B　ア　人間　イ　言葉　ウ　言葉　エ　人間
C　ア　人間　イ　言葉　ウ　人間　エ　言葉
D　ア　言葉　イ　人間　ウ　言葉　エ　人間

問二　（　②　）に入る文として、最も適当なものを次から選んで記号で答えなさい。

ア　人間で言葉を作るのではありません。
イ　人間を言葉が作るのではありません。
ウ　人間の言葉が作るのではありません。
エ　人間が言葉を作るのではありません。
オ　人間と言葉で作るのではありません。

問三　――線部③「言葉」について、ここでの意味を表しているものとして、最も適当なものを次から選んで記号で答えなさい。

ア　記号としての言葉
イ　複製可能な言葉
ウ　聞き心地のいい言葉

エ　人にやさしい言葉
オ　本当に自分に必要な言葉

問四　―線部④の「みずからよくよく思いをひそめない」とあるが、「みずからよくよく思いをひそめる」を別の言葉で言い換えたとき、最も適当な語句をⅢの中からぬき出してそのまま答えなさい。

問五　―線部⑤の言葉の意味を変えないで、まったく別の言葉をⅠの中から五字でぬき出しなさい。

問六　―線部⑥の空らんに入る語句の組み合わせとして、最も適当なものを次から選んで記号で答えなさい。

A　オ　言葉　カ　自分　キ　言葉　ク　自分
B　オ　自分　カ　言葉　キ　自分　ク　言葉
C　オ　言葉　カ　自分　キ　自分　ク　言葉
D　オ　自分　カ　言葉　キ　言葉　ク　自分

問七　―線部⑦のカタカナの部分を漢字に直したときに、最も適当な漢字の組み合わせを次から選んで記号で答えなさい。

ア　美字麗《れい》苦　イ　美字麗句　ウ　美辞麗口　エ　美辞麗句　オ　美自麗句

問八　―線部⑧と同じ内容を表している箇《か》所を二十字以上二十五字以下でⅠの中からぬき出して、その最初と最後の五字を答えなさい。

問九　言葉の新たな意味に気づいたことで、周りの見え方が変わったと感じられたあなたの経験について、その言葉を一語挙げ、どのような経験によってどんな新しい意味に気づいたか、そこでどのようにあなたのものの見え方が変わったか、六〇字以上一二〇字以内で書きなさい。

二　―線部のカタカナを漢字に、漢字をひらがなにしなさい。

①ミャンマーの政治にカンシンをもつ。　②紛《ふん》争のチョウテイに当たる。
③トトウを組む。　④役人を辞《や》めてヤに下る。
⑤和室のショウジをはりかえる。　⑥友に会いたくてヤもたてもたまらず急いだ。
⑦みなさまのごタコウをお祈《いの》りします。　⑧カホウは寝《ね》て待て。
⑨相手の攻撃を逆手にとる。　⑩殺生を禁止する。

三　岩手県立盛岡大鵬《もりおかたいほう》高校の二年生、加藤《とう》伊智花《いちか》は美術部員。翌年夏のコンクールに出展するために「不動の滝《たき》」をモチーフにした絵画の制作に当たっています。次の文章を読んで、以下の問いに答えなさい。

二〇一一年三月十一日。私は課外学習がちょうど休みで、盛岡にある自宅にいた。遅《おそ》く起きて、午後一時頃に袋《ふくろ》ラーメンを作って食べ、どんぶりも片づけずにそのままテレビを見ていた。ごごご、と音がして、それからすぐに揺《ゆ》れた。掴《つか》んだ肩《かた》を揺らされているような、ぐわり、ぐわりと円を描《えが》くような揺れだった。咄嗟《さ》に居間に飾《かざ》ってあった大皿が割れてしまうと思い、寝《ね》かせる。ぷちん、とテレビが消える音がした。それから食器棚《だな》を押《お》さえていたけれど、あまりにも普通でない揺れだったので食卓《たく》の下に潜《もぐ》った。避《ひ》難訓練って意味あるんだ、と、妙に冷静に思う。頭では必死に冷静なことを思っても、鼓動が耳のそばでばくばくと聞こえた。揺れが収まった後もしばらくどきどきして、「大丈夫大丈夫」と独り言を繰《く》り返した。テレビもつかないし、部屋《へや》のラジオは有線のものだが、スイッチを入れてもつかなかった。無線のラジオ、どこにあったんだっけ。停電か、それともブレーカーが落ちたのか？　うちだけが停電なのだろうか。母から電話がきた。

「伊智花、怪我《けが》はなかった？　そう。大丈夫だからね、大丈夫。しっかりしないとね。家に伊智花がいて助かったよ。頼《たよ》りにしてる。もし行けそうなら買い物に行ってくれる？」

母の大丈夫、は私に言っているのではなく、自分に言い聞かせているようだった。水道と電気が止まった。結局停電だったのだ。ガスはプロパンのところはいつも通りだったらしいけれど、我《わ》が家《や》はオール電化だったので、あらゆる家電や暖房《だんぼう》が使えなくなった。病院勤めの母はなかなか職場から帰ってこず、水道会社に勤めていた父もてんやわんやのようだった。

四月末、新学期がようやく始まった。制服の学生章を三年生のものに付け替《か》えて、新しい教室に足を踏《ふ》み入れた。新しいクラスのうち、ふたりが欠席していた。実家が沿岸《えんがん》で、片付けなどの手伝いをしていると担任は言った。私は美術室に通う毎日を再開した。美術部は幽霊《ゆうれい》部員がほとんどで、コンクール四カ月前の部室でキャンバスに向かう部員は私だけだ。木の匂いと、すこしだけニスの匂いがする美術室にいると、気持ちが研《と》ぎ澄《す》まされていくのがわかった。使い古されたイーゼルを立たせて、両腕《うで》をいっぱい伸《の》ばしてキャンバスを置く。私は改めて、①集大成の滝を描こうと思った。不動の滝の写真を携帯《けいたい》に表示して、じっと眺めて、閉じる。大きく息を吸って、アタリの線《せん》を描き始める。自分のからだのなかに一本の太い滝を流すような、絵のなかの音を描きだすような、豪快で、繊細な不動の滝で、必ず賞を獲りたい。獲る。描きたすほどに、今までの中でいちばん立体的な滝になっていく。

七月のある日、顧《こ》問のみかちゃんが一枚のプリントを持ってきた。

「やる気、ある？」

②みかちゃんは、懇願《こんがん》のような謝罪のような何とも複雑な表情をしていた。そのプリントには〈絵画で被災地に届けよう、絆のメッセージ　～がんばろう岩手～〉と書いてある。

「これは」

「教育委員会がらみの連盟のほうでそういう取り組みがあるみたいで、高校生や中学生の油絵描く子たちに声かけてるんだって。伊智花、中学の時に賞獲ってるでしょう。その時審《しん》査員だった連盟の人が、伊智花に名指しでぜひ描かないかって学校に連絡があって」

「はあ」

「県民会館で飾《かざ》って貰《もら》えるらしいし、画集にして被災地にも送るんだって」

「被災地に、絵を？」

「そう」

「絆って、なんなんですかね。テレビもそればっかりじゃないですか」

「支え合うってこと、っていうか」

「本当に大変だった人に、ちょっと電気が止まったくらいのわたしが『応援《えん》』なんて、なにをすればいいのかわかんないですよ」

「そうだね、むずかしい。でも絵を描ける伊智花だからこそ、絵の力を信じている伊智花だからこそできることもあるんじゃないか、って、わたしは思ったりもするのよ」

「じゃあ、何を描けば」

「鳥とか、空とか、花とか、心が安らぐような、夢を抱《いだ》けるような、希望や絆があって前向きなもの、って連盟の人は言ってた」

「・・・描いた方がいいですか」

「描いた方が、いろいろと、いいと思う、かな」

それから私は不動の滝の絵を描きながら、〈　③　〉のことを考えた。虹《にじ》や、双《ふた》葉が芽吹《ぶ》くようなものは、いくらなんでもと思ってやめた。そもそも、内陸でほとんど被害を受けていない私が何を描くのもとても失礼な気がした。考えて、考えて、結局締《しめ》切りぎりぎりになって、通学の道中にあるニセアカシアの白い花が降る絵を描いた。その大樹のニセアカシアは、毎年本当に雪のように降る。あまりの花の多さに、花が降るたびに顔をあげてしまう。顔をあげるから前向きな絵、と思ったが、④不謹慎《きんしん》だろうか、と描きながら思って、まぶしい光の線を描き足し、タイトルを「顔をあげて」とした。みかちゃんは「これは、すごいわ」と言ってその絵を出展した。私の絵は集められた絵画の作品集の表紙になった。その作品集が被災地に届けられ、県民会館で作品展が開かれるとなったら新聞社が学校まで取材に来た。

「〈顔をあげて〉このタイトルに込《こ》めた思いはなんですか？」

と、若い女性の記者はまぶしい笑顔《えがお》で言う。あ、絵じゃないんだ。と思った。Ⅰ枝葉のディテールや、影《かげ》の描き方や、見上げるような構図のことじゃないんだ。時間がない中で結構頑《がん》張って描いたのにな。取材に緊張《きんちょう》してこわばるからだから、力がすいっと抜《ぬ》けていく感覚がした。この人たちは、A絵ではなくて、被災地に向けてBメッセージを届けようとする高校生によろこんでいるんだ。そう思ったら胃の底がぐっと低くなって、からだにずっしりとした重力がかかっているような気がしてきた。記者はいますぐ走り書きができるようにペンを構えて、期待を堪《たた》えてこちらを見ている。

「⑤申し訳ない、というきもちです。わたしはすこしライフラインが止まったくらいで、Ⅱ絆なんて、がんばろうなんて、言えないです」

⑥記者は「ンなるほど、」と言ってから、しばらくペンを親指の腹と人差し指の腹でくにくに触《さわ》り、それから表紙の絵を掲《かか》げるようにして見て、言った。

「うーん。でも、この絵を見ると元気が湧《わ》いてきて、明るい気持ちになって、頑張ろうって思えると思うんですよ。この絵を見た人にどんな思いを届けたいですか?」

「Ⅲそういうふうに、思ってもらえたら、うれしいですけど」

⑦私は、早く終わってほしい、と、それればかり考えていた。描かなければよかったと、そう思った。

そのあと、沿岸での思い出はあるか、将来は画家になりたいのかどうかなど聞かれて、私はそのほとんどを「いえ、とくに」と答えた。そばにいたみかちゃんは手元のファイルに目線を落として、私のほうを見ようとしなかった。記者が来週までには掲載《けいさい》されますので、と言いながら帰って行って、私は、みかちゃんとふたりになった。深く息を吐き、吸い、「描かなければよかったです」と、まさに言おうとしたそのとき、

「このさ、見上げるような構図。木のてっぺんから地面まで平等に、Ⅳ花が降っているところがすごい迫《はく》力なんだよね。光の線も、やりすぎじゃないのにちゃんと光として見える、控《ひか》えめなのに力強くてさ。伊智花の絵はすごいよ。すごい」

と、みかちゃんはしみじみ言った。

「そう、なんですよ。がんばりました」

と答えて、それが涙《なみだ》声になっているのが分かって、お手洗いへ駆《か》け込んで泣いた。悔《くや》しいよりも、うれしいが来た。私はこの絵を見た人に、そう言われたかったのだ。

（くどうれいん「氷柱《つらら》の声」の一部、一部改）

問一 ―線部①の本文中での意味として、最も適当なものを次から選んで記号で答えなさい。

ア コンクールに出展するために描きあげた、最後のもの。
イ コンクールで入賞するために描きあげた、最後のもの。
ウ みかちゃんに教えられたことを表現して、まとめ上げたもの。
エ これまで身につけてきた技術を注入して、まとめ上げたもの。
オ 豪快で、繊細な不動の滝の絵画として、納得《なっとく》のいくもの。
カ コンクールでの入賞を目指す作品として、納得のいくもの。

問二 ―線部④「謹慎」と同じように、語頭に「不」をつけると反対の意味になる熟語として、最も適当なものを次から選んで記号で答えなさい。

ア 常識　イ 健全　ウ 確認　エ 関係　オ 分化　カ 交渉《しょう》

問三 ―線部ⅠⅡⅢⅣは―線部A「絵」、―線部B「メッセージ」のいずれかに当たります。「絵」の場合はA、「メッセージ」の場合はBを、それぞれ解答らんに書きなさい。

問四 ―線部②のときのみかちゃんの気持ちを説明した文として、最も適当なものを次から選んで記号で答えよ。

ア 伊智花が乗り気にならないことは察しながら、連盟の人に頼《たの》まれたことに加え、伊智花の絵に対する純粋《すい》な期待から、出展をすすめようとしている。
イ 伊智花なら描いてくれるに違いないと確信しながら、連盟の人に頼まれただけに、伊智花が断ってきた場合のことを考えて身構えている。
ウ 伊智花は絶対に断ってくるはずだと思いながら、連盟の人に頼まれた手前、これを伊智花に伝えないわけにもいかず、どうしたものかと困っている。
エ 伊智花が乗り気にならないことは察しながら、連盟の人に頼まれたことに加え、被災地を勇気づけたいという強い思いから、説得を試みようとしている。
オ 伊智花なら描いてくれるに違いないと確信しながら、連盟の人に頼まれただけに、良い作品に仕上げさせなければならないという使命感に駆られている。
カ 伊智花は絶対に断ってくるはずだと思いながら、連盟の人に頼まれた手前、こちらも引けないので、伊智花をその気にさせようと苦心している。

問五 〈 ③ 〉に入る言葉として、最も適当なものを次から選んで記号で答えなさい。

ア 絵画で被災地に届けよう
イ 教育委員会がらみの連盟のほうの取り組み
ウ その時審査員だった連盟の人
エ 応援
オ 鳥とか、空とか、花
カ 心が安らぐような、夢を抱けるような、希望や絆があって前向きなもの

問六 ―線部⑥⑦を説明した文として、最も適当なものを次から選んで記号で答えなさい。

⑥
ア 伊智花の返答が予想通りだったので、記者は、自分が期待した話の方向に改めて伊智花を誘《ゆう》導しようとしている。
イ 伊智花の返答が予想通りだったので、記者は、震《しん》災で伊智花が負った傷の深さを思いやって話の本質に触《ふ》れまいとしている。
ウ 伊智花の返答が予想通りだったので、記者は、その絵本来の魅《み》力を伊智花自身に気付かせようとしている。
エ 伊智花の返答が予想外だったので、記者は、自分が期待した話の方向に改めて伊智花を誘導しようとしている。
オ 伊智花の返答が予想外だったので、記者は、震災で伊智花が負った傷の深さを思いやって話の本質に触れまいとしている。
カ 伊智花の返答が予想外だったので、記者は、その絵本来の魅力を伊智花自身に気付かせようとしている。

⑦
ア 自分が被災者をだましてしまったような感覚にとらわれ、それが記者に露《ろ》見しては大変だと思って焦《あせ》っている。
イ ニセアカシアの絵から、勝手に読みとられたメッセージを前提にした取材を受けることに戸惑《まど》いを感じている。
ウ 作者の手を離れてなお、鑑《かん》賞者を明るい気持ちにしたというニセアカシアの絵の、表現力の強さに驚《おどろ》いている。
エ 記者の質問のたびに、なまなましくよみがえる震災当時の記憶をどうにかかき消そうとして必死になっている。
オ 結構頑張って描いた絵の方に注目してほしいのにと思って、自分に出展を促《うなが》したみかちゃんにいら立っている。
カ 自分の本当の気持ちを記者にも理解してほしいと思いながら、なかなか適切な返答ができない自分に嫌《いや》気がさしている。

問七 ―線部⑤について

i 伊智花は誰に対して「申し訳ない」と感じていますか。本文から十字以下でぬき出しなさい。
ii 伊智花の「申し訳ない」気持ちと、次の文章にあるサトシの「申し訳ない」気持ちの間には、大きな違いがあります。両者の違いについて、六十字以上一〇〇字以下で具体的に説明しなさい。

サトシは、昼休みにみんなと一緒《しょ》にドッジボールをして遊んでいました。ゲームが白熱しはじめたとき、サトシが投げたボールをよけようとしたシゲルが、バランスを崩して転んでしまい、右手にケガを負ってしまいました。テストが近いこともあったので、サトシは申し訳ない気持ちでいっぱいになりました。

2022 年度（令和4年度）南山中学校男子部　入学試験　問題用紙

算　　数

答えは解答用紙に書きなさい。
分数で答えるときは、約分して答えなさい。
必要であれば、円周率は 3.14 としなさい。
図は正確であるとは、限りません。

（60分）

1　次の問いに答えなさい。

（1）　次の計算をしなさい。

$$\{3.5\times(1.4-\frac{7}{15})-0.6\}\div1\frac{1}{3}$$

（2）　□ に当てはまる数を答えなさい。

$$100-(32\div\square+3)=1$$

（3）　ウォーキングが趣味《しゅみ》の山内君のお父さんは、毎日歩いた歩数を記録しています。先週の平日（月曜日から金曜日）における歩数の平均は 12900 歩でした。日曜日は、家でのんびり過ごす時間が多かったため、土曜日の半分の歩数しか歩くことができず、月曜日から日曜日までの１週間の平均の歩数は 10800 歩でした。土曜日の歩数を求めなさい。

（4）　内海《うつみ》君は新型タブレットを買うために目標金額を決め、毎週貯金をすることにしました。１週目は 1000 円、２週目は 1400 円、３週目は 1800 円、……というように前の週よりも 400 円ずつ多く貯金したところ、10 週目で貯金額の合計と目標金額が等しくなりました。目標金額はいくらか求めなさい。

（5）　図で、三角形 ABC は正三角形で、四角形 CDEF は平行四辺形です。**ア**の角度が 107 度であるとき、**イ**の角度を求めなさい。

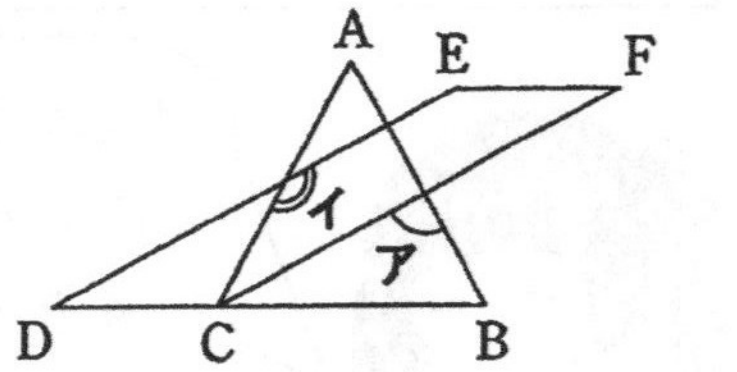

（6）　直方体の容器 A，B，C があり、底面積の比は 1：2：3 です。容器 A，B には水が入っており、底面から水面までの高さはそれぞれ 8cm，3cm でした。容器 A，B に入っている水をすべて容器 C に移したとき、容器 C における底面から水面までの高さを求めなさい。

（7）　図で、点 P は三角形 ABC の頂点 A を出発し、三角形 PBC が角 B を直角とする直角三角形になるまで、辺 BC に平行な直線 X 上を動きます。移動後の点 P を Q とし、AC と QB が交わる点を H とすると、HB の長さは 3cm でした。斜線《しゃせん》部分の面積が 16cm² であるとき、点 P が動いた距離《きょり》を求めなさい。

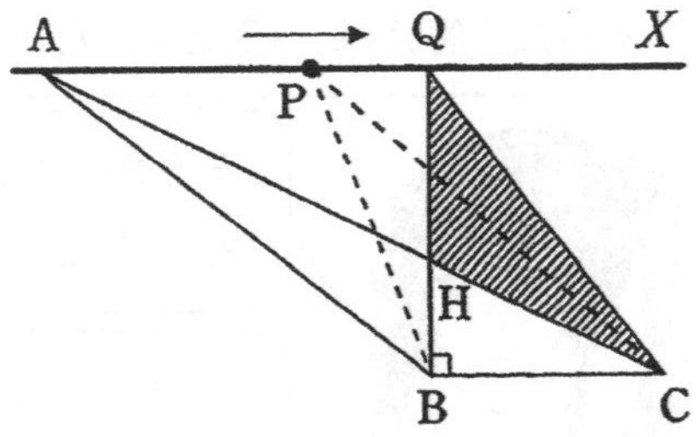

2　柳《やなぎ》田《た》君の通う中学校では毎年体育祭が行われ、生徒は７つの競技の中から３つを選びます。ただし、入場・退場の都合上、２つ以上の連続する競技を選ぶことはできません。右は今年の体育祭のプログラムです。次の問いに答えなさい。

短距離走
借り物競走
つなひき
400m 走
玉入れ
リレー
棒たおし

（1）短距離に自信のある柳田君は、最初の短距離走を必ず選ぶことにしました。残り２つの選び方は何通りあるか求めなさい。

（2）３つの競技の選び方は何通りあるか求めなさい。

3 サクラさんとカエデくんの会話文を読んで、次の問いに答えなさい。

（例題） たして 7，かけて 12 になるような２つの整数を求めなさい。

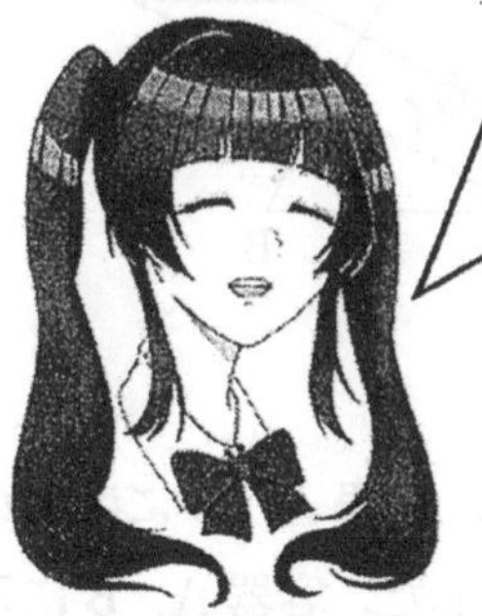

たして 7 となるような２つの整数は、0 を除くと、
「1 と 6」，「2 と 5」，「3 と 4」の３通りがあるわ。
「4 と 3」は、「3 と 4」と同じことなので考えなくていいわね。
次にこれらをかけ算して、12 になるものを探すの。
$1\times6=6$（ダメ）　　$2\times5=10$（ダメ）
$3\times4=12$（OK）
見つけた！答えは、「3 と 4」ね！

かけて 12 となる２つの整数を考えた方がいいんじゃないか？
「1 と 12」，「2 と 6」，「3 と 4」の３通りがあるから、
これらを足して、7 となるものを探せばいい。
$1+12=13$（ダメ）　　$2+6=8$（ダメ）
$3+4=7$（OK）
あった！答えは、「3 と 4」だ！　この方法の方が楽だろ？

そうかな？計算の回数はどちらも 3 回よ。
私の方法も楽だと思うけど……。

じゃあ、特に A，B が大きい数のときに、
たして A，かけて B となるような、
２つの整数の求め方を考えてみよう。

（1）　２人（サクラさんとカエデくん）の方法のうち、少ない計算で２つの整数を見つけやすいのはどちらでしょうか。解答用紙の（ **サクラ ・ カエデ** ）のどちらかに○をつけ、より少ない計算で見つけやすい理由を説明しなさい。

たして A となる２つの整数を並べ、そこから
かけて B になる２つの整数を探す。

かけて B となる２つの整数を並べ、そこから
たして A になる２つの整数を探す。

サクラさん　　カエデくん

（2）　たして 57，かけて 770 となるような２つの整数を求めなさい。

4 ナンザン町のマンションに住んでいる太郎《たろう》君は、自宅近辺にあるマンションの家賃を調べることにしました。家賃とは、そのマンションに住んでいる人が毎月マンションの所有者に支払《しはら》うお金です。ナンザン町には A 駅，B 駅の２つの地下鉄の駅があり、その距離は 1500m です。また、A 駅の真上にあるマンションの家賃は 100000 円、B 駅の真上にあるマンションの家賃は 88000 円です。太郎君は「駅に近い方が生活に便利なので、駅から遠ざかれば家賃は安くなるだろう」と予想して調査を進めたところ、自宅近辺にあるマンションの家賃について次のような規則を見つけました。

規則①　マンションの位置が A 駅から 100m 離《はな》れるごとに、家賃は 5000 円下がる。
規則②　マンションの位置が B 駅から 100m 離れるごとに、家賃は 3000 円下がる。
規則③　①と②で計算した家賃のうち、高い方がそのマンションの家賃となる。

この問題では、マンションの大きさは考えず、マンションの位置を１つの点として考えます。また、マンションの家賃は、上に示した規則だけによって決められるものとして、次の問いに答えなさい。

（1）　太郎君の住んでいるマンションは A 駅から 1000m、B 駅から 1000m 離れた場所にあります。このマンションの家賃を求めなさい。

（2）　**規則①**で計算した家賃が 70000 円以上となる範囲《はんい》の面積を求めなさい。

（3）　図で、・は 100m の間隔《かんかく》で打たれています。家賃が 55000 円以上 70000 円以下になる範囲を解答用紙に作図し、斜線で示しなさい。このとき、解答用紙の枠《わく》からはみだす部分については作図せず、枠内における範囲のみを示すこと。

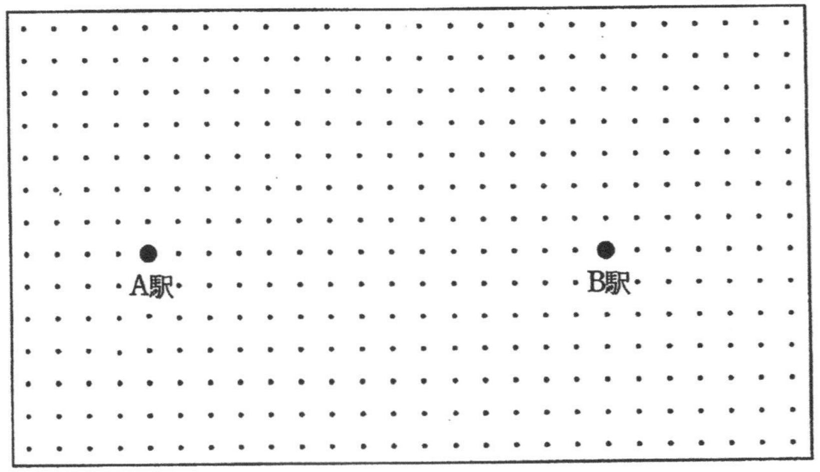

5　以下に示す操作に従って、横５マスに区切られた細長い長方形の木片《もくへん》に記号を書いていきます。

左から小さい順に５つの整数を並べ、マスに書かれた整数に応じて○，×，△を書きます。

・３の倍数ならば○を書く。
・４の倍数ならば×を書く。
・１２の倍数ならば○，×を書かず△を書く。

その後、記号が書かれていても書かれていなくても、木片に書かれた５つの整数を消します。こうしてできあがった木片をプレートと呼ぶことにします。

２枚目以降の木片からは、直前に完成したプレートに書かれていた整数の続きとなる整数を５つ記入し、同様の方法（記号を書き、整数を消す）でプレートを作っていきます。右は操作を始めてから、はじめの３枚のプレートができる様子を表しています。次の問いに答えなさい。

<１枚目>

1	2	3	4	5

⇩

		○	×	

<２枚目>

6	7	8	9	10

⇩

○		×	○	

<３枚目>

11	12	13	14	15

⇩

	△			○

（１）　この操作を始めて、１０枚目までのプレートに○はいくつ書かれているか求めなさい。

（２）　プレートが作られる様子を長時間見ていた松田君は、下に示すプレートの直前にできるプレートに書かれる記号は必ず同じであることに気付きました。直前にできるプレートを、解答用紙の枠に○，×，△を記入して、完成させなさい。

		○	×	

（３）　2022 回目の○が書かれるプレートは、操作を始めてから何枚目か求めなさい。

6　タケシ君とユタカ君がそれぞれ馬に乗って、2500m のコースで競走します。

タケシ君はコース前半から速めのペースで走り、リードをキープしたまま逃《に》げ切る作戦です。ゴールまで残り 1000m 地点をスタートから 90 秒で通過し、その後は 100m を 6 秒で走るペースで走り続けました。しかし、最終盤《さいしゅうばん》にてスタミナが尽《つ》きたことで大きく失速してしまい、ゴールまでの残り 50m はそれまでのペースの半分の速さで走りました。

（１）　タケシ君がスタートしてから、ゴールまで残り 600m 地点を通過するまでにかかる時間は何秒か求めなさい。

（２）　タケシ君がスタートしてから、90 秒以降の時間と位置(ゴールまでの距離)の様子を解答用紙のグラフに表しなさい。

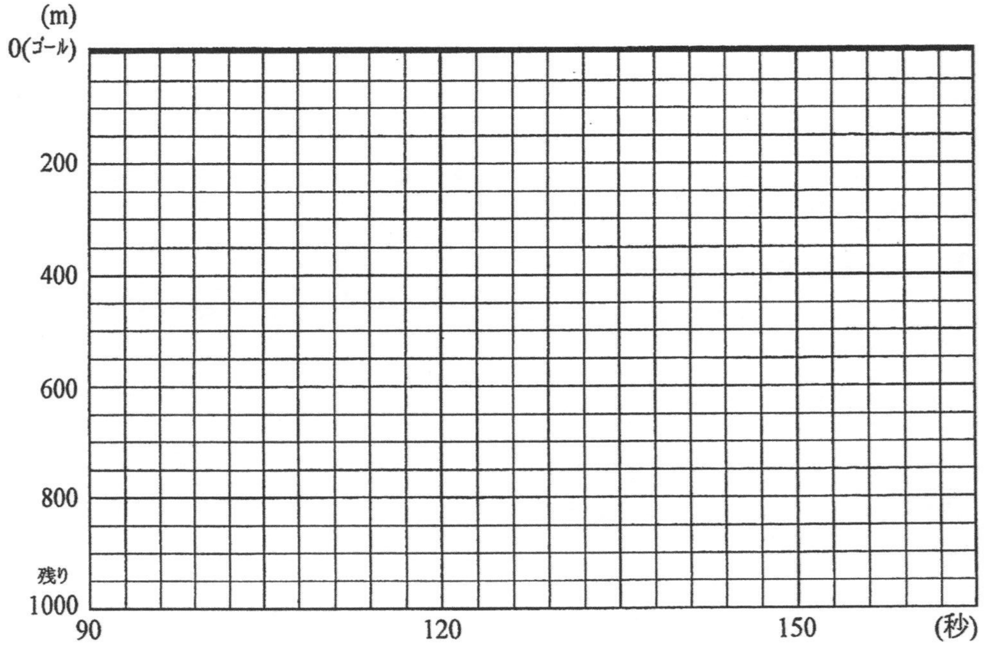

（３）　ユタカ君は中盤まで力をたくわえ、ラストスパートをかける作戦です。ユタカ君はゴールまで残り 1000m 地点をタケシ君より 3 秒遅れて通過し、その後タケシ君の後ろを一定の距離を保ちながら走り続け、ゴールまで残り 600m 地点からスピードを上げました。ユタカ君については、スタミナが尽きることなく、スピードを上げた状態のペースでゴールまで走り切りました。スピードを上げる前と、スピードを上げた後の速さの比は 11：12 でした。

この競走で先にゴールしたのはタケシ君とユタカ君のどちらか求めなさい。また先にゴールしたとき、もう一方はゴールまで残り何 m 地点にいたか求めなさい。

2022年度　南山中学校男子部　入学試験問題用紙

理科

● 試験開始の合図があるまで、問題冊子は開かないでください。

(50分)

理科

1 水の性質を調べるため、【実験1】と【実験2】を行いました。次の問いに答えなさい。

【実験1】－25℃の氷100gをビーカーに入れて、同じ量の熱を加え続けました。このとき、時間とともに温度がどのように変化したかを調べ、下のグラフのようにまとめました。

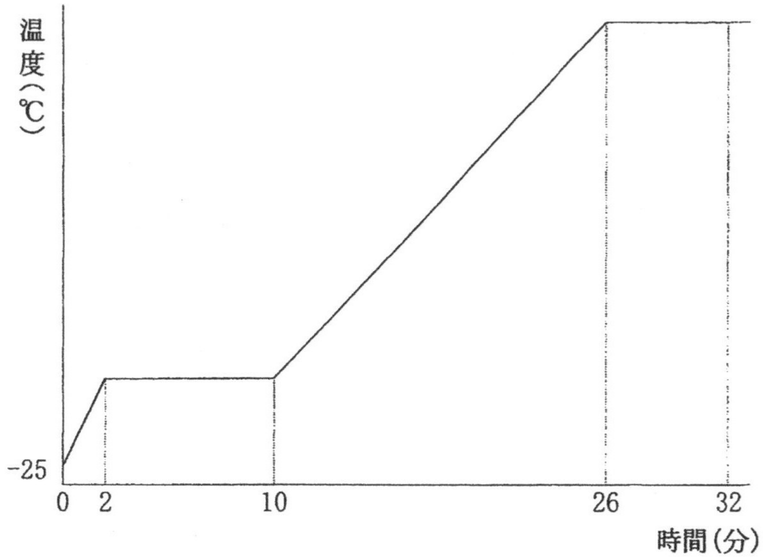

(1) 【実験1】において、加熱してから5分たったときの温度は何℃ですか。

(2) 【実験1】において、加熱してから14分たったときの温度は何℃ですか。

(3) 【実験1】において、水1gの温度を1℃上げるのに必要な熱の量は、氷1gの温度を1℃上げるのに必要な熱の量の何倍ですか。

(4) 右の図は、水の入ったビーカーの中に氷を入れたときのようすを横から見たものです。水面の高さがわかるように、右図のようにマジックで印をつけました。ビーカーの中の氷がすべて溶《と》けた後、ビーカー内の水面の高さはどのようになっていますか。最も適するものを次の①～③の中から1つ選び、番号で答えなさい。

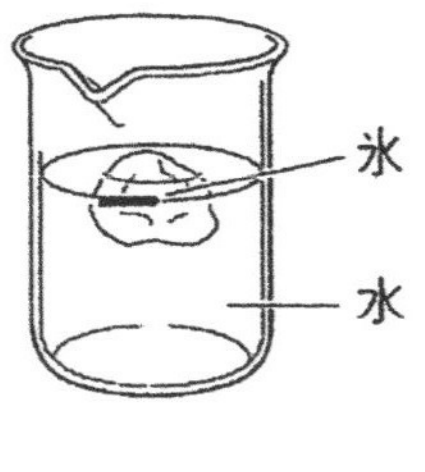

①

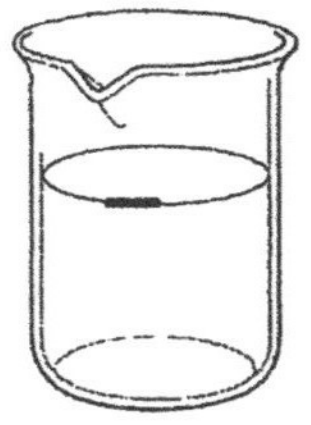

②

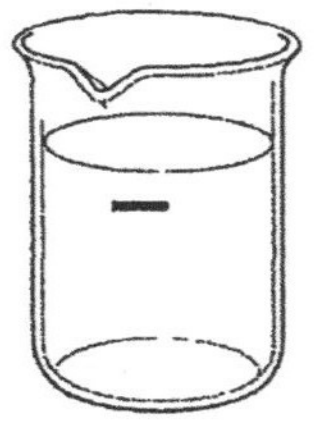

③

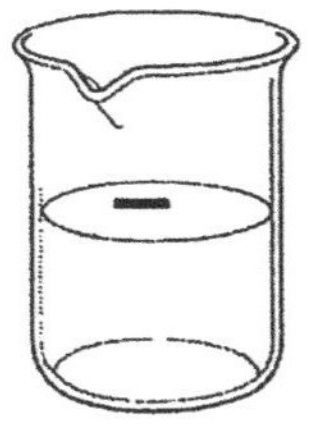

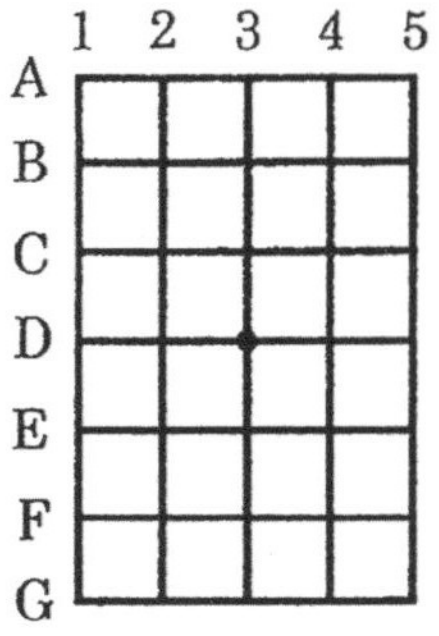

図3

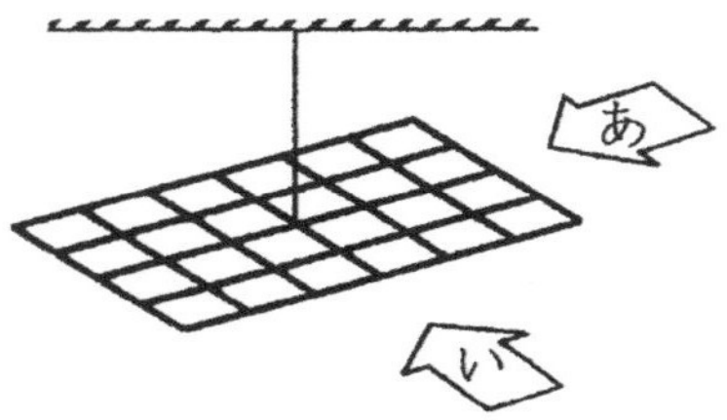

図4

(4) 図4の格子の交点F1に50gのおもりを1つつるしたところ、格子が傾《かたむ》きました。そこで、100gのおもり1つをある交点につるしたところ、格子は水平につりあいました。その交点をアルファベットと数字の組み合わせで答えなさい。解答欄には、「A1」のように書きなさい。また、必要があれば、下の〔ヒント〕を参考にして構いません。

〔ヒント〕格子が水平につりあうためには、格子の真横の2方向（図4の「あ」と「い」）から見て、2方向ともが水平になればよい。また、交点F1に50gのおもりを1つつるした直後の「あ」の方向から見たようすが図5であり、「い」の方向から見たようすが図6である。

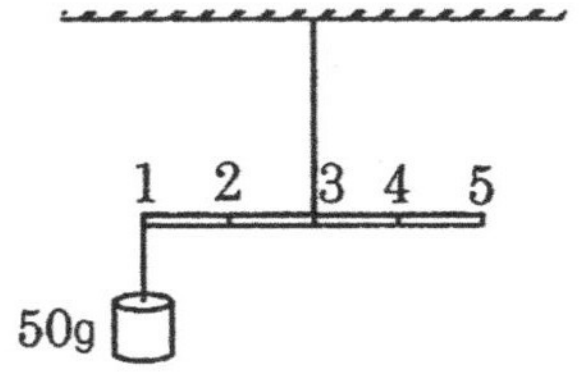

図5
（「あ」の方向から見たようす）

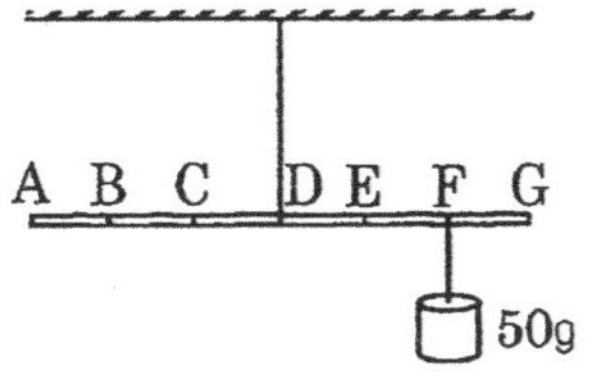

図6
（「い」の方向から見たようす）

(5) 再び、図4の状態に戻し、新たに格子の交点B1に50g、E2に100gのおもりを1つずつつるしたところ、格子が傾きました。そこで、200gのおもり1つをある交点につるしたところ、格子は水平につりあいました。その交点をアルファベットと数字の組み合わせで答えなさい。解答欄には、「A1」のように書きなさい。

(6) 再び、図4の状態に戻し、新たに格子の交点E1に30g、A5に90gのおもりを1つずつつるしたところ、格子が傾きました。そこで、ある重さのおもり1つをある交点につるしたところ、格子は水平につりあいました。そのおもりの重さは何gですか。

10 次の[Ⅰ]・[Ⅱ]について、それぞれの問いに答えなさい。

[Ⅰ] 実験用てこと、それぞれ重さのちがう3種類のおもりA、B、Cがあります。これらを用いて、【実験1】と【実験2】を行いました。次の問いに答えなさい。ただし、てこの太さはどこも同じで、穴の位置は等間隔《かく》とします。

【実験1】
図1のように、おもりをつるしたところ、てこは水平につりあった。

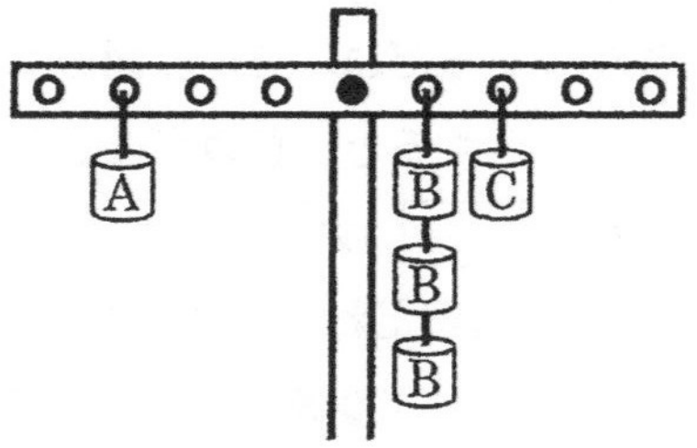

図1

(1) 【実験1】の結果から、おもりAとBでは、どちらの方が重いですか。AまたはB、どちらともいえなければ×と答えなさい。

(2) 【実験1】の結果から、おもりBとCでは、どちらの方が重いですか。BまたはC、どちらともいえなければ×と答えなさい。

【実験2】
図2のように、おもりをつるしたところ、てこは水平につりあった。

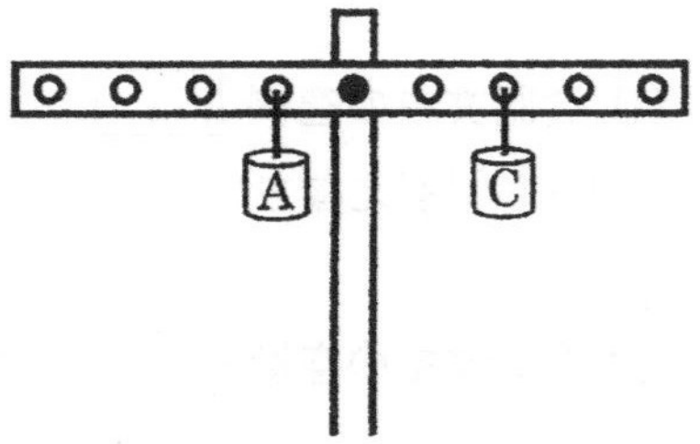

図2

(3) 【実験1】と【実験2】の結果から、おもりA、B、Cの重さの関係を表したものとして、正しいものを次の①～⑦の中から1つ選び、番号で答えなさい。

① A ＞ B ＞ C　② A ＞ C ＞ B　③ B ＞ A ＞ C
④ B ＞ C ＞ A　⑤ C ＞ A ＞ B　⑥ C ＞ B ＞ A
⑦【実験1】と【実験2】だけではわからない。

[Ⅱ] 軽くて細い棒を等間隔につなぎ合わせ、図3のような格子を作製しました。棒と棒の交点は、A～Gのアルファベットと、1～5の数字を組み合わせて表すこととします。例えば、図3の・印をつけた交点は「D3」と表します。次に、図3のD3にひもを取りつけ天井につるしたところ、図4のように水平になりました。図4の状態で格子にいくつかのおもりをつるして、実験をします。次の問いに答えなさい。ただし、つり下げるおもりは、すべて格子の交点にひもでつるすものとします。

(5) 【実験1】のグラフにおいて、26分から32分の間と同じ変化を説明している文を、次の①～④の中から1つ選び、番号で答えなさい。

① 冷凍《とう》庫を開けると、白いけむりのようなものが見られた。
② 冬のよく晴れた朝、車の窓ガラスに霜《しも》が一面についていた。
③ 雨の降った翌朝の霧《きり》は、気温が上がると消えていった。
④ 寒い戸外からあたたかい部屋に入るとメガネがくもる。

(6) ものの状態変化の例として、「氷が水になる」、「水が水蒸気になる」などがあります。次の①～⑤のうち、状態変化をしているのはどれですか。正しいものをすべて選び、番号の小さいものから順に答えなさい。

① 食塩を水に溶かすと、透《とう》明な食塩水になる。
② 空気を冷やしていくと、ついには液体になる。
③ 食塩を強く加熱すると、透明な液体になる。
④ タンスの中に入れておいた防虫剤《ざい》が、いつの間にかなくなっていた。
⑤ 金魚ばちの水がいつの間にか減っていた。

(7)【実験1】では、水を加熱するためにふっとう石を入れます。このことについて、次の問いに答えなさい。

(a) ふっとう石の代わりになるものとして、最も適するものを次の①～④の中から1つ選び、番号で答えなさい。

① 小さなガラス玉　② 素焼きのレンガの破片
③ ペットボトルのキャップを小さく砕《くだ》いたもの　④ 小さな鉄の球

(b) ふっとう石を入れずに水を加熱すると、100℃あたりにおけるビーカー内の気泡《ほう》のようすは、図1のようになりました。ふっとう石を入れて水を加熱したとき、100℃あたりにおけるビーカー内の気泡のようすはどのようになりますか。気泡の出かたの特徴《ちょう》がわかるように、図2に書き込みなさい。ただし、図2の●はふっとう石を表しています。また、気泡は図1のような○で書きなさい。

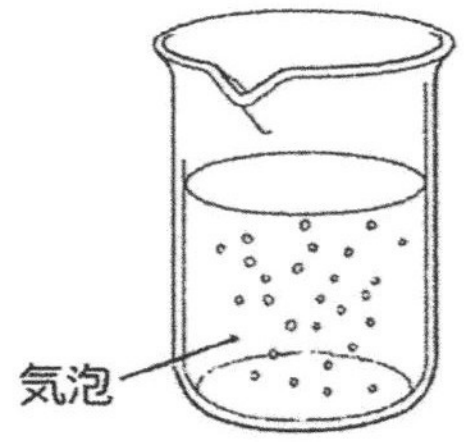

図1

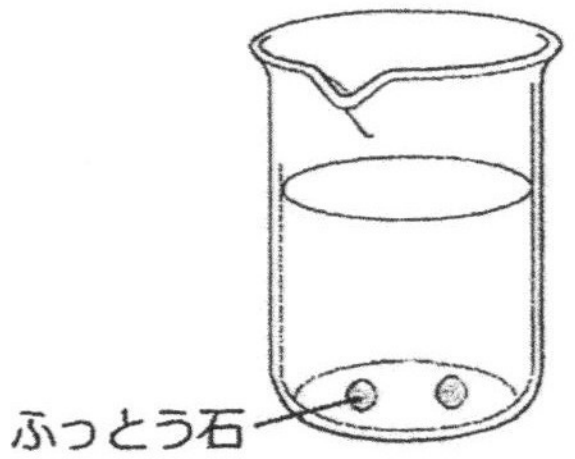

図2

【実験 2】水 1g の体積が、温度を変えることによってどのように変化するのかを調べ、その変化をわかりやすく下のグラフのようにまとめました。

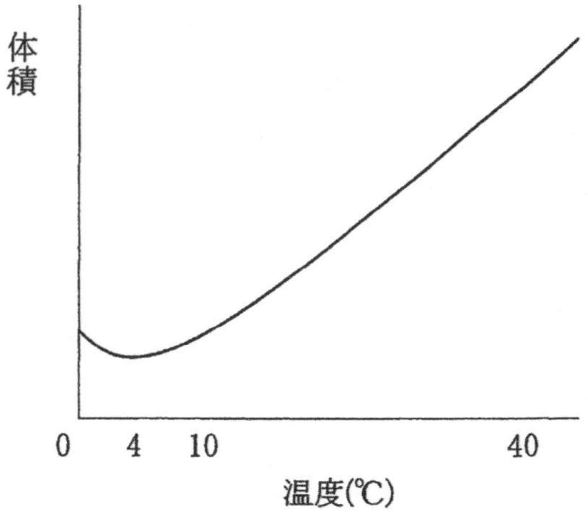

(8) 全く同じペットボトルを 2 本用意し、1 本には 40℃の水をいっぱいに入れ、もう 1 本には 4℃の水をいっぱいに入れました。10℃の水が入った水そうに、40℃の水が入ったペットボトルを水面に静かに置くと、ペットボトルの一部が水面から出ました。

上のグラフを参考にして、4℃の水が入ったペットボトルを、10℃の水が入った水そうの水面に静かに置くと、どのようになると考えられますか。最も適するものを次の①～③の中から 1 つ選び、番号で答えなさい。

① 40℃のペットボトルのときよりも水面に出る量が多い。
② 40℃のペットボトルのときよりも水面に出る量が少ない。
③ 40℃のペットボトルのときと変わらない。

南：何だか難しそうですね…。

先生：一緒《いっしょ》に考えていこう。歯車の歯の数を 720、歯車のすき間と歯の幅は等しいものとすると、図 3 のように、光が歯車を通過してから、反射鏡で反射されて歯車に戻ってくるまでに、歯車が回転した角度は何度だろうか？

南：歯車の歯の数とすき間の数は同じだから…、[a]° です！

先生：そうだね。では、図 3 のようになったときの歯車の回転数が 10 秒間に 125 回転だったとすると、歯車が 1 回転するのにかかる時間は何秒かな？

南：[b] 秒です！

先生：順調だね。これらのことから、図 3 のように、光が歯車を通過してから、反射鏡で反射されて歯車に戻るまでの時間は何秒かな？

南：1 回転を 360° と考えればよいから…、[c] 秒ですね！

先生：その通り！次で最後の質問だ。歯車と反射鏡の距離《きょり》、つまり、図 1 における L が 8.6km であるとすると、光の速さは秒速何 km かな？

南：光は歯車と反射鏡の間を往復するから…、秒速 [d] km！すごい、光の速さを求めることができた！歯車を使おうなんて、普通は思いつかない…。やっぱり科学者はすごいですね！

(1) 会話文中の空欄 [a] ～ [c] に当てはまる分数を答えなさい。ただし、分数はすべて約分して答えなさい。

(2) 会話文中の空欄 [d] に当てはまる数字を答えなさい。

9 先生と南君の会話を読み、次の問いに答えなさい。

南：先生、友達から「光」ってすごく速いと聞きましたが、本当ですか？
先生：本当だよ。光は地球を１秒間におよそ７周半できると言われているんだ。
南：えー！そんなに！？でも、それだけ速いと測定が難しそうですね。
先生：そうなんだ。だから、昔の科学者さんたちの頭を悩《なや》ませていたんだ。
南：では、光の速さをどのように測定したのでしょうか？
先生：それでは、光の速さを測定したことで有名な「フィゾーの実験」について説明をしよう。

（そう言って、先生は黒板に図１～図３を描《か》いた）

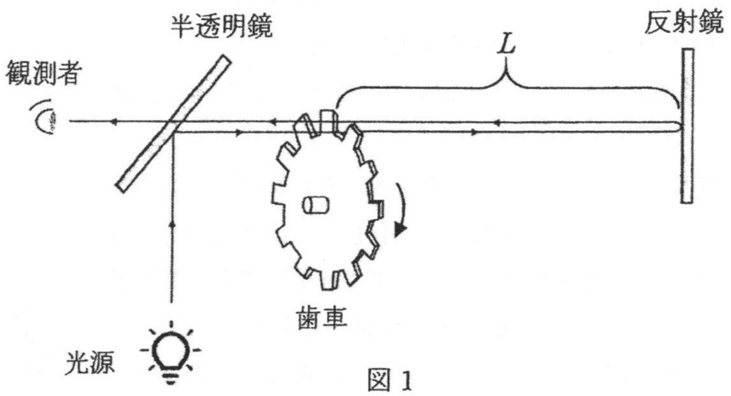

図１

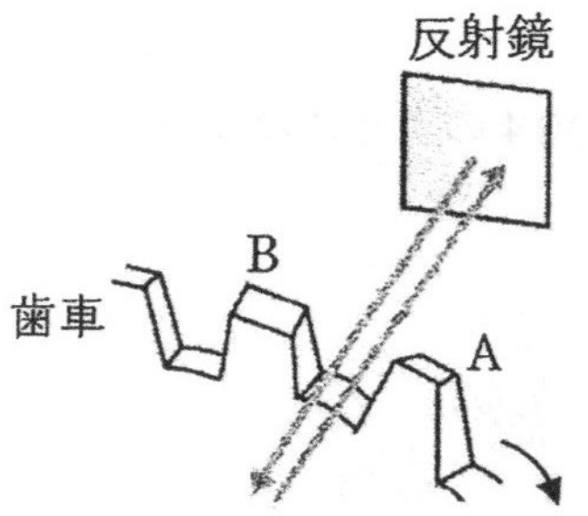

図２

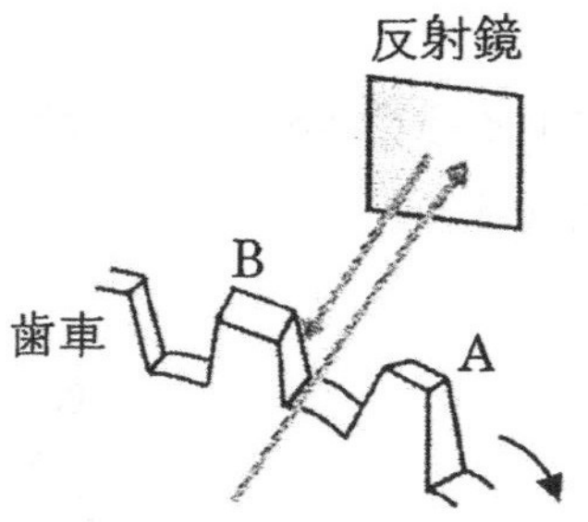

図３

先生：図１のように、光源から出た光は半透明鏡（光の一部を反射して、一部を透過する鏡）で反射されて、回転する歯車のすき間を通りぬけ、反射鏡で反射されたのち、再び歯車に戻《もど》ってくる。歯車の回転数が小さいとき、図２のように、歯Ａと歯Ｂの間を通った光が反射鏡で反射されて、再び歯Ａと歯Ｂの間を通りぬけ、半透明鏡を通って観測者の目に届く。そこから、さらに回転数を大きくすると、図３のように、歯Ａと歯Ｂの間を通った光が反射鏡で反射されて、再び歯車にもどってきたとき、歯Ｂにさえぎられ、観測者から反射光が観測できなくなる。フィゾーは、この図３のようになったときを考えることで、光の速さを求めたんだ。

2 右の図のように、BTB液を加えたうすい水酸化ナトリウム水溶《よう》液に、うすい塩酸を少しずつ加えました。次の問いに答えなさい。

(1) 塩酸はある気体を水に溶かしたものです。ある気体の名前を答えなさい。

(2) 右の図の器具Xの名前は「（　ア　）ピペット」といいます。（ア）に入るひらがなを答えなさい。

(3) うすい水酸化ナトリウム水溶液50㎤に、様々な量のうすい塩酸を加え、A～Gのビーカーをつくりました。下の表は、加えた塩酸の量と、この水溶液から水を蒸発させたあとに残った固体の重さを表しています。

	A	B	C	D	E	F	G
加えた塩酸(㎤)	0	10	20	30	40	50	60
残った固体(g)	3.0	3.4	3.8	4.2	4.4	4.4	4.4

(a) Fのビーカー内の水溶液の色を答えなさい。

(b) 塩酸を30㎤加えた場合、できた塩化ナトリウムは何gですか。割り切れない場合は四捨五入して、小数第一位まででで答えなさい。

3 次の(1)～(3)の問いに対する答えを、下の｛　｝内の①～⑧の中からすべて選び、番号の小さいものから順に答えなさい。ただし、同じ番号をくり返し使ってもよいものとします。

(1) 幼虫で冬越《こ》しをするものはどれですか。

(2) 水中のどろの中で、卵のすがたで冬越しをするものはどれですか。

(3) 卵→幼虫→さなぎ→成虫と育っていくものはどれですか。

｛①コオロギ　②カブトムシ　③アキアカネ　④ナナホシテントウ
⑤カマキリ　⑥アブラゼミ　⑦モンシロチョウ　⑧アリ｝

4 次の問いに答えなさい。

(1) 下の図の①～③は、トウモロコシ、イネ、インゲンマメのいずれかの芽生えのようすを示したものです。①～③は、トウモロコシ、イネ、インゲンマメのどれを表していますか。正しい組み合わせを次のア～カの中から1つ選び、記号で答えなさい。

①
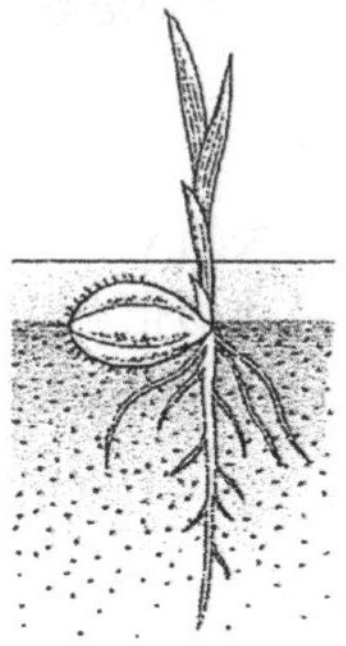

②
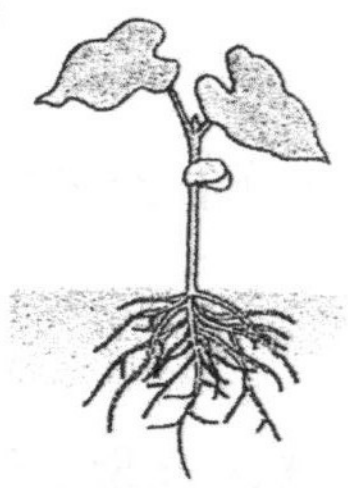

③
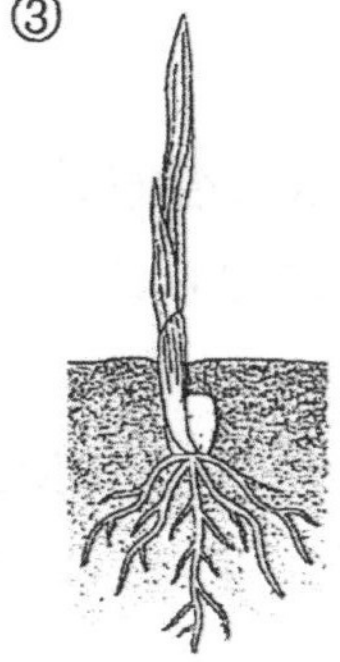

ア．①－トウモロコシ　②－インゲンマメ　③－イネ
イ．①－イネ　②－トウモロコシ　③－インゲンマメ
ウ．①－イネ　②－インゲンマメ　③－トウモロコシ
エ．①－インゲンマメ　②－トウモロコシ　③－イネ
オ．①－インゲンマメ　②－イネ　③－トウモロコシ
カ．①－トウモロコシ　②－イネ　③－インゲンマメ

(2) 下の図は、インゲンマメとイネのたねの断面図です。

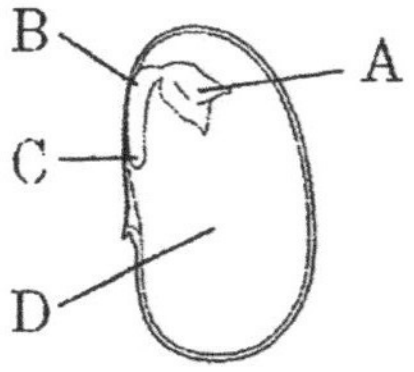

インゲンマメ

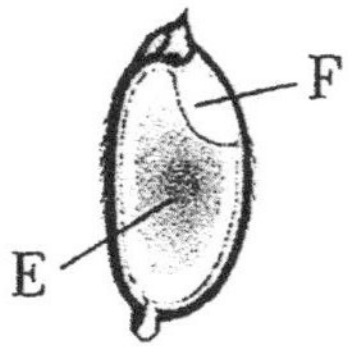

イネ

(a) インゲンマメが発芽するとき、最初にたねの皮をやぶって出てくるのはどの部分ですか。インゲンマメの図のA～Dの中から1つ選び、記号で答えなさい。

(b) イネのFの部分と同じ名前でよばれるつくりを、インゲンマメの図のA～Dの中からすべて選び、記号で答えなさい。

8 図1のように、鉄くぎにエナメル線を巻いて、それをかん電池につなぎ、電磁石をつくりました。また、鉄くぎの両端《たん》をそれぞれAとBとします。次の問いに答えなさい。

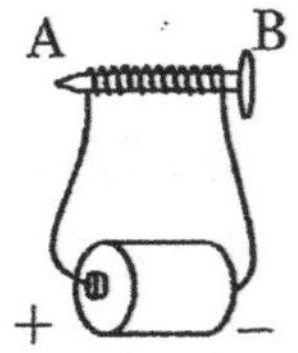

図1

(1) 図1において、鉄くぎの左端《はし》AはN極とS極のどちらですか。

ここで、図2のような電流計を用意して、図1の電磁石に流れる電流の強さを調べます。

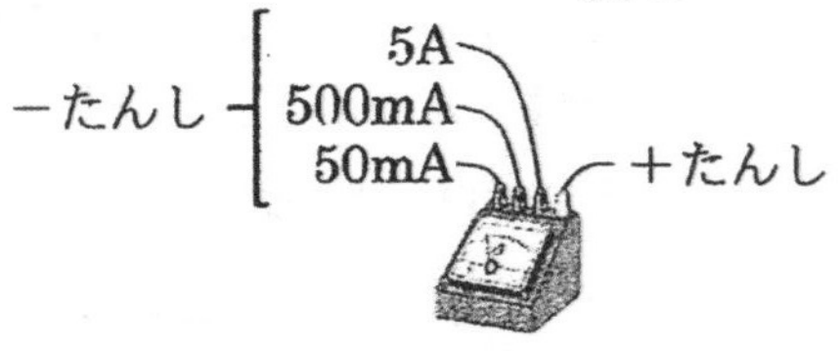

図2

(2) 調べる電流がどれくらいの強さか予想できない場合、－たんしはどれを使えばよいですか。正しいものを次の①～④の中から1つ選び、番号で答えなさい。

① 5A　② 500mA　③ 50mA　④ どれを使ってもよい。

(3) 図1の電磁石に流れる電流の強さを調べるためには、エナメル線を巻いた鉄くぎ、かん電池、電流計をどのように導線でつなげばよいですか。図3の「・」を結ぶように、導線を表す線を書き込みなさい。ただし、鉄くぎの両端AとBの極は図1のときと変わらず、記入する線は交わってはならないものとし、電流計の－たんしは500mAを使うものとします。

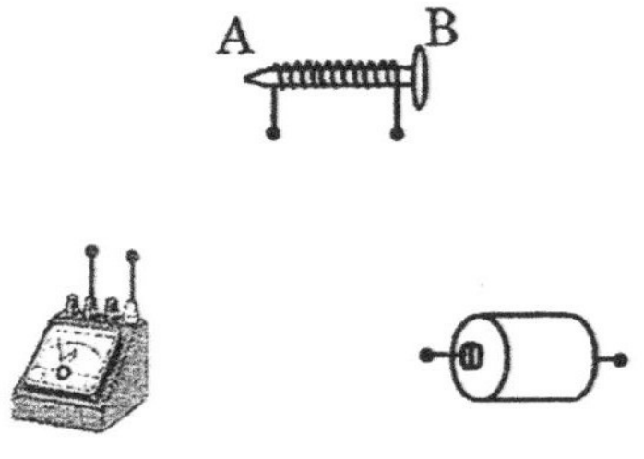

図3

(4) (3)の回路を正しくつないだところ、電流計の針は図4のようになりました。このとき、電流の強さは何mAですか。

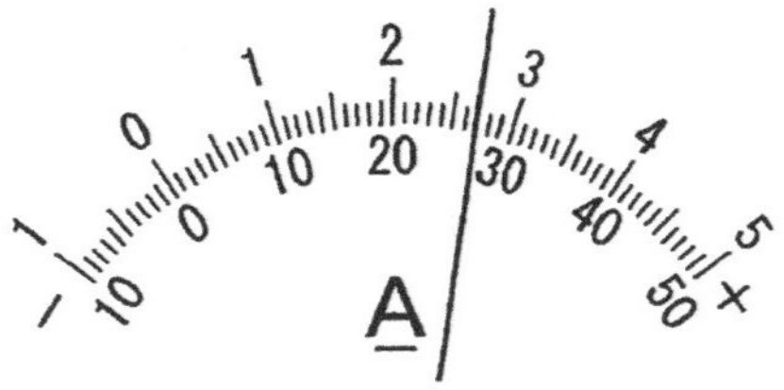

図4

(5) 図1の電磁石の磁力を強くする方法として、正しいものを次の①～⑥の中からすべて選び、番号の小さいものから順に答えなさい。

① かん電池を1つ増やし、かん電池2個を直列につなぐ。
② かん電池を1つ増やし、かん電池2個を並列につなぐ。
③ エナメル線の長さは変えずに、コイルの巻き数を増やす。
④ エナメル線の長さは変えずに、コイルの巻き数を減らす。
⑤ コイルの巻き数は変えずに、エナメル線を長いものに変えた。
⑥ コイルの巻き数は変えずに、エナメル線を短いものに変えた。

7 次の問いに答えなさい。

(1) 令和３年５月、内閣府は「避難勧《ひかん》告等に関するガイドライン」を、名称《しょう》も含め改定し、「避難情報に関するガイドライン」として公表しました。この改定について間違っているものを次の①～④の中から１つ選び、番号で答えなさい。

① 警戒《かい》レベル３の情報名称は、「避難準備・高齢《れい》者等避難開始」から「高齢者等避難」に変更《こう》した。警戒レベル３は、高齢者以外の人も必要に応じ普《ふ》段の行動を見合わせ始めたり、避難の準備をしたり、危険を感じたら自主的に避難するタイミングである。

② 警戒レベル４の情報名称は、「避難勧告と避難指示」から、「避難勧告」に一本《いっぽん》化した。避難勧告は、これまでの避難指示のタイミングで発令される。

③ 警戒レベル５の情報名称は、「災害発生情報」から、「緊《きん》急安全確保」に変更した。

④ 市町村が災害の状況を確実に把握《はあく》できるものではない等の理由から、警戒レベル５は必ず発令される情報ではない。

(2) 次々と発生する発達した雨雲が列をなした、組織化した積乱雲群によって、数時間にわたってほぼ同じ場所を通過または停滞《たい》することで作り出される長さ 50～300km 程度、幅《はば》20～50km 程度の強い降水をともなう雨域を何といいますか。漢字５文字で答えなさい。

(3) 日本に上陸する台風の特徴について、正しく表しているものを次の①～⑥の中から２つ選び、番号の小さいものから順に答えなさい。

① 熱帯地域で発生した熱帯低気圧のうち、最大風速がおよそ秒速 170m 以上のものを台風という。

② 台風は、発生する季節によりおもな進路が変わり、８月～９月ごろが最も多く本州に上陸する。

③ 台風をつくる雲は、おもに巻雲《けんうん》である。巻雲は別名、すじ雲ともよばれる。

④ 台風のうずの巻き方は、時計回りである。

⑤ 台風は、進行方向に向かって右側の風が強い。

⑥ 台風の中心の雲のない部分を「台風の目」という。台風の目は、そのまわりと比べて風が強い。

(3) 発芽に必要な養分を子葉にたくわえているたねを、次の①～⑩の中からすべて選び、番号の小さいものから順に答えなさい。

① ダイズ　② アサガオ　③ トウモロコシ　④ カキ　⑤ ヘチマ
⑥ ヒマワリ　⑦ インゲンマメ　⑧ クリ　⑨ カボチャ　⑩ イネ

(4) トウモロコシの葉と茎《くき》の断面図を、次の①～④の中からそれぞれ１つずつ選び、番号で答えなさい。

①

②

③
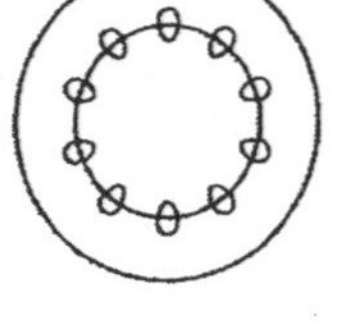
④

(5) トウモロコシは軽くて飛ばされやすい花粉を大量に作ります。花粉がトウモロコシと同じように運ばれる植物を、次の①～⑧の中からすべて選び、番号の小さいものから順に答えなさい。

① ツバキ　② スギ　③ イネ　④ アブラナ　⑤ ヘチマ　⑥ タンポポ
⑦ マツ　⑧ カボチャ

5 １年を通して、名古屋市内で自然観察をしました。そのことについて、次の(1)～(3)の文が正しい内容になるように、文中にあるア～コの｛　｝内のそれぞれの選択肢《たくし》から、最も適するものを１つずつ選び、その番号を答えなさい。

(1) ツバメは、ア｛ ①春　②夏　③秋　④冬 ｝になると イ｛ ⑤南の国　⑥北の国 ｝から日本にやってきて巣作りをし、ウ｛ ⑦産卵　⑧産卵と子育て　⑨子育て ｝をする。そして、エ｛ ⑩春　⑪夏　⑫秋　⑬冬 ｝頃《ころ》、オ｛ ⑭南の国　⑮北の国 ｝へ移動する。

(2) 春の始まりには、カ｛ ①ホウセンカ　②オオイヌノフグリ　③シクラメン　④ツバキ　⑤ヒガンバナ ｝の花が咲《さ》き、庭で キ｛ ⑥ベニシジミが飛んでいる　⑦カブトムシが木に集まっている　⑧木の枝にカマキリの卵がある　⑨ バッタが草むらで飛んでいる ｝。

(3) 秋になると、ク｛ ①ヒキガエルにあしが生えて、水辺から離《はな》れて生活するようになる　②カブトムシの成虫が木の汁《しる》をなめている　③アジサイの花にカタツムリがいる　④アキアカネが水辺で卵を産んでいる ｝。サクラは、ケ｛ ⑤芽が葉の元のところについている　⑥木全体がたくさんの緑色の葉で覆《おお》われている　⑦咲いていた花が散り、枝が枯《か》れている ｝。ツルレイシは、コ｛ ⑧緑色の実をつけている　⑨実が縦に割《さ》けて、中に種ができている　⑩カメのような形をした種が地面にたくさん落ちている ｝。

6 星座早見を使って、兵庫県明石市の星空のようすを調べました。図1の星座早見は、2月15日の20時に合わせてあります。次の問いに答えなさい。

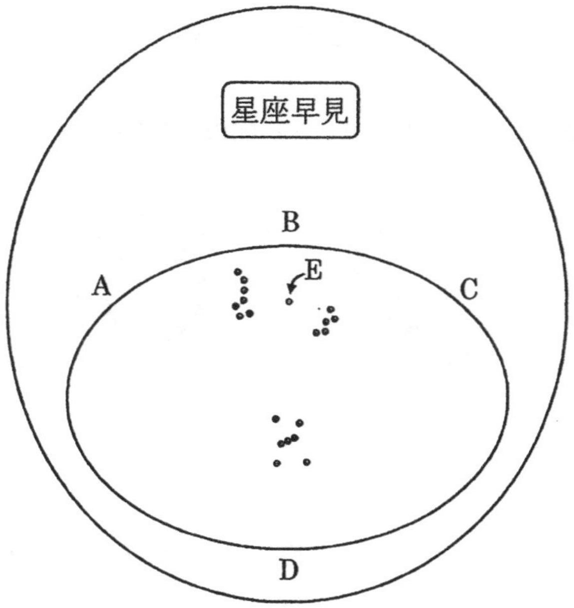

図1

(1) 図1の中のA～Dは、ある方位をそれぞれ表しています。AとBにあてはまる方位を、次の①～⑧の中からそれぞれ1つずつ選び、番号で答えなさい。

① 東　② 西　③ 南　④ 北　⑤ 北東　⑥ 北西　⑦ 南東　⑧ 南西

(2) 星座早見は上の円盤《ばん》と下の円盤の2枚からできていて、中心は一致《いっち》しており、互《たが》いに回転するようになっています。この中心の位置にあるのが星Eです。星Eについて表した次の文中の空欄《らん》 ア ・ イ を埋《う》めなさい。ただし、 ア はひらがなで、 イ は算用数字で書きなさい。

> 星Eは ア 座の一部であり、北半球からみると真北の空にいつも輝《かがや》いて見える イ 等星の星である。

(3) 南の空を観察するとき、どの部分を下に向けて星座早見を空にかざしますか。図1のA～Dの中から1つ選び、記号で答えなさい。

(4) 半月後の3月1日にオリオン座の位置を観察しました。2月15日の20時と同じ位置にあるのは何時頃ですか。最も適するものを次の①～⑤の中から1つ選び、番号で答えなさい。

① 18時頃　② 19時頃　③ 20時頃　④ 21時頃　⑤ 22時頃

(5) 図1の観測をした日時で、カシオペヤ座はどのように見えますか。最も適するものを次の①～④の中から1つ選び、番号で答えなさい。

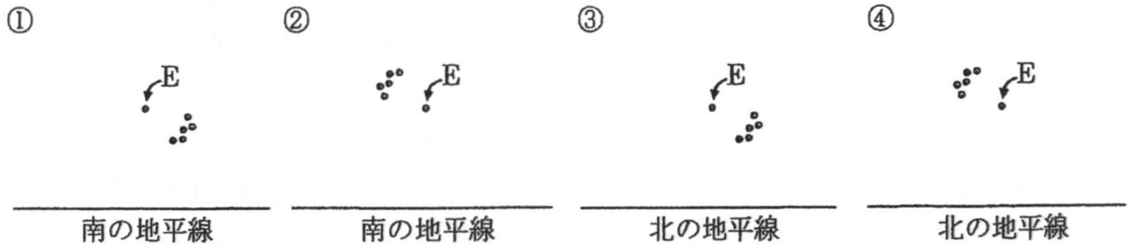

2022年度（令和4年度） 南山中学校男子部入学試験問題用紙 社会

（50分） 【注意】指示していないところは、漢字で書いてもかなで書いてもかまいません。

1 次の文章を読んで、あとの問いに答えなさい。

人類の歴史を明らかにするための研究は大きく二つの方法に分けることができます。一つは、①地中に眠《ねむ》っている遺跡《いせき》や遺物から当時の人々の暮らしを明らかにする考古学的な方法であり、もう一つは昔の人が残した日記・手紙・記録といった文字資料（史料）に基づいて歴史をとらえようとする研究方法です。このような異なる視点からの研究を組み合わせて、人類の歴史は日々研究されています。

日本の歴史研究においてもそれは同様であり、なかでも②考古学的な方法は先史時代（日本では主として旧石器・縄文・弥生・古墳時代を指す）において特に重要な役割を担っています。例えば、③北海道・北東北の縄文遺跡群が、その学術的な価値を評価され世界遺産に登録されたのも記憶《きおく》に新しいところです。この遺跡群は、農耕の開始前から人々が定住していたという世界的に珍《めずら》しい特徴《とくちょう》をもつことや④精神文化が豊かだったことを示す証拠が数多く残っている点が高く評価されました。自然の恵《めぐ》みを受けながら1万年以上にわたり採集・漁労・狩猟《しゅりょう》により定住した縄文時代の人々の生活と精神文化を今に伝えています。

一方で、文字資料（史料）は様々な形態のものが残存していますが、その記述から「いつ」「なにがおこったか」などを知ることができる点に特徴があります。ここから、いくつか文字資料による記録を見ていきたいと思います。

> 史料ア
>
> 辛亥の年（471年）七月中に記す。乎獲居臣《おわけのおみ》・・・略・・・は代々大王の親衛兵の長として朝廷に仕えてきた。獲加多支鹵大《わかたけるおお》王《きみ》の朝廷が斯鬼宮《しきのみや》にあった時に、大王の統治を助けた。それでこのよく鍛錬《たんれん》した刀を作らせて、自分が大王にお仕えしてきた由来を記すことにする。

紙に書かれたものだけではなく、史料アのように出土品に刻まれている記録なども重要な文字資料と言えます。史料アは埼玉県の（1）古墳から出土した鉄剣《てっけん》に記されている「獲加多支鹵大王」の時代の文章です。これとは別に、（2）【漢字指定】県の江田《えた》船山古墳から出土した大刀に記されている「獲□□□鹵大王」という記述も、「獲加多支鹵大王」のことを指すと考えられることから、近畿地方を中心に作られたヤマト朝廷は、5世紀後半の獲加多支鹵大王の治世には東西に国土の統一を進めたことがわかります。ちなみに獲加多支鹵大王は雄略《ゆうりゃく》天皇のことだと考えられています。

> 史料イ
>
> ここに天平十五年（743年）十月十五日菩薩の大願をおこして、盧舎那仏《るしゃなぶつ》の金銅像一体をおつくりすることにした。・・・略・・・さて、天下の富をもつものは朕《ちん》であり、天下の権勢をもつのも朕である。この富と権勢をもって仏像をつくろうとすれば、事は簡単に運ぶだろうが、真心はこもらないことになるだろう。・・・略・・・もし一枝の草や一つかみの土のようなわずかな物でも、仏像をつくるのに捧《ささ》げたいと願う者があれば、それを許せ。だからといって国司や郡司たちは、この造立事業のために百姓を困らせ、強制的に取り立ててはならない
>
> 『続日本紀』

史料イは奈良時代に（3）【漢字指定】天皇が出した命令です。⑤この天皇の時代は、飢饉《ききん》により多くの人が亡くなったほか、貴族が反乱をおこして、⑥政治や社会の不安が増大していました。そのため天皇はこの不安を仏教の力でしずめようと、⑦奈良の東大寺に金銅の大仏をつくることにしたのです。

大仏をつくるために、全国から運ばれた約500トンもの銅が使われた一方で、当時⑧日本ではじめて産出された金も奈良に送られ、大仏に塗《ぬ》られることになりました。この金の産出を天皇が大いに喜んだという記録も残っています。

> 史料ウ
>
> 天の加護を受ける大蒙古《もうこ》帝国が書を日本国王に差し上げる。私が思うに、昔から小国の王は、国境を接していれば、友好につとめてきたものである。・・・略・・・《 X 》は私の属国である。日本は《 X 》に近接し、開国以来、ときおり中国に使いを派遣《はけん》している。しかし、私の時代になって一人の使いもよこしていない。王の国がこのことを知らないのではないかと不安に思っている。であるからとくに使いを派遣し、文書で私の意志を伝える。これ以後、連絡《れんらく》をとりあい親交を結ぼうではないか。
>
> 『東大寺尊勝院文書』

外国との関係についても、文字資料から多くのことを知ることができます。史料ウは鎌倉時代にモンゴルの皇帝《こうてい》から送られてきた国書です。これには、日本とモンゴル帝国は友好関係を結ぶべきだということが記されており、東アジア世界の征服《せいふく》を目指すなかで、日本に対して従うように要求してきたことがわかります。しかし当時の鎌倉幕府の執権（4）【漢字指定】はこの要求を拒否《きょひ》し、御家人などに沿岸警備の軍役を課してモンゴルの襲来《しゅうらい》に備えました。

絵画エ

ここまで見てきたように、考古学的な遺跡・遺物や残存する文字資料は、現代に生きる私たちに様々なことを教えてくれます。そしてそれをどのように捉《とら》えるか日々研究が行われ、歴史は明らかになっているのです。

その一方、これらの研究方法以外にも歴史をひもとく材料は少なからず存在しています。その一つの例が絵画です。右の絵画エは⑨江戸時代後期に葛飾北斎《かつしかほくさい》が⑩日本橋から江戸城の方角に向かう風景を描《えが》いた⑪浮世絵です。当時の街並みや船の出入りの様子、画面下部の橋の部分では荷物を担いだ人々の絶え間ない往来を見ることができ、当時の日本橋の様子を知ることができます。

問1 文章中の空欄（1）～（4）に入る語句を答えなさい。書き方が指定されている場合は指示に従って答えなさい。

問2 下線部①について、縄文時代の遺物として正しいものを、次の写真ア～エの中から一つ選びなさい。

ア

イ

ウ

エ

問3　下線部②について、文章中の二つの研究方法のうち、考古学の方法が特に先史時代において重要な役割を担うのはなぜですか。考えて答えなさい。**【解答欄は解答用紙の下にあるので注意すること】**

問4　下線部③について、世界遺産の登録などを行っている国際連合の専門機関名をカタカナで答えなさい。

問5　下線部④について、右の写真は北海道・北東北の縄文遺跡群に含まれる、秋田県鹿角《かづの》市大湯の遺構です。ここは石を並べ何らかの儀式《ぎしき》を行った場所と考えられていますが、このような石状遺構を何といいますか。

問6　下線部⑤について、この天皇の時代には国際色豊かで華《はな》やかな文化が花開きました。当時の中国は、シルクロード経由でヨーロッパや西アジアとの交流があり、日本にも中国経由で世界の文物が入ってきたからです。右の写真は東大寺の正倉院に残されるペルシャという国でつくられたものです。ペルシャの現在の国名を答えなさい。

問7　下線部⑥について、この時代は社会不安を背景に都がたびたび遷《うつ》されました。その順番として①～③にあてはまるものを、次のア～カの中から一つ選びなさい。

平城京→ ① → ② → ③ →平城京

ア　①紫香楽宮《しがらきのみや》　②難波宮《なにわのみや》　③恭仁京《くにきょう》　イ　①紫香楽宮　②恭仁京　③難波宮
ウ　①恭仁京　②紫香楽宮　③難波宮　エ　①恭仁京　②難波宮　③紫香楽宮
オ　①難波宮　②紫香楽宮　③恭仁京　カ　①難波宮　②恭仁京　③紫香楽宮

問8　下線部⑦について、奈良時代のごみ捨て場の遺構から、ほぼ完全な形をとどめた食器が多く出土しています。通常、ごみ捨て場から出土するのは破損した食器であることから、ここから出土した食器は使い捨てにされたものと考えられています。これは、戦乱や飢饉のほかに当時の人々を苦しめていたあることから身を守るためと考えられていますが、それは何ですか。

問9　下線部⑧について、金が産出された場所は現在のどの都道府県にあたりますか。次のア～エの中から一つ選びなさい。

ア　福岡県　　イ　岡山県　　ウ　茨城県　　エ　宮城県

問10　史料ウの《　X　》には、当時の朝鮮《ちょうせん》半島の王朝名が入ります。《　X　》に入るものを次のア～エの中から一つ選びなさい。

ア　新羅《しらぎ》　　イ　高麗《こうらい》　　ウ　高句麗《こうくり》　　エ　百済《くだら》

問11　下線部⑨について、江戸時代のことがらとして正しいものをすべて選び、それを年代の古い順に並べかえなさい。(解答の記入例：ア→イ→ウ→エ)

ア　島原・天草一揆が起こった。　　イ　牛肉を食べる習慣が広まった。
ウ　軍艦《ぐんかん》咸臨丸が太平洋横断に成功した。　　エ　大塩平八郎が門弟や民衆を動員して反乱を起こした。
オ　ポルトガル船の来航が禁止された。

問12　絵画エから読み取れることとして、次の地図中のア～エのうち江戸城はどの位置にあったと考えられますか。正しいものを一つ選びなさい。(地図中の県境は現在のものです。)

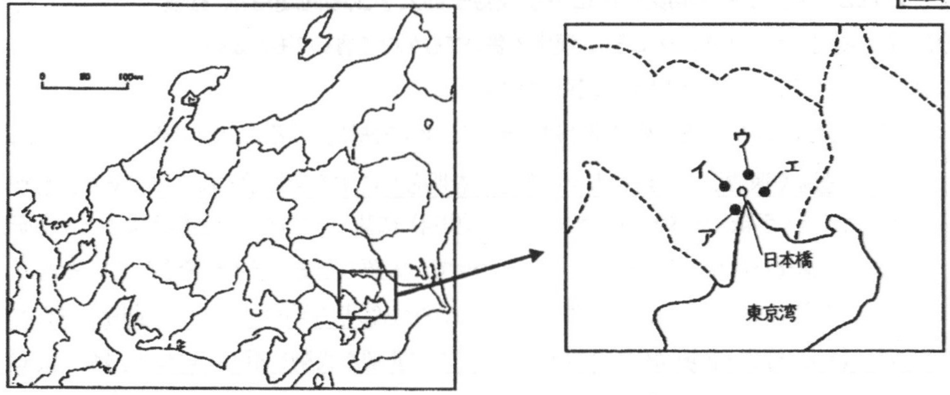

問13　下線部⑩について、江戸時代の日本橋周辺について述べた文として誤っているものを、次のア～エの中から一つ選びなさい。

ア　日本橋は五街道の起点であった。
イ　魚市場があり、活気づいていた。
ウ　三井家により呉服《ごふく》店「越後屋」が開業した。
エ　全国の米が集まり「天下の台所」と呼ばれた。

問14　下線部⑪について、日本の浮世絵は、19世紀後半のヨーロッパの画家にも大きな影響《えいきょう》を与《あた》えたことが知られています。右の絵画はオランダの画家が歌川広重の浮世絵をまねて描いたものです。これを描いた画家の名前を答えなさい。

2　次の文章を読んで、下線部①～㉝について、問いに答えなさい。

五郎さんは、①自動車関係の会社にお父さんがつとめている関係で、東京から愛知県に引《ひ》っ越《こ》しをしてきました。東京の②羽田空港に出ていた広告を見て南山中学校に興味を持って進学した五郎さんは、名古屋にきてから「名古屋めし」とよばれる愛知県の③独特な食べものがとても気に入り、調べてみました。これは、五郎さんのレポートです。

「名古屋めし」で僕《ぼく》が特に好きなのは、みそ煮込《にこ》みうどん、みそカツ、みそおでんです。これらの共通点である「みそ」について調べてみました。

７０１年の④「大宝律令」には醤院（ひしおつかさ）という調味料を管理する役所が置かれたことが記録されており、７３９年の記録では⑤都の市場でも「未醤（みしょう）」というものが売られていたとあります。これらが古いみそに関わる記録です。⑥鎌倉時代の武家の生活の記録にはみそ汁《しる》をご飯にかけて食べていたというものがでてきます。戦国時代にはみそは兵たちが戦場で食べるものとして重宝されたようで、⑦朝鮮出兵にも各大名が持っていったところ、⑧仙台《せんだい》のみそだけが悪くならなかったとして、評判を高めたそうです。仙台みそは江戸の町で一番人気のあったみそでした。

みそは⑨大豆や米、大麦を原料として、こうじ、塩をまぜて発酵《はっこう》させて作ります。⑩日本の各地には色々なみそがありますが、東海地域で使われるのは「豆みそ」といって、⑪大豆だけを原料にしたもので、独特の赤黒い色をしています。このみその作りかたは⑫はるか昔に朝鮮半島からわたってきたものだそうです。特に愛知県の岡崎《おかざき》の豆みそは「八丁《はっちょう》みそ」として有名です。僕はこれを調べに岡崎に行ってみました。

おどろいたのは、「八丁みそ」を作っているのは昔からたった２軒《けん》のお店（今は工場）だったそうです。この２軒は、⑬古い街道《かいどう》をはさんで並んでいました。そのうちの一軒は⑭桶狭間の戦いで織田信長に敗れた大名に仕えていた武士が始めたそうです。また、もう一軒の工場の中には幼いころ⑮日吉《ひよし》丸と呼ばれていた戦国大名が貧しかった子どもの頃《ころ》にかくれた井戸《いど》というものが残っていました。「八丁みそ」というのは、この地域が⑯岡崎城から⑰「８丁」の距離《きょり》にある村だったことからきています。（現在は八帖《ちょう》と書きます。）江戸時代には海上交通も発展し、この地域を通る人々により八丁みそは広く知られるようになりました。江戸の日本橋にあった⑱伊勢屋《いせや》という店から大量の注文があったことが会社に残る記録からわかるそうです。

それでは、なぜこの地域では豆みそが作られたのでしょうか。愛知県は太平洋側気候区に属して、夏は⑲＿＿＿＿風が吹《ふ》くために、蒸《む》し暑くなります。豆みそは他のみそに比べて水分量が少ないため、そういう気候でも悪くなりづらいという特徴があるのです。また、原料となる大豆も塩も近くで手に入りました。

幕末から明治維新にかけて物価が上昇《じょうしょう》し、原料の大豆の値段があがって苦しくなりましたが、⑳日清戦争、日露戦争の後の㉑日本経済の発展の時代には生産量を拡大しました。このころ、いろいろな工場で働いている人たちは外で食事をとるようになり、もともとは家庭の料理だった「みそ煮込み」がお店で出されるようになったようです。

１８９６年には八丁みそは全国品評会でも高い評価を受けましたが、この年の品評会の審査《しんさ》委員長はのちに㉒憲法の制定に関わった金子堅太郎《けんたろう》でした。また、このころには大豆を蒸す燃料もたきぎから㉓＿＿＿＿に変わりました。

㉔１９２０年には好景気から一転して不景気になりましたが、このころにみそ会社では㉕工場の面積を拡大しました。

㉖日中戦争が起こると物不足が深刻化したため、豆みそは価格統制を受けることになり、原価を下回ってしまったために作って売れば売るほど赤字になるという状態だったそうです。またみそは１９４２年には㉗＿＿＿＿がなければ手に入らないようになりました。

太平洋戦争中には㉘南方の戦線にもっていっても悪くならないということで八丁みそは海軍にもおさめられていたそうです。この地域では、１９４４年には㉙大きな地震《じしん》もおこり、終戦直前の１９４５年の７月２０日には岡崎の町も㉚空襲《くうしゅう》を受けましたが、みそ工場には大きな被害《ひがい》はなく、戦後もみそ作りを続けることができました。名古屋の町も戦争の焼《や》け跡《あと》から復興していく中で外食産業が発展し、洋食のとんかつにみそをかけるみそカツが誕生したのです。昭和３０年代には家庭に㉛電気冷蔵庫が普及《ふきゅう》し、家庭料理も変化していきました。また、名古屋の町の大通りには屋台が並び、みそおでんは名物料理だったようですが、道路事情や衛生環境《かんきょう》などの問題から㉜１９７３年には屋台は廃止《はいし》されました。２００５年には愛知万博《ばんぱく》や中部国際空港の開港があり、中部地区の文化に注目が集まり、食文化も「名古屋めし」として全国に知られるようになったのです。

２０１３年に「和食」が世界無形文化遺産に登録されたこともあって、現在は海外でも日本食はブームになっていて、「八丁みそ」は㉝世界各国に輸出されています。

こんなに深い歴史があることを知って、ますます「名古屋めし」が好きになりました。

問１　下線部①について、最近の自動車産業について、誤った説明を一つ選びなさい。

ア　現在、自動車の生産台数の上位３カ国は中国、日本、アメリカである。

イ　環境にやさしい自動車として電気自動車や燃料電池自動車が販売《はんばい》されている。

ウ　世界的な半導体不足の影響で生産台数が減少している。

エ　西アジアの原油が枯《か》れてしまったために原油の値段が高くなり、ガソリンの値上がりにつながった。

問２　下線部②について、羽田空港のある東京都大田区は、働く人の数が３００人未満の工場がたくさんあります。こうした工場を何といいますか。漢字４字で答えなさい。

問３　下線部③について、各地域の独特な食べ物は、それぞれその地域の食材を使っていることが多いですが、その土地の近くで生産された食料を食べる、という考え方を何といいますか。漢字４字で答えなさい。

問４　下線部④について、このころの律令について、誤った説明を一つ選びなさい。

ア　稲《いね》の収穫《しゅうかく》高の約３％をおさめる「地租」という税があった。

イ　地方の特産物を都におさめる「調」という税があった。

ウ　役所や寺を建てる仕事をさせられた。

エ　都や九州を守る兵士の役をつとめさせられた。

問５　下線部⑤について、この時の都はなんという都ですか。漢字で答えなさい。

問６　下線部⑥について、このころの武士の生活について、誤った説明を一つ選びなさい。

ア　「書院造」という質素なやしきにすんでいるものも多かった。

イ　戦いに備えて「かさがけ」など武芸の訓練をおこなっていた。

ウ　やしきにはやぐらがあり、ほりで囲まれていた。

エ　幕府につかえる武士はいざというときには幕府のために戦った。

問７　下線部⑦について、この戦いはそもそも中国を征服しようとしたものですが、このときの中国は何という王朝ですか。漢字１文字で答えなさい。

問８　下線部⑧について、江戸時代にここをおさめていた大名家を選びなさい。

ア　前田　　イ　伊達《だて》　　ウ　島津《しまづ》　　エ　毛利　　オ　井伊《いい》

問９　下線部⑨について、次の三つの資料からわかることとして正しいものを一つ選びなさい。

日本の大豆の主な生産地

北海道	93000 (42.5%)
宮城	18800 (8.6%)
福岡	10300 (4.7%)

2020年　単位　t

（日本国勢図会より）

日本の大豆の主な輸入先

アメリカ	2376
ブラジル	448
カナダ	313

2020年　単位　千t

大豆の輸出入上位３か国

輸　出		輸　入	
ブラジル	74073	中国	88586
アメリカ	52388	メキシコ	4851
ｱﾙｾﾞﾝﾁﾝ	10054	ｱﾙｾﾞﾝﾁﾝ	4548

2019年　単位　千t

ア　アメリカから輸出される大豆のほとんどが日本に輸出されている。

イ　日本の大豆の自給率はおよそ９割である。

ウ　日本の大豆の生産量はおよそ２０万ｔである。

エ　中国は大豆を生産していない。

問10　下線部⑩について、日本各地のみその説明について、誤った説明を一つ選びなさい。

ア　関東大震災の後に救援《きゅうえん》物資としてみそを東京におくったことから長野の信州みそが関東圏《けん》に広がり、現在では長野県がみその生産高第１位である。

イ　京都をはじめとする関西圏には茶人や文人が多く住み、みやびやかな朝廷の文化が発展してきたため、色の白い甘《あま》めの白みそが使われるようになった。

ウ　温暖な九州では秋に稲を収穫したあと二期作で麦を作ったので、甘い麦みそが使われるようになった。

問11　下線部⑪について、大豆を主な原料としないものを一つ選びなさい。

ア　醤油《しょうゆ》　　イ　納豆《なっとう》　　ウ　日本酒　　エ　豆腐《とうふ》

問12　下線部⑫について、朝鮮半島から渡《わた》ってきた人たちがもたらした技術でないものを選びなさい。

ア　稲作《いなさく》　　イ　はたおり　　ウ、金属器　　エ　竪穴住居

問13　下線部⑬について、この街道は江戸から名古屋を通って京までの道ですが、これは何という道ですか。漢字で答えなさい。

問14　下線部⑭について、この人物の名前を書きなさい。

問15　下線部⑮について、この人物は後に織田信長につかえ、信長の死後に天下を統一した人物です。この人物の名前を書きなさい。

問16　下線部⑯について、この城は徳川家康が本拠地《ほんきょち》としましたが、次の徳川家康のおこなったことを古い順に並べかえなさい。

ア　征夷大将軍となる　　イ　長篠の戦い

ウ　大坂城を攻略《こうりゃく》する　　エ　関ヶ原の戦い

問17　下線部⑰について、１丁はおよそ何メートルですか。後の地図を参考にして、一つ選びなさい。

ア　およそ１０メートル　　イ　およそ１００メートル

ウ　およそ５００メートル　　エ　およそ１０００メートル

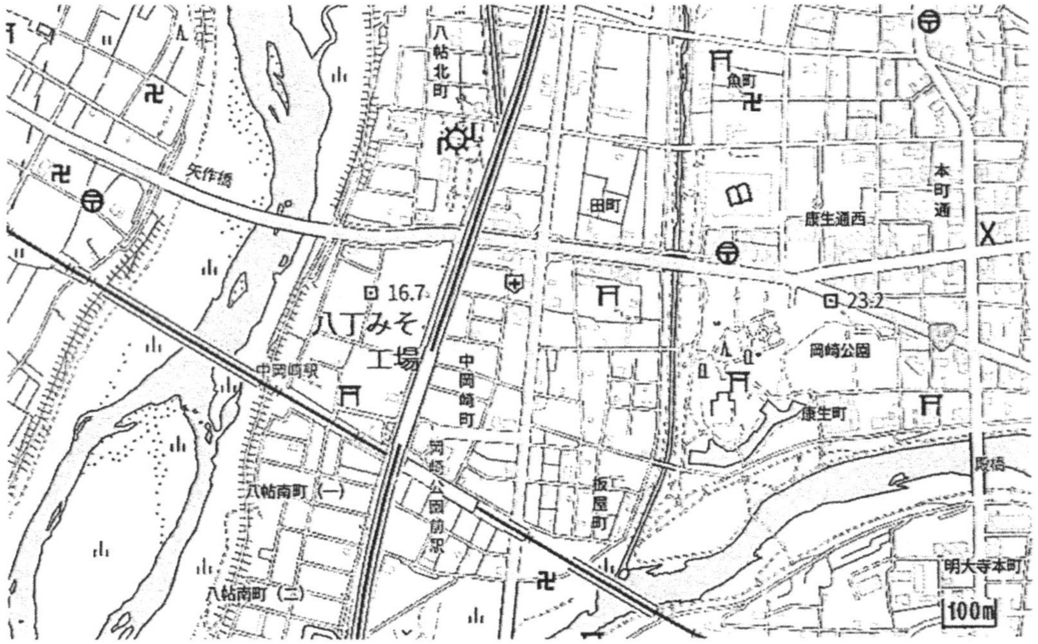

（国土地理院 HP 地理院地図より・一部改変）

問18　下線部⑱について、この店は現在の何県の出身の人たちが多く働いていたと考えられますか。一つ選びなさい。

ア　愛知県　　イ　岐阜県　　ウ　三重県　　エ　滋賀県

問19　下線部⑲について、当てはまる文章を一つ選びなさい。

ア　太平洋から高温多湿《たしつ》な　　イ　大陸から高温多湿な

ウ　太平洋から乾燥《かんそう》した　　エ　大陸から乾燥した

問20　下線部⑳について、それぞれの戦争の講和条約で日本が手に入れた領土として誤っている組み合わせを一つ選びなさい。

ア　日清戦争 → 台湾《たいわん》　　　イ　日清戦争 → リャオトン半島
ウ　日露戦争 → 南樺太《みなみからふと》　　　エ　日露戦争 → 朝鮮（韓国《かんこく》）

問21　下線部㉑について、このころの日本の輸出品として最も金額の大きいものを一つ選びなさい。

ア　生糸《きいと》　　イ　綿花　　ウ　緑茶　　エ　米

問22　下線部㉒について、この憲法に関して述べた正しいものを一つ選びなさい。

ア　アメリカの憲法を参考に、厳格な三権分立が定められた。
イ　イギリスの憲法を参考に、君主は政治に関与《かんよ》せず主権は国民にあるとされた。
ウ　フランスの憲法を参考に、全ての国民の基本的人権を保障した。
エ　ドイツの憲法を参考に、主権が君主（天皇）にあるものとされた。

問23　下線部㉓について、ここには日本でもとれた地下資源が入りますが、それは何ですか。漢字で答えなさい。

問24　下線部㉔について、これはなぜもたらされたのですか。国際情勢の大きな変化や、それによる外国の経済状況《じょうきょう》の変化について触《ふ》れながら説明しなさい。

【解答欄は解答用紙の下にあるので注意すること】

問25　下線部㉕について、このころ日本は中国東北地方から大豆を輸入していました。この大豆を産地から輸出港へ輸送することで大きな利益をあげていた、日本が経営する鉄道は何という鉄道ですか。

問26　下線部㉖について、この戦争の間に起こったことでないものを一つ選びなさい。

ア　満州事変　　　イ　ナンキン占領《せんりょう》
ウ　第２次世界大戦開始　　　エ　原子爆弾《ばくだん》投下

問27　下線部㉗について、ここに入る言葉を答えなさい。

問28　下線部㉘について、日本軍の支配する地域が最大になっていた１９４３年１月の段階で日本軍が支配していなかった地域を一つ選びなさい。

ア　ハワイ諸島　　イ　シンガポール　　ウ　フィリピン　　エ　サイパン島

問29　下線部㉙について、この地震は紀伊《きい》半島沖《おき》から遠州灘《えんしゅうなだ》にかけての海域で周期的に発生するとされている海溝《かいこう》型地震で、近いうちにまた発生する可能性もあるとされています。この地震は何とよばれる地震ですか。一つ選びなさい。

ア　中越《ちゅうえつ》地震　　イ　阪神淡路大震災　　ウ　東南海地震　　エ　関東大震災

問30　下線部㉚について、誤った説明を一つ選びなさい。

ア　１９４５年３月には東京に大規模な空襲があった。
イ　アメリカ軍は軍事施設《しせつ》だけをねらって爆撃《ばくげき》をおこなった。
ウ　都市に住む小学生は空襲を避《さ》けるために集団そかいをおこなった。
エ　東京や大阪などの大都市だけでなく地方都市も空襲を受けた。

問31　下線部㉛について、これと同じころに家庭に普及したものを一つ選びなさい。

ア　パソコン　　イ　クーラー　　ウ　電気洗濯機《せんたくき》　　エ　自動車

問32　下線部㉜について、この年に世界経済が混乱する出来事が起こって日本の高度経済成長が終わりましたが、何と呼ばれる出来事ですか。カタカナで書きなさい。

問33　下線部㉝について、八丁みそは自然志向の強いヨーロッパのほか、西アジアでも受け入れられています。これはその地域の宗教で禁止されている動物の成分が入っていないからですが、何という宗教ですか。

3　次の文章【あ】・【い】を読み、それぞれあとの問いに答えなさい。

【あ】今年で①日本国憲法は施行されてから一度も改正されることなく75年を迎《むか》えます。この憲法は、②戦後最初の衆議院議員総選挙で選ばれた議員が参加した、第90回帝国議会において、大日本帝国憲法を改正するかたちで制定されました。形式的には旧憲法の改正手続きによる制定でしたが、実質的には、まったく新しい憲法といえるものでした。

③大日本帝国憲法では、天皇の権限が広く認められている反面、議会の権限は小さく、国民の権利の保障は不十分でしたが、日本国憲法の制定により体制は大きく変わりました。天皇の神格性は否定され、日本国および国民統合の象徴となり、その地位は根本的に転換《てんかん》しました。その一方で国民主権が宣言され、④国民の権利は拡大し、その保障も強化されました。

また、日本国憲法の重要な特徴として、徹底《てってい》した平和主義があります。日本は日清戦争・⑤日露戦争やアジア太平洋戦争といった戦争をくり返し、アジア諸国を中心に大きな被害を与え、⑥みずからも悲惨《ひさん》な体験をしました。憲法の前文では、政府の行為《こうい》によって二度と戦争を起こさないことを誓《ちか》っていますが、これは戦争が最も悲惨な人権侵害《しんがい》につながるからです。また、第９条では、戦争の放棄《ほうき》が明記されており、この誓いを達成しようとしています。

そのような日本国憲法ですが、改正に関する議論が依然《いぜん》として続いています。現在の政党の中には、「自衛隊の憲法明記」などを内容とする改正案を発表し、憲法改正に積極的な姿勢を見せている政党もあります。しかし⑦日本国憲法は通常の法律よりも改正手続きが厳しい仕組みとなっており、容易に改正することはできません。これは最高法規である憲法が安易に改正されないようにするためとされています。憲法改正についてどのように考えるか、最終的に判断するのは国民投票を行う国民ですから、関心をもってニュースを読み解くことが必要です。

問1　下線部①について、日本国憲法の公布された日は現在何という国民の祝日となっているか答えなさい。

問2　下線部②について、この選挙の一つ前の衆議院議員総選挙において、選挙権が与えられていた人の条件を答えなさい。

問3　下線部③について、大日本帝国憲法で定められた天皇の権限として、誤っているものを一つ選びなさい。

ア　軍隊を率いる権限　　　イ　条約を結ぶ権限
ウ　法律・予算を審議する権限　　　エ　大臣を任命する権限

問4　下線部④について、日本国憲法の条文で定められた国民の権利として、誤っているものを一つ選びなさい。

ア　教育を受ける権利　　　イ　健康で文化的な生活を営む権利
ウ　政府による権力の不当な行使に抵抗《ていこう》する権利　　　エ　居住や移転・職業を選ぶ自由

問5　下線部⑤について、右の写真の人物は、日露戦争の際に反戦詩を発表したことで知られる人物です。この人物の名前を漢字で答えなさい。

問6　下線部⑥について、唯一《ゆいいつ》の戦争被爆国である日本は、戦争と原爆の悲劇をくり返さないために、1971年に「核兵器を□」という非核三原則を国会で決議しました。□にあてはまる言葉を答えなさい。

問7　下線部⑦について、日本国憲法改正の手続きについて、次の図の X と Y にあてはまる語句の組合せとして正しいものを、あとのア～エから一つ選びなさい。

憲法改正案	⇨	国会	衆議院	総議員の X 以上の賛成	⇨	国民投票　Y 以上の賛成	⇨ 公布
			参議院	総議員の X 以上の賛成			

ア　X：3分の2　　Y：過半数　　　イ　X：過半数　　Y：3分の2
ウ　X：3分の2　　Y：3分の2　　　エ　X：過半数　　Y：過半数

【い】　昨年は一昨年に続き⑧新型コロナウイルス感染症《しょう》の世界的な流行に悩《なや》まされる年になりましたが、それ以外にも様々な大きな出来事がありました。まず、国際的な動向に目をむけると、1月にアメリカの新たな大統領に⑨ジョー・バイデン氏が就任しました。前任のドナルド・トランプ氏は「アメリカ・ファースト」をかかげ、地球温暖化の防止のためのパリ協定から離脱《りだつ》するなど、国際的な取り組みには非協力的だったのに対し、バイデン氏は国際協調路線をとり、パリ協定に正式に復帰しました。その後、⑩アメリカ政府主催《しゅさい》の気候変動サミットも開催されています。またヨーロッパでは、⑪12月にドイツの首相を16年間務めてきた人物が退任しました。様々な局面で指導力を発揮し、他国からの信頼《しんらい》も厚かった首相の退任によってドイツはどこに向かうのか、イギリスの離脱もあり新たな局面を迎えているEUの今後とともに注視する必要があります。

次に、日本国内に目を向けると、9月に菅義偉《すがよしひで》首相が退任を表明し、10月には新たな首相に岸田文雄氏が就任しました。その後衆議院の解散にともない行われた衆議院議員総選挙において、与党が過半数を確保し、岸田政権の続投が決まりました。また、3月に東日本大震災から10年を迎えました。現在も福島第一原子力発電所では廃炉《はいろ》作業が続き、多くの人々が今も全国で避難《ひなん》生活を送っています。10年たってもこの震災を忘れることはできません。そして昨年は梅雨から夏の時期にかけて各地で大雨災害が相次ぎました。7月には静岡県熱海市で大規模な⑫土石流が発生し20人以上が亡くなりました。8月中旬《ちゅうじゅん》にも九州から関東にかけて広い範囲《はんい》で大雨が降り、被害をもたらしました。河川の氾濫《はんらん》による水害、土砂崩《くず》れ・土石流などを含め、あらゆる自然災害に対し防災・減災の意識を高めておくことの大切さを再確認させられる年でもありました。

問8　下線部⑧について、昨年11月に南アフリカから新たな新型コロナウイルスの変異株がWHOに報告されました。WHOは同月中にこれを「懸念《けねん》される変異株」に位置づけ、ギリシア文字の15番目の文字をもとに名称《めいしょう》を付けましたが、これを何といいますか。

問9　下線部⑨について、バイデン氏は何という政党から大統領に当選しましたか。政党の名前を日本語で答えなさい。

問10　下線部⑩について、このサミットで日本は、温室効果ガスの排出《はいしゅつ》量の削減《さくげん》について以前に決めた目標値より引き上げることを表明しました。これは2050年までに「温室効果ガスの排出量を全体としてゼロ」にする脱炭素社会を目指すためです。「全体としてゼロ」とは、全く排出しないわけではなく、森林などによる吸収量以上には排出しないということですが、このような考えを何といいますか。

問11　下線部⑪について、昨年12月にドイツの首相を退任した人物の名前を答えなさい。

問12　下線部⑫について、右の写真は大雨のときに流れる土砂や石をせき止めることで、土石流を防ぐように設置されている施設です。この施設の名称を答えなさい。

問題は以上です

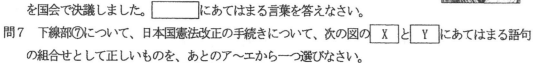

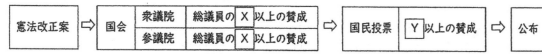

二〇二二年度（令和四年度）南山中学校男子部入学試験　国語　解答用紙

受験番号

氏名

成績

※200点満点
（配点非公表）

一

一

二

三

四

五

六

七

八　最初　最後

言葉

九

二

①

②

③

④

⑤

⑥

⑦

⑧

⑨

⑩

三

一

二

三　Ⅰ　Ⅱ　Ⅲ　Ⅳ

四

五

六　⑥　⑦

七　i　ii

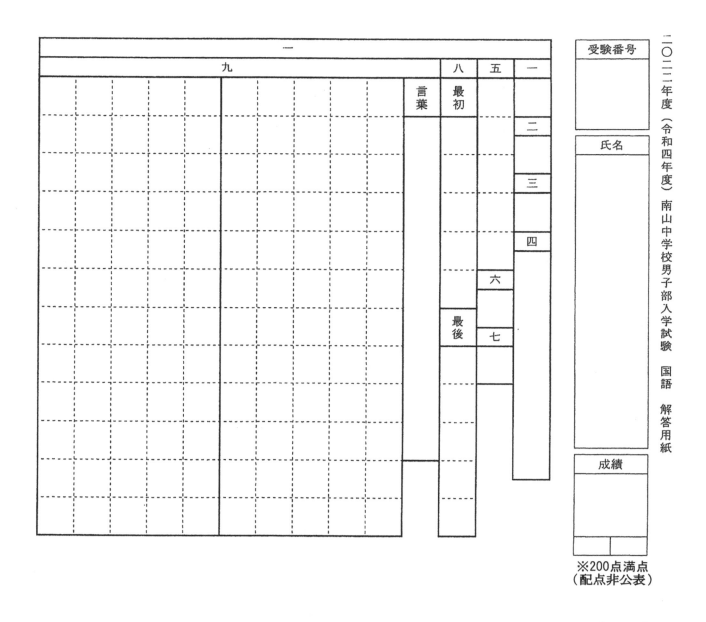

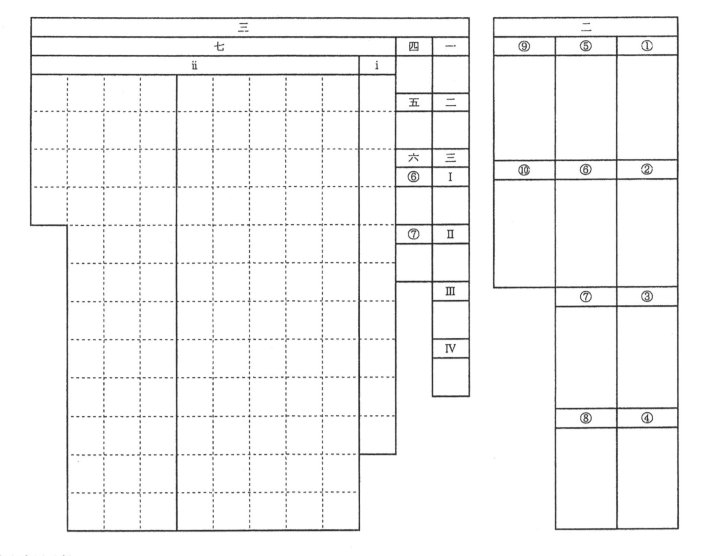

2022年度(令和4年度)南山中学校男子部　入学試験　解答用紙

算　　数

1

(1)	(2)	(3) 歩	(4) 円
(5) 度	(6) cm	(7) cm	

2

(1) 通り	(2) 通り

3

(1) ↓どちらかに○をつける

少ない計算で見つけやすいのは(サクラ ・ カエデ)の方法

(理由)

(2) と

4

(1) 円	(2) m^2

(3)

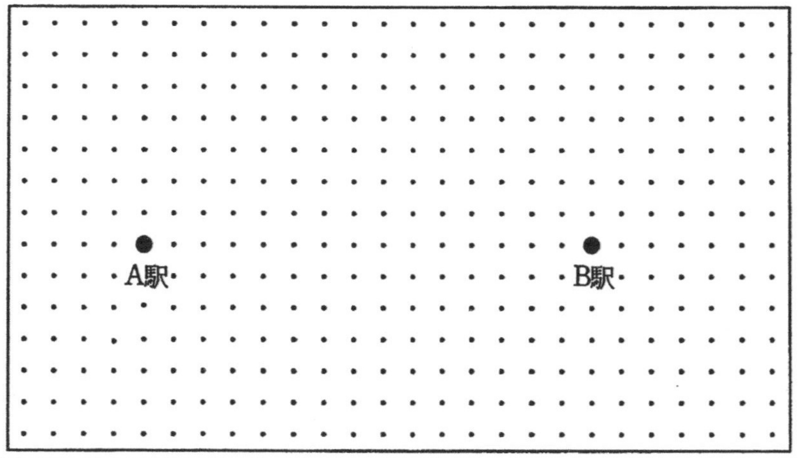

5

(1) 個	(2)	(3) 枚目

6

(1) 秒

(2)

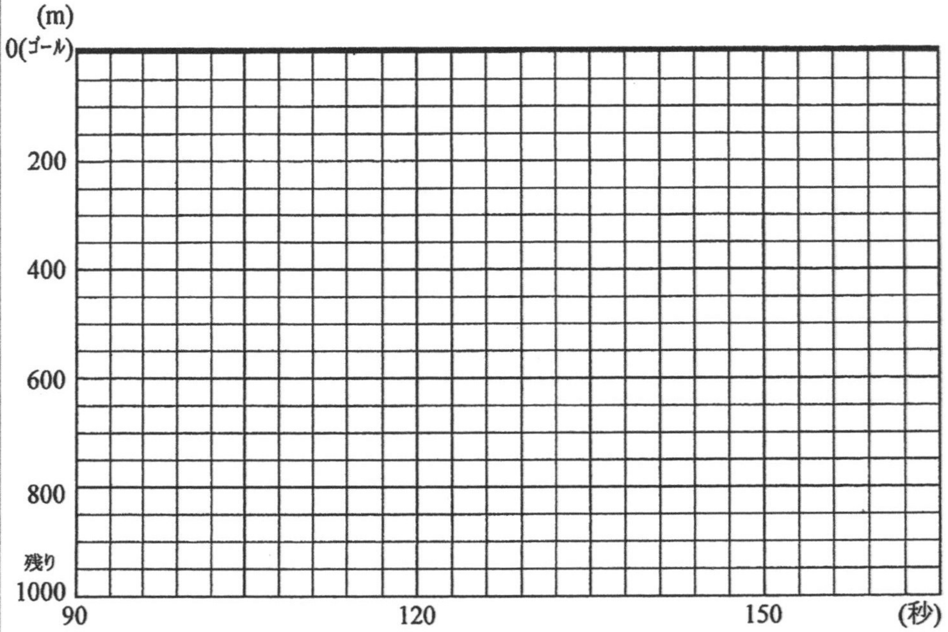

(3) 君	残り m

受験番号	氏　　名	成　　績

※200点満点
(配点非公表)

２０２２年度　南山中学校男子部　入学試験解答用紙
理科

1

(1) ℃　(2) ℃　(3) 倍　(4)　(5)

(6)　(7) (a)　(b)

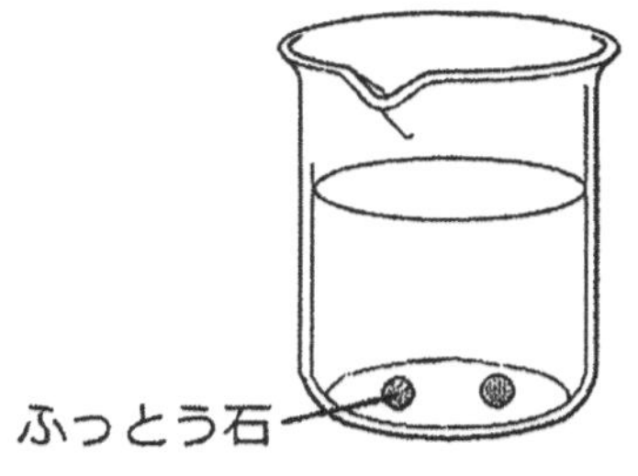

(8)

2

(1)　(2) ピペット

(3) (a) 色　(b) g

3

(1)　(2)　(3)

4

(1)　(2) (a)　(b)　(3)

(4) 葉　茎　(5)

5

(1) ア　イ　ウ　エ　オ　(2) カ　キ

(3) ク　ケ　コ

30-(27)
【解答用紙4-(3)】

6

(1) A　B　(2) ア　イ　(3)　(4)　(5)

7

(1)　(2)　(3)

8

(1) 極　(2)　(3)

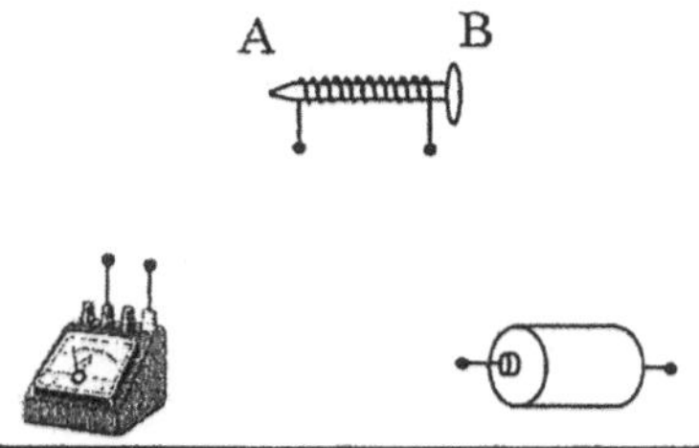

(4) mA

(5)

9

(1) a　b　c　(2)

10

[Ⅰ] (1)　(2)　(3)

[Ⅱ] (4)　(5)　(6) g

受験番号：

氏名：

※200点満点
（配点非公表）

2022(R4) 南山中男子部
教英出版

２０２２年度(令和４年度)　南山中学校男子部　　入学試験解答用紙　　社会

1

問1								問2
1		2		3		4		

問4	問5	問6	問7

問8	問9	問10	問11

問12	問13	問14

2

問1	問2	問3	問4	問5

問6	問7	問8	問9	問10	問11	問12

問13	問14	問15	問16
			→ → →

問17	問18	問19	問20	問21	問22	問23

問25	問26	問27	問28	問29	問30	問31

問32	問33

3

問1	問2	問3

問4	問5	問6

問7	問8	問9	問10

問11	問12

1 問3	
2 問24	

受験番号	氏　　名

成績		

※200点満点
(配点非公表)

【解答用紙4-(4)】 30-(29)

二〇二三（令和五）年度　南山中学校男子部　入学試験問題用紙　国語　（60分）

※解答はすべて解答用紙に書くこと。
※字数制限のある問題は句読点や「　」も一字として数えること。

[一] 次の文章を読んであとの問に答えなさい。

次の文章[1]、[2]はいずれも吉永明弘《よしながあきひろ》「はじめて学ぶ環《かん》境倫《りん》理」の中の文章である。筆者は[1]の文章の直前で、CO2の削《さく》減について話題にしており、そこでパリ協定についてふれている。なお、[2]の文章は[1]の文章の直後の文章ではない。

[1] しかし、このパリ協定のもとでCO2の削《さく》減がうまくいくかどうかは分かりません。それは、現在の政治と経済のしくみが、企《き》業側、生産者側に甘《あま》いしくみになっているからです。

ここで一本のドキュメンタリー映画を紹介《しょうかい》します。オーストリアのヴェルナー・ブーテ（ボーテ）監督《かんとく》がグリーンウォッシング（後述）の専門家カトリン・ハートマンとともに世界中を飛び回り、環境問題を取材して制作した『グリーン・ライ：エコの嘘《うそ》』という映画です。

この映画のテーマは「グリーンウォッシング」（うわべだけ環境保護に熱心なようにみせること）です。たとえばチョコレートなどをつくるのに必要なパーム油を生産するために、東南アジアで熱帯林を焼き払《はら》ってアブラヤシだけを大量に植えている（単一作物　栽培《さいばい》、モノカルチャーといいます）ことはよく知られています。それは熱帯林破壊《かい》として　三〇年以上前から指摘《てき》されていました。

そんな中、二〇〇四年に「持続可能なパーム油のための円卓《たく》会議」（RSPO）による認証制度が始まり、「持続可能なパーム油」として[A]を与《あた》える制度ができました。それに対して、この映画は、熱帯林を破壊することによって作られている以上、「持続可能なパーム油」というものはあり得ない、と批判しています。

私たちは認証制度を信用してエコな商品を買っているつもりになっていますが、実際には環境破壊に加担している場合が多いのです。[B]エコ商品を買っても環境に良いことをしているとはいえないケースがあるのです。

ひるがえって、CO2の削減について考えてみましょう。私たちはCO2排《はい》出の少ない製品を買うよう促《うなが》されています。エコカー、エコハウスなど、いろいろありますよね。[C]それが本当にエコな製品なのかどうかは、一度疑ってみる必要があります。

ある製品が本当にエコなのかを調べるために、LCA（ライフサイクルアセスメント）という考え方を知っておくとよいでしょう。[D]CO2に関してなら、資源の採取から、生産段階、消費段階、廃棄《はいき》・リサイクル段階で排出されるCO2の総量を調べて比較《かく》するわけです。「ロカボラボ」というウェブサイトでは、LCAの考え方に基《もと》づいてガソリン車と電気自動車のCO2排出量を比較しています。

しかし、ここで立ち止まって考えてみてください。なぜ消費者がそんな面倒《どう》なことをしなければいけないのでしょうか。環境にやさしい製品をつくるのは当たり前のことであって、そうしない企業はむしろ懲罰《ちょうばつ》の対象にすべきではないでしょうか。『グリーン・ライ』のなかで、テキサス大学教授のラージ・パテルは、環境破壊を行っている企業を法律で取り締《し》まることが必要だと話しています。近年では環境教育などによって、環境にやさしい消費をするよう促されていますが、環境を守るには「消費のしかた」ではなく「生産のしかた」を改めるべきなのです。つまり[I]のです。問題解決を消費者のエコな選択《たく》にゆだねるのは間違《ちが》っています。それは消費者に環境問題の責任を過剰《じょう》に分配することです。

同様に、CO2排出の削減が進まないのを、市民の意識が低いことに求めるのは間違っています。地球温暖化問題を解決するには、「[E]」を改める必要があります。市民や消費者に問題点があるとしたら、厳しい法規制を政府に求めない点や、企業や生産者が環境破壊を行っていることを非難しない点にあるといえるでしょう。

注　パリ協定…フランスのパリにて二〇一五年に採択された、気候変動抑《よく》制に関する多国間の国際的な協定。それ以前の「京都議定書」に参加していたアメリカ、EU、日本に加えインド、中国が参加している。

[2] 加藤尚武《かとうひさたけ》は、『環境倫理学のすすめ』のなかで「ゴミ生成の不等式」と呼べるものを提出しています。「ゴミは、使用期間をすぎたのに耐《たい》用期間を保っている物質である」。つまり、一日使うだけなのに、放っておくと何年も形が残る、というものがゴミなのです。これを不等式で表すと次のイラストのようになるでしょう。

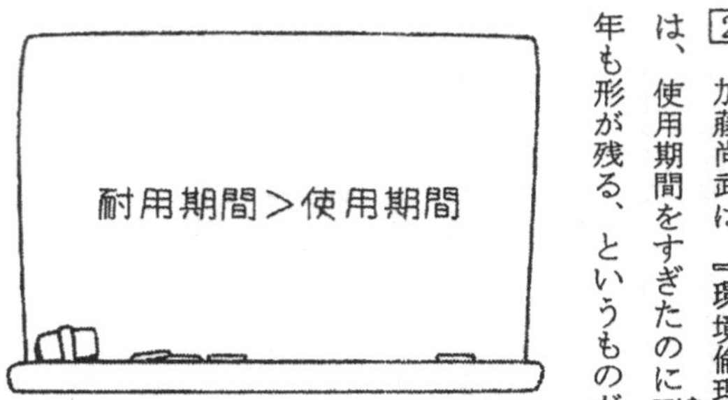

今、プラスチックごみによる海洋汚《お》染が話題になっています。ウミガメがビニル袋《ぶくろ》を飲み込《こ》んで窒《ちっ》息死したという話を聞いたことがあるかと思います。プラスチックごみの問題点は、耐用期間が長すぎることにあります。コンビニエンスストアから公園まで一五分、商品を運ぶためにレジ袋を使い、その袋を公園脇《わき》の草むらに捨てたら、長期間そこに残り続けます。プラスチックが海に流れ込んだら、しばらく漂《ただよ》い続けます。そもそもプラスチックの利点は容易に自然分解されないという点にありましたが、ここではそれが仇《あだ》となっています。

逆に言えば、「使用期間が過ぎるとすぐに消滅《めつ》すればゴミが出ない」ということになります。ミカンは、食べられなくなるとき、つまり使用期間が終了《りょう》するのと、腐《くさ》って土に返るとき、つまり耐用期間が終了するのがほぼ同じです。この場合はゴミが発生しません。ここから分かるのは、①自然分解されるもので暮らせばゴミは出ない、ということです。

技術者なら、自然分解されるプラスチックを開発してやろう、と意気ごむかもしれません。環境倫理学では、この問題をどうやって乗り越《こ》えようとするのでしょうか。もちろん、極端《たん》に生活の幅《はば》を狭《せば》めるような「自然分解するものだけで暮らすべきだ」と主張することはありません。では、どのように考えるのでしょうか。

加藤は著書のなかで、もう一つ別のゴミ戦略を描《えが》いています。それは、使用期間が永遠のものを作ればよい、という提案です。そんなものは存在するのでしょうか。

加藤によれば、②それは「芸術品」だといいます。南禅《ぜん》寺の扇《せん》面屏風《びょうぶ》を捨てる人はいない、という例を出していますが、確かに芸術品は決してゴミになりません。文化財もそうでしょう。高松塚《づか》古墳《ふん》の壁《へき》画は、[F]が「永遠」なのに、[G]のほうが先に尽《つ》きようとしていたため、必死の修復作業が行われました。すべての製品を芸術品に、というのは不可能ですが、少なくともモノをつくる人は、使い捨て商品ではなく長持ちする製品をつくるべきだ、という「製造者の倫理」がここから導かれます。

さらにハードルを下げて、少なくとも「製品を作る段階で最終処分の方法を決定しておくこと」が求められます。言い換《か》えれば、使用が終わっても処分もできずに延々と残り続けるようなものは作ってはいけない、ということになります。

（吉永明弘『はじめて学ぶ環境倫理』ちくまプリマー新書　一部改変）

問一　[A]に入る言葉として最も適当なものを選び、記号で答えなさい。
ア　折り紙付き　イ　お墨《すみ》付き　ウ　太鼓《こ》判　エ　烙印《らくいん》

問二　[B]、[C]、[D]に入る言葉の組み合わせとして最も適当なものを選び、記号で答えなさい。
ア　B　また　C　そして　D　さて
イ　B　すると　C　では　D　つまり
ウ　B　つまり　C　しかし　D　たとえば
エ　B　すなわち　C　ところが　D　ところで

問三 [1]の文章には次の一文がぬけています。この文を入れたときに、すぐ後に続く文の最初の六字をぬき出して答えなさい。

『このように、一応は消費者の側で、本当にエコな商品はどれなのかを調べて選ぶことができます。』

問四 [I]に入る文として最も適当なものを選び、記号で答えなさい。

ア 消費者の責任ではなく、企業の責任が大きい
イ 企業の責任ではなく、消費者の責任が大きい
ウ 消費者、企業ともに責任が大きい
エ 企業だけではなく、消費者の責任も大きい

問五 [E]に入る言葉を[1]の文章中から六字でぬき出して答えなさい。

問六 ―線部①『自然分解されるもの』とは、この文章ではどのようなものだと言っているか。次の[i]と[ii]に入る言葉を、[2]の文章中からそれぞれ七字でぬき出して答えなさい。

[i]するときと、[ii]するときがほぼ同じもの。

問七 ―線部②『それ』の指す内容を[2]の文章中から十字以下でぬき出して答えなさい。

問八 [F]と[G]に入る言葉の組み合わせとして最も適当なものを選び、記号で答えなさい。

ア F 耐用期間　G 使用期間
イ F 耐用期間　G 耐用期間
ウ F 使用期間　G 使用期間
エ F 使用期間　G 耐用期間

問九 [1]、[2]の二つの文章から分かる筆者の主張として最も適当なものを選び、記号で答えなさい。

ア 環境を守るためには、消費者が、環境に優《やさ》しい商品かどうかを見極《きわ》め、長く使えるものだけを選んで買うべきであると述べている。
イ 環境を守るためには、企業や生産者が、生産のしかたを改め、長い期間使えるものを作る必要があると述べている。
ウ 環境を守るためには、技術者が自然分解できる素材を開発し、それを使ったエコな商品を消費者が積極的に買うべきであると述べている。
エ 環境を守るためには、政府が企業や生産者を支援《えん》し、環境に優しい商品の開発を積極的に行うべきであると述べている。

問十 この後の文章で筆者は、原子力発電所から出る「放射性廃棄物は最悪のゴミである」と述べているが、どのような点で最悪であると考えているのかを、[2]の文章の内容から推測し、本文中の言葉を用いて、五十字以上七十字以下で答えなさい。

[二] ―線部のカタカナは漢字に、漢字はひらがなに直して答えなさい。

①コウメイな詩人。
②高層ビルがリンリツしている。
③運転免《めん》許証がコウフされた。
④名画をモシャする。
⑤タイショウ的な意見。
⑥ココロアタタまるお話。
⑦大学でコウギを受ける。
⑧ショクシが動かされる。
⑨郵便私書箱
⑩定石通りに行う。

[三] 次の文章を読んで後の問いに答えなさい。

本当は〇〇になりたかったんだけど。①このフレーズを口にするような大人にはなりたくないと思っていた。本当は、野球選手になりたかったんだけど、本当は、画家になりたかったんだけど、本当は、ミュージシャンになりたかったんだけど、本当は、本当は。じゃあ、あなたが今生きている現実は何なんだ？　本当じゃないのか。自分で自分の今を否定してどうする？　本来なら、自分はここにいるような人間じゃないんですよ、別世界で輝《かがや》いている人間なんですよ、そう言いたいのか。だが「本当」なんて言葉で、エクスキューズしたら、自分を余計にみじめにするだけだ。本当は小説家になりたかったんだけど、なれなかったから国語教師をしているんだ。そんなことは決して口にしない。だってなるんだから、これから小説家に。小さい頃《ころ》からそう思っていた。それは時がたてば子どもが大人になるように、自然にそうなるものだと思っていた。少しばかり時間がかかっているけれど、今も②そう思っている。そうでなければここまで続けてこられなかった。

学生時代にデビューするのが目標だった。大江健三郎《おおえけんざぶろう》や石原慎太郎《いしはらしんたろう》のように。だが、③それはかなわなかったから、教師になった。でも仕方なくなったんじゃない。小説家になるまでのつなぎと考えているわけでもない。それは生徒にもほかの先生にも失礼だ。そういう考えがどこかにあると、透《す》けて見え、伝わってしまうものだ。両親も教員だった。僕は両親を尊敬しているし、教師の大変さも、人生を賭《と》するに価《あたい》する職業だということも分かっている。そのこととは全く別の次元で、小説家になること、というのも常に存在していた。実際、元教師という作家は多く、国語だけでなく、意外にも理系にもいる。そうだ、作家は全ての経験が作品の糧《かて》となるのだ。この教師生活の日々も、いずれ小説に反映され、いつか花開く日が来るだろう。そして有名な文学賞を受賞した暁《あかつき》には、この学校に凱旋《がいせん》してやってもいい。文芸誌の巻頭グラビアを「かつて教壇《だん》に立っていた中学校で」というキャプション付きで、久々に黒板を背にした僕の写真が飾《かざ》ることだろう。次のページには、生徒たちに囲まれて、手には花束なんかを持って、元同僚《りょう》を入れてもいいな。「矢崎《やざき》先生は、在勤中も、生徒にとても人気のある先生でした」のコメント付きで。請《こ》われれば、講演することもAやぶさかではない。テーマは「夢は必ずかなう、夢をみることをやめなければ」。それは聞く者の心をどんなに打つことだろう。何せそれを実現した人間が、目の前でそのことについて語るのだから。こんな説得力のあるものはない。僕《ぼく》はその時の服装も決めてある。「このスーツ、ネクタイは教師の初任給で購《こう》入したもの。『久しぶりに袖《そで》を通し、新たに身が引き締《し》まる思いがした』そう語る新進気鋭《えい》の作家の顔に迷いはなかった」と、添《そ》えよう。記事は、ライターに任せず、自分で書いてもいい。そこまで構想ができあがっているのに、現実がついてこなかった。

文学賞の一般公募《ぼ》は、地方自治体などが主催《さい》する地方文学賞と、大手出版社が主催する中央の賞があるが、もちろん僕はプロ作家デビューに直結する中央の賞しか狙《ねら》わない。もう長年投稿《こう》生活を続けていたから、どの賞がいつ締切《しめきり》でいつ発表か、枚数などの応募要項《こう》も全て頭に入っていた。新人文学賞は、もうすっかり僕の生活の中に組み込まれている。しかし書けども書けども、一次通過できないのだ。一次通過というのは、下読みとも呼ばれるが、何千と送られてくる応募作に、まずこの下読みの人たちが目を通す。彼らは新人の作家だったり、フリーのライターだったりするらしい。この一次が通らないのだ。いったいどうなっているのだろう。こんなに面《おも》白いのに。毎回原稿を投函《かん》するたびに、どういうわけか一次すら通らない。思い当たることがあるとすれば、下読みは駆《か》け出しの作家、いずれは作家になることを目論《もくろ》んでいるライターがやっているということだ。彼らが将来的に自分のライバルになるような、己《おのれ》を脅《おびや》かすような才能を目にしたとき、果たしてどうするか。この段階で芽を摘《つ》んでおこう、潰《つぶ》してやろう、そう思ったとしても不思議ではない。その心理は分からなくもない。だとしたら僕は永遠にこの関門を通り抜《ぬ》けることができないじゃないか。ここを通過しなければ、最終選考に残った数

作品のみ渡《わた》される審《しん》査員の小説家の方々はおろか、編集者の目にも触《ふ》れることはないのだ。その人達が見れば作品の良さは一目瞭《りょう》然であるのに。④この無限ループを抜《ぬ》け出すにはいったいどうしたらいいのだろう。

そんな時、飛びこんできたのが、三木明日香《みきあすか》のことだった。史上最年少で文学新人賞の特別賞を受賞したという。一瞬《しゅん》我《わ》が[B]を疑った。同じ賞に僕も応募していたのだ。その件で話題になるのはこの僕のはずだ。何かの間違《ちが》いじゃなかろうか。急いで書店に走り、受賞作が掲載《けいさい》されている文芸誌を買った。そこには確かに三木明日香の顔写真とプロフィールが載《の》っていた。間違いなく僕のクラスの三木明日香だった。気が遠くなる。藍《あい》より青しとはこのことか。いや、別に彼《かの》女は弟《で》子ではないけれど、教え子だ。そうだ僕が日々教え諭《さと》している子どもじゃないか。動悸《き》を抑《おさ》え、むさぼるように彼女の書いたものを読む。なるほど、うまく書けている。ただし、十四歳《さい》にしては、だ。これが初めて書いた小説だ、と受賞の言葉にある。小説にビギナーズラックのようなものがあるのかもしれない。たまたまうまく書けたのだろう。それがたまたま編集者の目にとまった。そうだ、このプロフィールだ。十四歳の中学二年生の女の子。出版社だって商売だ。こんなおいしいネタに飛びつかないわけがない。これは話題になる。そう踏《ふ》んだのだろう。そういう引きがなければ、なかなか本は売れない時代なのだ。いくら内容が良くても。例えば、これを僕が書いたとしても、受賞には至らなかっただろう。逆に、僕が書いたものを女子中学生が書いたとして出せば、賞を獲《と》れるだろう。それが現実だ。その時、⑤天啓《けい》のようにひらめくものがあった。新人文学賞では、最終審査に残った段階で、出版社の編集者が担当につくことも珍《めずら》しくないという。だとしたら当然、受賞した三木にも担当編集者がついているだろう。これを使わない手はない。立っているものは親でも使えと言うではないか。教え子のつてに頼《たよ》ったとて、悪いことがあろうか、否《いな》ない。作家への道を阻《はば》む下読みという障壁《へき》を越《こ》えるにはこれしかない。早速《さっ》、放課後三木明日香を呼び出し、今まで書きためていたもの、憎《にく》き下読みのせいで不運にも落選してしまった作品達を渡す。もちろん編集者に読んでもらうためだ。読んでさえもらえばこっちのもんだ。もしこれらの作品の良さが分からないとしたら、その編集者の目が節穴なのだ。三木は最初こそ戸惑《まど》っていたが、快諾《だく》してくれた。三木に原稿を託《たく》し、一安心したものの、それを読んだ編集者から「最近書かCれたものを見せて下さい」と言われたときのために、新作を書き始める。この即《そく》対応力も、新人として求められるものの一つだ。せっかくデビューできても、ある程度のストックがなければ次の展開がない。そこで終わりだ。三木なんかおそらく何もないだろう。いっときだけ脚《きゃっ》光を浴びても、ただの徒花《あだばな》で終わるのが目に見えている。気の毒に。だが僕にはどうすることもできない。三木よ、苦しむがいい。書くというのは孤《こ》独な格闘《とう》なのだ。たった一人で戦うしかない。

その夜、かつて小説創作教室に通っていたときに知り合った藤村《ふじむら》から望外な話が舞《ま》い込《こ》んできた。僕が好きな流行作家の阿部雅宏《あべまさひろ》に直接会わせてくれるというのだ。願ってもない機会だった。第一線で活躍《やく》しているプロの小説家と直接話ができることなんて滅《めっ》多にない。自分の本棚《だな》に目をやると阿部雅宏の著作が並んでいる。サインをしてもらおう。聞きたいことも色々ある。そうだ、僕が書いたものを持っていこう。もしかしたらその場でアドバイスをもらえるかもしれない。いや、事の次第では「いいねっ、これ素人《しろうと》のレベルじゃないよ。今まで埋《う》もれていたのが信じられない。このまま文芸誌にも載っていてもなんの遜《そん》色もないよ。僕が編集長に掛《か》け合ってあげるよ」という運びになるかもしれない。三木明日香なんかよりも、こっちの方がずっと太いパイプだ。実際に会った阿部雅宏はさっぱりとした顔立ちの好青年であった。僕の質問に一つひとつ丁寧《ていねい》に言葉を選びながら答えてくれる様子は、誠実さを感じさせた。

「あのこれ僕が書いたものなんですが」と原稿の入った封筒《ふうとう》を差し出すと、阿部は一瞬笑《え》顔が消え困惑《わく》したように見えた。

「あ、ああ、君が書いた作品ね。えっとこれ、僕どうしたらいいのかな？」

「お時間があるときでいいんで読んでいただければ」

「ああそういうことね。はい、分かりました。じゃあ一応おあずかりします」

一応というのが少し引っかかったが、渡すことはできた。目標はほぼ達成できたと言っていいだろう。後はこれを読んだ彼《かれ》が連絡《らく》をしてくるのを待つばかりだ。

日曜日の午後、僕の部屋に誰《だれ》かがやって来た。面倒《どう》くさくなって無視していると、台所の曇《くも》りガラスに人の頭部が映り、しばらく窓の端《はし》から端へ移動を繰《く》り返していたが、やがて遠ざかっていく足音がした。台所の小窓を開けてそっと見てみると少女の後ろ姿があった。三木明日香だった。ドアを開けてみると、見覚えのある大きな紙袋《ぶくろ》が置いてあった。中には僕の原稿が入っていた。ドアポストに手紙らしきものがはさんである。それはある雑誌社の編集者からのものだった。簡潔な文章の中に実に的確なアドバイスが書かれていた。しかし、結論は別の雑誌社への投稿をすすめるものだった。その後、作家の阿部雅宏からはなんの音沙汰《さた》もなく、そして応募した新人文学賞はあっけなく⑥一次落ちした。今までで一番の自信作だったのに。しばらくして三木明日香の本が出版されるという噂《うわさ》を耳にした。勝手な感傷だが、あらゆることから置き去りにされたような気がして、ひどい孤《こ》独感に身も心もからめとられて、しばらく原稿を書くためのパソコンに向かう気になれなかった。近づいてきたと思った文壇は、遙《はる》か彼方《かなた》にはなれていき、今や芥子粒《けしつぶ》の如《ごと》し。いやそれすら幻《まぼろし》だったのかもしれない。

もう誰からも愛されないのだ。文壇の女神《め》にも、生徒からも、両親からさえも。僕は、言われたことはきちんとする子どもだった。勉強や宿題をしないで、怒《おこ》られて結局やらなければならないのなら、最初からやったほうがいい。勉強の不安は勉強することでしか解決できない。結局、両親も喜び、先生や級友からも一[D]置かれた。いいことだらけだ。でもなぜか両親は、勉強嫌《ぎら》いで何かと問題を起こし、悩《なや》みの種である弟のほうにより愛情を注いでいるように見えた。弟は欠点も多かったが、それを補ってまだあまりある愛嬌《きょう》、かわいげがあった。これは持って生まれたものだった。僕が一生努力しても得られないものを、弟は意識することなく手に入れていた。そんな僕に寄り添ってくれたのは本だった。様々な人の様々な物語は、僕の心を遠くまで運んでくれた。誰とも分かち合えない寂《さび》しさを、すくい上げてくれたのは物語だった。いつか自分もそういう物語を書く人になろう、と思うに至ったのは自然なことだった。けれどそれができるのは、やはり愛された人間なのだ。文学の神様に。自分がどうやらそうではない、と自分で気がついて認めない限りは、終わりがないのだ。それは今のような気がする。踊《おど》り続けていても、見てくれる人がいなければ、ただの準備運動だ。僕はこれが長すぎた。いつまでたっても幕は開かない。しかしお構いなしに日常は続いていく。昨日と変わらぬ今日がある。ただ僕が執《しっ》筆しなくなっただけのことだ。誰も困らない。世界は何も変わらない。

放課後、小テストの採点をしていると、日直の中原《なかはら》が職員室に学級日誌を届けに来た。

「ああ、ご苦労さん」

僕が日誌に判を押《お》し、それを彼に返すと、

「先生も小説書いてるんですね。三木さんから聞いて。今書いているのあるんですか」

「あ、いや、今は学校の仕事が忙《いそが》しくて……」

「そうですか、じゃあまた書いたら読ませてください。楽しみに待ってます」

にっこり笑うと中原は一礼し職員室を出て行った。

読ませてください。楽しみに待ってます。遠い日の面《おも》影に重なる。あの子もそう言ってくれた。初めて物語を書いたのは、小学校三年の時、地底人の話だった。環境破壊で地上に住めなくなった人々が、地底で暮らし始め

る。ノートに書いたそれを、隣《となり》の席の女の子にだけ見せていた。色白でエクボのある子だった。「面白い、もっと読ませて。続きが楽しみ、待ってます」と目を輝かせて言ってくれた。たったひとりのために、その子に読んでもらいたくてどんどん書いた。彼女を笑わせたい、楽しませたい。面白かったと言われたい。自分の作った物語を、読んで喜んでもらえるのがうれしかった。もっと喜ばせたい。心を震《ふる》わせたい、僕が書いたもので。そうだ、小説を書くのが好きだから、小説家になりたいと思ったんだ。小説家になりたくて、小説を書いているんじゃない。僕は手近にあったノートを開き、鉛《えん》筆を握《にぎ》った。この感触《しょく》。鉛筆の芯《しん》の鈍《にぶ》い輝き，消しゴムのカス、黄味がかったノートの紙面。教室のざわめき。そうだあの日々。放課後。下校時刻を知らせる哀愁《あいしゅう》をおびた旋《せん》律。渡り廊下の長い影法師。山の向こうに落ちていく大きな夕日。さようなら。また明日。僕は一行目を書き始める。何十年ぶりかの手書き小説だった。

(鈴木るりか『14歳《さい》、明日の時間割』一部改変)

問一 =線部Aの意味として最も適当なもの選び、記号で答えなさい。

ア 仕方ないがする　イ 簡単だ　ウ ためらいつつする　エ いやではない　オ 喜んでする

問二 [B]と[D]には一文字の漢字が入ります。それぞれに当てはまる漢字を選び記号で答えなさい。ただし、同じ記号を二度以上答えてはいけません。

ア 身　イ 耳　ウ 腹　エ 手　オ 目

問三 =線部Cの「れ」と同じ意味のものを次から一つ選び、記号で答えなさい。

ア 先生が話された。　イ 三度目の挑《ちょう》戦で富士山の山頂《ちょう》まで登れた。

ウ 故郷がしのばれた。　エ 他人に笑われた。

問四 —線部①の理由として最も適当なものを選び、記号で答えなさい。

ア 大人になれば自然と自分の望むものになれると信じているから。

イ 「本当」という言葉で現在の自分を否定するような言いわけをしたくないから。

ウ 子どものころの夢はあくまで夢であって、その夢がかなうことは難しいから。

エ 自分の実力とは関係なく、社会の現実は厳しいということを認めたくないから。

問五 —線部②の「そう思っている」の具体的な内容を示している一文を文章中からぬき出し、最初の五字で示しなさい。

問六 —線部③にあるように「国語教師になった」一番強い理由として最も適当なものを選び、記号で答えなさい。

ア 学生時代に小説家としてデビューできなかったから。

イ 両親も教員だったし、人生を通して働く職業として教員は素晴《すば》らしいから。

ウ 生きていくためには働かないといけないので、尊敬する両親の職業と同じものを選んだから。

エ 国語教師は腰《こし》かけではなく、将来素晴らしい小説を書くための準備期間と考えたから。

問七 —線部④とは具体的にどのようなことか。最も適当なものを選び、記号で答えなさい。

ア 新人文学賞の募集内容が頭の中に入っており、それに従って毎回自分の作品を応募すること。

イ 生活に全く変化がなく、毎日教師の仕事をして、その片手間に小説を書いていること。

ウ 毎回新人賞の審《しん》査を通過することなく、自信作が有名作家や編集者の目に触れないこと。

エ 新人賞の一次審査の担当者が、毎回新人作家やフリーのライターであること。

問八 —線部⑤とは具体的にどのようなことか。最も適当なものを選び、記号で答えなさい。

ア 新人デビューを見越して新作を書きためておくこと。

イ 三木明日香に自分の作品を託して、編集者に読んでもらうこと。

ウ 新人賞に応募しないで、直接作家の阿部に推薦《せん》してもらうこと。

エ 年齢や性別を偽《いつわ》って新人賞に応募すること。

問九 —線部⑥と同じ意味として用いられている三字の語句を文章中からぬき出して答えなさい。

問十 この物語のように、自信があったにもかかわらずうまくいかなかった自分の具体的な体験を示し、そこから何を学んだかということを五十字以上七十字以内で書きなさい。

2023年度（令和５年度）南山中学校男子部　入学試験　問題用紙

算　　　数 （60分）

答えは解答用紙に書きなさい。
分数で答えるときは、約分して答えなさい。
必要であれば、円周率は3.14としなさい。
図は正確であるとは、限りません。

1　次の問いに答えなさい。

（1）　次の計算をしなさい。

$$4 \div \left\{ 1.2 - \left(0.8 - \frac{2}{3} \right) \times 6 \right\}$$

（2）　□ に当てはまる数を答えなさい。

$$4 \times \left\{ \frac{1}{8} \div \left(\square + \frac{1}{10} \right) + 0.25 \right\} = \frac{7}{2}$$

（3）　原価2000円のＴシャツに、２割の利益を見込んで定価をつけましたが、売れなかったので、定価から15%の値引きをしたところ売ることができました。Ｔシャツ１枚あたりの利益はいくらですか。

（4）　次の図で、四角形ABCDは平行四辺形で、AE＝EBです。
三角形BCFの面積が$12cm^2$のとき、四角形ABCDの面積を求めなさい。

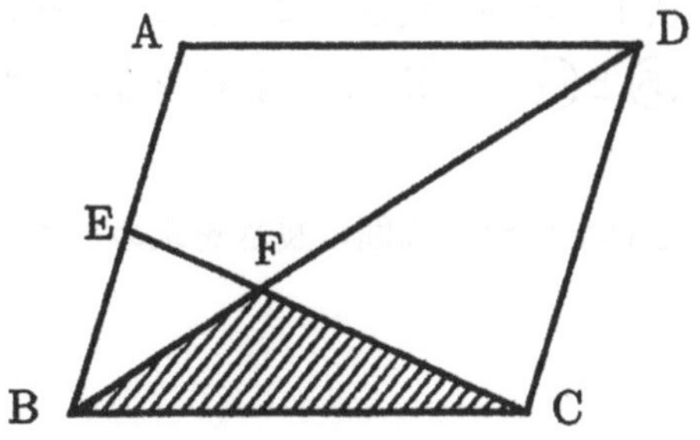

（5）　AB＝AC＝AD＝BCのとき、図のあの角度を求めなさい。

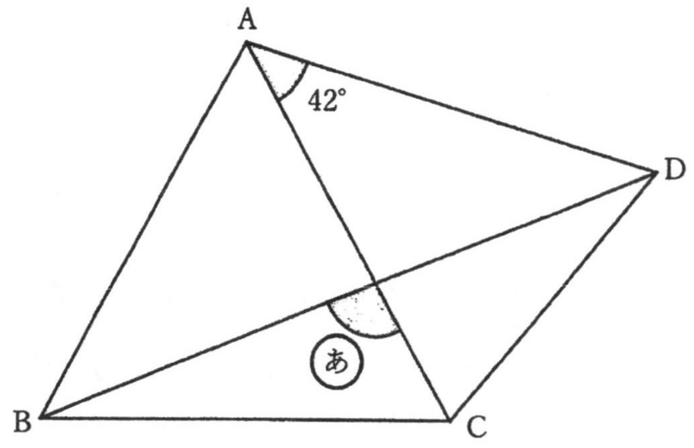

（6）　N山中学校１年生40人のクラスで英語のテストをしました。ある点数を合格点としたとき、合格者の人数は全体の６割でした。合格者の平均点は合格点より９点高く、不合格者の平均点は合格点より26点低く、全体の平均点は58点でした。合格点は何点でしたか。

2　碁《ご》石を三角形の形に並べていきます。１段目には１個、２段目には３個、３段目には５個、……というように、段が増えるごとに２個ずつ増やして並べていくことにします。

（1）　このような規則で10段目まで並べたとき、碁石は全部で何個使われていますか。

（2）　たとえば11個の碁石を使うとき、３段目まで並べられて、２個の碁石が余ります。
2023個の碁石を使うとき、何段目まで並べられて、何個の碁石が余りますか。

3 アキラ君は 7 時 30 分に家を出発し、家から 900m 先にあるコンビニでノートを買ってから、さらにそこから 900m 先にある学校に向かいました。下のグラフはアキラ君が家を出発してからの時間と道のりの関係を表したものです。

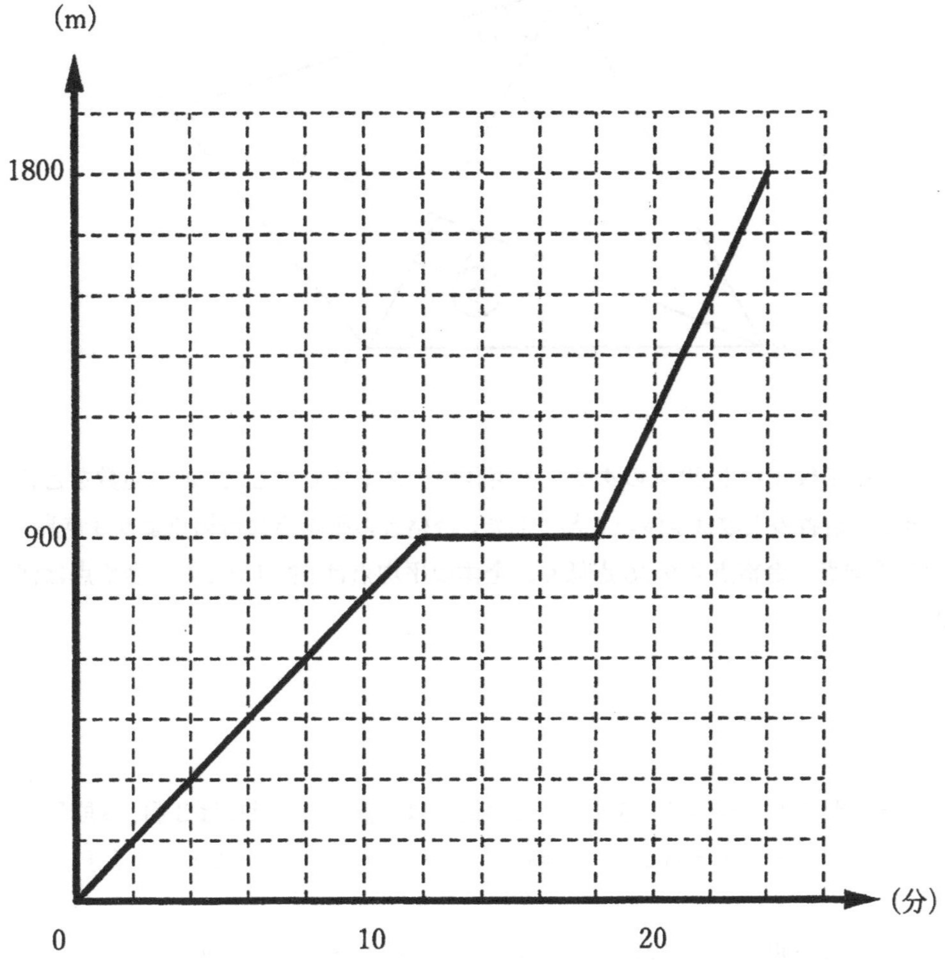

（1） アキラ君のコンビニから学校までの歩く速さは、家からコンビニまでの歩く速さの何倍ですか。

（2） アキラ君の弟は、アキラ君より 2 分早く家を出発して、アキラくんと同じ道のりで学校に向かい、7 時 34 分にアキラ君に追い抜《ぬ》かれました。弟は家から学校まで一定の速度で歩き、コンビニには立ち寄らないものとするとき、弟が 2 度目にアキラ君に追い抜かれる時刻を答えなさい。

4 1 から 6 までの目があるサイコロを 3 回投げて、順番に出た目の数字が次のような場合は何通りありますか。

（1） 出た目の数字が順に大きくなる場合。

（2） 3 番目に出た数字が、1 番目と 2 番目の数字より大きい場合。

5 半径 3 ㎝、中心角が 60 度のおうぎ形 OAB と縦《たて》の長さが 3 ㎝である長方形があります。おうぎ形の中心と、長方形の頂点が重なるように㋐の場所に置きます。そこから長方形の上を、滑《すべ》ることなく時計回りに、図のように㋑の場所まで、ふたたび半径 OA が長方形の一辺に重なるまで回転させました。

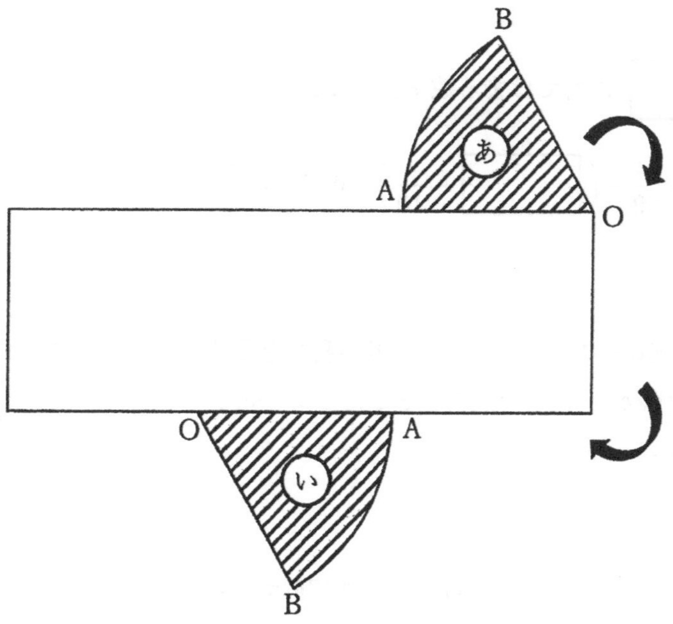

（1） おうぎ形 OAB が動いてできる図形のあとを、解答らんの図に書き込み、斜線《しゃせん》で示しなさい。ただし、使用した線は消さずに残すこと。解答らんの補助線(点線)は、作図に利用してよい。㋐と㋑は、最初から斜線を書いてあります。

（2） （1）で斜線で示された部分の周囲の長さを求めなさい。

6 ユウタくんとナオトくんの会話を読み、次の問いに答えなさい。

ユウタ： 魔方陣《まほうじん》という数字を使った遊びがあるよ。一緒に考えてみよう。

「魔方陣」のルール：
・３×３のマス目に、１から９の整数を１つずつ入れる。
・どの行も、どの列も、どの対角線も、そこに並ぶ<u>①３つの数の和</u>が等しい。

ナオト： どうやったら正しく入れることができるのかな。
ユウタ： まずは、「３つの数の和」の部分を考えてみよう。どの行の数の和も同じで、行が３つあるから、３ 行分の数の和は１から９までの和と同じはずだね。
ナオト： 中央の数は５にしないと、他の数がうまくあてはまりそうにないよ。
ユウタ： 中央さえ決まってしまえば、残りはなんとかなりそうだな。

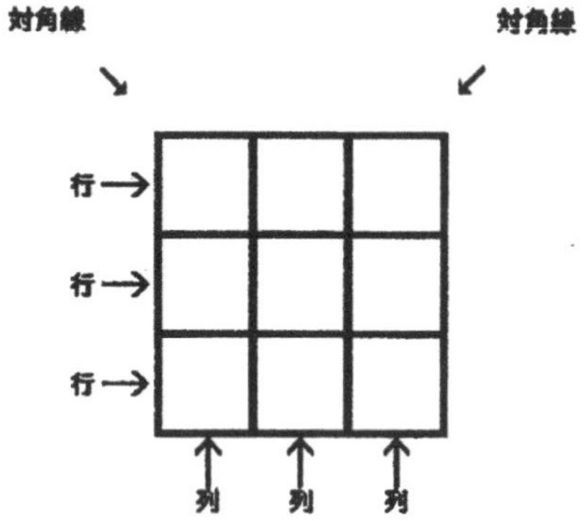

ナオト： 同じような遊びで、「魔星陣《ませいじん》」というものがあるよ。残りの数字を入れてみよう。

「魔星陣」のルール：
・図の 12 個の○の中に、１から 12 の整数を１つずつ入れる。
・一直線に並ぶ４つの数の和が、どの６本の線でも等しい。

ユウタ： 魔方陣のときと同じやり方で「４つの数の和」は求められるかな。
ナオト： いや、少し工夫しないと求められないね。
ユウタ： <u>**②……わかったぞ**</u>！和は 26 だ！
ナオト： 和が 26 とわかれば、エとキの和がわかるね。
ユウタ： そうしていくと、残りの数もわかるので、魔星陣が完成するよ。

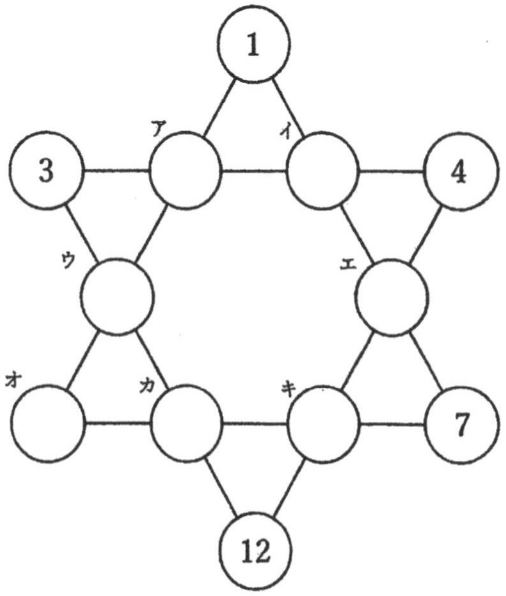

（１）下線部①「３つの数の和」を答えなさい。

（２）下線部②「……わかったぞ」について、和が 26 だと考えた理由を説明しなさい。

（３）解答らんの魔星陣を完成させなさい。

7 高さ 10 ㎝の直方体の水槽《すいそう》があります。その中に、各辺１㎝の立方体をいくつか、図のように角から隙間《すきま》なく並べました。その後、上から一定の割合で水を注ぎました。10 秒後までの時間と水面の高さの関係は、以下のグラフのようになりました。

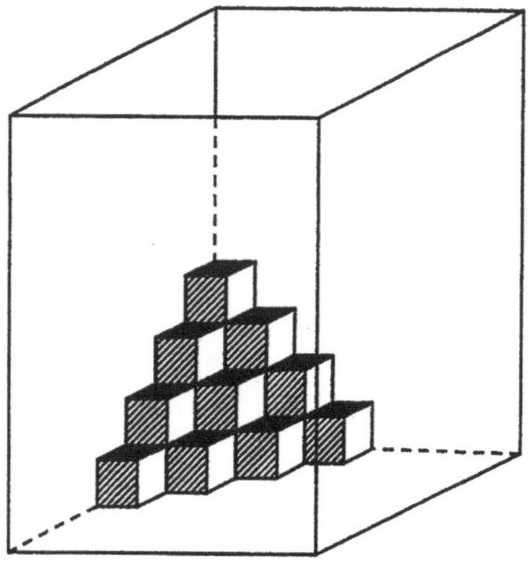

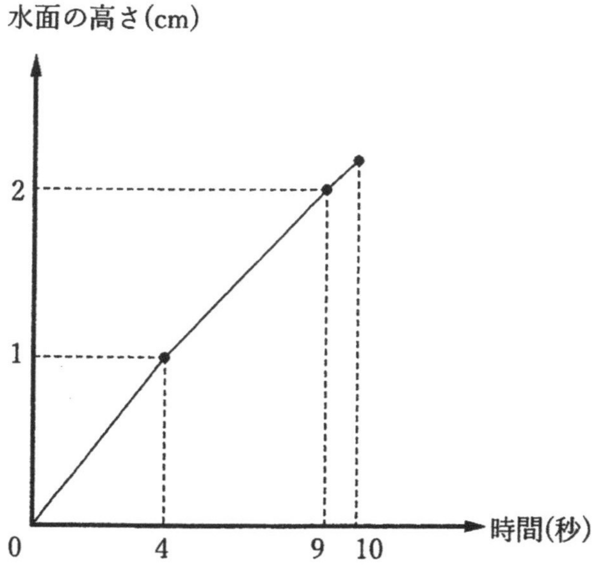

（１） 水槽の中に立方体はいくつ入っていますか。

（２） 水槽の底面積を求めなさい。

（３） 水槽がいっぱいになるのは、水を注ぎ始めてから何秒後ですか。

２０２３年度　南山中学校男子部　入学試験問題用紙

理科

（50分）

● 試験開始の合図があるまで、問題冊子は開かないでください

２０２３年度　南山中学校男子部　入学試験
理科

1　南山中学校男子部ではフトアゴヒゲトカゲとアジアアロワナを飼育しています。それぞれの生物の飼育方法と、特徴《ちょう》についての文章を読み、以下の問いに答えなさい。

【フトアゴヒゲトカゲ】

トカゲは①は虫類に分類されています。は虫類は犬や猫と違って、自分で②体温を調節することができません。産まれ方は、卵で体外に産卵《らん》する③卵《らん》生で、周期的に④皮がはがれ落ちたりします。

フトアゴヒゲトカゲを飼育するには以下の装置が必要になります。

i　横 60cm～90cm×縦 45cm×深さ 45cm ぐらいの水槽《そう》

　大人になると 50cm ほどの大きさになるので、動き回ることができる大きさ。

ii　床材

　砂漠《ばく》に住む生き物なので、砂を入れ、生息地を再現する。

iii　ライト

　体を直接温める。

iv　ライト

　⑤健康な体を作る。

v　パネルヒーター

　食べ物の消化を助ける。

vi　保温球

　夜寒くなるので水槽を温める。

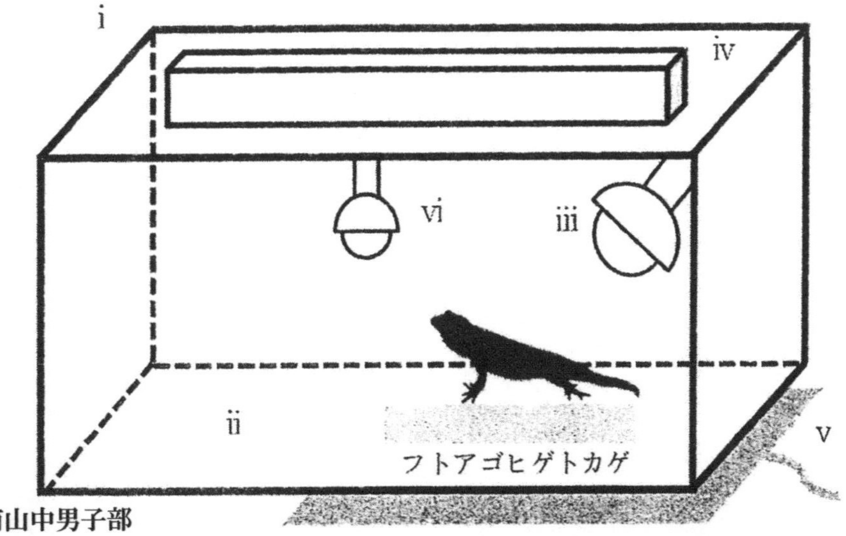

(7) ある山の地層を観察したところ、「サンゴ」が観察されました。この地層は昔どのような場所であったでしょうか。次の**ア～エ**の中から一つ選びなさい。

ア　深くて冷たい海　　**イ**　浅くて冷たい海

ウ　深くて暖かい海　　**エ**　浅くて暖かい海

5 次の文章を読み、以下の問いに答えなさい。

中部地方には、さまざまな①特徴のある山があります。例えば、長野県から岐阜県にまたがる（　あ　）は、一つの山としては富士山の次に高い山で、②活火山としても有名です。この山では、2014 年 9 月 27 日に③噴《ふん》火けいかいレベル 1（通常時）の段階で噴火し、火口付近にいた登山者 58 名が死亡するという、日本における戦後最悪の火山災害が起きました。そのときには、（　い　）が降り注ぎ、山頂では 10～20cm ほど、登山道では最大 70cm ほど積もり、捜索《そうさく》活動が難航しました。

(1)（あ）に当てはまる山を、次の**ア～エ**の中から一つ選びなさい。

ア　雲仙《うんぜん》（普賢《ふげん》）岳《だけ》　**イ**　浅間山《あさまやま》　**ウ**　乗鞍岳《のりくらだけ》　**エ**　御嶽山《おんたけさん》

(2)（い）は火山からでる噴出物の 1 つである。漢字三文字で答えなさい。

(3) 下線部①の一つとして、立山連峰《ぽう》は標高約 3000m の山が連なる豪《ごう》雪地帯で、夏でも分厚い氷が残っています。2012 年には、この大きな氷のかたまりが一か月で数 cm～30cm ほど動いているということが認められました。この大きな氷のかたまりを何といいますか。漢字二文字で答えなさい。

(4) 下線部②の活火山として当てはまるものを、次の**ア～オ**の中からすべて選びなさい。解答がない場合は「解答なし」と答えなさい。

ア　富士山　**イ**　桜島　**ウ**　伊吹《いぶき》山　**エ**　有珠山《うすざん》　**オ**　箱根山

(5) 下線部③のように、気象庁が様々な機械などを使ってそれぞれの「噴火けいかいレベル」を定めています。以下の**ア～エ**はそのレベル 2～5 の火山活動の状況の文章です。レベル 3（入山規制）にあてはまるものを次の**ア～エ**の中から一つ選びなさい。

ア　居住地域に重大な被《ひ》害をおよぼす噴火が発生。あるいはせっぱくしている状態にある。

イ　居住地域の近くまで重大な影響をおよぼす（この範囲に入った場合には生命の危険がおよぶ）噴火が発生。あるいは発生すると予想される。

ウ　居住地域に重大な被害をおよぼす噴火が発生すると予想される（可能性が高まってきている）。

エ　火口周辺に影響をおよぼす（この範囲に入った場合には生命に危険がおよぶ）噴火が発生あるいは発生すると予想される。

(6) とある山の地層を観察したところ、「アンモナイト」がたくさん観察されました。この地層と同じ年代に、広い地域でたくさん生きていたと考えられる生き物を次の**ア～エ**の中から一つ選びなさい。

ア　キョウリュウ　**イ**　サンヨウチュウ　**ウ**　ビカリア　**エ**　ナウマンゾウ

フトアゴヒゲトカゲにあげるエサは成長段階によって変わります。体が小さいときには毎日コオロギなどの⑥昆虫をあげ、大きくなるにつれて⑦小松菜などの野菜をあげます。

は虫類は⑧冬に一時的に活動を休止しますが、ペットとして飼育する場合は、体力が落ちたりするので、水槽内の温度をたもち、一年中活動を続けさせます。

(1) 下線部①について、次の**ア～エ**の中から、は虫類でないものを一つ選びなさい。

ア　イモリ　**イ**　アオダイショウ　**ウ**　ウミガメ　**エ**　ヤモリ

(2) 下線部②について、次の**ア～エ**の中から、体温を調節する機能をもっていない生き物を一つ選びなさい。

ア　ハリネズミ　**イ**　ゾウ　**ウ**　ワニ　**エ**　イルカ

(3) 下線部③について、次の**ア～エ**の中から、卵生という産まれ方をしない生き物を一つ選びなさい。

ア　ニワトリ　**イ**　カモノハシ　**ウ**　シャチ　**エ**　ペンギン

(4) は虫類は体の表面を新しいものに変えるために、下線部④をおこないます。このことを何というか、ひらがなで答えなさい。

(5) 下線部⑤について、このライトからはUVと呼ばれる、トカゲの骨や筋肉を作るために必要なものを出しています。このものの名前をひらがなで答えなさい。

(6) 下線部⑥について、次の**ア～エ**の中から、昆虫ではないものをすべて選びなさい。

ア　コオロギ　**イ**　ゴキブリ　**ウ**　ムカデ　**エ**　ダンゴムシ

(7) 下線部⑦について、

（あ）この植物は何科の植物かを答えなさい。

（い）次の**ア～エ**から、（あ）と同じ科目ではないものを一つ選びなさい。

ア　ハクサイ　**イ**　キャベツ　**ウ**　ダイコン　**エ**　レタス

(8) 下線部⑧について、このことを何というか答えなさい。

【アジアアロワナ】

アロワナは体長 50〜70cm になる大型の⑨淡《たん》水魚で東南アジアや南アメリカに生息しており、ペットとしても飼いやすい魚です。アロワナは⑩外来種なので、終生（死ぬまで）飼育をしなくてはいけません。飼えないからといって川に放してしまうと、日本にもともといた生き物たちは食べられてしまったり、住む場所がなくなってしまいます。学校で飼育しているアジアアロワナは、⑪絶めつのおそれがあるため条約によって保護されています。

アジアアロワナを飼育するには以下の装置が必要になります。

i　横 150cm×縦 60cm×深さ 50cm ぐらいの水槽

アロワナは体がかたいので、大きく動き回ることができる大きさ。

ii　ろ過装置

フンやエサの残りなどを吸い取り、水質を保つ。

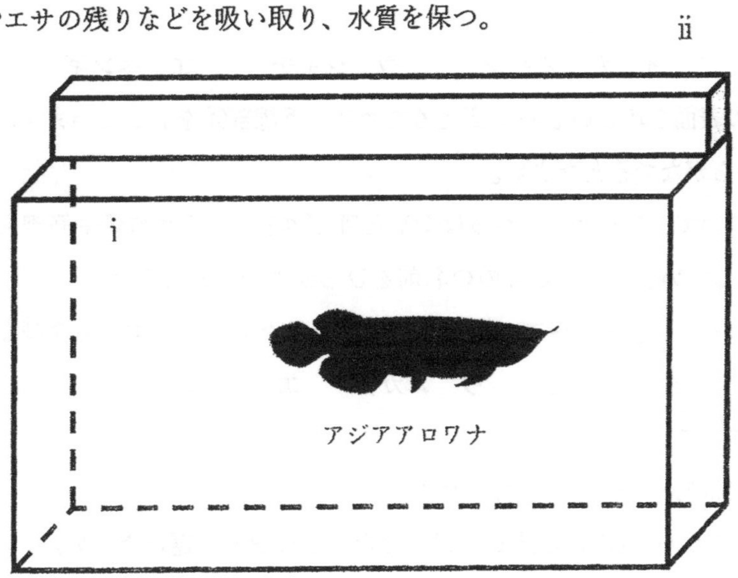

アロワナは昆虫を主食としますが，小型の魚も食べます。学校では人工エサを与えています。学校では水槽を明るいところに設置しているので、コケが生えてしまいます。その対策として、コケを食べるセルフィンプレコという魚を入れています。

（9）下線部⑨について、次の**ア〜エ**の中から、淡水魚ではないものを、一つ選びなさい。

ア　キンギョ　　**イ**　エンゼルフィッシュ　　**ウ**　クマノミ　　**エ**　ナマズ

（10）下線部⑩について、次の**ア〜エ**の中から、外来種ではないものを一つ選びなさい。

ア　ウシガエル　　**イ**　ニジマス　　**ウ**　アライグマ　　**エ**　キジ

(3) 最初の状態から、おもりAを左に 6cm 動かしました。このとき、ぼうを水平にさせるための方法としてまちがっているものを、次の**ア〜エ**からすべて選びなさい。

ア　ぼうの左はしから 12cm 切り落とす。

イ　ぼうの中心にある糸を、左に 0.2cm 動かす。

ウ　中心から右に 30cm の場所に 30g のおもりをさらにつるす

エ　おもりBを右に 4cm 動かす。

(4) あるばねを用意して、このばねにおもりAをとりつけると 4cm、75g のおもりCをとりつけると 2cm のびました。このばねに 100g のおもりをとりつけたときののびはいくらになりますか。割り切れない場合は、小数第二位を四捨五入しなさい。

(5)（4）のばねと糸、滑《かっ》車を用いて図1のようにとりつけました。このばねののびはいくらになるか、答えなさい。ただし、ばねと糸、滑車に重さはないとし、滑車は台に固定されているものとします。

(6)（4）のばねを 3 つと糸、滑《かっ》車を用いて図 2 のようにとりつけました。それぞれのばねを（ア）、（イ）、（ウ）と名前を付けたとき、それぞれのばねののびを答えなさい。ただし、ばねと糸、滑車に重さはないとし、滑車は台に固定されているものとします。

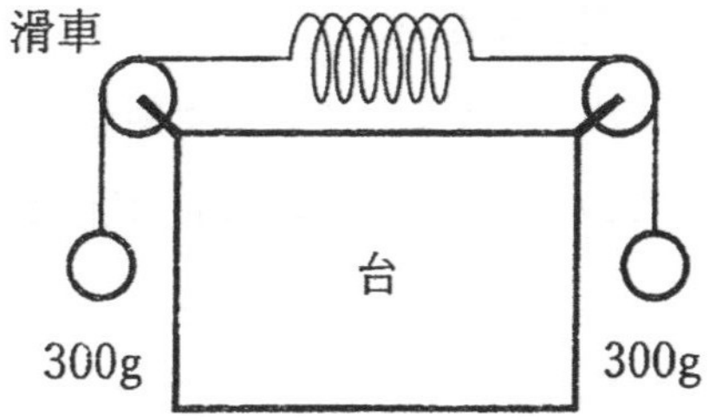

図 1

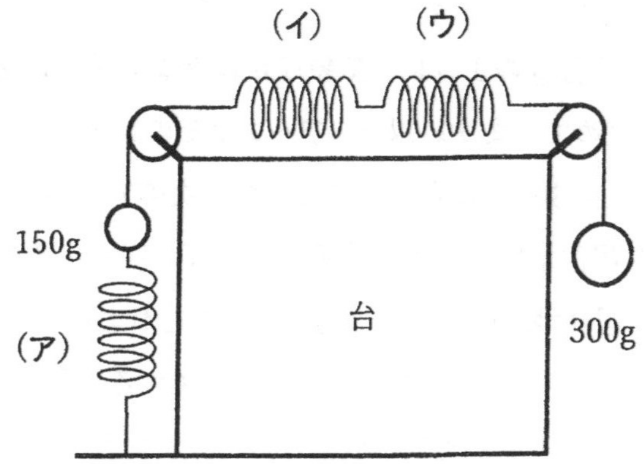

図 2

(6) 容器内の液体の温度が 20℃のとき、容器の中の水 1kg に二酸化炭素を溶かせるだけ溶かしました。このとき二酸化炭素が溶けた量を調べたところ水溶液中に 0.169 g 溶けていることがわかりました。この水溶液に含まれる二酸化炭素の濃度は何%ですか。割り切れない場合ははじめて 0 でない数が出てきてから五つ目の数を四捨五入して答えなさい。もし四捨五入したあとにくり上がって数字が 0 になったら（例）のように 0 を残したまま答えなさい。

（例）0.00058896…%⇒0.0005890%

(7) 気体の溶けやすさは、(5) で答えた工夫の圧力の強さ、弱さのどちらかによって比例すると言われています。容器内の液体の温度が 20℃、容器の中の水 2kg に二酸化炭素を溶かしたところ、容器内の圧力が (6) の 2 倍になりました。二酸化炭素の溶けた量は何 g ですか。また、この水溶液に含まれる二酸化炭素の濃度は何%ですか。割り切れない場合ははじめて 0 でない数が出てきてから五つ目の数を四捨五入して答えなさい。もし四捨五入したあとにくり上がって数字が 0 になったら (6) の（例）のように 0 を残したまま答えなさい。

4　100cm のぼうの中心に糸をつけ、中心から左に 24cm のところに 150g のおもり A を、中心から右に 16cm のところにおもり B をとりつけたらぼうが水平になりました。ただし、このぼうと糸には重さはないものとします。

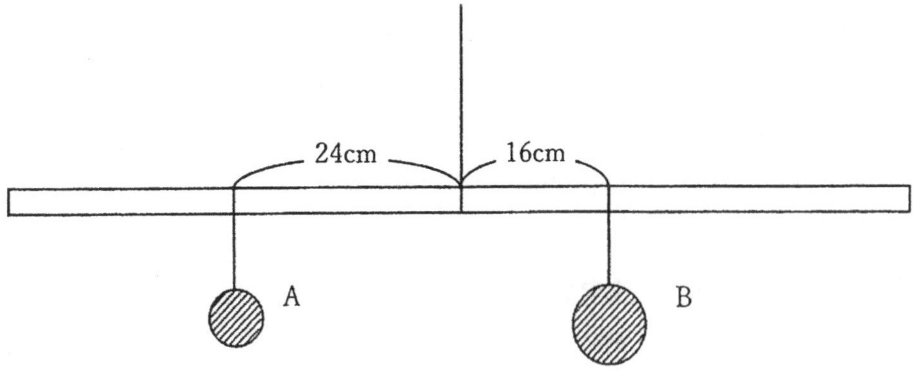

(1) おもり B の重さは何 g になるか答えなさい。

(2) 最初の状態から、おもり B を右に 12cm 動かしました。このとき、ぼうが水平になるにはおもり A をどちらにどれだけ動かせばよいか答えなさい。

(11) 下線部⑪について、この条約を何というか、次の**ア～エ**の中から一つ選びなさい。

ア　ウィーン条約　　　**イ**　ポーツマス条約

ウ　ワシントン条約　　**エ**　ベルサイユ条約

(12) 名古屋市の水道水は消毒のために、あるものを溶かしています。あるものを溶かすことでカルキができてしまい、カルキを抜《ぬ》かなければ魚や微《び》生物に悪い影響《えいきょう》を与えます。あるものとは何か、漢字二文字で答えなさい。

2　以下の問いに答えなさい。

(1) 日本の沖縄科学技術大学院大学の客員教授を勤めているスバンテ・ペーボ博士が 2022 年にノーベル賞を受賞しました。その部門はどれですか。次の**ア～オ**の中から一つ選びなさい。

ア　生理学・医学　**イ**　物理学　**ウ**　化学　**エ**　経済学　**オ**　平和

(2) ノーベル賞発表の一か月ほど前に、毎年とある賞の発表があり、その賞を１６年連続で日本人が受賞しています。その賞のことを何といいますか。次の**ア～エ**の中から一つ選びなさい。

ア　ネオノーベル賞　　**イ**　シンノーベル賞

ウ　モアノーベル賞　　**エ**　イグノーベル賞

(3) (2) で 2022 年に松崎元《げん》博士らが受賞したのはどの内容でしょうか。次の**ア～エ**の中から一つ選びなさい。

ア　『典型的な 5 歳の子供が 1 日に分泌《ぴつ》するだ液量の測定』に対して

イ　『ヘリウムガスを使うとワニのうなり声も高くなることを発見したこと』に対して

ウ　『歩行者同士がときには、衝突《しょうとつ》することがある理由を明らかにする実験を実施《し》したこと』に対して

エ　『つまみを回すときの直径と指の本数との関係』に対して

(4) 2022 年 11 月 8 日の夜に日本の各地で月の全体が暗くなって、赤く見えるようになる（　あ　）月食が起こり、それと同じ日に惑《わく》星の一つである（　い　）の一部が月によって見えなくなる（　い　）食も起こりました。これらが同じ日に見られるのは 442 年ぶりであると話題になりました。

① 文中の（あ）、（い）に当てはまる言葉をひらがなで書きなさい。

② 月食が起こるときと、日食が起こるときの月と太陽と地球の位置関係を、それぞれ次の**ア～ウ**の中から一つずつ選びなさい。ただし、図の月、地球、太陽の大きさは実際の大きさとは関係ないものとします。

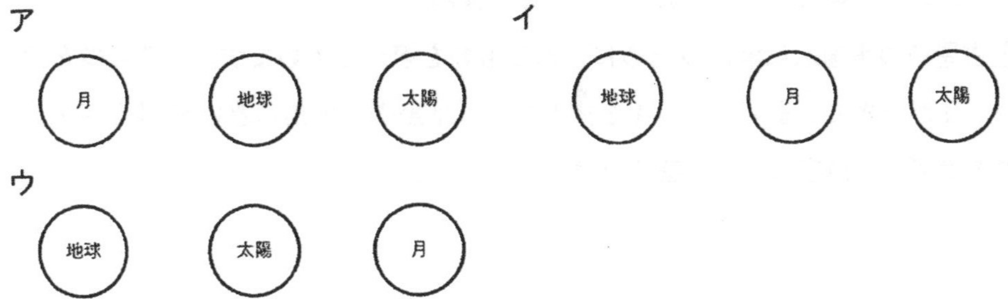

③ 下線部の日の夜8時に名古屋の星空をながめたとき、南に「秋の四辺形」を形作っている（　A　）が見え、さらに少し北をみるとアルファベットのWの形となっている（　B　）が見えた。A、Bに当てはまる星座の組み合わせを次の**ア～カ**から一つ選びなさい。

	A	B
ア	ペガスス座、アンドロメダ座	カシオペヤ座
イ	カシオペヤ座、ペガスス座	アンドロメダ座
ウ	カシオペヤ座、アンドロメダ座	ペガスス座
エ	オリオン座、シリウス座	カシオペヤ座
オ	カシオペヤ座、オリオン座	シリウス座
カ	カシオペヤ座、シリウス座	オリオン座

3　酸素、水素、二酸化炭素、アンモニアの4種類の気体を発生させ、それぞれの気体を集め、それらを用いて実験を行いました。以下の問いに答えなさい。

(1) 酸素、水素、二酸化炭素、アンモニアの4種類の気体を発生させるときに必要な薬品の組み合わせとその集め方について、以下の【固体】の**ア～エ**、【液体】の**あ～え**から一つずつ選び、解答欄《らん》を埋めなさい。ただし、同じものを何回使っても構いません。

【固体】

ア　鉄　　**イ**　塩化アンモニウム　　**ウ**　貝がら　　**エ**　二酸化マンガン

【液体】

あ　水酸化ナトリウム水溶《よう》液　　**い**　（うすい）塩酸

う　うすい過酸化水素水（オキシドール）　　**え**　じゅんすいな水

(2) 気体を集めるときには、その気体の水への溶《と》けやすさや気体の重さによって適切な集め方があります。可能な限りじゅんすいな、酸素、水素、アンモニアの集め方として最も適切なものを、次の**ア～ウ**の中から一つ選びなさい。ただし、同じものを何回使っても構いません。

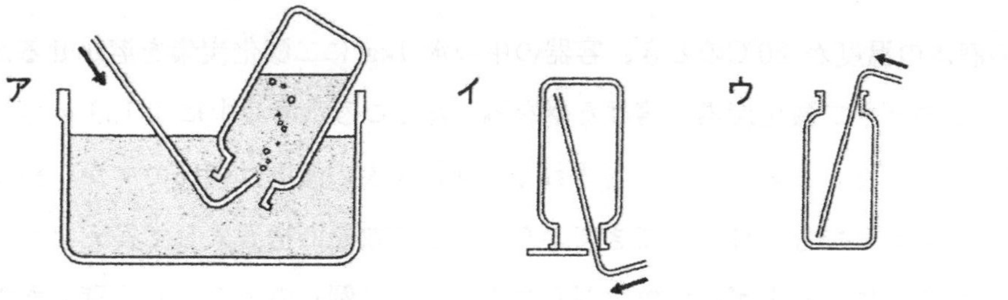

(3) アントシアニンという色素をもっているアジサイは、花の色が青色、赤色、紫《むらさき》色になります。その色は、土の中が酸性、中性、アルカリ性によって変化することが知られています。集めた4種類の気体をそれぞれ水に溶かしました。その水溶液を使って、土で育っている紫色のアジサイに与え続けたところ、花の色に変化があるものがでてきました。その結果を下の表に示しています。表のカッコ内に入る言葉を、次の**ア～ウ**の中からそれぞれ一つ選びなさい。ただし、同じものを何回使っても構いません。

ア　青色　　**イ**　赤色　　**ウ**　紫色

溶かした気体	アジサイの色	溶かした気体	アジサイの色
酸素	（　i　）	二酸化炭素	（　ii　）
水素	紫色	アンモニア	赤色

(4) 二酸化炭素を溶かした水溶液は特に（　　　）水と呼ばれます。カッコ内に当てはまる言葉を漢字二文字で答えなさい。

(5) (4) は日常でもペットボトルの容器に入ったものを目にすることが多いと思います。例えば、500mL の容器内にはその容器の約 2～4 倍の体積の二酸化炭素が溶けているとも言われています。二酸化炭素を少しでも多く溶かすためには工夫が必要ですが、その工夫にあてはまる適切なものを次の**ア～エ**の中から一つ選びなさい。ただし、次の**ア～エ**の文章に書かれている「圧力」とは、二酸化炭素が他のものを押す力のこととします。

ア　容器内の圧力を弱くし、冷やしておく

イ　容器内の圧力を強くし、冷やしておく

ウ　容器内の圧力を弱くし、温めておく

エ　容器内の圧力を強くし、温めておく

2023年度（令和5年度）

南山中学校男子部入学試験

社　会

問 題 用 紙

（50分）

指示していないところは、漢字で書いてもかなで書いてもかまいません。

(14)　下線部(14)について、物価上昇の原因の一つに、新型コロナウイルス感染《せん》症の流行により世界の経済活動が急激に縮小したあと、再び拡大していることがあります。これにより物の需《じゅ》要と供給のバランスはどのような状況になっていると考えられますか、次のア～エの中から一つ選びなさい。

ア　需要が多く、供給も多い　　　　イ　需要が少なく、供給も少ない

ウ　需要が多く、供給は少ない　　　エ　需要が少なく、供給は多い

(15)　下線部(15)について、昨年のワールドカップで優勝したアルゼンチンは、南アメリカ大陸にある国家です。地図２ではア～オのどれにあたりますか。

地図２

問題は以上です

1　次の文章を読み、設問に答えなさい。

日本では（1）インバウンドによる利益に期待ができなくなったように観光業にとってこの数年の変化は大きなものとなっています。では、「観光」とはどのようなものなのでしょうか。観光の内容を考えてみると、自然や歴史、文化などを見たり、体験したりして学ぶこと、スポーツやレクリエーションで遊んだり、温泉に入ったりすることでより健康になること、イベントや伝統行事を見たり、参加したりすること、などが考えられます。

自然を見たり、体験したりすることができる場所には、(2) 立山黒部アルペンルートや（　３　）条約に日本で初めて登録された（4）釧路湿原《くしろしつげん》、(5) 鳥取砂丘《さきゅう》や雲仙岳《うんぜんだけ》などをあげることができます。また、歴史的な場所は人気の観光地であるとも言えます。(6) 奈良や京都には古い寺社も多く、訪れる人もたくさんいます。(7) 吉野ケ里遺跡《いせき》のように弥生《やよい》時代の集落のようすを知ることができるような場所もあります。このほかにも、城や城跡《あと》、（8）古戦場なども観光地となっています。

では、人びとはいつから「観光」をしたのでしょうか。古くから人々がおとずれた場所としては温泉をあげることができます。(9) 温泉地をおとずれることで、病気を治すことや、福を得たりするということが期待されていました。人びとと温泉のかかわりは古く、「温泉」という言葉そのものが初めて登場する『（　10　）国風土記』には、老若男女《ろうにゃくなんにょ》が集まって「神の湯」としていたことが記されています。このことから湯や水は特別なものと考えていたことがわかります。さらに各地の温泉ができた由来を見ていくと、（11）行基や空海にかかわる伝説が多いこともわかります。行基や空海は各地をめぐり、社会事業にもかかわった僧《そう》であるため、事実かどうかはわかりませんが、人びとが知る人物と温泉地が結びついて伝説ができていったものと考えられます。

（12）平安時代の文学作品にもたびたび温泉や温泉地の名前が登場し、平安時代の貴族が体を休めるため温泉に行くということはよくあったようです。(13) 平安貴族は何度も温泉地をおとずれることが難しいこともあり、家に温泉の湯を運んでくるということもしたようです。その後、（14）鎌倉幕府ができたことで、熱海《あたみ》などの関東周辺の温泉地も知られるようになります。同じ鎌倉時代には、全国をめぐる時宗の布教活動によって熊野《くまの》地方の温泉地の存在が広められることもありました。

（15）戦国大名も家臣の兵士の傷をいやすために領地の温泉を利用しており、温泉地の支配も重要なものと考えていたようです。江戸時代になると、有力な温泉地を持つ藩《はん》はさまざまな活用をしました。人びとの旅の目的が温泉地へ行くことという場合が多かったためです。大名は温泉地の収入に税をかけたり、湯そのものを売ることもあったようです。なかには（16）温泉の地熱を利用して米や野菜の栽《さい》培をしたという藩もあります。

(17) オランダ商館にやってきたフランス人は「日本には種々の温泉があり、患《かん》者を治療《りょう》する」と記しており、病気をなおす目的でおとずれていたことがわかります。また、江戸時代には病気をなおす温泉を化学的に分析《せき》するという取り組みがおこなわれ、（18）イギリス人化学者の著書を翻《ほん》訳した宇田川榕庵《うだがわようあん》は実際に温泉水を取り寄せて成分の分析もおこなったそうです。このことからも「温泉へ行き、健康になること」への関心の高さがわかります。

明治以降は、人工的に地面を掘《ほ》って温泉を入手するようになります。第二次世界大戦後は団体旅行で温泉地をおとずれることが多かったですが、1990 年代以降は個人旅行客が多数を占《し》めるようになっています。温泉地は観光地として長い歴史を持ちながら、その時代とともに姿を変えてきたと言えます。

(1)　下線部(1)のインバウンドの意味として正しいものを、次のア～エの中から一つ選びなさい。

ア　決められた内容が書かれた請《せい》求書を発行すること

イ　国外の人たちが日本に旅行にやってくること

ウ　消費税をより正確に集めるための仕組み

エ　日本の人たちが国外に旅行しにいくこと

(2) 下線部(2)の立山黒部アルペンルートは北アルプスと呼ばれる場所にあり、富山・新潟・長野・岐阜にまたがる山脈にあります。この山脈の名前として正しいものを、次のア～エの中から一つ選びなさい。

ア　日高山脈　　イ　奥羽《おうう》山脈　　ウ　飛騨《ひだ》山脈　　エ　越後《えちご》山脈

(3) （　3　）に当てはまる語句を答えなさい。

(4) 下線部(4)に関連して、釧路地方は畜《ちく》産業でも知られる地域です。次の表の（あ）・（い）に入る都道府県名を考えたうえで、説明として**誤っているもの**を、下のア～エの中から一つ選びなさい。

家畜の都道府県別頭数（2021年2月1日現在）

乳用牛	万頭	%	豚《ぶた》	万頭	%	採卵鶏《さいらんけい》	万羽	%
(あ)	83.0	61.2	(い)	123.4	13.3	茨城	1776	9.8
栃木	5.3	3.9	宮崎	79.7	8.6	(い)	1201	6.6
熊本	4.4	3.2	(あ)	72.5	7.8	千葉	1161	6.4
岩手	4.1	3.0	群馬	64.4	6.9	広島	999	5.5
群馬	3.4	3.4	千葉	61.5	6.6	岡山	977	5.4

（2022/23 日本国勢図会より作成）

ア　全国の乳用牛の頭数は茨城県の採卵鶏の羽数よりも少ない。
イ　群馬県では乳用牛よりも豚の方が頭数が多い。
ウ　北海道の乳用牛の頭数は北海道以外の乳用牛の頭数を合計した数よりも多い。
エ　北海道の豚の頭数は宮崎県の豚の頭数よりも多い。

(5) 下線部(5)に関連して、鳥取砂丘をおとずれた帰りに「鳥取県の名産品」と書かれたお土産が売られている場所に行きました。この場所に売られている商品として**誤っているもの**を、次のア～エの中から一つ選びなさい。

ア　有田焼《ありたやき》　　イ　らっきょう　　ウ　日本なし　　エ　因州《いんしゅう》和紙

(6) 下線部(6)に関連して、観光地にもなっている京都の寺社として**誤っているもの**を、次のア～エの中から一つ選びなさい。

ア　鹿苑《ろくおん》寺　　イ　龍安《りょうあん》寺　　ウ　唐招提《とうしょうだい》寺　　エ　南禅《なんぜん》寺

(7) 下線部(7)について、吉野ケ里遺跡の特徴《ちょう》を説明した文として正しいものを、次のア～エの中から一つ選びなさい。

ア　奈良県にある遺跡で、今から約2000年前の人々がくらしていた日本最大級の遺跡。
イ　1～3世紀ごろの遺跡で、集落のまわりを大きな二重の堀《ほり》や柵《さく》で囲んでいる。
ウ　3～7世紀ごろにつくられ、たくさんのはにわがならべられていた。
エ　7世紀後半から11世紀前半まで中国や朝鮮の使者をもてなす役割を果たした。

(8) 下線部(8)に関連して、歴史上の戦いについて説明した（あ）～（お）について、正しい説明のみを選び、それらを年代の古い順に並べたものを、次のア～エの中から一つ選びなさい。

（あ）足利義政のあとつぎをめぐって応仁の乱がおこった。
（い）キリスト教信者をふくむ百姓たちが一揆《き》をおこしたが、幕府軍におさえられた。
（う）徳川家康が関ヶ原の戦いに勝利し、豊臣氏はほろぼされた。
（え）源義経が壇ノ浦《だんのうら》の戦いで平氏を破った。
（お）江戸湾におしよせた元軍は集団戦法や火薬兵器で戦った。

ア　（あ）→（う）→（い）　　イ　（あ）→（え）→（う）　　ウ　（え）→（あ）→（い）
エ　（え）→（お）→（う）　　オ　（お）→（あ）→（え）　　カ　（お）→（え）→（あ）

② 戦争中の出来事ア～オを、起こった順番に並べかえなさい。

ア　アメリカ・イギリス・中国がポツダム宣言を発表した。
イ　日本軍が、ハワイのアメリカ軍基地を攻撃した。
ウ　アメリカ軍が沖縄への攻撃を本格化させた。
エ　広島に原子爆《ばく》弾が投下された。
オ　ドイツが連合国側に降伏《ふく》した。

(9) 下線部(9)について、選挙をめぐる問題には、有権者一人がもつ一票の価値が選挙区ごとに異なる、「一票の格差」という問題があります。この格差があまりにも大きいと日本国憲法第14条で定められた「(　　)の平等」に反するとされます。(　　)に入る言葉は何ですか。

【い】昨年も様々な出来事があった一年でした。まず国際的な動向に目をむけると、2月にロシアのウクライナ侵《しん》攻が始まりました。これは（10）北大西洋条約機構の拡大に対するロシアのプーチン大統領の危機感と、文化や宗教、歴史を共有してきたウクライナを影響下に置きたいという思惑《おもわく》があると考えられます。ロシアに対しては、国連総会で非難する決議が採《さい》択されたほか、多くの国によって金融《ゆう》制裁や経済制裁が科されることになりました。これに対しロシアは天然ガスの輸出停止・制限や（　11　）沿岸の港の封鎖《さ》などの措《そ》置をとって対抗しました。6月には、（　12　）の第1回締約国会議がオーストリアで開催《さい》されました。（　12　）は核《かく》の保有や使用を全面的に禁止した条約ですが、核保有国や、アメリカの「核の傘《かさ》」の下にある日本などの国も参加していないため、実効性が疑問視されています。また8月には核拡散防止条約再検討会議も開催されましたが、今後の行動計画を示す最終文書はロシアの反対で採択されませんでした。ウクライナ侵攻の際にプーチン大統領が核の使用をちらつかせるなど、核兵器使用の危機が高まっており、「核なき世界」の実現は難しい状況を迎えています。

次に日本国内に目を向けると、5月に沖縄が米軍の統治下から復帰して50年を迎え、政府と沖縄県の共催による記念式典が行われました。これは、沖縄に現在も多くの（13）米軍基地があり、軍事演習にともなう騒《そう》音や事故、米軍関係者による事件など様々な課題が残されていることを再認識する機会にもなりました。7月には参議院議員選挙が行われ、自由民主党が単独で改選過半数を獲《かく》得して圧勝しました。この選挙は（14）物価上昇への対応や外交、安全保障政策などが問われるものでした。その後、安倍晋三《しんぞう》元首相が演説中に銃《じゅう》撃され死亡した事件を受けて様々な問題が浮《う》かび上がったほか、国葬《そう》の実施に対する国民の意見がわかれるなど、内閣に向けられる目は厳しいものになっています。また11～12月には、サッカー（15）FIFAワールドカップがカタールにおいて開催され、日本代表が強豪《ごう》国を破る様子に、多くの人が熱狂《きょう》しました。ワールドカップには32の国や地域が参加しており、人種や民族、地域の文化についても学ぶ機会にもなりました。

(10) 下線部(10)について、北大西洋条約機構のことをアルファベット4文字で何と言いますか。

(11) （　11　）に入る海は地図1中の(11)にあたります。これを何と言いますか。

(12) （　12　）に当てはまる語句を**漢字7字**で答えなさい。

(13) 下線部(13)について、宜野湾《ぎのわん》市の普天間《ふてんま》基地は、2006年に日米政府間で名護市の（　　）地区沿岸部へ移設することを合意しましたが、これをめぐり政府と沖縄県が対立し、移設は予定通りに進んでいません。(　　)に入る語句を答えなさい。

地図 1

4　次の文章【あ】・【い】を読み、それぞれ設問に答えなさい。

【あ】昨年の７月に（1）参議院議員選挙が行われ、ニュースや新聞などで多く報じられました。(2) 現在の選挙制度では多くの人々に選挙権が与えられていますが、男女平等に多くの人々が選挙権を持つまで道のりは、長く難しいものでした。ここから少し選挙の歴史をたどり、その歩みをふり返りたいと思います。

明治時代になると、新政府は近代化を目指し富国強兵政策を行っていきました。しかし政府による改革が行われる一方で、薩摩《さつま》・長州出身者を中心とする一部の政治家や役人だけで政治を進めることに対して批判の声があがるようになります。次第《しだい》に、憲法を制定して（3）国会を開き、国民の意見を広く聞いて政治を進めるべきという考えが広まり、(4) これを政府に求める運動が各地で起こっていきました。政府は様々な条例を定めて演説会や新聞などを取り締《し》まりましたが、人々の声の高まりを無視することができず、1890 年に帝国議会（国会）を開くことを国民に約束しました。そして、1889 年には憲法が制定され、翌年には初めての衆議院議員総選挙が行われました。

当時の議会は衆議院と（　5　）の二院制がとられ、衆議院議員は国民よって選挙で選ばれましたが、有権者は一定金額以上の税金を納めた（　6　）歳《さい》以上の男子と限られ、国民の約（　7　）％しか選挙権がありませんでした。その後、徐々《じょじょ》に納税額の制限が緩和され、1925 年には、納税の有無《うむ》にかかわらず選挙権が与えられることになります。女性には選挙権がなく、今日と比べると民主的とは言えない形でしたが、選挙で選ばれた政党内閣によって政治が行われることの意義は大きなものでした。しかし、次第に軍部の権力が大きくなり、政治をも動かすようになってしまいます。そして (8) 第二次世界大戦に突入《とつ》し、敗戦を迎《むか》えました。女性に選挙権が与えられたのは戦後すぐのことでした。

このように、男女平等の普通選挙の実施《し》までには長い時間を要したことがわかります。現在も様々な (9) 選挙をめぐる問題がありますが、選挙権は長く難しい道のりを乗り越えて手に入れた、国民の政治参加の基本となる権利ですので、普段から政治に関心を持ちこの権利を行使することが大切です。

(1) 下線部(1)について、参議院について述べた文として正しいものを、次のア～エの中から**すべて**選びなさい。

ア　参議院議員の任期は６年で、３年ごとに半数が改選される。

イ　現在の参議院議員の定数は 248 である。

ウ　解散があり、総選挙が行われる。

エ　参議院議員はすべて選挙区選挙によって選ばれる。

(2) 下線部(2)について、現在の日本で選挙権を持つのは何歳以上の人ですか。数字で答えなさい。

(3) 下線部(3)について、現在の国会の働きについて、**誤っているもの**をア～エの中から一つ選びなさい。

ア　法律の制定　　イ　最高裁判所長官の任命　　ウ　条約締結の承認《しょうにん》　　エ　予算の議決

(4) 下線部(4)について、この運動をなんといいますか。

(5) （　5　）に当てはまる語句を答えなさい。

(6) （　6　）に当てはまる数字を答えなさい。

(7) （　7　）に当てはまる数字を整数（小数点以下切り捨て）で答えなさい。

(8) 下線部(8)について、第二次世界大戦に関する次の①・②の問に答えなさい。

①　戦争中、街中には右の写真のような看板が多く立てられ、戦争への協力が呼びかけられました。写真中の□に入る言葉を答えなさい。

(9) 下線部(9)に関連して、温泉地を日本地図上に記したときに同じような分布になると考えられる日本地図としてもっとも正しいものを、次のア～エの中から一つ選びなさい。

ア　海の作用によってできる地形の分布　　イ　雪や氷河の作用によってできる地形の分布

ウ　火山活動によってできる地形の分布　　エ　川の流れによってできる地形の分布

(10) （　10　）には、現在残されている風土記のうち、ひとつだけ完全な形で残っている現在の島根県の風土記の名前が入ります。当てはまる語句を**漢字**で答えなさい。

(11) 下線部(11)について、行基を説明した文として正しいものを、次のア～エの中から一つ選びなさい。

ア　唐から日本に渡《わた》り、日本の寺や僧の制度を整えた。

イ　聖武天皇から高い僧の位を与《あた》えられ、大仏づくりに協力をした。

ウ　大内正弘と交流し、山口で多くの作品をえがいた。

エ　天皇から東寺を与えられ、庶《しょ》民のための学校も建てた。

(12) 下線部(12)について、次の文はさまざまな文学作品の中の温泉に関する記述についての説明です。平安時代の文学作品のことを説明したものとして**誤っているもの**を、次のア～エの中から一つ選びなさい。

ア　光源氏を主人公にした物語の中には伊予《いよ》国の温泉が登場する場面がある。

イ　後白河法皇が編んだ歌集には入浴の優先順についての内容が書かれている。

ウ　『曽我《そが》物語』には有力御家人の和田義盛が熱海に一族で出かけた話が登場する。

エ　紀貫之が編んだ『古今和歌集』には温泉に行くとちゅうでよんだ歌が登場する。

(13) 下線部(13)に関連して、平安時代の貴族の暮らしを知ることができる絵図として正しいものを、次のア～エの中から一つ選びなさい。

ア

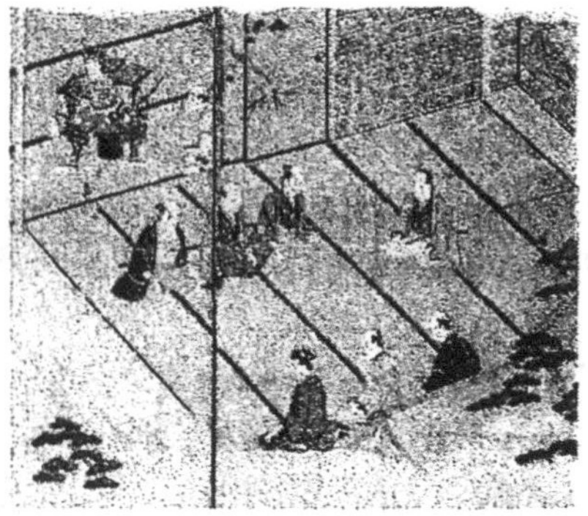

イ

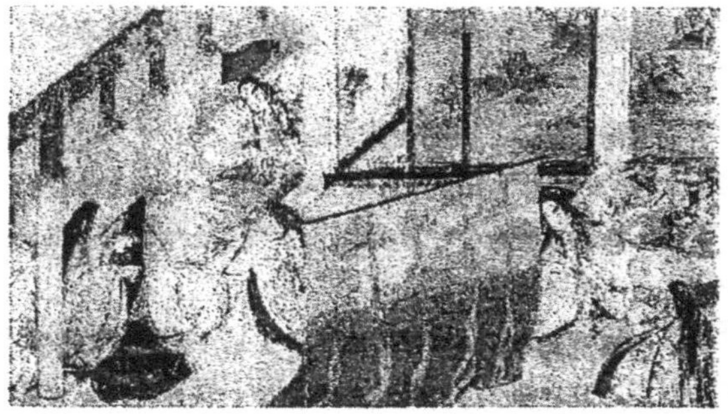

ウ

エ

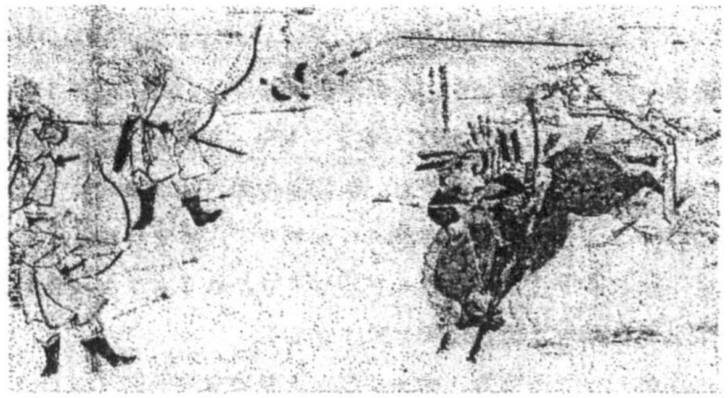

(14) 下線部(14)に関連して、鎌倉時代の史料（必要に応じて現代語訳してある）として**誤っているもの**を、次のア～エの中から一つ選びなさい。

ア　この御成敗式目は武家の人々のため定めたものである。これによって朝廷の律令が少しも変更《こう》されるものではない。

イ　頼朝の恩は山よりも高く海よりも深いものです。それに感謝し、報《むく》いようとする気持ちは、決して浅いはずはありません。

ウ　鎌倉を以前のように幕府の所在地とすべきか、他《ほか》の所へ移すべきか、（中略）多くの人々が他の場所へ移りたいと望むのなら、その気持ちに従うべきであろう。（中略）建武三年十一月七日

エ　天のいくつしみを受ける大蒙《もう》古《こ》国（モンゴル）の皇帝《こうてい》が、書を日本国王に差し上げる。（中略）わが祖先は天の命令を受け、天下を領有してきた。

(15) 下線部(15)について、戦国大名と大名が支配した温泉地の組合せとして**誤っているもの**を、次のア～エの中から一つ選びなさい。

ア　武田信玄　－　山梨県　湯村《ゆむら》温泉　　　イ　北条早雲　－　神奈川県　箱根温泉

ウ　毛利輝元　－　島根県　温泉津《ゆのつ》温泉　　　エ　上杉謙信　－　秋田県　玉川温泉

(16) 下線部(16)に関連して、温暖な気候やビニールハウスなどを利用して、ほかの地域よりも早い時期に出荷《か》する栽培方法を何というか答えなさい。

(17) 下線部(17)に関連して、江戸時代のオランダ商館は長崎にあり、幕府によって貿易が統制されていました。貿易統制に関する次の史料の下線部はどのような商品のことか、**漢字**で答えなさい。

> 一　異国船につみ来り候《そうろう》白糸、直段《ねだん》を立て候て、残らず五ヵ所へ割符《わりふ》仕《つかまつ》るべきの事。

(18) 下線部(18)に関連して、このような学問を何というか、次のア～エの中から一つ選びなさい。

ア　儒《じゅ》学　　イ　国学　　ウ　漢学　　エ　蘭《らん》学

2　次の文章を読み、設問に答えなさい。

2022 年は物価の上昇《しょう》がニュースで取り上げられた年でした。(1) 物価が高くなる原因にはいくつか理由がありますが、中でも商品などの「物」は「流通している」ということが大きな関係を持っています。そこで「流通」について考えてみたいと思います。

歴史上、物の流通は必ず行われてきました。縄文時代の流通を示すものとしては、青森県の（　　2　　）が多く出土していることがあげられます。鎌倉時代から室町時代にかけては、物を運ぶ業者が登場し、交通の便のいい場所には市が開かれました。江戸時代になると各地の特産品の生産がさかんになりました。(3) 江戸を中心に整備された五街《かい》道や、各地を結ぶ海の航路を使って大阪に運びこまれた米や特産品が各地に売られていました。

(4) 日本列島はその地形上、周辺との行き来が難しい場所がたくさんあります。このため、人口を基準にした都市の大きさの違《ちが》いや、人口が集中しやすい場所かどうかといった理由で流通が変わってきます。現在、人口が最も集中しているのは (5) 東京・大阪・名古屋の三大都市圏《けん》です。(6) 三大都市圏に次ぐ都市が各地に点在するというのが日本の特徴です。都市圏の周辺には郊《こう》外といわれる居住地域ができています。高度経済成長の時期には就職によって三大都市圏にやってきて、結婚《こん》とともに三大都市圏の郊外に住むという流れが多く見られました。都市圏と郊外では多くの人が活動するためさまざまな店ができることで流通が活発になり、三大都市圏や地方都市では商業地区や商店街ができました。

流通において交通・通信の発達は重要な意味がありました。それが「(7) 国土空間の圧縮」です。(8) 自動車の普及《ふきゅう》によって移動がしやすくなったことで、郊外に大型店をつくる動きが強まりました。しかし、こうした変

在も残っており、激しい揺《ゆ》れと津波被害の状況が伝承されています。

平安時代の 869 年には、東北地方の三陸沖《おき》を中心に貞観《じょうがん》地震という津波を伴《ともな》う大地震が起こっています。この地震では、津波が陸奥《むつ》国府を襲《おそ》い、城下だけでも 1000 人が溺《でき》死しました。当時の記録によると、(11) 地震の翌年に行われた官吏《り》の登用試験で「地震について論じなさい」という問題が出題されたことがわかっており、朝廷《てい》もこの地震に大きく動揺《よう》したと考えられます。また、この地震は 2011 年に起こった東日本大震災と場所が近いことから関連づけられることが多く、この地震の教訓から東日本大震災に対して何かしらの対策が取れたのではないかという指摘《てき》もあがっています。

このように、震災の教訓は過去の記録などから学ぶことができます。地震は同じような場所でくり返し起こるため、かつて被災した地域では今後も地震の発生を想定して備えなければなりません。自分の住んでいる地域で過去にどのような地震が起こっているか学ぶことが大切だと言えるでしょう。

(9) 下線部(9)について、この記録とは 720 年に成立した、神代から持統天皇までの神話・歴史を 30 巻にまとめた歴史書のことです。この歴史書の名前を**漢字**で答えなさい。

(10) 下線部(10)について、被害が大きかった地域は当時、土佐《とさ》国と呼ばれていました。この地域は現在のどの県にあたりますか。**漢字**で答えなさい。

(11) 下線部(11)について、この試験は、のちに遣《けん》唐使の停止を意見した人物が受験したことが分かっています。その人は誰ですか。

【う】地震が起こると、揺れによって建物などが壊れる被害のほかに、火災の発生や地すべり、津波などの被害が発生することもあります。日本は地球の表面を覆《おお》う固い石の層がずれ動く場所にあり、地震が多く発生するため、(12) 地域によってどのような被害が起こりうるか事前に知っておく必要があります。

関東大震災では、亡《な》くなった方の死因の 8 割以上が火災によるものでした。特に東京は燃えやすい家屋が密集していたことに加え、地震による断水や多数の火災の発生によって消防機能が麻痺《まひ》し、建物面積の 8 割が焼失する被害を受けました。また地震の発生が昼食の時間帯だったのも火災被害が大きくなった原因と考えられています。

1995 年に起こった阪神《はんしん》・淡路大震災では、家屋の倒壊《かい》や火災の発生で多くの人が犠牲《ぎせい》になりました。被害が大きくなった原因の一つに、消防隊や応援《えん》部隊による救助活動を十分に行うことができなかったことがあげられますが、(13) 近所の人たちの協力によって、救助された人がたくさんいたこともわかっています。この震災により、大規模な災害の発生時には地域での協力が不可欠であると再確認されることとなりました。普《ふ》段から地域の交流や活動で顔見知りになり、連携《けい》を取れるようにしておくことが大切です。また災害の発生に備え、(14) 情報をいち早く手に入れ、地域で共有できるようにしておくとよいでしょう。

(12) 下線部(12)について、災害種別ごとに、被害のおそれのある地域や避《ひ》難に関する情報を掲載《けいさい》した地図を何と言いますか。

(13) 下線部(13)について、災害時に、地域の人たちが協力し助け合うことを何と言いますか。**漢字 2 字**で答えなさい。

(14) 下線部(14)について、自然災害から命を守る情報に関して述べた文として、正しいものを次のア～エの中から一つ選びなさい。

ア　緊《きん》急地震速報や気象に関する警報などは、市町村が住民に発表する。

イ　避難勧告や避難指示などは、国が伝える。

ウ　自然災害が起こり、情報が届かない場合は、自ら判断し避難することが必要である。

エ　自然災害の発生は必ず予想できるので、事前に対策しておくことが必要である。

(1) 下線部(1)について、この戦争において、連合艦《かん》隊司令長官として、ロシアの大艦隊を破った日本海海戦で指揮をとった人物は誰《だれ》ですか。**漢字**で答えなさい。

(2) 下線部(2)について、この条約が締《てい》結される際に日本とロシアの仲立ちをした国はどこですか。

(3) （　3　）に当てはまる語句として正しいものを、次のア～エの中から一つ選びなさい。

ア　台湾　　イ　沖縄　　ウ　千島列島　　エ　樺太《からふと》

(4) 下線部(4)について、この年の４月に成立した内閣により、日本は第一次世界大戦へ参戦していくことになります。当時の首相は、立憲改進党結成の中心となったことでも知られる人物です。この人物を次のア～オの中から選びなさい。

ア　　イ　　ウ　　エ　　オ

(5) 下線部(5)について、戦勝国として**誤っているもの**を、次のア～エの中から一つ選びなさい。

ア　フランス　　イ　イギリス　　ウ　オーストリア　　エ　アメリカ

(6) 下線部(6)について、右のグラフは第一次世界大戦前後の日本の輸出額についてのグラフです。このグラフの説明として正しいものを、次のア～エの中から一つ選びなさい。

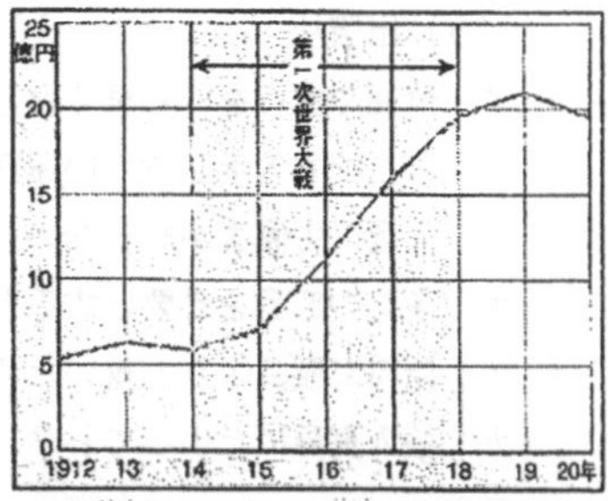

ア　第一次世界大戦中は輸出額とともに輸入額も大きく伸《の》びている。

イ　第一次世界大戦後、輸出額は伸びなやんでいる。

ウ　第一次世界大戦の後半に輸出額は減少した。

エ　第一次世界大戦中、多くの兵を出した結果、軍事費が増えた。

(7) 下線部(7)について、右の写真は昭和時代初期に不景気に苦しむ社会状況のなか、人々が銀行におしかけた様子を写したものです。人々はどのようなことを心配して銀行におしかけたのですか。考えて答えなさい。

【解答欄は解答用紙の下にあるので注意すること】

(8) 下線部(8)について、このころ多くの朝鮮の人々が日本に移り住んでいました。その理由としてもっとも正しいものを、次のア～エの中から一つ選びなさい。

ア　日本語習得のために、日本に住むことを義務付けられたため。

イ　日本の人々に朝鮮の文化を広く伝えるため。

ウ　土地調査事業により土地を失った人々が仕事を求めたため。

エ　独立を目指して、日本で暴動を行うため。

【い】日本では、関東大震災のほかにも大きな地震が起こってきました。過去の人々が残した震災の教訓は現代の私たちにとって貴重な情報源となります。ここから二つほど、過去の記録から読み取れる日本の地震災害を紹介《しょうかい》します。

飛鳥時代に起こった白鳳《はくほう》地震は、記録に残る日本最古の南海地震です。これは天武天皇が治めていた時代の684年に西日本太平洋沿岸で起こった大地震であり、(9) 残っている記録には、「国中の男女が叫《さけ》び合って逃《に》げた。山が崩《くず》れ、河があふれた。諸国の郡の官舎や百姓の倉庫、寺社が壊《こわ》れたものは数知れず、人や家畜が多数死傷した」とその様子が記されています。(10) 被害が大きかった地域では、この地震に関する言い伝えが現

化は地方都市の商店街を衰《すい》退させることにつながっています。また、交通の発達は、商品を店に届けるという部分にも大きな変化をもたらしています。コンビニエンスストアは多くの商品が売られています。いつも品ぞろえを同じにするためには商品を店に届ける回数を増やす必要があるので、交通が発達していないといけません。効率よく商品を店に届けるにはコンビニエンスストアは（　　9　　）ようにする方がいいということもわかってきます。近年多く見られるようになったインターネットを使った通信販《はん》売は究極の国土空間の圧縮をもたらしたといえるかもしれません。

通常、流通は人の多いところを中心に発達していくものです。しかし、現在の流通は高齢《れい》化社会、災害などの発生といったものへの対応も求められています。これまで述べてきたように地方都市の商店街は衰退しており、流通が減っています。そのため地方の高齢者ほど近くに買い物に行くということが難しくなっています。このような問題に対して注目されているのは移動販売車で商品を提供することや、(10) 定期市のような形での販売です。

また、(11) 効率を重視した流通によって情報がシステム化されていることが災害に対する弱さを持つ原因になっています。2011年3月11日の東日本大震《しん》災でも見られたように、ひとたび災害が起きると停電でシステムが止まってしまい、流通が混乱することもあります。流通にはさまざまなものが関係しており、世界の動きや、日本が置かれている状態をふまえて考えていく必要があります。

(1) 下線部(1)に関連して、トウモロコシの価格が上昇すると牛丼《ぎゅうどん》の価格が上昇することにつながります。牛丼にはトウモロコシは入っていませんが、価格の変化に関係性があるのはなぜか説明しなさい。

【解答欄《らん》は解答用紙の下にあるので注意すること】

(2) （　2　）に当てはまる文としてもっとも正しいものを、次のア～エの中から一つ選びなさい。

ア　三内丸山遺跡で、この地域ではとれない黒曜石などの加工品

イ　板付遺跡で、米づくりをしていたことを示す水田の跡

ウ　三内丸山遺跡で、大型のたて穴住居跡や物見やぐらの跡

エ　板付遺跡で、むらのまわりを囲む深い堀、木の柵など

(3) 下線部(3)について、江戸時代の五街道や海の航路についての説明として**誤っているもの**を、次のア～エの中から一つ選びなさい。

ア　参勤交代では五街道のほか、海の航路を利用することがあった。

イ　西まわり航路は塩の生産がさかんだった瀬戸内海地域を通っていた。

ウ　朝鮮通信使は東海道も利用して江戸まで移動していた。

エ　中山道は江戸から名古屋を通って京都へ行く道だった。

(4) 下線部(4)に関連して、次の文の（　　）に当てはまる語句を答えなさい。

日本列島では、暮らしやすい平野部に人口が集中しています。例えば東京都のある関東平野や、名古屋市がある（　　　）平野です。

(5) 下線部(5)に関連して、右のグラフは都道府県別に、自動車を使った通勤・通学の割合（縦軸《じく》：%）、電車の1人あたりの年間利用回数（横軸：回）を示したものです。三大都市圏の中でも東京都は特に人口密度が最も高くなっています。このことをふまえて、東京都はグラフ中のア～ウのどこに含まれていると考えられるか、記号で答えなさい。

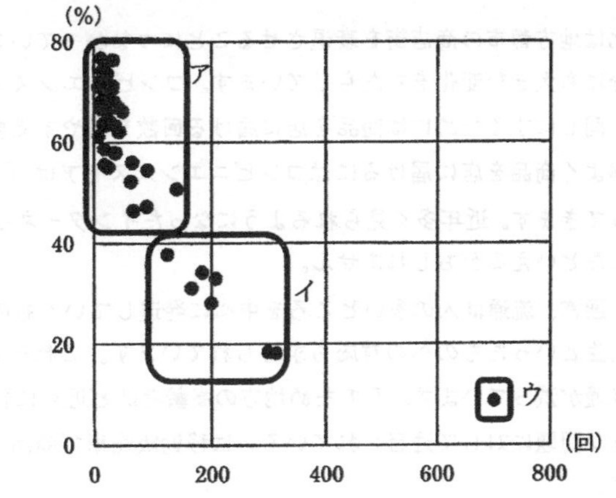

（2010年の国勢調査、国土交通省旅客地域流動調査をもとに作成）

(6) 下線部(6)に関連して、下のグラフは1954年～2020年まで、東京圏、大阪圏、名古屋圏に転入してきた人数から、転出していった人数を差し引いた数（これを転入超過数といいます）をグラフにしたものです。グラフが太線（0の線）よりも上だと転入者が転出者よりも多く、下だと転出者が転入者よりも多いことを意味します。このグラフについての説明として**誤っているもの**を、次のア～エの中から一つ選びなさい。

（国立社会保障・人口問題研究所『人口統計資料集』より作成）

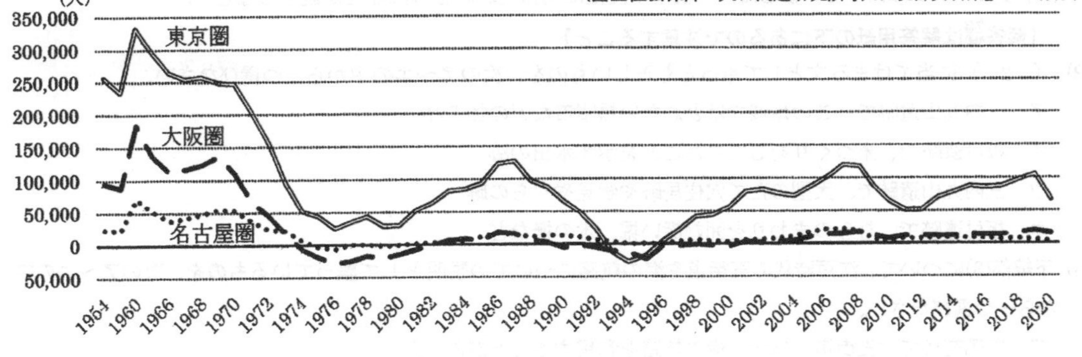

※東京圏、名古屋圏、大阪圏どうしの転入・転出は含まれていない

※東京圏は埼玉・千葉・東京・神奈川の1都3県、名古屋圏は岐阜・愛知・三重の3県、大阪圏は京都・大阪・兵庫・奈良の2府2県のことである

ア　1960年代に比べて1970年代は三大都市圏でいずれも転入超過数が減っている。

イ　1980年代は東京圏の転入超過数の増加が大きく、大阪圏や名古屋圏に比べて人が集まっている。

ウ　1980年以降の名古屋圏は転入と転出による人口の変化がほとんどない。

エ　1990年代後半から2000年代は、東京圏よりも大阪圏の方に人が集まっている。

(7) 下線部(7)について、「国土空間の圧縮」をもたらすものには、自動車以外に次の（あ）～（え）のようなものもあります。（あ）～（え）が日本で利用されるようになった年代を古い順に並べたものとして正しいものを、下のア～クの中から一つ選びなさい。

（あ）蒸気機関車　（い）風を動力にする船　（う）飛行機　（え）新幹線

ア　（あ）→（い）→（う）→（え）　イ　（あ）→（い）→（え）→（う）

ウ　（い）→（あ）→（う）→（え）　エ　（い）→（あ）→（え）→（う）

オ　（う）→（え）→（あ）→（い）　カ　（う）→（え）→（い）→（あ）

キ　（え）→（う）→（あ）→（い）　ク　（え）→（う）→（い）→（あ）

(8) 下線部(8)に関連して、ガソリンを燃料としない自動車として**誤っているもの**を、次のア～エの中から一つ選びなさい。

ア　燃料電池自動車　イ　ハイブリッドカー　ウ　電気自動車　エ　アンモニアエンジン自動車

(9) （ 9 ）に当てはまる文としてもっとも正しいものを、次のア～エの中から一つ選びなさい。

ア　できるだけせまい地域に、たくさん店を開く

イ　せまい地域で、できるだけ少ない数の店を開く

ウ　同じ地域に、できるだけ異なる会社が店を出す

エ　できるだけ広い地域に店を開き、店と店がはなれている

(10) 下線部(10)に関連して、定期市を提案している人たちは、日本で定期市が開かれるようになった時代が参考になるとしています。どの時代のことが参考になるか、文中の内容をもとにもっとも適切なものを、次のア～エの中から一つ選びなさい。

ア　縄文時代　イ　鎌倉時代　ウ　江戸時代　エ　明治時代

(11) 下線部(11)に関連して、流通にできるだけ費用がかからないように生産場所に関しても効率化がはかられています。効率化をはかった場合、次の（あ）～（え）の場所はどのような特徴になると考えられるか、もっとも適切なものを、下のア～カの中からそれぞれ一つずつ選びなさい。

（あ）自動車の工場　（い）衣服を生産する場所

（う）出版社　（え）日本の石油化学コンビナート

ア　情報や流行をいち早くとらえることが重要なため大都市にできる

イ　どこでも入手しやすい原料のため、消費者に近い場所にできる

ウ　大量の労働者が必要なので、安く働いてもらえる人が多い地域にできる

エ　多くの部品を必要とするため、関連する工場を同じ地域にまとめられる場所にできる

オ　原料が製品よりも重いため、原料の産地の近くにできる

カ　輸入資源にたよっており、その資源は船で輸送することが多いため港の周辺にできる

3　次の文章を読み、設問に答えなさい。

今年は1923年に起こった関東大震災からちょうど100年にあたります。この震災による被《ひ》災者は340万人、死者・行方《ゆくえ》不明者は10万5000人あまりと推定されており、近代以降の日本の地震被害としては最大規模の被害をもたらしました。この機会に、震災当時の社会状況《きょう》や地震災害の歴史、現在の私たちにできる対策、などについて考えてみたいと思います。次の【あ】～【う】の文章を読み、それぞれ設問に答えなさい。

【あ】(1) 日露《ろ》戦争で勝利した日本は、(2) 講和条約において（ 3 ）の南部と満州の鉄道などを得るほか、韓《かん》国を日本の勢力下に置くことをロシアに認めさせました。これにより欧《おう》米諸国は日本の力を認めることになりますが、賠償《ばいしょう》金のない講和条約の内容に戦争の費用などで苦しんだ国民の間には不満が残りました。その後日本は韓国に対する支配を強め、1910年には韓国を併《へい》合して朝鮮とし、植民地支配を始めていきます。日本による支配はとても厳しいものとなりました。

1912年に明治時代が終わり、大正時代が始まりました。この時代は、産業や市民社会の発展を背景に、大正デモクラシーとよばれる民主主義的な風潮が高まり、社会・労働運動などが進展した時代です。大正時代になってまもなく、1914年には(4) 第一次世界大戦が起こりました。戦争が始まると、(5) 日本もこの戦争に加わり戦勝国の一つとなりました。一方、経済的な面では、(6) 第一次世界大戦中の輸出が大きく伸びました。その後、関東大震災が起こったため、(7) 経済は大きな打撃を受け、不景気な時代が続くことになりました。また、震災の混乱のなか、朝鮮人が暴動を起こすといううわさが流され、(8) 多数の朝鮮人が殺されるという事件も起こりました。

二〇二三（令和五）年度　南山中学校男子部　入学試験解答用紙　国語

受験番号

氏名

成績

※200点満点
（配点非公表）

一

一　二　三　四　五　六（i　ii）　七　八　九　十

二

①　②　③　④　⑤　⑥　⑦　⑧　⑨　⑩

三

一　二（B　D）　三　四　五　六　七　八　九　十

30-(23)
【解答用紙4-(1)】

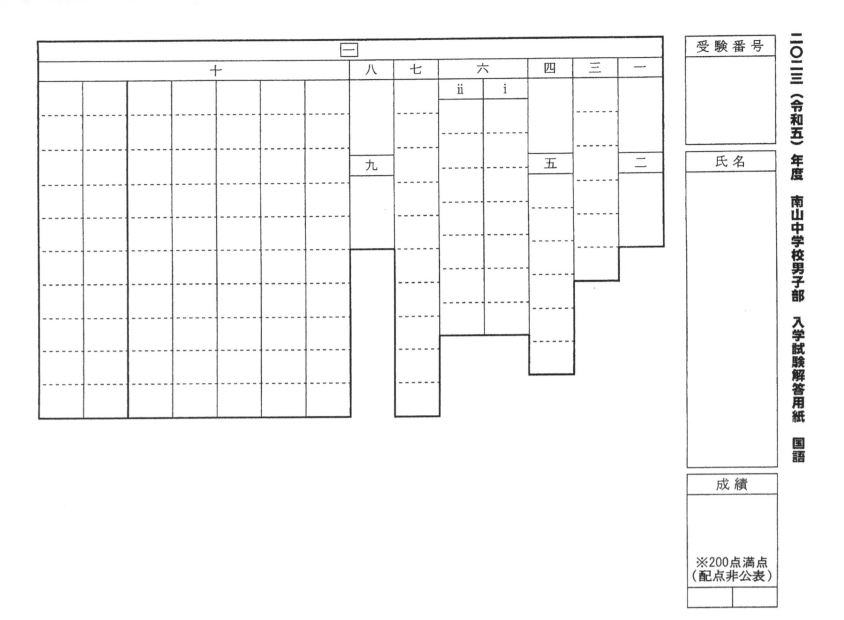

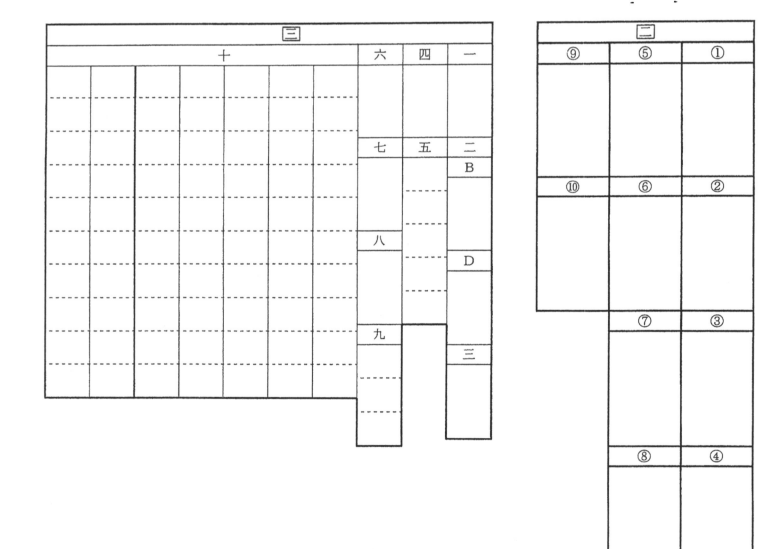

2023年度(令和5年度) 南山中学校男子部 入学試験 解答用紙

算　　数

1

(1)	(2)	(3)	(4)
		円	cm^2
(5) 度	(6) 点		

2

(1)	(2)	
個	段目	個

3

(1)	(2)
倍	時　分

4

(1)	(2)
通り	通り

5

(1)

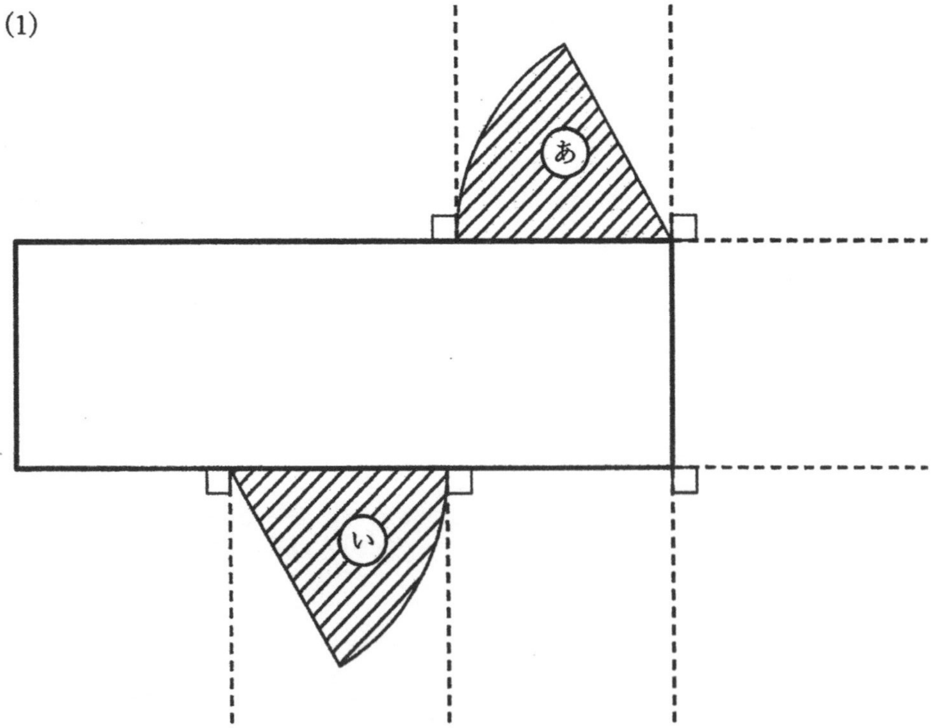

(2) cm

6

(1)

(2)

(3)

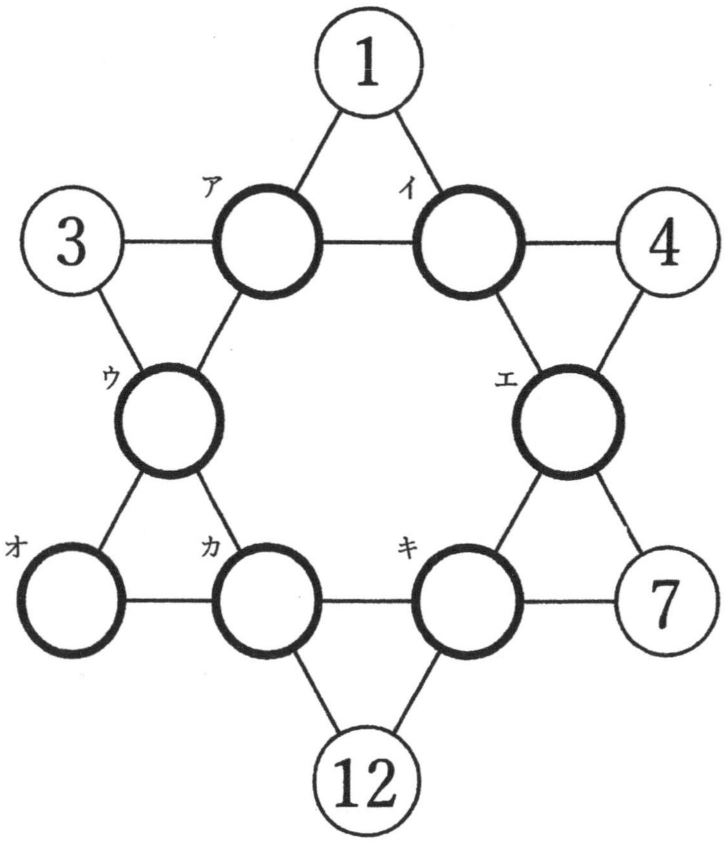

7

(1)	(2)	(3)
個	cm^2	秒後

受験番号	氏　名	成　績
		※200点満点 (配点非公表)

２０２３年度　南山中学校男子部　入学試験　解答用紙

理科

1

（1）		（2）		（3）		（4）		（5）	線

（6）		（7）	（あ）	科	（い）		（8）	

（9）		（10）		（11）		（12）		

2

（1）		（2）		（3）	

（4）	①	あ		い		②	月食		日食		③

3

（1）		固体	液体
	酸素		
	水素		
	二酸化炭素		
	アンモニア		

（2）		集め方
	酸素	
	水素	
	アンモニア	

（3）	i		ii		（4）		（5）	

（6）	%	（7）	g	%

【解答用紙4-(3)】 30-(27)

4

（1）	g	（2）	に　　　cm	（3）		（4）	cm

（5）	cm	（6）	（ア）　　cm	（イ）　　cm	（ウ）　　cm

5

（1）		（2）		（3）		（4）	

（5）		（6）		（7）	

※200点満点
（配点非公表）

受験番号：＿＿＿＿＿＿　氏名：＿＿＿＿＿＿＿＿＿＿＿＿＿＿

２０２３年度(令和５年度)　南山中学校男子部　　入学試験解答用紙　　社会

1

(1)	(2)	(3)	(4)	(5)	(6)

(7)	(8)	(9)	(10)	(11)	(12)	(13)

(14)	(15)	(16)	(17)	(18)

2

(2)	(3)	(4)	(5)	(6)	(7)

(8)	(9)	(10)	(11)			
			あ	い	う	え

3

(1)	(2)	(3)	(4)	(5)	(6)

(8)	(9)	(10)	(11)
		県	

(12)	(13)	(14)

4

(1)	(2)	(3)	(4)	(5)

(6)	(7)	(8)	
		①	② → → → →

(9)	(10)	(11)	(12)

(13)	(14)	(15)

2 (1)

3 (7)

受験番号	氏　　名

成績		
	※200点満点 (配点非公表)	

2020年度(令和2年度)　南山中学校男子部 入学試験　解答用紙　社会

1

問 1	問 2	問 3	問 4	問 5	問 6	問 7

問 8	問 9	問 10	問 11

問 12	問 13	問 14	問 15	問 16	問 17

問 18

問 19

問 20	問 21	問 22	問 23
	→ → →		

問 24	問 25	問 26

問 27	問 28	問 29	問 30	問 31	問 32	問 33

2

問 1	問 2	問 3	問 4①
			→ → →

問 4②	問 5①	問 5②

問 5③	問 6	問 7①

問 7②	問 8	問 9	問 10
→ → →			

3

問 1	問 2①	問 2②	問 3

問 4	問 5	問 6

問 7①	問 7②	問 7③	問 8

問 9	問 10	問 11

受験番号	氏　　名

成績	
	※200点満点 (配点非公表)

2020年度（令和2年度）　南山中学校男子部　入試問題解答用紙

理科

1.

(1)		(2)		(3)		(4)	

2.

(1)	①		②		(2)		(3)		(4)		(5)	%

3.

(1)		(2)		

(3)	炭酸水		食塩水		砂糖水	
	水酸化ナトリウム水溶液		過酸化水素水		塩酸	

(4)	気体①		気体②	

4.

(1)			(2)		

5.

(1)		(2)	（　　）→（　　）→（　　）	(3)		(4)	

6.

(1)	ア		オ		(2)		(3)		(4)		(5)	

7.

(1)		(2)		(3)		(4)		(5)	秒	(6)	cm
(7)		(8)	秒								

8.

(1)		(2)		(3)		(4)	
(5)	倍	(6)	倍	(7)	倍		

受験番号	氏名

成績		
	※200点満点（配点非公表）	

2020 年度（令和 2 年度）南山中学校男子部　入学試験　解答用紙

算　　数

1

(1)	(2)	(3)

2

(1)	(2)	(3)	(4)
	人	円	：

(5)
度

3

(1)	(2)
秒速　　m	秒前

4

5

(1)	(2)
個	番目

6

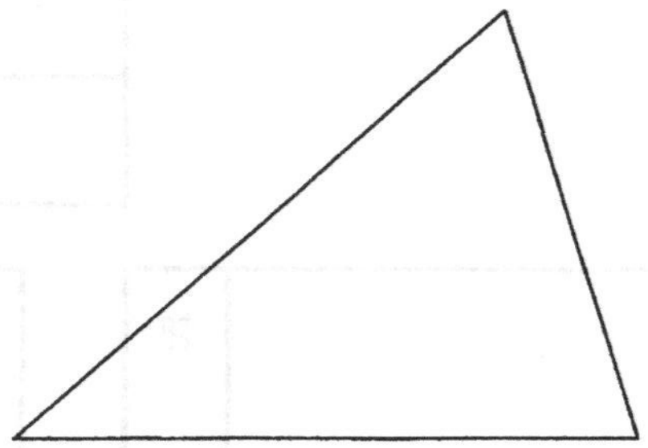

7

(1)

cm²

(2)

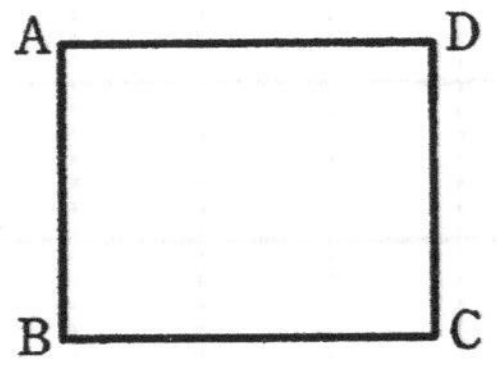

(3)

cm

8

(1)	(2)	(3)
	毎秒　　cm³	秒後

受験番号	氏　名	成　績
		※200点満点 (配点非公表)

二〇二〇年度（令和二年度） 南山中学校男子部 入学試験解答用紙 国語

受験番号

氏名

成績
※200点満点（配点非公表）

一

問一	問二	問三	問四	問五	問六	問七	問八	問九
								共感できる人

二

①	②	③	④	⑤	⑥	⑦	⑧	⑨	⑩

三

問一	問二	問三	問四	問五	問六	問七	問八
A D							

② 大日本帝国憲法に基づき、1890年に帝国議会が開設されました。この議会は二つの議院から成り立っており、一つは選挙で選ばれた議員からなる衆議院です。もう一つの議院の名称《しょう》を答えなさい。

③ 江戸時代に結ばれた不平等な条約を改正するため、使節団の全権大使として欧米諸国を訪れた右の写真Bの人物名を答えなさい。

写真B

問6 下線部（6）に関連して、右の写真Cはアジアの人々との連帯を放棄《き》し、「西洋の文明国」と同じ態度でアジアの人々と接することを主張しました。この人物が書いた「天は人の上に人を造らず人の下に人を造らずと言えり」で始まる書物の名前を答えなさい。

写真C

問7 下線部（7）に関連して、次の①・②の問いに答えなさい。

① 太平洋戦争が始まるきっかけとなったのは、1941年12月8日、日本軍がハワイのアメリカ軍基地およびもう一つの地域を攻撃したことでした。この「もう一つの地域」とはどこですか。次のア～エの中から一つ選びなさい。

ア マレー半島　　イ ビルマ　　ウ ジャワ島　　エ ニューギニア

② 次のア～エの出来事を、古いものから順に並べかえなさい。

ア ポツダム宣言の発表　　イ ドイツの降伏《ふく》　　ウ 広島への原爆《ばく》投下　　エ 東京大空襲

問8 下線部（8）に関連して、日本に占領されなかった地域を、次のア～エの中から一つ選びなさい。

ア シンガポール　　イ ベトナム　　ウ フィリピン　　エ ニュージーランド

問9 下線部（9）に関連して、このような差別的な言動を何と呼んでいるか。カタカナで記入しなさい。

問10 下線部（10）に関連して、以下の文章は、全国水平社の創立大会において読みあげられた宣言文の一部です。文中の（ A ）・（ B ）にあてはまる適切な語の組み合わせを、次のア～エの中から一つ選びなさい。

> 「みんなで団結しよう。人間を尊敬することによってみずからを解放する運動を進めよう。人の世に（ A ）あれ、人間に（ B ）あれ。」

ア A：怒《いか》り B：優しさ　　イ A：愛 B：笑顔　　ウ A：太陽 B：尊厳　　エ A：熱 B：光

3 次の文章を読み、以下の問いに答えなさい。

(1)日本国憲法は、国の政治を進める主権は国民にあると定めています。主権とは、国の政治のあり方を最終的に決定する権利のことです。それゆえ、主権者である国民は、国政についての最終的な意思決定権を持っているといえます。社会をより良いものにしていくためには、主権者一人一人が政治に関心を持ち、現状の問題点を見出して、自分なりの意見を示すことが大事です。

さて、昨年(2)香港《ホンコン》で自治政府への大規模な抗議活動がみられました。かつて（ A ）の植民地だった香港は1997年に(3)中国（中華《か》人民共和国）に返還され、以来、「一国二制度」のもと、自治が認められています。しかし、犯罪容疑者を中国本土へ引き渡す法案などをめぐって現在まで抗議活動が続いています。「政府が多くの人々の考えとは異なる政治を行っているならば、抗議するのは主権者として当然のことである」という考えは、民主主義の理念の根幹をなすものです。

日本が民主主義国家となったのは、日本国憲法が制定されてからです。それ以前の(4)大日本帝国憲法のもとでは、主権は天皇にありました。戦前の(5)帝国議会や内閣、裁判所といった機関はみな、天皇の権力を抑《よく》制するものではなく、むしろ天皇の権力を補佐《さ》するものでした。(6)江戸時代以前ともなると、軍事力あるいは宗教的な権力を持つ者が支配者として君臨しており、民衆は専《もっぱ》らその支配に服すことを求められ、逆らうことは一切許されませんでした。

ただ、いつの時代においても、圧政に苦しんだ民衆が立ち上がり、抗議行動にでることはありました。奈良時代や平安時代、鎌倉時代には、税を負担することが難しいほど経済的に行きづまった農民が土地を捨てて逃げ出してしまうことがありました。また、988年には尾張《おわり》国の農民たちが、国司の不正行為《い》を報告し、罷免《ひめん》を求めました。室町時代以降になると、厳しい税の取り立てを受けた農民たちが徒党を組んで、(7)一揆を起こすことがしばしば見られるようになります。このように、(8)民衆は、自分たちの生活をおびやかすものに対して、出来うる範囲で抵抗し、要求の実現をはかってきたのです。

18世紀のイギリスの哲《てつ》学者であるジョン・ロックは、政府は人々の生命、健康、自由、財産などを守るためにあるのであって、その約束のもとにさまざまな権限が与えられていると考えました。そしてまた、政府が人々との間で交わしたこの約束を守らないならば、人々は政府に対して抵抗する権利を持つと主張しました。この考えに影響を受けて、アメリカ合衆国が（ A ）から独立したアメリカ独立革命や、王政廃《はい》止を実現した(9)フランス革命が起こっています。

政治権力は、人々からの(10)「点検」がないままだと、いつしか腐敗してしまいます。人々の生活を守るよりも、自分の権力を守ることを優先してしまうようになるからです。政治が健全な状態を保っていくためには、主権者が問題意識を持ち、さまざまな形で意見を訴《うった》えていくことが必要なのです。

問1 文中の（ A ）にあてはまる適切な国の名前を、次のア～エの中から一つ選びなさい。

ア ポルトガル　　イ スペイン　　ウ オランダ　　エ イギリス

問2 下線部（1）に関連して、国民主権は日本国憲法に記された三つの原則の一つです。他の原則は①□□主義と②□□□□□□の尊重です。□に入る語を漢字で答えなさい。

問3 下線部（2）に関連して、右の地図中のア～エの中から香港の位置を示したものを選びなさい。

問4 下線部（3）に関連して、中国では1月下旬から2月上旬にかけての時期に、日本のお正月にあたる伝統的な行事があり、人々は爆竹を鳴らしてお祝いします。この伝統的な行事を何といいますか。漢字2字で答えなさい。

問5 下線部（4）に関連して、右の写真の人物は、大日本帝国憲法の草案作りの中心人物で、初代内閣総理大臣を務めました。この人物の名前を答えなさい。

問6 下線部（5）に関連して、板垣退助らが指導した、国会開設と憲法制定を求める運動を何と呼んでいますか。漢字6字で答えなさい。

問7 下線部（6）に関連して、次の①～③の問いに答えなさい。

① 江戸幕府は全国の大名を取りしまるための決まりを1615年に定めました。この決まりを何といいますか。

② 3代将軍の徳川家光は①の決まりを改めたことで知られます。徳川家光のときに付け加えられた決まりを、次のア～エの中から二つ選びなさい。

ア 大きな船をつくってはいけない。

イ 自分の領地の城を修理する場合には、幕府に届け出ること。

ウ 大名は、毎年4月に参勤交代すること。

エ 将軍の許可なしに、大名の家同士で結婚《こん》してはいけない。

③ 江戸時代には百姓に対して生活の心得が説かれました。その内容として**誤っているもの**を、次のア～エの中から一つ選びなさい。

ア 朝は早く起きて、草を刈り、昼は田畑を耕し、晩は縄や米俵をつくり、気をぬかずに仕事すること。

イ 食べ物は大切にして、麦や粟《あわ》、ひえ、菜、大根などをつくり、米は多く食べないようにしなさい。

ウ 酒や茶は買って飲んではいけない。

エ 百姓は、麻《あさ》で出来たもの以外の服を着てはいけない。

問8 下線部（7）に関連して、豊臣秀吉は一揆の発生を防ぐため、1588年、農民から武器を没《ぼっ》収するとの法令をだしました。この法令を何と呼んでいますか。

問9 下線部（8）に関連して、1669年、アイヌ民族のなかで松前藩《はん》が行っていた不正な取引に対する不満が高まり、反乱が発生しました。この反乱を率いたアイヌ民族の総首長は誰ですか。

問10 下線部（9）に関連して、この出来事は何年のことですか。次のア～エの中から一つ選びなさい。

ア 1687年　　イ 1776年　　ウ 1789年　　エ 1861年

問11 下線部（10）に関連して、政治権力に対する「点検」の一つとして、選挙があります。昨年、参議院議員選挙が実施《し》されましたが、参議院議員の任期は何年ですか。

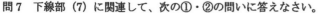

右の日本国内の発電電力量をあらわしたグラフのア～エの中から、日本政府の発言と最も関係のあるものを一つ選びなさい。

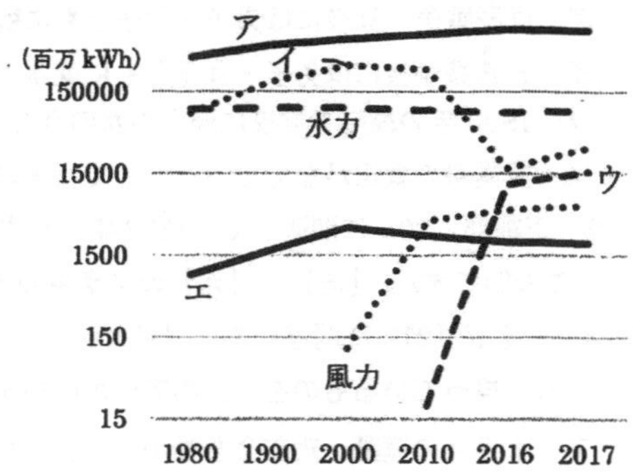

『日本国勢図会 2019/20』より作成

問 29　下線部 (24) に関連して、スウェーデンの首都ストックホルムでは、1972 年に環境問題に関する最初の大規模な国際会議「国連人間環境会議」が開催されました。この会議のスローガンを、次のア～エの中から一つ選びなさい。

ア　持続可能な発展　　イ　人類の進歩と調和

ウ　かけがえのない地球　　エ　自然の叡智《えいち》

問 30　下線部 (25) に関連して、温室効果ガス排《はい》出による地球温暖化について述べた文として**誤っているもの**を、次のア～エの中から一つ選びなさい。

ア　気温の上昇《しょう》によって海水面が上昇することで、土地の低い地域はしずんでしまう恐《おそ》れがある。

イ　気温の上昇によって病気の菌《きん》をもった害虫のすむところが広がり、病気が世界中に広がる恐れがある。

ウ　気温の上昇によって乾燥《かんそう》する地域が広がり、農作物が作れなくなる地域が広がる恐れがある。

エ　気温の上昇によって二酸化炭素濃《のう》度が上昇するため、公害問題が広がる恐れがある。

問 31　下線部 (25) に関連して、以下の世界の二酸化炭素排出割合を示した表（『世界国勢図会 2019/20』より作成）のうち、アメリカ合衆国を示すものを、ア～エの中から一つ選びなさい。

	ア	イ	EU	ウ	エ	日本	その他
1990 年	10.3%	23.4%	19.6%	2.6%	10.5%	5.1%	28.5%
2016 年	28.2%	15.0%	9.9%	6.4%	4.5%	3.5%	32.5%

問 32　下線部 (26) について、近年開発されたガソリンを全く使わない自動車として**誤っているもの**を、次のア～エの中ら一つ選びなさい。

ア　電気自動車　　イ　ハイブリッドカー　　ウ　天然ガス自動車　　エ　燃料電池自動車

問 33　下線部 (27) に関連して、スマートフォンなどを通してインターネットから得られる情報や情報のあつかい方について正しいものを、次のア～エの中からすべて選びなさい。

ア　友だちのパスワードを知ったので、そのパスワードを使って友だちの代わりにインターネットを利用し、コメントを投稿《こう》した。

イ　インターネット上の情報は必ず情報を送った側がいるため、送った人がどういうつもりで送ったのか、その内容は事実かどうかをいつも考える必要がある。

ウ　Twitter や LINE といった SNS は、世界中のさまざまな人と交流することが目的なので、自分が投稿する内容を誰が見ているのかは気にする必要はない。

エ　事件の犯人を逮捕《たいほ》してもらうため、自分が見つけたインターネット上のうわさをできるだけ早く SNS で広めた。

2　次の文章を読み、以下の問いに答えなさい。

(1) 1939年、日本の文学界で『光の中に』という小説が話題となり、芥《あくた》川賞候補の一つとなりました。作者は金史良《キムサリャン》という人で、(2) 日本統治下の朝鮮半島から日本に渡《わた》ってきた朝鮮人です。(3)『光の中に』が書かれた頃《ころ》、日本には多くの朝鮮人が暮らしていました。しかし、当時の日本社会では、朝鮮人は必ずしも日本人と同じようにはみなされず、さまざまな場面で差別されました。金史良は、この小説を朝鮮語では書かず、あえて日本語で書きました。それは、日本の人々に朝鮮（あるいは朝鮮人）の実情を知ってほしいという願いがあったからだといわれています。

(4) 日本の歴史をふり返ると、古代以来、日本人は朝鮮半島の人々と温かな交流を重ね、さまざまな文化を学んできました。しかし、(5) 日本が近代化の歩みを進めた明治時代以降、朝鮮人に対するものに限らず、アジア諸地域の人々に対する差別的な見方が強まっていきました。背景にあるのは、(6) 日本の方が他のアジア諸国よりも先に近代化を成しとげたという自負です。この自負が、日本人の中に一種の優越《えつ》感を生みだしてしまいました。

1945年に (7) 太平洋戦争が終結するまで、(8) 日本はアジア・太平洋諸地域を植民地化し、現地の人々を支配しました。ヨーロッパ諸国による植民地支配を終わらせ、日本の力で各地の近代化を推《お》し進めるというのが、アジア・太平洋地域に軍事的に進攻した理由として主張されましたが、実態としては、日本人が頂点に立って、植民地の人々を差別的に支配するものでした。そのため、アジア各地で抵抗《ていこう》運動が起こることとなります。

第二次世界大戦で敗れた日本は、戦後、かつての植民地支配で人々を苦しめたことを反省し、平和国家の道を歩むことを決めました。このため、第二次世界大戦の終戦から今日に至るまで、日本は、世界各地で行われたさまざまな戦争に参加していません。しかし、太平洋戦争終結以前にあったアジア諸地域の人々への差別的な見方は、残念ながら今なお完全には無くなっていません。近年、社会のさまざまな場面で、(9) 外国人に対する差別的な言動、あるいは人々に差別することをうながすような言動がみられるようになり、問題となっています。2016年、「本邦《ぽう》外出身者に対する不当な差別的言動の解消に向けた取り組みの推進に関する法律」が施行されましたが、同法には差別的な言動に対する罰《ばっ》則は定められていません。日本国憲法は、第21条において集会・結社・表現の自由を定めており、差別的な言動を取り締まる法律をつくることが、憲法の規定に抵触《ていしょく》するのではないかとの指摘があります。しかし、だからといって、(10) 差別的な言動を認めてしまうことは、差別される側の人権がおかされることにつながってしまいます。だれもが、安心して生きていける社会を求めていると思います。差別をめぐる問題は大変根深く、簡単に解決できないものですが、解決に向けて粘《ねば》り強く取り組んでいく必要があります。

問 1　下線部 (1) に関連して、1939 年に起こった出来事を、次のア～エの中から一つ選びなさい。

ア　国際連盟の発足　　イ　満州事変の発生　　ウ　第二次世界大戦のぼっ発　　エ　日中戦争の開始

問 2　下線部 (2) に関連して、日本の統治下にあった朝鮮半島で行われた政策として**誤っているもの**を、次のア～エの中から一つ選びなさい。

ア　朝鮮人は姓《せい》名を日本式に変えさせられた。

イ　朝鮮人の男性が徴《ちょう》兵され、日本の軍人として戦場に送られた。

ウ　朝鮮につくられた神社に朝鮮人を参拝させた。

エ　朝鮮人女性を鉄血勤皇隊に組織し、軍需《じゅ》工場で働かせた。

問 3　下線部 (3) に関連して、韓国併合以降、多くの朝鮮人が日本に移住したのはなぜですか。適切な答えを、次のア～エの中から一つ選びなさい。

ア　日本によって朝鮮の土地制度が変えられたことにより、多くの朝鮮人が土地を失ってしまったため。

イ　日本の過疎《そ》地域の人口を増やす目的で、政府が朝鮮人に補助金を与《あた》えて移住を推奨《しょう》したため。

ウ　朝鮮半島で大地震が発生したことにより、多くの朝鮮人が震災から逃《のが》れようとしたため。

エ　ロシアが朝鮮半島に軍事侵攻したことにより、朝鮮半島の人々が戦火を逃れようとしたため。

問 4　下線部 (4) に関連して、次の①・②の問いに答えなさい。

①　米作りは、今から 2400 年ほど前に、大陸や朝鮮半島から移り住んだ人々によって伝えられました。次のア～エを、米作りの順序に並べかえなさい。

ア　代《しろ》かき　　イ　稲刈り　　ウ　田植え　　エ　もみすり

②　江戸時代になると、幕府の将軍が代替《が》わりするごとに朝鮮から使節団が派遣《けん》されました。300～500 人で構成され、江戸時代を通じて 12 回来日して日本と交流した使節団の名前を答えなさい。

問 5　下線部 (5) に関連して、次の①・②の問いに答えなさい。

①　明治政府は、産業を盛んにするため、外国から技術者を招いたり、進んだ機械を買い入れて、官営富岡《おか》製糸場などの工場をつくりました。右の写真 A の人物はこの製糸場設立に関わるだけでなく、500 以上の企《き》業の創立・発展にも関わって、「日本資本主義の父」と呼ばれています。この人物の名前を答えなさい。

写真 A

問17　下線部（16）に関連して、酒田は庄《しょう》内平野にふくまれる町です。現在の庄内平野での農業や気候の特徴を説明したものとして**誤っているもの**を、次のア～エの中から一つ選びなさい。

ア　最上川が出羽山地から栄養分を運び、庄内平野の豊かな土地をつくりだしている。

イ　夏は高温でかわいた南東の風がふき、冬は多くの雪が土の温度を下げる。

ウ　田や農道を整備するほ場整備が進んで、長方形の田が多く広がっている。

エ　生産調整がおこなわれたことで、米以外の大豆やねぎは生産されなくなった。

問18　下線部（16）に関連して、江戸時代、酒田から日本海沿岸の港や下関を経由して瀬戸内海を通り、大阪まで船で物を輸送する経路が発達しました。この経路を何というか答えなさい。

問19　文章【い】・【う】からは戦国時代から江戸時代にかけて、城が山城から平山城、平城へと変化したことがわかります。これは城の役割が変化したからです。どのように城の役割が変化しているか、文章の説明を参考に20字程度でまとめなさい。

【え】　現在の東京は江戸幕府の3代将軍・徳川家光が整備した江戸城を中心とした城下町を基礎に成り立っています。江戸の町をはじめとして、江戸時代の(17)城下町は、武士の住む場所や町人の住む場所など、身分や職業によって住む場所が決まっていました。江戸時代の後半、江戸の城下町には地方から労働者が集まり、人口が増えました。新たに江戸にやってきた人たちは隅《すみ》田川沿岸などに住むようになっていきます。人口が密集した地域は木造家屋が立ち並び、ひとたび火事が起こると被害が大きくなってしまう問題をかかえることになりました。

江戸時代の終わりころ、ペリーが浦賀にやってくると、大きく集落のようすを変えた町があります。それが横浜や(18)神戸です。外国人が滞《たい》在する外国人居留地がつくられ、貿易がさかんにおこなわれるようになったためです。江戸の町も(19)明治時代になると、「東京」と改められ、ヨーロッパの建築をモデルにしたレンガ造りの建物がつくられました。また、(20)外国人居留地ができた港や各地の都市を結んで、物資輸送をするための鉄道も整備されていきました。

東京の町のようすが変わるのは、(21)1923年の関東大震《しん》災です。火災によって木造家屋が密集する地域に被害が大きくでました。震災からの復興のために、新たな道路建設や区画整備がおこなわれました。また、東京、名古屋、大阪などの都市は戦争の影響も受けました。太平洋戦争中、都市部は空襲《しゅう》を受けたため、(22)空襲に備えて都市の各地で空き地がつくられました。

問20　下線部（17）に関連して、城下町の町人（商工業者）に由来する地名とその地名から推測される江戸時代の町のようすの組合せとして正しいものを、次のア～エの中から一つ選びなさい。

ア　地名：木挽町《こびきちょう》（名古屋）　　江戸時代のようす：木材加工業者が集まっていた。

イ　地名：魚ノ棚通《うおのたなとおり》（名古屋）　江戸時代のようす：漁師たちが使う舟《ふね》をつくっていた。

ウ　地名：綿町《わたまち》（姫路《ひめじ》）　　江戸時代のようす：生糸を売る問屋があった。

エ　地名：鍛冶町《かじまち》（姫路）　　江戸時代のようす：塩蔵《しおくら》や塩屋があった。

問21　下線部（18）に関連して、日宋《そう》貿易の港として使われたころから発展してきたのが神戸です。日宋貿易がはじまってから、幕末の貿易が行われるまでの間の日本の貿易に関する説明を年代の古い順にならべかえなさい。

ア　長崎の港につくられた人工の島でオランダと貿易した。

イ　明に船を送ったことから勘《かん》合貿易がはじまった。

ウ　堺《さかい》や長崎で貿易がおこなわれ、南蛮《なんばん》船から生糸や鉄砲《てっぽう》がもたらされた。

エ　建長寺を建てる費用を得るために元との貿易をおこなった。

問22　下線部（19）に関連して、右のグラフは明治時代の就学率を示したものです。このグラフからわかることとして正しいものを、次のア～エの中から一つ選びなさい。

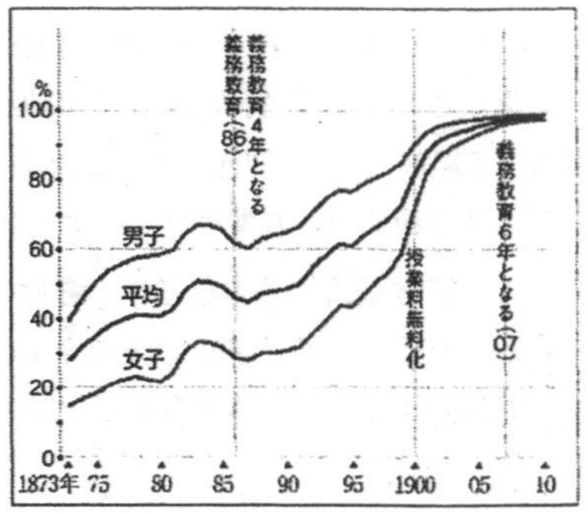

ア　戊辰《ぼしん》戦争の直後には男子・女子ともに就学率が減少する時期がある。

イ　日露《ろ》戦争後には男子・女子ともに就学率が90%をこえた。

ウ　1900年の段階で学校に通う男女のうち60%以上が女子となっている。

エ　授業料の負担がなくなったことで女子の就学率が40%をこえた。

問23　下線部（20）に関連して、1872年に日本で初めて鉄道が開通しました。この鉄道が結んだのは新橋とどこの間ですか。【あ】～【え】の文章中の地名をぬき出して答えなさい。

問24　下線部（21）に関連して、関東大震災のあった前後の時期（1918～1928年ごろ）の新聞記事の見出しとして**誤っているもの**を、次のア～エの中から一つ選びなさい。

ア　水平社の運動　政友会を動かす　因習打破差別撤廃《てっぱい》の建議案が提出された

イ　漁民町役場を包囲す　米価問題町民大会　飾磨《しかま》町又もや騒《さわ》ぎ出す

ウ　職業婦人が日本に三百五十余万人

エ　衣料切符《きっぷ》点数　全面的に引上《ひきあげ》　消費規正を更《さら》に厳《げん》　戦時生活簡素化

問25　下線部（21）に関連して、関東大震災のあった大正時代の女性について説明した文として**誤っているもの**を、次のア～エの中から一つ選びなさい。

ア　平塚らいてうらは女性の自由と権利の拡大をめざす運動をつづけた。

イ　デパートの店員やタイピストなどこれまでになかった仕事につく女性が増えた。

ウ　1925年には普通選挙が実現し、女性も選挙権をもつことになった。

エ　生活の洋風化が進み、時代の先端《たん》をいく洋風の服装や髪型《かみがた》をする女性があらわれた。

問26　下線部（22）に関連して、この空き地はどのような効果が期待されたのか説明しなさい。

【お】　戦後、各都市で戦災からの復興計画にもとづいた道路整備や緑地化、人口の集中をおさえることなどが考えられました。しかし、政府の財政が赤字となったことやGHQの改革によって都市の復興計画は縮小していきました。その中でも当初の計画通りに作られた道路の１つが名古屋の「100m道路」といわれている若宮大通や久屋大通でした。

(23)1959年には東京オリンピックの開催《さい》が決定しますが、東京では戦後も人口が集中しており、都心は交通問題をかかえていました。オリンピック開催によって交通の便をよくする必要がでてきたため、高速道路の建設が急がれます。高速道路は都市化を進めますが、同時にもともとあった江戸時代以来の町のようすを変えてしまいました。

その後も現在まで自動車による移動はごく当たり前のものになってきましたが、(24)近年は環《かん》境問題のことも考えた社会が求められています。特に(25)地球温暖化対策として温室効果ガスを削減することは世界の重要な課題となっています。(26)自動車もガソリンを使わないものが開発されたり、町全体の移動を個人が所有する自動車以外のものを乗《の》り継《つ》いで移動できるようにしようという考えも出ています。バス・電車・タクシーなどを利用すればだれでも目的地にたどり着くことができるからです。そのために、(27)スマートフォンを使って移動手段を検索《さく》し、タクシーなどの予約もできるというような仕組みも作られています。最近、研究が進められている自動運転の自動車も移動手段の中に組みこまれています。今後は自動運転に対応した道路や電気自動車の充《じゅう》電設備などが整備され、町のようすが変わってくるかもしれません。こうした町が実現すると、自動車しか移動手段のない地域や観光地も交通の便がよくなり、高齢《れい》者がより自由に移動できたり、観光客を呼び寄せることができるのではないかと期待されています。

問27　下線部（23）に関連して、東京オリンピックがおこなわれた時期を、次のア～エの中から一つ選びなさい。

1945	ア	「あたらしい憲法のはなし」が配布された	イ	日本が国際連合に加盟した	ウ	大阪で日本万国博覧会がおこなわれた	エ	1990

問28　下線部（24）に関連して、2019年に開催されたCOP25での日本政府の発言は温暖化対策に消極的だという批判につながりました。

問 10　下線部（9）に関連して、果実の主産地を示した以下の表（『日本国勢図絵 2019/20』より作成 単位：t）からももの生産を示しているものを、ア～エの中から一つ選びなさい。

ア		イ		ウ		エ	
千葉	32,000	山形	18,800	山梨	39,200	青森	415,900
茨城	23,400	新潟	2,240	福島	28,600	長野	149,100
栃木	19,000	青森	1,850	長野	14,500	山形	47,100
福島	18,900	長野	1,710	和歌山	10,200	岩手	39,600
鳥取	18,400	福島	711	山形	8,680	福島	27,000

問 11　文中の（　10　）に当てはまる人物名を答えなさい。

問 12　下線部（11）に関連して、1467 年から 1600 年までの戦国時代をふくむ時期の出来事として正しいものをすべて選び、年代の古い順に並べかえなさい。（解答の記入例：ア→イ→ウ→エ→オ）

ア　織田信長が桶狭間《おけはざま》の戦いで今川氏を破った。

イ　キリスト教信者を中心とする 3 万人以上の一揆《き》が四国でおきた。

ウ　徳川家康は長篠《ながしの》の戦いに参加して武田軍を破った。

エ　元の大軍が 2 度にわたり九州北部にせめてきた。

オ　豊臣秀吉は朝鮮に 2 度兵を送った。

問 13　下線部（12）に関連して、枝折の近くには JR 東海道線が通っており、醒ヶ井《さめがい》という駅が最も近い駅です。以下の醒ヶ井駅周辺の JR 東海道線と駅名、東海道新幹線、地形を表した地図に関して述べた文として**誤っているもの**を、下のア～エの中から一つ選びなさい。

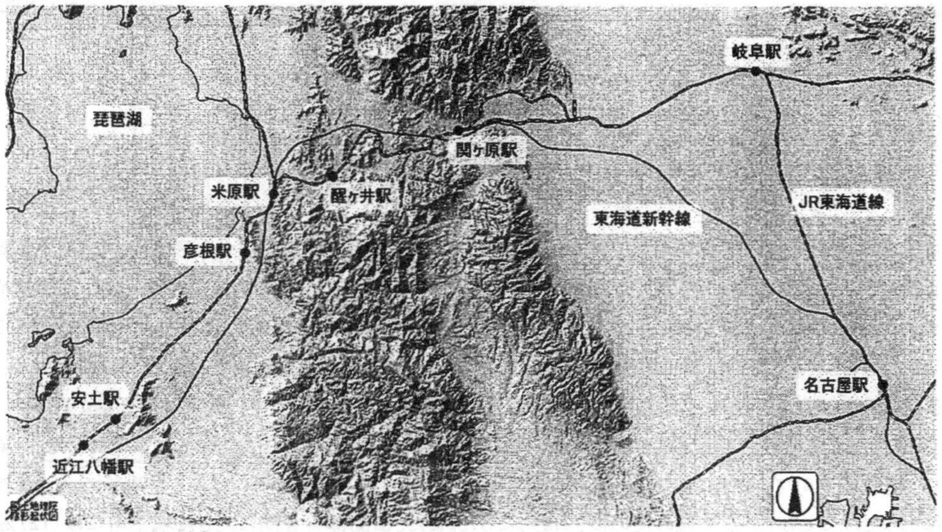

ア　名古屋駅から近江八幡《おうみはちまん》駅まで JR 東海道線を使って移動すると、織田信長に関連する城のある場所、徳川家康が戦った場所、織田信長に関連する城のある場所の順に駅を通過する。

イ　新幹線も JR 東海道線も山地が途《と》切れているところを通過しており、鉄道ができるだけ平らな場所を通過するようすを読み取ることができる。

ウ　東海道新幹線が名古屋駅から米原《まいばら》駅までの間に通過するのは濃尾平野で、地形も平たんなようすが読み取れる。

エ　名古屋駅と近江八幡駅を結ぶ直線上にあるのが鈴鹿《すずか》山脈で、鈴鹿山脈から醒ヶ井駅をはさんで北側に少しだけ見えているのが木曽山脈である。

【う】　戦国時代から江戸時代の初めにかけて発展した城下町に岐阜県の郡上《ぐじょう》八幡というところがあります。「水のまち」といわれるほど水路が整備された町です。長良川沿いの町で、豊富な水を得ることができるのですが、それだけでなく、(13) 全国の年間降水量の平均を1000㎜程度上回る雨が降る土地で、地面が多くの水をたくわえています。(14) 室町時代には東常縁《とうのつねより》という和歌の作品を残したことで知られる人物が治める地で、京都からも文化人が訪れるような場所となっていました。郡上八幡に建てられた八幡城は小高い丘の上に立っていますが、一乗谷や枝折のような山間部の山の上ではありません。江戸時代の初めにかけて、戦よりも城下町を治める政治が重要となり、しだいに小高い場所に城が建てられるようになったためです。このような小高い丘の上にたてられた城を平山城といいます。

江戸時代に入ると、平野部に城と城下町をつくるようになります。平野といっても、権威《い》を示したり、防御《ぼうぎょ》面を考えて周囲よりもやや高い場所に城がありました。このような平野部にたてられた城を平城といいます。しかし、(15) 扇《せん》状地の地形の最も低い部分に城があるという城下町もあります。それが山形です。近くを流れる川が最上川に流れこみ、下流までいくことができます。(16) 最上川の河口には酒田《さかた》という町があります。ここは日本海側の商業活動の拠《きょ》点となった港町で、江戸時代には山形の城下町とともに商人の力が強かったといわれています。このことから、山形の城下町は武士の力が強くなく、高い場所に城や武士の町を築かなかったと考えられています。

問 14　下線部（13）に関連して、下線部と以下の平年の月別降水量を参考に、全国の年間降水量の平均値以上の雨が降ると考えられる場所を、次のア～エの中から一つ選びなさい。

	場所	1月	2月	3月	4月	5月	6月	7月	8月	9月	10月	11月	12月
	郡上八幡	112.7	115.6	193.4	212.3	242.9	312.0	387.0	301.3	348.0	179.1	148.7	103.7
ア	稚内《わっかない》	84.3	60.7	50.3	49.0	67.6	53.0	90.6	116.0	123.5	134.1	120.9	112.8
イ	呉《くれ》	41.0	61.2	109.5	128.3	152.9	226.7	227.7	97.1	152.5	83.6	65.4	35.6
ウ	尾鷲《おわせ》	100.7	118.8	253.1	289.4	371.8	405.7	397.2	468.2	691.9	395.7	249.8	106.5
エ	名古屋	48.4	65.6	121.8	124.8	156.5	201.0	203.6	126.3	234.4	128.3	79.7	45.0

※気象庁ホームページより降水量の平年値（mm）、統計期間 1981～2010 年。郡上八幡は八幡市の値。

問 15　下線部（14）に関連して、東常縁が生きた 15 世紀中の出来事として**誤っているもの**を、次のア～エの中から一つ選びなさい。

ア　東求堂《とうぐどう》のような書院造といわれる建築が発達した。

イ　南北にわかれていた朝廷が一つになった。

ウ　応仁の乱による戦いをさけて多くの文化人が地方の都市へ移り住んだ。

エ　雪舟が『四季花鳥図』という水墨《ぼく》画をえがいた。

問 16　下線部（15）に関連して、扇状地の地形を断面図にしたものとして正しいものを、次のア～エの中から一つ選びなさい。なおグラフの縦軸《たてじく》は標高（m）、横軸は特定の地点からの距離《きょり》（m）を表している。

ア

イ
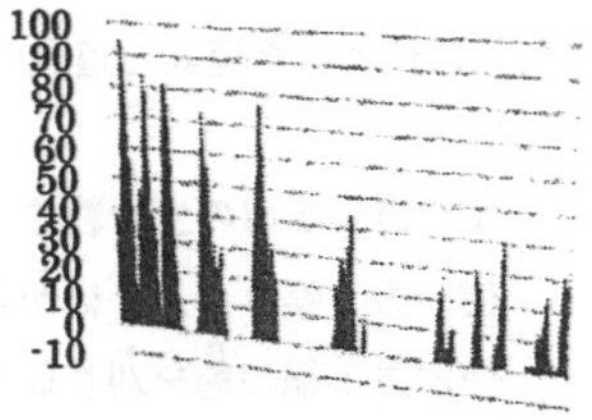

ウ
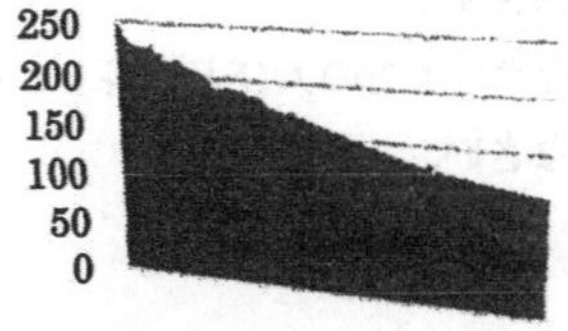

エ
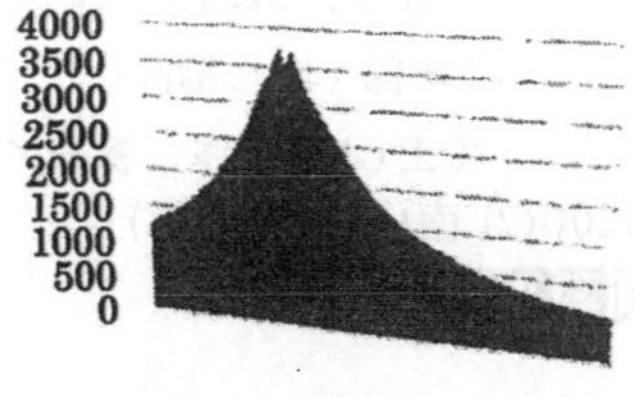

2020年度（令和2年度） 南山中学校男子部入学試験問題用紙 社会

(50分)

（指示していないところは、漢字で書いてもかなで書いてもかまいません。）

1 日本における村や都市についての文章【あ】～【お】を読み、設問に答えなさい。

【あ】人びとが集まり、居住・生活する場所を集落とよびます。集落には主に農林水産業を中心にした生活をする村と、商工業やサービス業を主とする都市に分けられます。集落は、古くから周辺の地形や日当たり、水が得やすい場所かどうかなどによって形作られてきました。

縄文《じょうもん》時代の集落としては青森県の（ 1 ）遺跡《いせき》が知られています。この時代は(2)東日本の方が人口密度が高かったと考えられており、代表的な大規模集落は東日本で見つかっています。西日本は火山噴《ふん》火の影響《えいきょう》を受けて、人が住みにくい時期があったといわれています。(3)その後、中国や朝鮮《ちょうせん》などの方面から新たに日本列島に移住してきた人が西日本に住み、集落を作って稲作をはじめました。これらの集落は自然にその地に住み着いた人によってつくられたものです。その後、各地には集落をまとめる豪《ごう》族が登場し、豪族たちを中心に大和政権ができます。大和政権は飛鳥《あすか》の地を中心に律令国家を作り上げました。この時、最初の本格的な都が築かれます。その後も、政治の中心地には中国の都をモデルにした(4)平城京や長岡《ながおか》京、(5)平安京が造営されました。(6)これらの都は政治的な権力を象徴《ちょう》するために計画的に造営された都市で、自然にできた集落とは異なった特徴があります。

問1 文中の（ 1 ）に当てはまる語句を、次のア～エの中から一つ選びなさい。

ア 加曽利《かそり》　イ 登呂《とろ》　ウ 三内丸山　エ 吉野ヶ里

問2 下線部 (2) に関連して、現在の人口密度を地図にしたものとして最も適切なものを、次のア～エの中から一つ選びなさい。

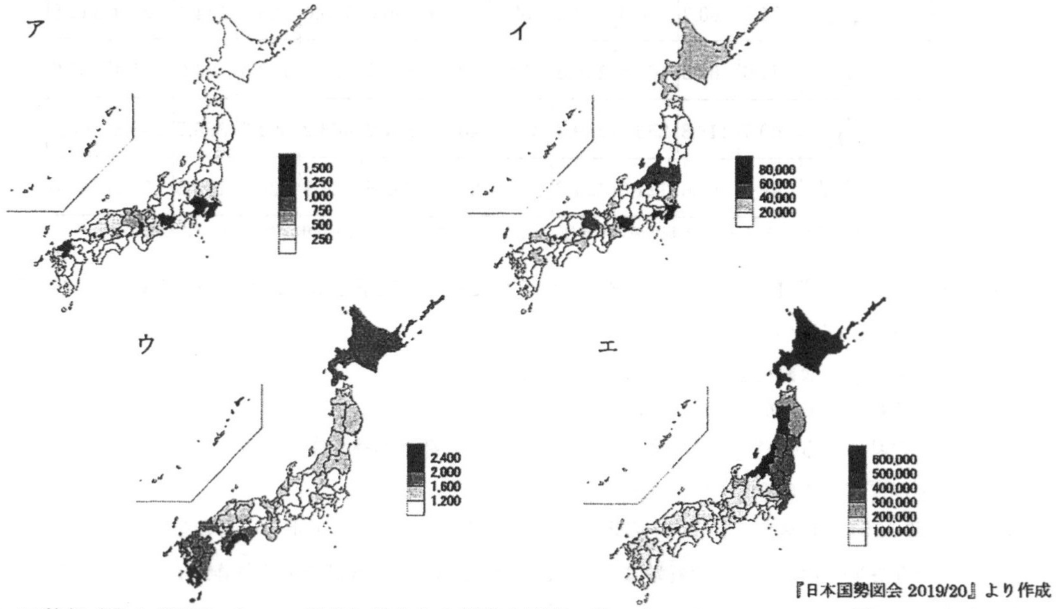

『日本国勢図会 2019/20』より作成

問3 下線部 (3) に関連して、この時代に使われた道具と道具の使い方を説明した文として**誤っているもの**を、次のア～エの中から一つ選びなさい。

ア 道具：木製のくわ　使い方：水田の土を耕す

イ 道具：銅鐸《どうたく》　使い方：祭りのときにかざったり、音を鳴らす

ウ 道具：石包丁　使い方：稲の穂《ほ》を刈《か》り取る

エ 道具：つぼ形のはにわ　使い方：食料を保存する

問4 下線部 (4) に関連して、平城京に都がおかれた時代の地方の人びとの暮らしを知ることができる史料として正しいものを、次のア～エの中から一つ選びなさい。

ア 役人どもは、わがまま勝手の政治をし、江戸へは米を送るのに天皇のおられる京都へは米を送る世話をしないばかりか、米を買いに来た者たちをめしとった。

イ 山城国の南部では武士と農民が協力してきまりをつくり、8年間にわたって自分たちの手で政治をおこなった。

ウ 生活を切りつめて生きているのに、里長は、むちを片手に戸口までやってきて、おどして税を取ろうとする。

エ この世をば　わが世とぞ思う　もち月の　かけたることも　なしと思えば

問5 下線部 (4) に関連して、平城京から都を移した聖武天皇は国分寺の建立《こんりゅう》を命じました。国分寺が建立された都道府県として**誤っているもの**を、次のア～エの中から一つ選びなさい。

ア 青森県　イ 山口県　ウ 愛知県　エ 三重県

問6 下線部 (5) に関連して、平安京に都が移されたのちの平安時代の出来事について述べた文として正しいものを、次のア～エの中から一つ選びなさい。

ア 中大兄皇子は朝廷《てい》に仕える官僚《りょう》たちに仏教への信仰《こう》を強めさせようと、憲法十七条で心がまえをまとめた。

イ 藤原清衡のむすめがたてたとされる白水阿弥陀《あみだ》堂は阿弥陀仏に念仏をとなえれば救われるという仏教の考え方に基づいている。

ウ 中国の高僧・鑑真が日本にまねかれ、寺や僧の制度を整えるとともに、奈良に唐招提寺を開いた。

エ 大内氏の治める周防《すおう》（山口県）では、京都に似せたまちづくりをしたといわれ、京都をはなれた多くの文化人たちが集まってきた。

問7 下線部 (6) に関連して、計画的に造営された都の構造にもっとも近い図を、次のア～エの中から一つ選びなさい。

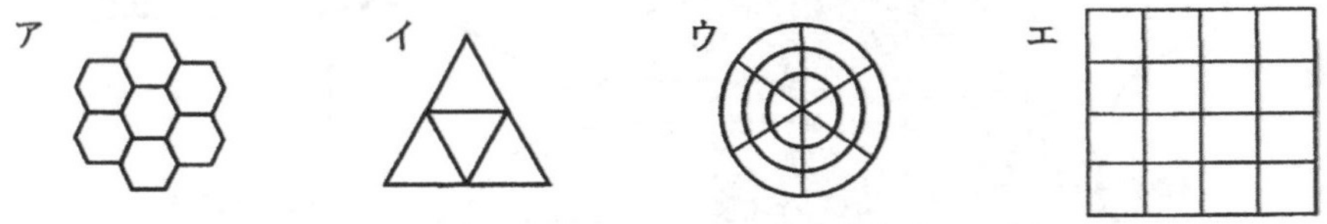

【い】 福島県桑折《こおり》町は、2019年の台風19号にともなう(7)大雨で決壊《かい》した川の一つ（ 8 ）沿いにあり、奈良時代から平安時代にかけては東山道が通っていた地域です。現在は(9)ももの産地としても知られています。山間部や丘《おか》などの起伏《ふく》のある地形、川沿いの平野部と多様な地形で、平野部では水田が広がります。山間部でも棚《たな》田を作ることで水田化を進めてきました。桑折町は奥《おう》州藤原氏が支配しましたが、（ 10 ）による攻撃《こうげき》で藤原氏が滅びると、（ 10 ）に仕える鎌倉幕府の御家人の領地となりました。この御家人が伊達《だて》氏を名乗ったとされ、城壁跡《へきあと》や土塁《るい》が残っています。

同じように今は水田の広がる福井県の(11)一乗谷《いちじょうだに》は、戦国時代のころは朝倉氏の治める城下町でした。一乗谷は細長い谷にできた城下町で、山間に囲まれた自然の要塞《さい》でした。戦の多い戦国時代には適した場所で、近くを流れる川を下れば海に出ることもできる交通の便のよさもありました。また、山間部の谷間にできた城下町には(12)滋賀県の枝折《しおり》というところがあります。足利尊氏の命を受けた土肥《とひ》氏が支配する領地となったことでつくられた室町時代から戦国時代にかけての城下町です。周囲を囲む山々は石灰岩でできていて、雨水が地下に空洞《どう》を作ったため、多くの水がわき出る地域です。戦国時代には山の上に城が築かれ、戦に備えていました。こうした山の上にたてられる城を山城といいます。

問8 下線部 (7) に関連して、洪《こう》水による浸《しん》水や津波《つなみ》の被害《ひがい》を予想した地図を何とよびますか。カタカナ7文字で答えなさい。

問9 文中の（ 8 ）に当てはまる語句を、次のア～エの中から一つ選びなさい。

ア 千曲《ちくま》川　イ 阿武隈《あぶくま》川　ウ 北上川　エ 木曽《そ》川

8．かん電池と豆電球を使っていろんな回路をつくった。使うかん電池と豆電球は、すべて同じ種類のものである。次の問いに答えなさい。

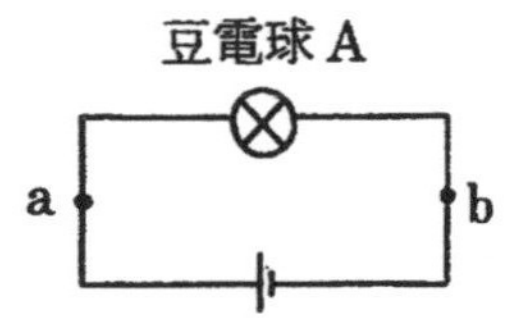

図1

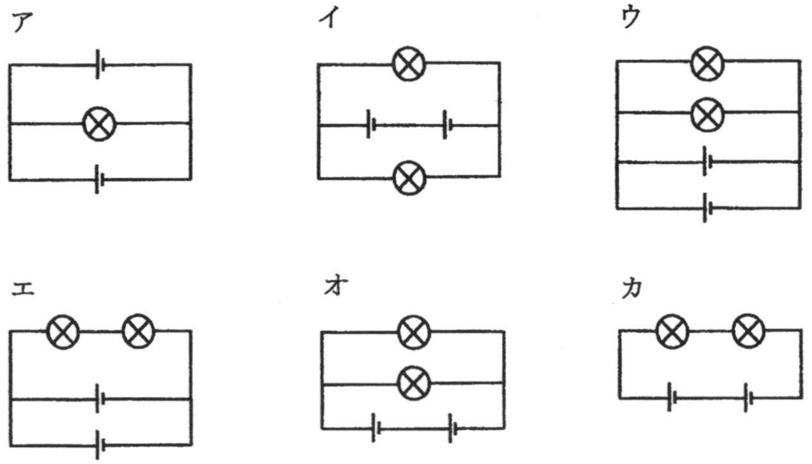

図2

（1）図1の回路において、点aと点bを流れる電流の大きさをはかった。点aと点bを流れる電流の大きさの関係を正しく表したものを、次のア～ウから一つ選び、記号で答えなさい。

ア．点aを流れる電流の大きさより、点bを流れる電流の大きさの方が大きい。

イ．点aを流れる電流の大きさより、点bを流れる電流の大きさの方が小さい。

ウ．点aを流れる電流の大きさと、点bを流れる電流の大きさは等しい。

（2）図2のア～カの回路における豆電球の中で、図1の豆電球Aよりも明るいものはどれか。図2のア～カからすべて選び、記号で答えなさい。

（3）図2のア～カの回路における豆電球の中で、図1の豆電球Aよりも暗いものはどれか。図2のア～カから1つ選び、記号で答えなさい。

（4）図2のア～カの回路の中で、かん電池1つを外したとき、豆電球が消えるのはどれか。図2のア～カからすべて選び、記号で答えなさい。

次に、図3のように、1つのかん電池、5つの豆電球ア～オ、2つのスイッチ①・②をつないで回路をつくった。使う豆電球はすべて同じものである。

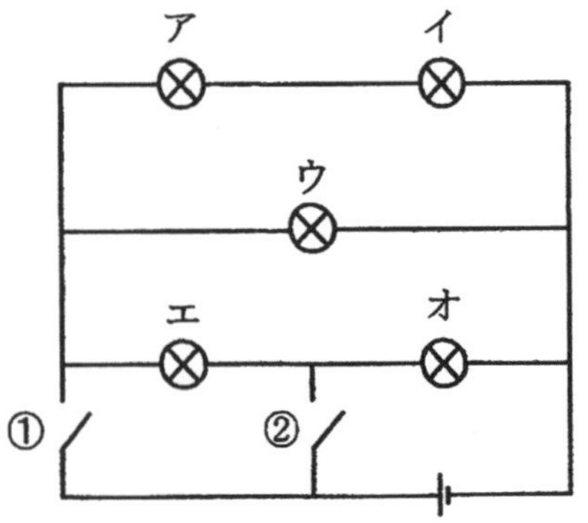

図3

（5）スイッチ①を閉じて、スイッチ②は開けたままにした。このとき、豆電球ウを流れる電流の大きさは、豆電球アを流れる電流の大きさの何倍か。

（6）スイッチ①とスイッチ②を閉じた。このとき、豆電球オを流れる電流の大きさは、豆電球アを流れる電流の大きさの何倍か。

（7）スイッチ①を開けたままにして、スイッチ②を閉じた。このとき、豆電球エを流れる電流の大きさは、豆電球アを流れる電流の大きさの何倍か。

7．ふり子のはたらきを調べるために、図１のようなふり子をつくった。図１のＡとＢは、ふり子の両はしを表している。おもりの重さ、糸の長さ、ふれはばなどの条件を変えながら、実験を行ったところ、表のようになった。次の問いに答えなさい。

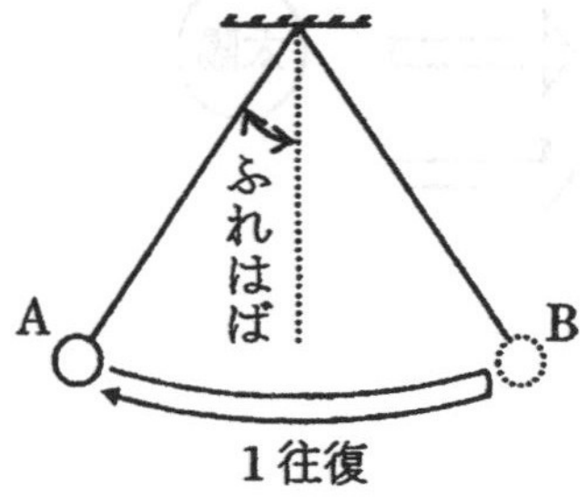

図１

表

おもりの重さ (g)	糸の長さ (cm)	ふれはば (度)	10往復にかかった時間 (秒)
50	15	10	7.8
50	30	10	10.9
50	60	10	15.6
50	15	20	7.8
50	30	20	10.9
50	80	20	18
100	15	10	7.8
100	30	10	10.9

（１）ふり子のおもりの動きを一定の時間ごとに記録する。一定の時間ごとのおもりの位置のようすを正しく表しているものを、図２のア～ウから１つ選び、記号で答えなさい。

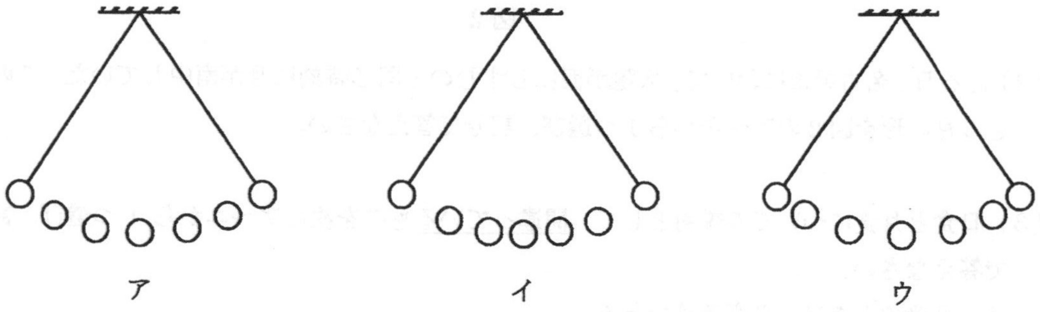

図２

（２）次の文章の (a) と (b) を埋める語句の組み合わせとして、正しいものをア～カから１つ選び、記号で答えなさい。

> ふり子の１往復の時間は（　a　）によって決まる。１往復の時間を長くするには、（　a　）の値を（　b　）すればよい。

ア．(a) おもりの重さ - (b) 大きく　　イ．(a) おもりの重さ - (b) 小さく
ウ．(a) 糸の長さ - (b) 大きく　　エ．(a) 糸の長さ - (b) 小さく
オ．(a) ふれはば - (b) 大きく　　カ．(a) ふれはば - (b) 小さく

（３）ふり子には「ふり子の等時性《とうじせい》」という性質がある。この性質を発見した科学者は誰か。正しいものをア～エから１つ選び、記号で答えなさい。

ア．ニュートン　　イ．アインシュタイン　　ウ．ガリレオ　　エ．アルキメデス

（４）Ｂの位置におもりがきたとき、糸を切った。その後のおもりの動きを矢印で表したとき、正しいものを図３のア～ウから１つ選び、記号で答えなさい。

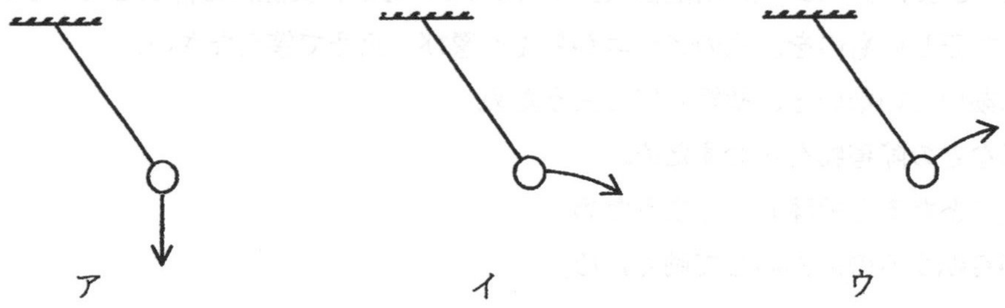

図３

（５）おもりの重さを75g、糸の長さを120cm、ふれはばを10度にしたとき、５往復にかかった時間は何秒か。

（６）糸の長さを変えて、おもりの重さを100g、ふれはばを20度にしたとき、20往復にかかった時間が18秒だった。このときの糸の長さは何cmか。

次に、図４のように、ふり子をつるした点から40cm真下のところにくぎを打ち、おもりの重さ50g、糸の長さ60cm、ふれはば20度にして、おもりをＣの位置から手からはなした。

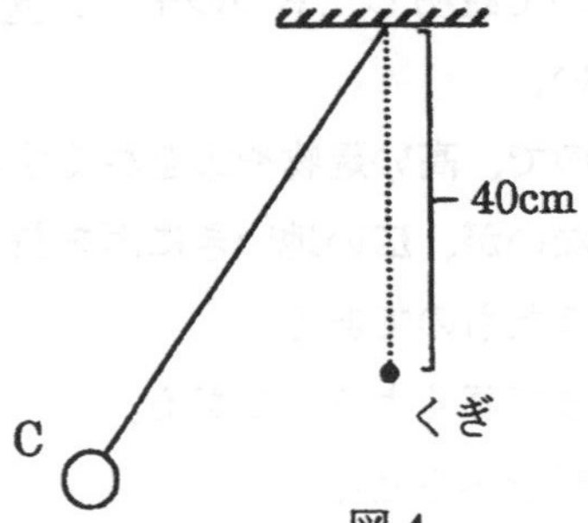

図４

（７）おもりは、くぎの真下を通りすぎた後、ある高さで一瞬、静止する。その高さについて正しく説明しているものを次のア～ウから１つ選び、記号で答えなさい。

ア．Ｃの位置より高くなる。　　イ．Ｃの位置と同じ高さになる。
ウ．Ｃの位置より低くなる。

（８）ふり子が10往復する時間は何秒か。

5．気象庁では、気象衛星「ひまわり」をはじめとしたいろんな観測機器から気象に関する情報をあつめている。「ひまわり」は、つねに日本の上空約３万６千 km を飛んでいる。このため、地球からみるといつも同じ位置にいるため、「静止衛星」とも呼ばれている。「ひまわり」は、いつも同じ範囲を宇宙から観測しているため、台風や低気圧、前線といった気象現象を、連続して知ることができる。次の問いに答えなさい。

（1）気象衛星「ひまわり」は「静止衛星」とも呼ばれているが、実際には静止していない。この理由として正しいものを、次のア～エから１つ選び、記号で答えなさい。

ア．つねに動いていないと、故障してしまうため。
イ．いん石などの障害物をかわすため。
ウ．太陽光にあたると故障してしまうため。
エ．地球が自転するのにあわせて動くため。

（2）下図は、ある年の９月の10時頃、気象衛星が三日連続で観測したものである。下図のア～ウを、観測した日が早いものから順番に並べ変えなさい。

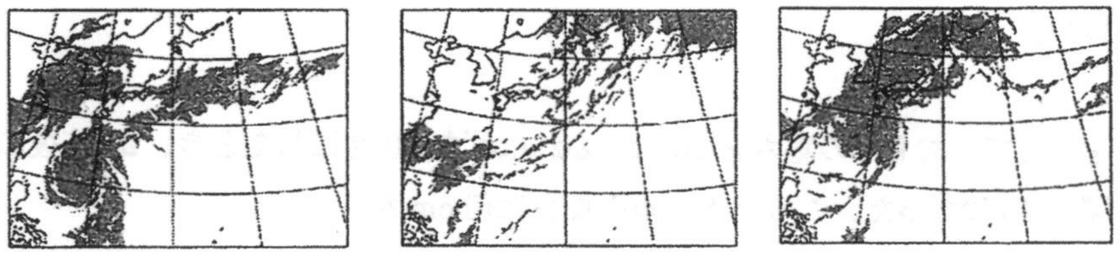

ア　　イ　　ウ

図

（3）雨をふらす積乱雲や乱層雲について説明したものの中で、間違っているものを次のア～オから１つ選び、記号で答えなさい。

ア．乱層雲は、低い空に発生するので、高い建物や山をかくすことがある。
イ．乱層雲は、雨のふり方は強くないが、広い地いきに雨を長時間ふらすことが多い。
ウ．台風は、乱層雲が集まってできたものである。
エ．積乱雲は、低い空から高い空まで高く大きく広がる。
オ．積乱雲は、冬の日本海側に大雪をふらせる。

（4）内閣府からでている「避《ひ》難勧《かん》告等に関するガイドライン」が平成31年３月に改定された。この改定によって、自治体や気象庁などから発表される防災情報を用いて住民がとるべき行動を直感的に理解しやすくなるよう、警戒レベルを明記して防災情報が提供されることとなった。警戒レベルは何段階でしめされるようになったか。正しいものを次のア～オから１つ選び、記号で答えなさい。

ア．３段階　　イ．５段階　　ウ．７段階　　エ．９段階　　オ．10段階

6．図１は、地球の北極上空から見たときの、地球と太陽と月の位置関係を表したものである。①～⑧は、月が地球のまわりを通る道すじである。次の問いに答えなさい。

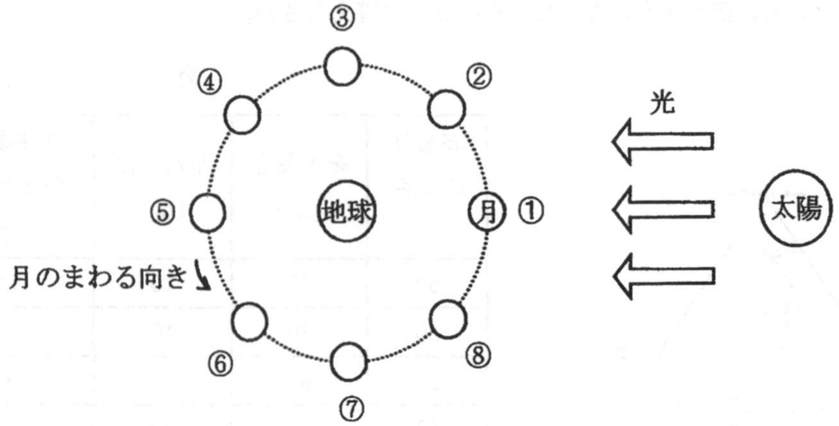

図１

（1）図２のア～キは、図１の①～⑧のいずれかの位置において、月が明るく見えた部分を白色で表した図である。アとオが見えた位置を図１の①～⑧からそれぞれ選び、記号で答えなさい。

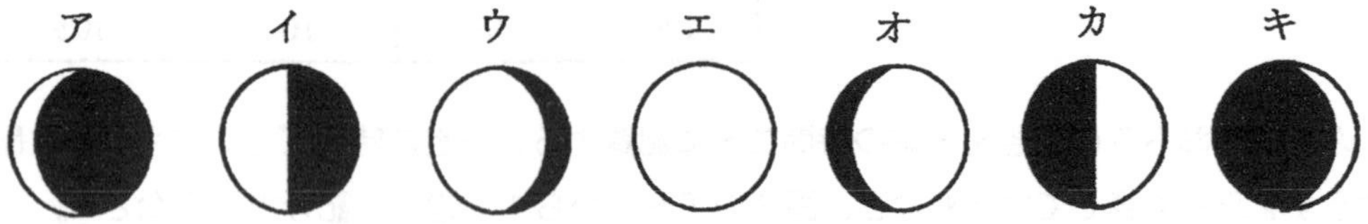

図２

（2）ある日、名古屋市において、太陽が西にしずむのと同じ時刻に月が南中していた。このときの月の形を図２のア～キから１つ選び、記号で答えなさい。

（3）日食と月食についての説明として、間違っているものを次のア～エから１つ選び、記号で答えなさい。

ア．日食のときは、必ず新月である。
イ．日食が起こるとき、太陽は左側から欠ける。
ウ．月食は太陽－地球－月の順に一直線に並んだときに起こる。
エ．月食は、月が見えていればどの地域からでも観察できる。

（4）地球では、月の引力の影《えい》響《きょう》を受けることによって、ある現象が起こることが知られている。その現象として正しいものを次のア～オから１つ選び、記号で答えなさい。

ア．台風　　イ．火山の噴火　　ウ．竜巻　　エ．オーロラ　　オ．潮の満ち引き

（5）小惑星探査機「はやぶさ２」が、2019年２月22日に小惑星への着地に成功した。その小惑星の名称をカタカナで答えなさい。

3．ここに７種類の液体（炭酸水・食塩水・砂糖水・水酸化ナトリウム水溶液・過酸化水素水・塩酸・アンモニア水）がある。山南君はうっかりミスをして、ビーカーにラベルをはらずに液体を入れてしまい、どのビーカーに、どの液体が入っているかわからなくなってしまった。山南君を時間内に助けてあげてほしい。ビーカーの名前をそれぞれＡ～Ｇとして、次の問いに答えなさい。

（１）実験を行うときに、間違っているものを次のア～オから１つ選び、記号で答えなさい。

ア．安全眼鏡をかけ、服装を整える。
イ．換気をして、においをかぐときは手であおぎ、直接かぐことはしない。
ウ．薬品をまぜ合わせると、変化が起こるものもあるので、実験の最後に行う。
エ．いかなる場合でも、薬品の見た目、味や手触りだけで判断してはいけない。
オ．安全眼鏡をかけていても、ビーカーの真上からのぞいてはいけない。

（２）Ｇのビーカーはアンモニア水とわかった。アンモニア水の性質として正しいものを、次のア～オから２つ選び、記号で答えなさい。

ア．赤色のリトマス紙が青くなった。　イ．青色のリトマス紙が赤くなった。
ウ．においはしなかった。　エ．蒸発させると白い固体が出てきた。
オ．蒸発させると何も残らなかった。

（３）次の実験と結果をもとに、アンモニア水以外の６種類の液体がどのビーカーに入っているか見つけてほしい。それぞれＡ～Ｆの記号で答えなさい。

〔実験１〕それぞれの液体を室温で蒸発させた。
（結果）Ａ，Ｄ，Ｆには何も残らず、Ｂ，Ｃ，Ｅには白い固体が残った。
〔実験２〕実験１で残った固体を、ガスバーナーでよく加熱した。
（結果）Ｃは黒くなったが、ＢとＥは白いままだった。
〔実験３〕それぞれの液体に赤色と青色のリトマス紙をつけた。
（結果）Ｂは赤色を青くした。ＤとＦは青色を赤くした。
〔実験４〕Ａ，Ｄ，Ｆに二酸化マンガンを入れた。
（結果）Ａから気体①が発生した。
〔実験５〕Ｂ，Ｄ，Ｆにアルミニウムを入れた。
（結果）ＢとＦから同じ気体②が発生した。

（４）（３）の〔実験４〕と〔実験５〕で発生した気体①と気体②は何か。正しいものを次のア～エからそれぞれ選び、記号で答えなさい。

ア．酸素　イ．二酸化炭素　ウ．水素　エ．ちっ素

4．山南君は、自然と人間との関《かか》わりについて調べた。その中で「日本は自然災害大国であり、台風・火山噴《ふん》火など毎年大きな被害をだすが、その恩恵《けい》を利用している」ことを知った。下線部について、次の問いに答えなさい。

（１）台風の恩恵とは何か。正しいものを次のア～カから２つ選び、記号で答えなさい。

ア．温暖な空気をもたらす。　イ．山の水源をいっぱいにする。
ウ．気圧を低くする。　エ．汚れた空気を持ちさる。
オ．大量の海水を陸地にもたらす。　カ．大量の土砂《どしゃ》を流出させる。

（２）火山噴火の恩恵とは何か。正しいものを次のア～オから２つ選び、記号で答えなさい。

ア．溶岩ドームという溶岩のかたまりを山頂につくり、火砕《さい》流が起きる。
イ．火山弾《だん》など、かなり遠くまで溶岩を飛ばすことができる。
ウ．日本列島には、有名な温泉がたくさんある。
エ．複雑な海岸や地形、しょう乳洞《どう》をつくり出す。
オ．火山灰は、農作物の肥料にもなる。

２０２０年度（令和２年度）　南山中学校男子部　入学試験問題

理　科

※計算で割り切れないものは、小数第二位を四捨五入して小数第一位まで求めなさい。

※問題に指定のないものについては、漢字でもひらがなでもよい。

(50分)

１．山南《やまなみ》君は、知多半島にある水族館や、その近くの海岸でいろんな生物を観察した。次の問いに答えなさい。

（１）山南君は、イルカショーを見た。別の水そうではいろんなサカナが泳いでいるのを見て、イルカとサカナの泳ぎ方について、あることに気がついた。それは次のどれか。正しいものを次のア～オから１つ選び、記号で答えなさい。

ア．イルカも、サカナも、尾びれを上下に動かす。

イ．イルカも、サカナも、尾びれを左右に動かす。

ウ．イルカは尾びれを上下に動かし、サカナは尾びれを左右に動かす。

エ．イルカは尾びれを左右に動かし、サカナは尾びれを上下に動かす。

オ．イルカも、サカナも、尾びれよりも左右の胸《むな》びれを動かす。

（２）次に山南君は、ペンギンとウミガメの水そうを見た。ペンギンとウミガメの同じ点を説明した文で、間違っているものを次のア～オから１つ選び、記号で答えなさい。

ア．どちらも、たまごから生まれる。

イ．どちらも、主に前あしの力で泳いでいる。

ウ．どちらも、体の中心にしっかりとした骨がある。

エ．どちらも、体の中から熱をつくることができ、体温の調節ができる。

オ．どちらも、肺で呼吸し、いつまでも水中にいられるわけではない。

（３）海岸に出た山南君は、いそだまりでイソギンチャク（図）を見つけた。イソギンチャクにもっとも近い仲間を次のア～オから１つ選び、記号で答えなさい。

ア．アサリ　　　イ．スジエビ

ウ．ミズクラゲ　　　エ．ハゼ　　　オ．ヒライソガニ

図

（４）サンゴは、他の生物にとって利点がある。その利点を説明した文で、間違っているものを次のア～オから１つ選び、記号で答えなさい。

ア．水温を上げる。　　　イ．エサになる。　　　ウ．酸素がもらえる。

エ．外敵から守ってくれる。　　　オ．二酸化炭素を吸収する。

２．山南君は、海の環境《かんきょう》を調べるため、サンゴ礁《しょう》のかけらと海水300ｇを持ち帰った。次の問いに答えなさい。

（１）サンゴ礁のかけらは主に炭酸カルシウムからできている。ここにある薬品を加えると気体が発生した。

①　ある薬品とは何か。正しいものを次のア～エから１つ選び、記号で答えなさい。

ア．食塩水　　イ．せっけん水　　ウ．塩酸　　エ．アンモニア水

②　発生した気体は何か。正しいものを次のア～エから１つ選び、記号で答えなさい。

ア．酸素　　イ．二酸化炭素　　ウ．水素　　エ．ちっ素

（２）地球温暖化は、気象変動の問題や島国が水没するなど、地球規模の環境問題になっている。地球温暖化のもっとも大きな原因となる気体は何か。正しいものを次のア～エから１つ選び、記号で答えなさい。

ア．酸素　　イ．二酸化炭素　　ウ．水素　　エ．ちっ素

（３）海水を調べると、小さな緑色の海そうを見つけた。この海水に十分な光を当てると、海水の中でどのようなことが起こるか。正しいものを次のア～オから１つ選び、記号で答えなさい。なお、海水中には、この海そう以外、他の生物はいないものとする。

ア．酸素が増えて、二酸化炭素が減る。

イ．酸素が減って、二酸化炭素が増える。

ウ．酸素が増えるが、二酸化炭素も増える。

エ．酸素が減って、二酸化炭素も減る。

オ．酸素も、二酸化炭素も変わらない。

（４）（３）の海そうが入った海水を暗い所に置いたとき、海水の中でどのようなことが起こるか。正しいものを次のア～オから１つ選び、記号で答えなさい。

ア．酸素が増えて、二酸化炭素が減る。

イ．酸素が減って、二酸化炭素が増える。

ウ．酸素が増えるが、二酸化炭素も増える。

エ．酸素が減って、二酸化炭素も減る。

オ．酸素も、二酸化炭素も変わらない。

（５）持ち帰った海水の濃さは3%だった。この海水300ｇを、濃さ5%で500ｇにするためには、何%の塩水を加えればよいか。

7 たて 3 cm、横 4 cm、対角線 5 cm の長方形 ABCD があります。

（1） この長方形を、図のように頂点 C を中心に 30° 回転させました。このとき、辺 AB が通過する斜線《しゃせん》部分の面積を求めなさい。

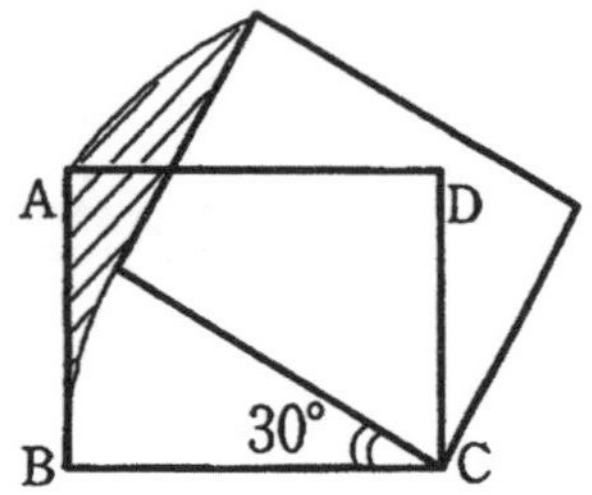

（2） この長方形を、頂点 C を中心に一回転させました。このとき、辺 AD が通過する部分を解答用紙に作図し、斜線《しゃせん》で示しなさい。

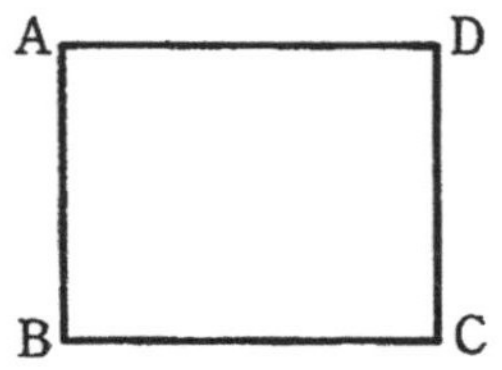

（3） この長方形を、図のアの位置からすべらないように転がしたところ、図のイの位置で止まりました。長方形の頂点 A が通過した経路の長さを求めなさい。ただし、図のアとイの位置の地面は平行とします。

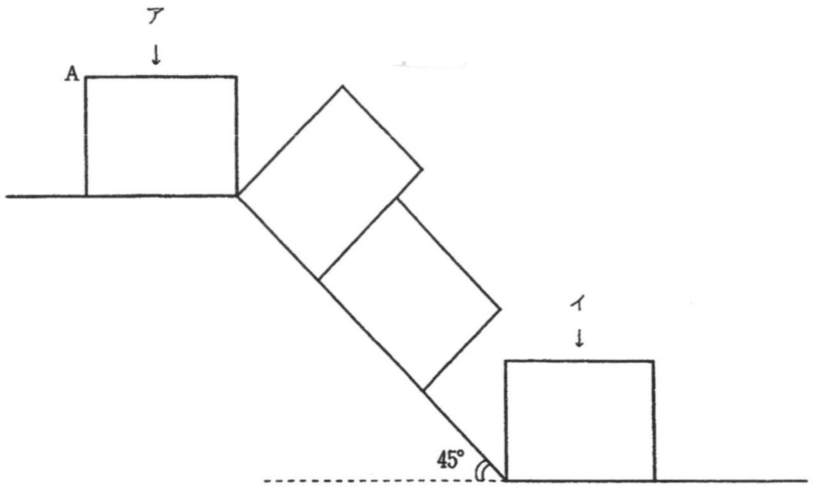

8 右の図①のような立方体の水そうがあります。この立方体には上の面と下の面に図のような丸い穴と四角い穴が開いていて、中には長方形の仕切りがあります。図②はこの立方体を真正面から見た図です。

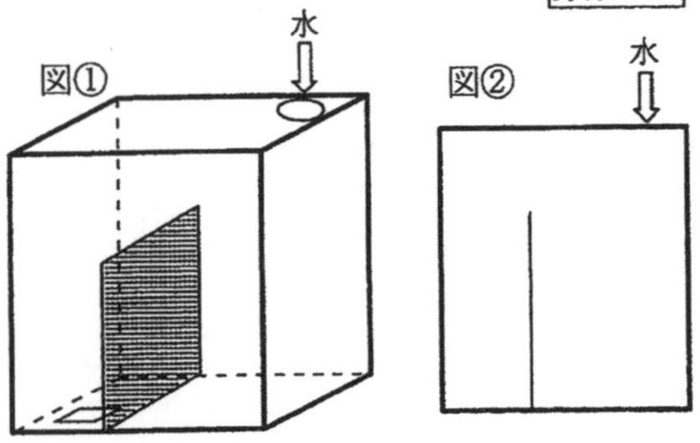

最初、下の面の四角い穴にはふたをした状態で、毎秒 20 cm³ の割合で水を丸い穴から入れ始めました。この水を入れ続けたまま途中《とちゅう》から四角い穴のふたを外し、一定の割合で水を外に流し続けたところ、最後には立方体が水で完全に満たされました。このときの時間の経過と、水面で最も高いところを記録したグラフが図③です。ふたを外す作業時間と仕切りの厚さは考えないものとします。次の問いに答えなさい。

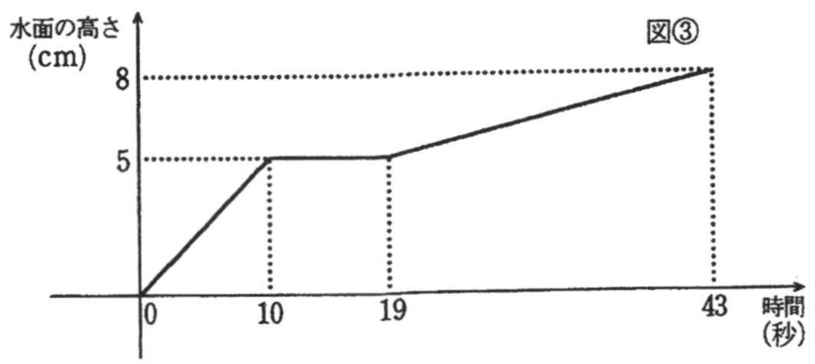

（1） 丸と四角の穴の位置も含めて、この立方体の展開図として正しいものを下の (A) ～ (F) の中から 1 つ選び記号で答えなさい。

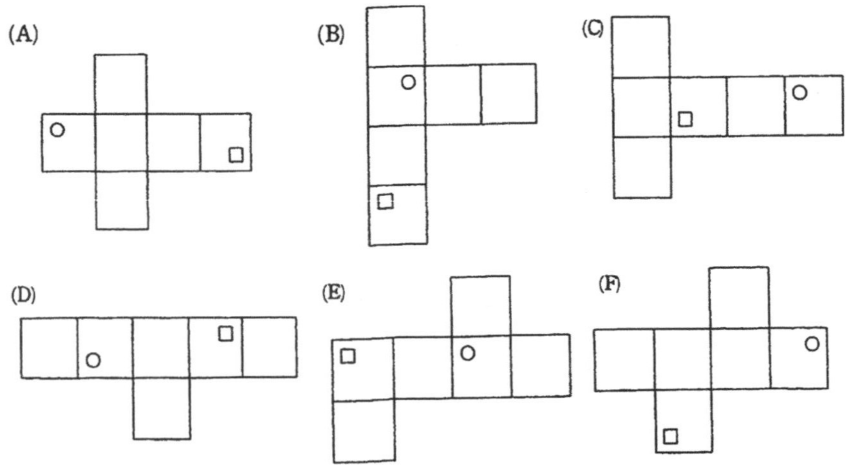

（2） 四角の穴からは毎秒何 cm³ の水が流れ出ているか求めなさい。

（3） 四角の穴のふたを外したのは、水を入れ始めてから何秒後か答えなさい。

3 長さ 180 m の列車Aが、一定の速さで走っています。この列車が長さ 620 m の橋を渡り始めてから渡り終わるまでに 50 秒かかりました。

（1） 列車Aの速さは秒速何 m ですか。

（2） 列車Aの先頭が橋を 240 m 渡ったところで、一定の速さで反対方向から来た長さ 100 m の列車Bとすれ違い始めました。列車Aと列車Bがすれ違い始めてから終わるまでに 8 秒かかりました。列車Bが橋を渡り始めたのはすれ違い始める何秒前ですか。

4 AとBは以下の条件をすべて満たしています。

① AとBは２桁《けた》の整数。

② Bから２を引いて、２で割るとAになる。

③ Aの約数は１とAだけ。

④ Bの約数は、１を除いてすべて２で割り切れる。

Aを求めなさい。

5 数字の 0、1、2 だけを使って整数を作り、次のように小さい方から順に並べます。

0、 1、 2、 10、 11、 12、 20、 21、 22、 100、 101、 102、…

このとき、次の問いに答えなさい。

（1） ３桁《けた》の整数は全部で何個できますか。

（2） 2020 は初めから数えて何番目の数になりますか。

6

図１

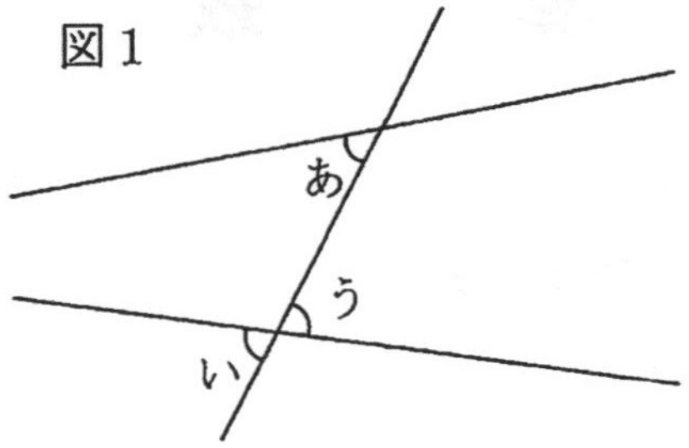

図１のように、「あ」と「い」の位置にある２つの角を「同位角」、「あ」と「う」の位置にある２つの角を「錯角《さっかく》」といいます。

図２

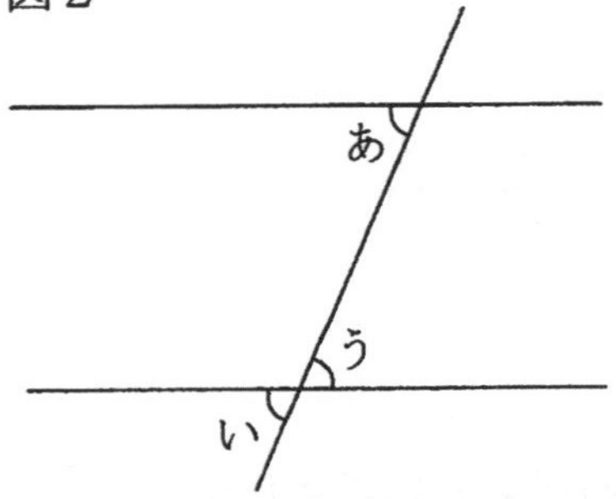

とくに図２のように、２つの直線が平行であるとき、同位角どうしと錯角《さっかく》どうしはそれぞれ等しくなります。この性質を使って、三角形の内角の和が 180° になることを説明しなさい。

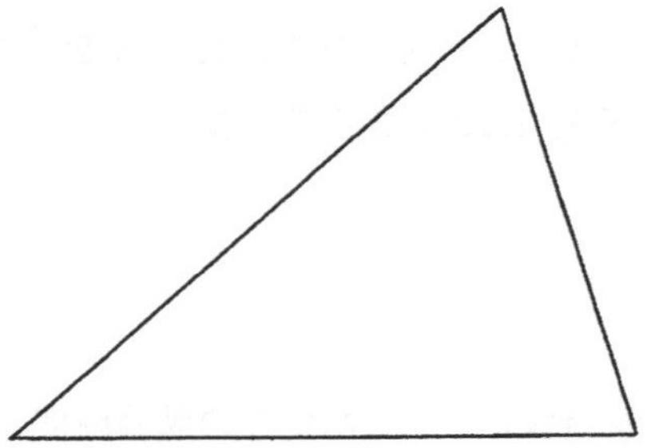

2020 年度（令和 2 年度）南山中学校男子部　入学試験　問題用紙

算　　数

答えは解答用紙に書きなさい。

分数で答えるときは、約分して答えなさい。

必要であれば、円周率は 3.14 としなさい。

(60分)

1 □ に当てはまる数を答えなさい。

（1） $2+\left\{38-7\div\left(0.6-\dfrac{1}{4}\right)\right\}\times1\dfrac{5}{9}=\square$

（2） $\dfrac{3}{4}+(4-\square)\times\dfrac{7}{12}=\dfrac{8}{3}$

（3） $20\div34\times0.4+6\times0.5\div3.4+2\div0.34=\square$

2 次の問いに答えなさい。

（1） ある数に 3.14 をかけるところを、まちがえて 3 をかけて 0.14 をたしてしまったので、正しい答えよりも 1.12 小さくなりました。正しい答えはいくつですか。

（2） 50 人の小学 6 年生を対象に、1 日あたりの勉強時間を質問しました。すると、男子の 1 日あたりの平均勉強時間は 77.2 分、女子の 1 日あたりの平均勉強時間は 87.2 分でした。50 人全体の平均勉強時間が 80 分のとき、男子の人数を求めなさい。

（3） 2019 年 9 月 30 日、あきら君は商品 A と商品 B を 1 個ずつ買ったところ、支払《しはら》いの金額は 8%の消費税を入れて 1404 円でした。2019 年 10 月 1 日から消費税率が変わり、商品 A の消費税率は 8%から 10%に引き上げられましたが、商品 B の消費税率は軽減税率により 8%のままでした。

後日、同じお店に行くと定価の 5%引きセールをしていたので、あきら君は同じように商品 A と商品 B を 1 個ずつ買ったところ、支払《しはら》いの金額は消費税を入れて 1349 円でした。商品 A と商品 B の定価は消費増税前後で変わっていないものとします。商品 A の定価を求めなさい。

（4） 平行四辺形 ABCD があります。辺 AD 上に、AE : ED = 3 : 2 となるように点 E を、辺 CD 上に CF : FD = 1 : 2 となるように点 F をとります。AF と BE の交点を G としたとき、BG と GE の長さの比を最も簡単な整数で表しなさい。

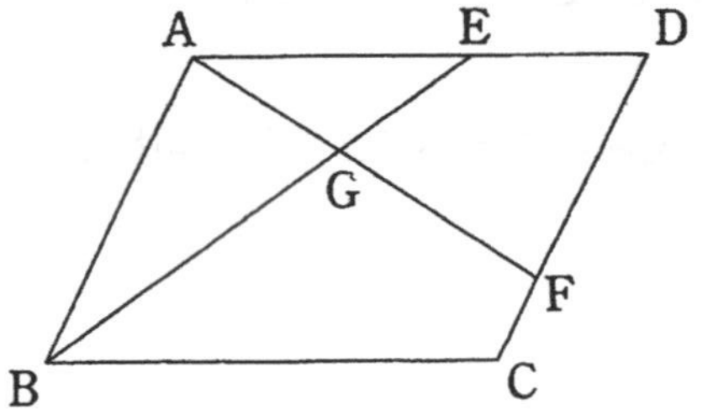

（5） 図 1 は、正五角形 ABCDE と長方形 BFGE で、正五角形の辺 CD と長方形の辺 FG は重なっています。図 2 は図 1 において、正五角形だけを点 B を中心に時計回りに回転した図を書き加えたものです。図 2 の印のついている角度を求めなさい。

図 1

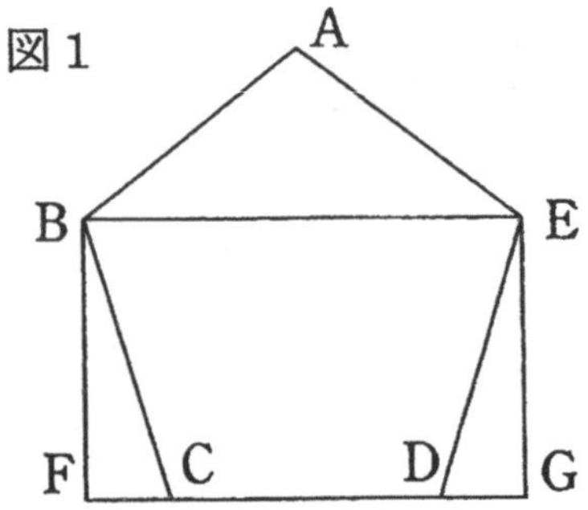

図 2

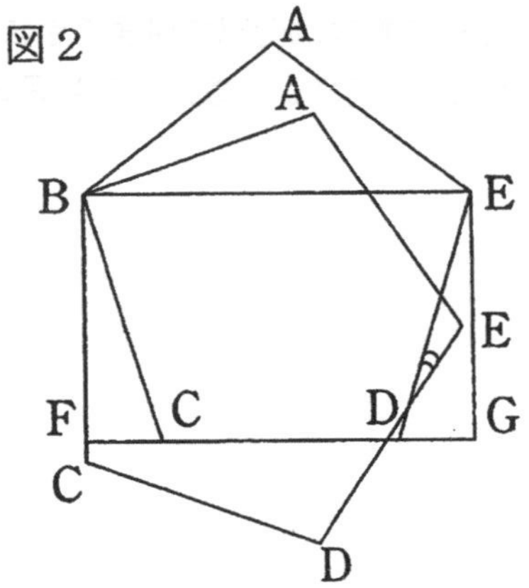

「あんたも体を大切にしてね」

「はい、ありがとうございます」

光子さんは小さな声で言い、きちんと座ってお辞儀《ぎ》をした。

「あの人、あんまりしゃべらない」

あとで私が言ったら、④タカさんはにらんだ。

「御徒町《おかちまち》に住んでいたってことだけど、震《しん》災でお父さんをなくしてね、お母さん一人に育てられたんだよ。そのお母さんも二年ほど前になくして、天涯《がい》孤《こ》独の身なのよ。寂《さび》しいんだよ。無理もないよ。頼《たよ》りにしているセイゾウがいなくなるんだから。新婚さんなのにね」

新婚さんって言葉は、⑤なんだか気に入らない。

「［　D　］にねえ」

また、おなじこと。

「それに子どもがいるのにねえ。よくきてくれたわ」

ますます気に入らない。すいませんね、私がいて。でも私が頼んだわけじゃない。

「ね、イコ、あかちゃんが出来るんだってよ。忙しい、ご時世だねえ」

「あかちゃん？　だれの？」

頭の中でがーんと音がした。「やだ、くくく、おかしなこと言って。あんたにきょうだいが出来るのよ。光子さんも一人でお産じゃ、たいへんだわ！　大事にしてあげるのよ」

私は返事の代わりに口をぐっと突《つ》き出した。しょうがない……。こんなご時世だからねえ、大事にしてあげようとは思うけど、私のおばあちゃん、タカさんには言われたくない。

（　角野栄子『トンネルの森　１９４５』ＫＡＤＯＫＡＷＡ・一部改変　）

問一　空らんAには四字の言葉が入り、空らんDには六字の言葉が入ります。それぞれにあてはまる最も適当なものを文中からぬき出して答えなさい。

問二　空らんBにあてはまる言葉として最も適当なものを次の中からひとつ選び、記号で答えなさい。

ア　しめしめと　　イ　こっそりと　　ウ　どうどうと　　エ　あっさりと

問三　――線部②「ちょっと威張って」とありますが、ここでのイコの気持ちとして最も適当なものを次の中からひとつ選び、記号で答えなさい。

ア　晴れて小学生になることができ、得意げで自慢したい気持ち。

イ　国民学校と名前が変わり、新しいものに対して心待ちでいる気持ち。

ウ　タカさんがつくってくれた洋服を着ることができ、いつもと違う新鮮《せん》な気持ち。

エ　お父さんが「元気そうな」名前だと答えたので、元気を出そうという前向きな気持ち。

問四　――線部③「へんな感じ」とありますが、イコがそのように感じた理由として最も適当なものを次の中からひとつ選び、記号で答えなさい。

ア　いつも着物を着ている古風な光子さんを変わった人だと思ったから。

イ　急に母親になるといって現れた光子さんを不思議な存在と思ったから。

ウ　母と娘にふさわしくないあいさつをする光子さんを普《ふ》通ではないと思ったから。

エ　初対面なのになれなれしく接してきた光子さんをおかしな人だと思ったから。

問五　空らんCにあてはまる言葉として最も適当なものを次の中からひとつ選び、記号で答えなさい。

ア　しあわせな　　イ　特別な　　ウ　中途《と》半端《ば》な　　エ　かわいそうな

問六　――線部④「タカさんはにらんだ」とありますが、それはなぜですか。その理由として最も適当なものを次の中からひとつ選び、記号で答えなさい。

ア　光子さんが自分の希望をはっきり話さない消極的な態度であったことを私がからかったから。

イ　光子さんが深川で一人住まいをすることに対して、私が喜んでいると思ったから。

ウ　光子さんの言葉が少ないのは、控《ひか》え目な性格からのものであり、それを私が理解していなかったから。

エ　光子さんは苦労を重ねた人生を送ってきた人であり、私がそのことを理解しないで批判するようなことを言ったから。

問七　――線部⑤「なんだか気に入らない」とありますが、イコがそう思った理由として最も適当なものを次の中からひとつ選び、記号で答えなさい。

ア　新婚さんという言葉に、私とお父さんとの今までの関係が奪《うば》われて、私が仲間はずれにされたように感じたから。

イ　新婚さんという言葉は、二度目の結婚となるお父さんに似合わないと思ったから。

ウ　新婚さんという言葉に、お父さんと新しいお母さんの今後の生活が、戦争中にもかかわらず、幸せだけを暗示しているように感じたから。

エ　タカさんが新しいお母さんに肩《かた》を持つようなことばかり言うから。

問八　――線部①「今は少々のことは我慢しなけりゃならないのだ」とありますが、あなたの体験の中で、我慢したことを具体的にあげて、その我慢したことによって何を学んだのかを八十字以上百字以下で書きなさい。

まりいなかった。みんな、戦争に向かって勇ましい気持ちになっているから、すこしでもいやそうなことを言うと、非国民とにらまれる。私のお父さんも、「お国のために」「だから①今は少々のことは我慢《がまん》しなければならないのだ」と言うのが、口癖《くせ》になっている。

戦争のために国はたくさんのお金が必要だから、いくらあっても足りないのだという。それで、「贅沢《ぜいたく》は敵だ」が、みんなの合い言葉になった。「パーマネントはやめましょう」とも言い出した。おしゃれはいけないの？　私はおしゃれが好きなのに、大人になったら、いっぱいしたいと思っていたのに……。アメリカの女優さんみたいにくりんくりんにパーマをかけたい。ふあんふあんの足首まであるスカートをはいて、きらきらのシャンデリアの下で、踊《おど》ってみたいなんて、夢見てたのに、もちろんだめ。アメリカの女優さんのまねなんて、とんでもない。食べ物は贅沢品じゃなくても、だんだんと少なくなってきた。お金は戦車を買うために必要だから、食べ物にはたくさん使えないのだ。何事も辛抱《しんぼう》だ。戦争に勝つまでは。私の好きな、カステラや、ビスケットや、チョコレートがお店に並ばなくなった。「チョコレートなんて、敵の国の食べ物だ」口ではそんな悪口を言ってるくせに、たまにお店に並ぶと、みんな我先に［B］買っている。毎日、食べているお米も配給制になった。ほしいだけなんて買えない。

私のお父さんの名前はセイゾウさん。深川《ふかがわ》で骨董《こっとう》屋をしている。

「戦争になる、なるって言いながら、存外、品物が動くんですよ。こんなご時世だから、金持ちは金目のものにかえておきたいんですかねえ」

また、こんなご時世だって……何でもこの言葉で終わる。番頭さんや、小僧《ぞう》さんが次々と召《しょう》集されて、兵隊さんになったので、セイゾウさんは品物を風呂敷《ふろしき》に包んで、一人でお得意さんまわりをするようになった。深川のお店は通りに面した古い小さな二階建てだったけど、隣《となり》の「洗い張り屋さん」と、その先の「金物屋さん」は主人が兵隊に行ってしまうと、店じまいをして家族みんなで田舎《いなか》に移ってしまった。それでセイゾウさんは空いた店を二つとも借りて、荷物置き場に使っている。壁《かべ》に穴を開けて廊《ろう》下をつけ三軒《げん》をつなげたり、へんなところに急な梯子《はしご》をつけたり、おかしな家になった。かくれんぼするのは最高に面《おも》白い。でも一人でお留守番となると、恐《こわ》い。廊下の隅《すみ》には昔の鎧《よろい》が立っていたり、槍《やり》が壁にかかっていたり、古いお人形さんがガラスケースの中からこっちを見ていたり、一人じゃ、とってもいられない。

「ええ、いいですよ。イコといっしょに暮らすなんて、私は嬉しいよ」

タカさんはうきうき、私も文句はない。私の引っ越《こ》しはすぐ決まった。タカさんは、七年前に死んだおじいちゃんと、本郷というところで、仕立屋さんをしていた。いまでも近所の人の注文を少し受けている。やっぱり、こんなご時世だから、かすりの着物をもんぺにというような、仕立て直しが多い。それでもたまにかわいい布で洋服の注文なんかもあって、あまり布が出ると、継《つ》ぎ合わせで私のシャツなんか作ってくれた。

「なけりゃないで、なんとかなるもんだね」

タカさんの腕《うで》は確かで、つぎはぎだらけでも、かわいくって、私は自慢だった。

タカさんのビロードのショールを仕立て直したワンピースを着て、昭和十六年、私は一年生になった。「国民学校一年　西田イコ　血液型O型」という布の名札を洋服の胸に縫《ぬ》い付けた。血液型は、もし空襲《しゅう》にでもあって、怪我《けが》をして輸血が必要になったときのためのものなのだ。そう、その年から今までの尋《じん》常小学校は「国民学校」と名前が変わった。

「どうして変わったの？」セイゾウさんに聞いたら、

「さあなあ、でも元気そうに聞こえていいじゃないか」と返事をした。

「イコは、国民学校の最初の一年生だぞ」セイゾウさんは誇《ほこ》らしげに言う。

「こくみ～んがっこう　いちねんせ～い」

私は②ちょっと威張って、歌にして歌ってみた。

セイゾウさんが再婚《こん》した。新しいお嫁《よめ》さんをもらったのだ。名前は光子《みつこ》さん。着物を着て、ちょっと癖のある髪《かみ》の毛を後ろで丸めていた。

「おかあさんだよ」タカさんが私の背中を押《お》した。

「イコちゃん、よろしくね」お母さんが、「よろしくね」って言うなんて③へんな感じ。私はぺこっと頭を下げた。

それで二学期からはセイゾウさんと、新しいお母さん、光子さんと、私は深川で一緒《しょ》に暮らすことになった。ちょっぴり不安だったけど、学校も変わる、住む家も変わる。私は、変わるってことが案外好き。

セイゾウさんのあたらしいお嫁さんは、私のまま母。本好きの私は物語の中のいじわるなまま母をたくさん知っていたし、毎日タバコ屋さんの角に来る紙芝《しば》居にも、よく鬼婆《おにばば》みたいな、まま母が出てきたから、ちょっと恐かった。だからまま母の娘《むすめ》になるってことは、とっても［C］女の子になるってこと？……それもちょっと魅《み》力的！

ところが夏休みが終わるころ、突《とつ》然、セイゾウさんに召集令状が来た。国の命令で、兵隊さんになるのだ。私の引っ越しも予定通りにいかなくなった。私はこのままタカさんの家にいるのもいいし、まま子になるのでもよかったけれど、お父さんのいないまま子は……やっぱりお断りしたい。今まで通り、私はタカさんと暮らすことになり、セイゾウさんはお店を閉めて軍隊に入り、光子さんはお店を閉めた深川の家に住むことになった。

「こんなたいへんなご時世だから、セイゾウはちょっとやそっとじゃ帰ってこられないよ。よかったら、こっちに来て一緒に住んだらどう？」

タカさんは光子さんをさそった。「こんなご時世」に「たいへん」って言葉がくっついた。でも光子さんは深川でいいと言う。あのぼろ小屋を継ぎ足したような奇妙《きみょう》な家に住むなんて、恐くないのかな。きっと遠慮《りょ》してるんだ。

光子さんは静かな人だった。

問三　空らんCにあてはまる言葉を文中から十字以下でぬき出して答えなさい。

問四　―線部①「それ」が示しているものを、文中から十字以下でぬき出して答えなさい。

問五　―線部②「一つの解決法は、他人と比較しないこと」とありますが、それはなぜですか。その理由として最も適当なものを次の中からひとつ選び、記号で答えなさい。

ア　幸せかどうかは考えたところで正しい答えがあるわけではないから。
イ　いくら幸せだと思っていても自分よりも幸せな人は絶対にいるから。
ウ　比較をすることで、自分よりも不幸せな人を傷つけてしまうから。
エ　まずすべきなのは自分にとって一番の幸せを見つけることだから。
オ　自分が幸せかどうかはほかの人と比べて決めるものではないから。

問六　本文では次の一文が抜けています。この一文を正しい位置に戻し、その直後の五字をぬき出して答えなさい。

・けれど、そんなことは幸せとか不幸せとまったく関係がない。

問七　「ツチヤくん」と「ムラセくん」の意見はもちろん違うものですが、共通する点もあります。その共通する点について述べたものとして最も適当なものを次の中からひとつ選び、記号で答えなさい。

ア　二人の意見は、自分の現在の生活を認めることが幸せには大切だという点で共通している。
イ　二人の意見は、すべての人に共通する幸せが存在するという点で共通している。
ウ　二人の意見は、未来の時点から過去をふり返ることで幸せは感じられるという点で共通している。
エ　二人の意見は、人生全体の中で幸せを考えるという点で共通している。
オ　二人の意見は、未来の幸せのために現在を生きることが大切だという点で共通している。

問八　本文の内容と合っているものを次の中からすべて選び、記号で答えなさい。

ア　ツチヤくんは自分のような生活こそがみんなにとっての幸せな生活だと考えている。
イ　ムラセくんは何かをしているときの「楽しい」という感じが幸せだと考えている。
ウ　ムラセくんは周囲の意見に関係なく、自分が大切だと思うことをすることが幸せだと考えている。
エ　コーノくんは自分のことよりもほかの人の幸せを考えることが幸せには必要だと考えている。
オ　コーノくんは幸せと「楽しい」という感じには大きな違いはないと考えている。

問九　「幸せってどんなとき?」という問いに対する三人の考え方の中で、あなたはだれの考え方に最も共感できますか。「共感できる人」のところに、「ツチヤくん」「ムラセくん」「コーノくん」のいずれかを書き、その理由を六十五字以上八十五字以下で書きなさい。また、三人のだれにも共感できないという場合は、「共感できる人」のところに「自分の考え」と書いた上で、「幸せってどんなとき?」に対する自分独自の考えを、同じく六十五字以上八十五字以下で書きなさい。

二　―線部のカタカナは漢字に、漢字はひらがなに直して答えなさい。

①人事をサッシンする。
②積極策がソウコウする。
③船のシンロを北にかえる。
④彼は直情ケイコウの人だ。
⑤イサイはあとで伝えます。
⑥事のスイイを見守る。
⑦要人をゴエイする。
⑧この作品のラストはアッカンだ。
⑨代金を二人で折半する。
⑩私は日本家屋に住んでいる。

三　次の文章を読んで以下の問いに答えなさい。

昭和十五年、五歳《さい》の時、私を生んだお母さんが死んだ。それでお父さんのおかあさんで、東京の本郷《ほんごう》に住んでいるおばあさん、タカさんに、私は預けられた。

「こんなご時世なのに、商売が忙《いそが》しくてねえ。それに店のもんが全部兵隊にとられちゃって、私ひとりじゃ、どうにもならない。かあさん、しばらくイコをお願いしますよ」

こんなご時世というのは、今、私たちの国日本は近くの大陸で戦争をしていて、それが終わらないどころか、もっと大きな戦争にまでなっていくかもしれないというのだ。大人たちは一日に何回も、こんなご時世だから、戦争だから、と、口にする。「日本は大勝利、万々歳《ばんばんざい》ですよ」「こてんぱんに、やっつけてやりましょうよ」「いざっていうときは、日本には神風が吹きますから」こんな風に、戦争になったら瞬《またた》く間に日本は勝つと、みんながみんな、威《い》勢がいい。世界が変わるぞ――、と言っているみたい。なんだかおもしろいことが起きそうだと、私も　A　した。

「戦争というのは、勝つ国もあれば、負ける国もあるんだからねえ」

タカさんはときどき独り言のように言った。あんまり嬉《うれ》しそうではない。でもこんなことを言う人はあ

※解答はすべて解答用紙に書くこと。
※字数制限のある問題は、句読点や「」も一字として数えること。

一　次の文章は、「幸せってどんなとき？」という問いに対して、「ツチヤくん」「ムラセくん」「コーノくん」の三人がそれぞれの考えを述べたものです。これを読んで以下の問いに答えなさい。

〈ツチヤくんの考え〉「幸せは日常のなかにある」

この問いを考えるために自分の生活を見つめ直してみて、いまの自分はまずまず幸せだなあって改めて気づいたよ。やりたいことをやり、ほんとうに嫌《いや》なことはできる限りしないで生活ができていて、それなりに自由気ままに生きているって実感があるんだ。とはいえ、そういう生活を維《い》持するのもけっこう大変で、ふだんは「自分が幸せだ」という実感なんてない。仕事もたくさんあるし、毎日の予定をこなすだけでせいいっぱい。だから仕事から帰っておふろに入り、頭が空っぽになったときに「幸せだな」って感じることもあるけれど、それは「気持ちいい」とか「楽」に近くて、本来の「幸せ」とはちょっと違《ちが》う気がする。

「気持ちいい」とか「楽」というのは、［　A　］に感じるものだけれど、「幸せ」はそういうものじゃないと思うんだ。ふだんはあたりまえで何も感じていないことでも、改めてふり返って考えてみることで、それが「幸せ」だと気づくことはよくある。「毎日ごはんが食べられるのは幸せ」とか「［　B　］」みたいにね。こういうふうに人生全体をふり返り、自分の価値観に照らし合わせて改めて考えることによって、「幸せ」ははじめて実感できるものじゃないかと思うんだ。

だからこの問いに答えるなら、僕《ぼく》の幸せは、ふだんあたりまえに過ごしているいまの生活が、ちょっといいものだってことを思い出す（そんなふうに自分をふり返る余裕《ゆう》がある）ときかな。

〈ムラセくんの考え〉「何を大切にして生きていくか」

僕は「人は幸せになるために生きている」と考えている。これは、幸せと生きる理由には、つながりがあるということだ。幸せは人それぞれで決まった形はなくて、あるとしたら自分で決めた「人生で［　C　］」ができるときのことだ。もう少し別の言葉で言うなら、自分が幸せだと思うことをするときが幸せ――そんな感じかな。

もちろん、まわりから見るとなんであんなことをやるんだろうとか、そんなつらいことはやめてしまいなよ、と言いたくなるような人生の目標をもっている人もいる。そんな人は、まわりからいろいろ言われるだろうし、そのことで悩《なや》むかもしれない。だれからもほめてもらえないときだって、逆にものすごくたくさんの人にほめてもらえたときだって同じだ。

そんなことと幸せは、ほんとうは関係ないんだ。重要なのは、そのために生きることができるということで、それだけで十分に幸せなんだ。何しろ、自分にとってのいちばん大切なことがわかっているんだからね。

自分にとっていちばん大切なことを知ることは、とても価値があることだ。もしかしたら、それだけでも幸せなのかもしれないくらい、とても大切なことなんだ。

〈コーノくんの考え〉「他人と比べるものではない」

もっと単純に考えてみようよ。幸せだと感じるときって、いつでもある。気持ちよかったり、楽しかったりするときが、それ。洗いたてのシーツを敷《し》いたふとんに入るとき。みんなとバーベキューをしたとき。山に登って冷たい水を飲んだとき。本を読んで何かがわかったとき。いろいろあるよね。①それを見つけるのは難しくない。

ツチヤくんは「楽」と「幸せ」は違うと言っているけれど、そんなに差はないと思うな。何か楽しいことをやっているときにふと気がついて「幸せだな」って思うんじゃないかな。「幸せ」って「楽しい」よりも、ほんの少し思う時間が長いだけじゃないのかな。むしろ、自分が幸せかどうかの判断が難しくなるのは、人と比べたときだと思う。

おいしいごはんを食べているときに、となりにお金がなくて全然食べていない子がいたら、おいしくなくなっちゃう。同じように、となりで「僕が食べているごはんのほうがもっとおいしいよ」と言われても、やっぱり嫌だ。そういうときには幸せな気分になれない。難しいのは、自分の幸せだけじゃなくて、ほかの人の幸せとか不幸せをどう考えるかってことじゃないかな。

②一つの解決法は、他人と比較《かく》しないこと。自分の気持ちだけに集中するんだ。そしてもう一つは、ほかの人の幸せのことも考えること、かな。そうすると、他人が幸せなときに自分も幸せを感じられるかもね。

（河野哲也《こうのてつや》、土屋陽介《つちやようすけ》、村瀬智之《むらせともゆき》、神戸和佳子《ごうどわかこ》『子どもの哲学　考えることをはじめた君へ』・一部改変）

問一　空らんAにあてはまる言葉として最も適当なものを次の中からひとつ選び、記号で答えなさい。

ア　感覚的　イ　意識的　ウ　具体的　エ　論理的　オ　瞬《しゅん》間的

問二　空らんBにあてはまるものとして最も適当なものを次の中からひとつ選び、記号で答えなさい。

ア　できなかった問題が解けるようになって幸せ
イ　家族がみんな健康でいるのが幸せ
ウ　けんかした友達と仲直りできて幸せ
エ　探していた落とし物が見つかって幸せ
オ　みんなが僕の歌声をほめてくれたことが幸せ